KB134064

활자와 근대

활자와 근대
_1883년, 지식의 질서가 바뀌던 날

2018년 3월 12일 제1판 1쇄 인쇄
2018년 3월 20일 제1판 1쇄 발행

지은이   박천홍
펴낸이   이재민, 김상미

편집   이상희
디자인   달뜸창작실, 정희정

종이   다올페이퍼
인쇄   천일문화사
제본   길훈문화

펴낸곳   너머북스
주소   서울시 종로구 자하문로24길 32-12 2층
전화   02) 335-3366, 336-5131 팩스 02) 335-5848
홈페이지   www.nermerbooks.com
등록번호   제313-2007-232호

ISBN   978-89-94606-50-7 03020

너머북스와 너머학교는 좋은 서가와 학교를 꿈꾸는 출판사입니다.

활자와 근대

**1883년,
지식의 질서가
바뀌던 날**

박천홍 지음

너머북스

차례__

일러두기

1. 1896년 이전의 조선 기록은 모두 음력을 기준으로 했다. 서양과 일본의 기록은 양력으로 표기했다. 필요한 경우 음력과 양력을 함께 실었다. 양력과 음력이 명확하지 않은 경우에는 참고한 기록을 따랐다.

2. 인용문은 뜻을 해치지 않은 범위에서 현대어 표기법으로 바꾸었다. 반드시 필요한 경우가 아니면 띄어쓰기했다. 원문의 한자는 한글로 바꾸었다. 인용문을 이해하는 데 필요한 경우 [ ] 안에 인용자 주를 달았다. 원문 주는 따로 밝혔다. 어려운 한자나 용어는 따로 풀이를 달았다.

3. 단행본, 신문·잡지, 박사학위 논문 등은 『 』, 논문, 단편 산문, 시, 상소문, 신문·잡지 기사, 가요명 등은 「 」로 표시했다.

4. 중략이나 하략은 (…)로 표시했다.

5. 일본 인명이나 지명은 『일본인명 읽기 사전』(日外 アソシエツ 엮음, 그린비 일본어 연구실 옮김, 그린비, 1995), 『일본지명 읽기 사전』(그린비 일본어 연구실 엮음, 그린비, 1995)에 따랐다.

복수의 지식들이 경쟁하는 세계

"아무튼, 나는 신문이라는 정신의 양식을 뚫어지게 주시하였다. 이제 방금 나와서 배달되는, 아침 안개 속에서 아직 잉크도 덜 마른 것을, 하녀가 꼭두새벽에 사다가, 밀크 커피와 함께 주인한테 가져오는 것이다. 얼마든지 수효를 늘릴 수 있는 기적의 빵. 하나이면서 1만이기도 하여, 모든 집에 수없이 들어가지만, 각자에게 같은 것인 이것."[1)]

마르셀 프루스트

영국의 철학자 베이컨(Francis Bacon)은 인류의 위대한 발명으로 세 가지를 꼽았다. 인쇄술과 화약 그리고 나침반. 인쇄술은 학문에서, 화약은 전쟁에서, 나침반은 항해에서 천지개벽에 버금가는 변화를 몰고 왔기 때문이다. 베이컨은 "그 어느 제국도 그 어느 종파도 그 어느 별도 인간의 생활에서 이 세 가지 발명보다 더 큰 힘과 영향을 미친 것은 없었다."[2)]라고 단언했다.

이 발명의 힘과 영향력을 인류의 진보와 정의라는 잣대로 가늠해본다면 어떨까. 화약은 전쟁의 목적인 파괴력을 조직화하고 극대화했다. 하지만 인간 생명의 파멸을 체계화하고 대량화함으로써 인류의 존재 자체를 위태롭게 했다. 나침반은 신화의 공간을 해체하고 대륙과 해양의 무한한 부를 탐험하게 했다. 하지만 미지의 종족과 공간에 대한 착취를 자극함으로써 제국과 식민이라는 악마가 태어났고 인간의 대지는 피와 신음으로 얼룩졌다.

사물과 실재의 영역을 주관하는 화약, 나침반과 달리 인쇄술은 인간의 정신과 사상의 세계에 이성과 해방의 빛을 던져주었다. 인쇄는 말을 하나의 사물로 붙들어놓음으로써 지식의 축적을 가능하게 했고, 언어를 표준화함으로써 감수성을 공유할 수 있게 했다. 또 지식을 무한히 복제하고 전파하게 함으로써 지식의 소유와 향유에 대한 독점을 깨뜨렸다. 아울러 이성을 비판적이고 공적으로 사용하게 함으로써 절대적 진리나 맹목적 신앙을 회의하게 했다. 하지만 편견이나 오류들을 더욱 고착화할 위험성을 대가로 치러야 했다.

인쇄술은 불화의 근원

이 발명들은 모두 중국에서 싹이 텄다. 하지만 기이하게도 저 멀리 서유럽에서 원산지보다 훨씬 더 화려하게 꽃을 피우고 더욱 단단한 열매를 맺었다. 중국의 화약과 나침반은 아랍을 거쳐 서유럽으로 전해졌다. 19세기에 유럽인들은 능란한 항해술과 압도적인 화력으로 중국을 위협함으로써 기원의 신화를 초라하게 만들었다. 인쇄술은 예외였다. 제지술은 중국 문명의 소산으로 유럽에 전해져 정신문화의 토대가 되었지만, 목판과 활자 인쇄술은 동서양이 서로 독자적으로 발명, 발전시켜갔다.

중국의 목판과 필승의 활자, 고려의 금속활자 인쇄술은 구텐베르크(Johannes Gutenberg)의 금속활자 인쇄술보다 훨씬 앞선 시대에 발명되었고 세련된 문자문화를 꽃피게 했다. 하지만 인쇄술의 쓰임새와 영향력의 차원에서 동서양은 극단적으로 대비되었다.

서양에서 인쇄술은 정치와 종교의 통일성을 파괴하는 불화의 근원이었고, 지식의 절대성을 비판하는 논쟁과 지적 담론의 무기고였으며, 전쟁과 혁명을 선동하는 무대 뒤 악마의 장치였다. 인쇄 공정의 기계화, 인쇄기계의 고속화, 언어의 표준화, 대량생산과 대량소비를 통한 독서혁명 등을 거치면서 서양은 지식의 독점을 타파하고 지식 전달과정을 민주화했다. 또 인간과 세계에 대한 사고방식을 혁명적으로 바꾸었고, 상징과 신념의 사유 양식을 상품화했다. 한마디로 서양에서 인쇄술은 역동적인 사회 변화의 근원이었다.

뒤집힌 거울처럼 동양은 서양과 달랐다. 한마디로 변화에 저항하는 힘이 바로 동양의 인쇄술이었다. 인쇄술은 정치의 안정과 사상의 통일, 전통의 보존에 기여했다. 중국에서 필사와 목판의 고유한 전통인 서예는 그 자체로 이미 완벽한 예술의 경지에 이르렀다. 천편일률적이고 반복 가능한 활자는 인격이 깃든 필기에 비해 품격이 떨어지는 실용의 기술일 뿐이었다. 이미 고대에 난숙해버린 요순의 이상 정치와 공맹의 탁월한 지혜는 끊임없는 존숭과 경배의 대상일 뿐, 비판적 검토나 상업적 거래의 대상이 아니었고 천박한 교환가치로 평가될 수도 없는 것이었다.

이렇듯 동서양 문명은 오랜 시간 독자적인 길을 걸어왔다. 하지만 평화로운 공존의 시간은 끝나가고 있었다. 서양은 화약과 나침반의 위력에 눈뜨고 인쇄술이 고무한 자본주의 정신으로 활기에 가득 차 있었다. 더 많은 부와 미지의 지식을 찾아 먼 나라와 지리 바깥으로 눈길을 돌렸다. 자족적이고 폐쇄적인 세계에 머물러 있던 동아시아의 지식 세계에도 머지않아 근대라는 낯선 소식이 날아들어왔다.

근대 출판의 개막과 지식의 대량생산 시대

19세기 이후 서세동점이라는 세계사적 차원의 파도가 동아시아 삼국에 밀어닥쳤을 때 지식의 생산과 유통, 소비 시스템도 급격하게 변화하기 시작했다. 중국에서는 1819년 영국 선교사 모리슨(Robert Morrison)이 서양식 활자 인쇄 시스템을 도입했다. 그 이후 개항장을 중심으로 신문과 잡지, 과학 기술 도서들이 급속도로 전파되었다. 1860년대 이후에는 청나라의 관료들이 주축이 되어 양무운동을 추진하면서 국영 번역기관과 관영 인쇄국이 지방 곳곳에 설립됨으로써 근대 출판의 세계로 빠르게 나아갔다.

일본은 일찍이 네덜란드의 대일본 무역 거점이었던 나가사키의 데지마出島와 '난학'蘭學으로 제한적이나마 서양과 접촉하고 있었다. 메이지유신 이후에는 정력적으로 부국강병 정책을 추진하면서 서양화, 근대화의 길로 달려갔다. 1860년에는 미국인 인쇄기술자 갬블(William Gamble)이 일본으로 건너와 서양의 연활자 인쇄술을 전수해주었다. 이후 모토키 쇼조本木昌造와 히라노 도미지平野富二라는 일본 인쇄계의 문화 영웅이 탄생하면서 근대 출판의 길이 활짝 열렸다. 특히 도쿄의 쓰키치활판제조소築地活版製造所는 조선의 근대 인쇄출판의 개막에 지대한 영향을 미쳤다.

조선에는 외부의 압도적 영향 아래 서양식 연활자 인쇄술이 도입되었다.

기독교 선교의 열정에 불타던 가톨릭 신부들과 프로테스탄트 선교사들은 1880년대 초부터 만주의 선양과 일본의 요코하마에서 서양식 연활자 인쇄술로 성경을 인쇄하기 시작했다. 왜관에서 일본인 거류지로 변해버린 부산에서는 일본 상인단체에서 『조선신보』를 발간함으로써 이 땅에 근대 신문이 첫선을 보였다.

개화파의 혁명 의지와 일본의 계몽사상가 후쿠자와 유키치의 조선 문화정략이 맞아떨어지면서 국영 언론기관으로서 박문국이 설립되었다. 급진개화파가 실각한 이후 온건개화파들이 주축이 되어 일본의 인쇄기술과 활자, 편집 인력을 동원해 『한성순보』와 『한성주보』를 발행함으로써 조선에도 근대 출판과 언론의 길이 열렸다.

조선시대까지 활자 인쇄는 거의 국가에서 독점하고 있었다. 조선의 텍스트 생산자와 소비자는 성리학적 지식체계와 유교적 행동양식을 체화한 양반 사대부들이었다. 한 논평자의 말처럼 '유교적 가치'가 지배한 조선 사회에서 사대부들은 "자연적인 시장의 성장과 교역품의 유통을 열렬하게 억제하면서 공자의 이상을 숭배했다." 정부는 "검소함을 권장하고 상업을 멸시했다." 이처럼 책은 엄격하게 통제된 상황에서 인쇄되었다. 조선에서 금속활자주조 기술이 일찍부터 발명되었지만, 간행물이 획기적으로 늘어나지도 않았고, 읽고 쓰는 능력이 명백하게 나아지지도 않았다.[3]

조선 후기에 접어들면서 상업출판물인 방각본이 등장하자 일부 하층민 세계를 중심으로 소설과 실용도서가 읽히기 시작했다. 1880년대 들어서는 일본을 거쳐 연활자 인쇄술이 도입되면서 조선에도 지식의 대량생산과 대량소비가 가능한 시대가 열렸다. 이 새로운 변혁의 시대를 이끈 주역들은 소수의 체제변혁적인 사대부 집단과 의관·역관 등의 중인 지식층 그리고 개명한 승려들이었다. 이들은 세련된 국제 감각과 시대를 앞선 안목으로 조선의 앞날을 새롭게 상상했다. 이들의 도전과 실험은 끝내 좌절되고 말았지만, 우리의 근대가 나아갈 여러 가지 길 가운데 하나를 열어주었다.

1880년대를 전후해 성리학이라는 지배 이데올로기의 전일적인 지배 체제도 마침내 막을 내리기 시작했다. 이질적이고 때로는 화해 불가능한 복수의 지식이 서로 경쟁하고, 이단적인 이론마저 전통적인 가치와 경합하며, 불멸의 가치로 추앙받던 성인의 말씀조차 도전받는 시대가 열린 것이다. 1890년대 이후에는 전통적인 방식의 목판본 인쇄 시대가 저물고 연활자로 신문과 잡지, 단행본을 제작하는 것이 지배적인 인쇄출판 제도로 뿌리내리게 되었다. 구술전통과 필사문화의 기나긴 전통에서 벗어나, 시각 중심적이고 묵독에 따른 내성적 인간으로 특징지을 수 있는 '활자형 인간'도 바로 이때 태동하기 시작했다.

근대적 지식의 형성 과정

이 책에서는 근대적 지식체계가 성립되기 시작한 기원의 시공간으로 거슬러 올라가서 당대인들이 기계화되고 표준화된 문자와 기록, 지식으로 무엇을 상상했고 꿈꾸었는지 살펴볼 것이다. 오늘날 우리가 자명한 것으로 받아들이는 지식과 정보, 개념 등을 낯선 시선과 감각으로 다시 들여다봄으로써 오늘날의 세계를 새롭게 해석해낼 가능성을 찾아보려는 것이 이 책의 목적이다.

근대 초기 조선의 개항과 정치외교의 전개 과정에서 바깥의 영향은 압도적이었다. 하지만 바깥의 힘은 내부의 반발이나 수용이라는 조건과 만나 변형될 수밖에 없다. 이 책에서는 서양식 연활자의 도입이라는 문화적 사건에서 후쿠자와 유키치 등 일본의 계몽사상가와 김옥균을 비롯한 조선의 급진개화파, 그리고 김윤식을 비롯한 온건개화파의 대응방식에 주목한다. 근대 초기 조선의 문화적 혁신을 주도한 것은 한쪽의 일방적 의지가 아니라 안과 밖의 유기적 상호관계였다는 사실을 밝혀갈 것이다.

프랑스 역사학자 로제 샤르티에에 따르면, 텍스트의 의미는 형태에 의존한다. 다시 말하면 형태가 텍스트의 의미를 생산한다.[4] 이 책에서는 근대에 생산된 신문과 단행본 등 연활자로 구현된 근대 텍스트의 서지학적 형태, 활자 조판 구조, 판형에 따른 독서공간의 변형 등 텍스트를 구성하는 물질적 조건이 지식과 사유의 구성 방식 그리고 독서 경험을 어떻게 바꾸게 될지 눈여겨볼 것이다. 텍스트의 내용 분석에만 치중하던 관행에서 벗어나 텍스트의 물질성과 정신성의 관계를 밝혀볼 것이다.

이 책에서 근대 지식 세계의 형성 과정에 주목한 것은 다양한 복수의 가능성 가운데서 당대인들이 선택하고 수용하고 변형시킨 것들이 바로 지금 우리가 세계를 이해하고 해석할 수 있는 사고의 틀을 구성해왔기 때문이다. 그 과정을 다시 살펴봄으로써 우리는 현재의 삶을 좀 더 풍부하고 깊이 이해할 수 있는 실마리를 발견하게 될 것이라고 믿는다.

1부

동아시아 근대의

활자문화 공간

윌리엄 갬블과

동아시아

활자문화

"구텐베르크는 루터의 선구자다."[1] 프랑스 작가 빅토르 위고가 갈파한 것처럼, 서양에서 인쇄술은 신앙의 통일성을 깨뜨린 혁명의 봉홧불이자 종교의 분열을 낳은 불화의 기술이었다. 차가운 활자와 뜨거운 신앙의 역사적 공모는 16세기 유럽에서만 끝난 것은 아니었다. 그것은 19세기에 머나먼 동아시아의 지식 공동체에도 침투해 들어왔다. 그 야심의 첫 번째 표적은 물론 중국이었다. 서양의 정치가와 외교관들이 중국의 드넓은 상품 시장에 눈독을 들였다면, 교회와 선교사들은 영혼 구제를 위한 비옥한 대지를 열망했다. 중국의 남쪽 해안지대는 서양 인쇄술의 도전과 실험을 위한 최적의 영토였다.

청나라는 제1차 아편전쟁에 패하면서 1842년 8월 29일 영국과 난징조약南京條約을 체결했다. 이 조약에 따라 홍콩香港이 영국에 할양되고 광저우廣州(1843년 7월), 샤먼廈門(1843년 11월), 상하이上海(1843년 11월), 닝보寧波(1844년 1월), 푸저우福州(1844년 6월) 다섯 개 항구가 차례로 서양 국가들에게 열렸다. 중국의 문호가 열리기를 기다리던 서양 선교사들에게 드디어 거대한 기회의 땅이 새롭게 펼쳐졌다.

미국인 콜, 닝보에 성경서방을 열다

기독교 선교를 위한 거대한 미개척지로서 중국에 진출하려면 성경과 전도서를 대량으로 인쇄출판하는 것이 무엇보다 시급했다. 미국 장로회는 1844년 초에 미국인 인쇄공 콜(Richard Cole, 柯理)을 홍콩으로 파견했다. 그는 인쇄기와 자모字母 323개를 가지고 왔다. 미국에서 인쇄술을 배운 육(Yuk)이란 이름의 중국 소년이 인쇄공으로 고용되었다. 이때 사용한 한자 활자는 파리의 활자주조공 르그랑(Marcellin Legrand)이 1834년부터 분합식 활자로 제작하기 시작한 것이었다. 분합식 활자란, 예컨대 虫자와 宛자를 따로 만들어 합쳐서 蜿자를 만드는 방식을 말한다. 미국 장로회는 1836년에 5천 달러 이상을 지불하고 이 활자를 파리에서 구입했다.

콜은 1844년 6월 17일 인쇄소를 홍콩에서 마카오로 옮겨 인쇄소 '화영교서방'華英校書房을 열었다. 이곳에서는 인쇄공 2명과 식자공 1명이 작업했다. 그해에 화영교서방은 르그랑의 분합 한자로 만든 41면의 활자 견본집 『신주화영연인新鑄華英鉛印(Specimen of the Chinese Type Belonging to the Chinese Mission of the Board of Foreign Missions of the Presbyterian Church in the U.S.A.)』을 출판했다. [2]

화영교서방은 1845년 9월 1일에 다시 마카오에서 닝보로 옮겼다. 이때부터 '화화성경서방'華花聖經書房(The Chinese and American Holy Classic Book Establishment)이라고 불렸다. 당시 고용 인원은 인쇄공 2명, 식자공 3명이었다. 이듬해인 1846년 2월, 콜은 인쇄 책임자 아수(Asuh)를 매월 9달러를 지불하고 고용했다. 그해 4월에는 미국에서 새로운 주자로鑄字爐 1개와 다른 인쇄 재료들이 운반되어왔다. 콜은 한자 활자주조 작업을 주로 닝보에서 했다. 하지만 한자 활자는 여전히 부족했다. 1846년 7월에는 런던전도회(London Missionary Society) 선교사 다이어(Samuel Dyer, 戴尔)가 1835년부터 제조한 활자가 홍콩에서 수입되었다. 1849년에도 베를린에서 활자주조공 베이어하우스(August Beyerhause)가 만든 분합식 활자와 요판燒版(금속을 녹인 액을 틀에 흘려 넣는 판) 설비를 구입했다.[3]

콜은 1847년 8월에 화화성경서방을 사직하고 홍콩에 있는 '영화서원'英華書院(London Missionary Society Press)으로 옮겨갔다. 그곳에서 다이어가 착수하고 그의 사후에 스트로나크(Alexander Stronach)가 이어받은 한자 펀치 부형父型의 완성과 인쇄 관리를 담당하게 되었다.[4] 콜의 뒤를 이어 루미스(Mr. Loomis), 쿨터(Mr. Coulter), 웨이(R. Q. Way) 목사가 차례로 화화성경서방을 맡았다.

콜과 다이어는 서양의 연활자 인쇄술 안에서 중국의 한자 활자를 제작하는 데 고투한 기술자로서 기억할 만한 인물들이다. 하지만 이들의 활자 제작에는 결정적인 한계가 있었다. 회의문자會意文字로서 한자의 고유한 통합적 성격을 어떻게 금속활자의 인쇄기술과 결합해서 문자의 형태 그대로 재현할 수 있을지 끝내 돌파구를 찾지 못하고 말았다. 이 문제를 해결하려면 창의적이고 대범한 상상력과 뛰어난 기술력을 갖춘 인물이 필요했다.

윌리엄 갬블, 전도자모법을 완성하다

마침내 그 인물이 우연히 역사의 무대에 등장했다. 1858년 10월 미국 장로회는 갬블(William Gamble, 1830~1886)을 닝보로 파견했다. 그에게 화화성경서방을 책임지게 한 것이다. 아일랜드에서 태어난 갬블은 1847년에 미국으로 건너갔다. 미국 필라델피아의 한 대형 인쇄소에서 인쇄기술을 배운 뒤에는 뉴욕의 성경서방聖經書房(Bible House)으로 옮겨갔다. 중국으로 파견되었을 때, 그는 새로운 활자와 자모 그리고 활자주조기鑄字機, type-cutting machine를 가지고 왔다.

갬블은 화화성경서방에 취임한 뒤 한자가 서양의 알파벳과 무척 다른 점을 유심히 관찰했다. 한자는 우선 수만 개에 이르는 막대한 수량이 필요했다. 획수가 복잡하고, 글자체가 가늘고 작았다. 따라서 자모를 음각으로 새기기 어려웠다. 이 때문에 한자 활자를 주조할 때 전기도금電鍍 방법이 가장 적합하다는 사실을 깨달았다. 그는 1859년 닝보에서 '전도자모법'電鍍字模法을 완성했다. 이것은 갬블의 첫 번째 기술 혁신으로 동아시아 인쇄기술의 역사에서 한 획을 긋는 혁신적인 방식이었다.

전도자모법은 '전도동판법'電鍍銅版法(electrotype)이라고도 한다. 일본 학자들은 이것을 '납형전태법'蠟形電胎法이라고 한다. 이 기술은 1846년에 미국인 윌콕스(John W. Wilcox)가 발명했다. 제조 기술은 지형紙型과 비슷한데, 정교함과 아름다움, 오래 쓸 수 있다는 점에서는 지형보다 더욱 뛰어나다.

우선 글자를 볼록하게 새긴 목판이나 다른 종류의 철판凸版으로 글자를 음각한 납형蠟型(밀랍으로 만든 거푸집)을 만든다. 이것을 전도성이 있는 항아리電缸에 넣고 일정한 시간이 지나면 납형이 동銅에 전도되어 동판銅版이 완성된다. 그 위에 새겨지는 문자나 이미지는 원판과 조금도 차이가 없게 된다.[5]

갬블은 이 전도동판법을 한자 활자주조에 적합하게 개량했다. 먼저 연한 철에 문자를 반대 방향으로 철각凸刻한다. 거기에 열을 가해서 더욱 단단하게 만든 다음 구리에 박아 넣어 철형凸型의 모형母型을 만든다. 이것을 주형鑄型(활자의 몸을 만드는 틀)에 끼워 넣고 활자 합금액을 흘려 넣어 활자를 제작한다. 하지만 이 방법은 획수가 많고 복잡하며 글자체가 가늘고 작은 한자를 새기는 데는 어려운 단점이 있었다.

갬블은 활자의 종자種字(활자의 자모를 만들기 위한 글자의 본)를 금속 재료에서 목재의 조각으로 바꾸었다. 나뭇결이 세밀하면서도 나무질이 단단한 황양목黃楊木(회양목이라고도 한다)에 글자를 양각陽刻했다. 이 때문에 복잡한 한자를 조각하기가 쉬워지고 활자 크기를 작게 만들 수도 있었다. 또 완성도가 높아져 인쇄도 선명하고 글자의 아름다운 형태도 살릴 수 있었다.

밀랍蜜蠟, 송진松脂, 흑연의 혼합물에 열을 가해서 연해지면 여기에 종자를 꼭 눌러 오목한 틀凹型을 만든다. 이것을 납형이라고 한다. 납형에 흑연을 칠하면 전도성傳導性이 생긴다. 이것을 다니엘 전지를 응용해서 전기 도금에 쓰는 전해조電解槽에 담가서 구리를 집적集積해서 볼록 틀凸型을 제작한다. 그것을 다시 전해조에 담가서 오목 틀을 만든다. 그 속에 아연을 넣어 강도를 높인 뒤 구리의 모형母型 재료에 끼워 넣는다. 이것이 전태모형이다. 이 모형을 활자주조기 주형에 끼워 넣고 납, 주석, 안티몬의 삼원三元 합금액을 따라 부어서 활자를 만든다.[6]

서양식 연활자 제조술은 목활자보다 더 오래 지속되었다. 또 목판이나 목활자보다 대량의 인쇄 제작에 사용되었다. 하지만 갬블이 중국 인쇄출판에 전도주조 과정을 도입하기 전까지 활판인쇄는 대부분 인쇄업자들에게 적합하지 않았다. 중국어를 연활자로 주조하는 데는 시간이 많이 걸리고 번거롭고 비용이 많이 들었기 때문이다. 갬블의 혁신과 함께 활판인쇄 분야에서 커다란 도약이 일어났다. 중국에서는 이때부터 근대 출판 산업으로 발전하는 길에 들어섰다.[7]

갬블의 활자 혁명과 '명조체'

갬블은 전태모형 방법으로 1호號부터 7호까지 한자 연활자 7종을 제작하고 각각 이름을 붙였다. 1호는 현자顯字, 2호는 명자明字, 3호는 중자中字, 4호는 행자行字, 5호는 해자解字, 6호는 주자注字, 7호는 진자珍字이다. 이때의 '호'는 활자 크기를 나타내는 것이 아니라 단순히 활자의 순번을 가리키기 위해 붙인 것이었다.[8] 이 가운데 7호 연활자는 지금도 여전히 책과 신문에 널리 쓰인다. 중국에서는 이 활자에 '송자'宋字라고 이름 붙였다. 일본 사람들은 이것을 '명조체'明朝體라고 하는데, 이 서체의 필획이 가로가 가늘고 세로가 굵어서 명나라 시대의 각서체刻書体를 닮았기 때문이다.

『교회신보敎會新報(The Church News)』 제16호(1868년 12월 19일)에는 2면에

※ 갬블이 만든 활자 7종의 규격과 명칭[9]

원 명칭	개칭 호수	미국식 활자 명칭	미국식 활자 포인트
顯字	1호자	Double Pica	24
明字	2호자	Small Double Pica	22
中字	3호자	Two-line Brevier	16
行字	4호자	Three-line Diamond	13.5
解字	5호자	Small Pica	11
注字	6호자	Brevier	8
珍字	7호자	Small Ruby	5.5

※ 미국식 활자 1포인트: 0.3579mm

걸쳐 미화서관의 활자 판매 광고가 나와 있다. 이 신문은 미국 감리교회 선교사 알렌(Young John Allen, 林樂知)이 창간한 것이다. 활자 광고는 부정기적이지만 전부 8회에 걸쳐 실려 있다. 모두 명조체로, 그 종류와 문자수는 다음과 같다.

1호	Double Pica 24**포인트**(8.65㎜)	50**자**
2호	Double Small Pica 22**포인트**(7.31㎜) **2종류**	**각**66**자**
3호	Two-line Brevier 16**포인트**(5.60㎜)	103**자**
4호	Three-line Diamond 13.5**포인트**(4.85㎜)	142**자**
5호	Small Pica 11**포인트**(3.72㎜)	152**자**
6호	Brevier 8**포인트**(2.80㎜)	96**자**

1호는 런던전도회의 다이어가 제작하고 콜이 개량한 것이다. 2호는 독일의 활자주조업자인 베이어하우스가 1859년에 만든 것이고, 또 하나는 1868년에 완성된 것으로 보인다. 3호는 프랑스의 조각사 르그랑이 1837년에 완성했다. 4호는 1호와 같은 사람이 같은 방법으로 같은 시기에 만들었다. 5호는 세계에서 만들어진 명조체 가운데 최고봉이라고 할 수 있을 만큼 완성도가 뛰어나다. 1864년에 완성되었는데, 중국인이 글자를 쓰고 조각까지 한 것으로 추정한다. 6호는 불명인데, 아마도 콜이 제작했을 것으로 보인다.[10]

갬블의 연활자는 상하이의 미화서관에서 완성된 뒤 『신보申報』를 비롯한 상하이의 신문사, 베이징의 총리통상각국사무아문뿐만 아니라 일본, 영국, 프랑스 등 외국에도 대량으로 판매되었다. 이 활자는 '미화자'美華字로 불리기도 한다. 과거에 한자 자모를 조각하는 데는 일손이 많이 필요하고 작업이 까다로웠다. 돈과 시간도 많이 들었다. 갬블의 전도법이 성공함으로써 한자 연활자를 제조하는 데 일차 혁명을 일으켰다.[11]

갬블이 미화서관에서 개발한 활자뿐만 아니라 다른 선교회 인쇄소에서 인쇄했던 서적들의 서체는 대부분 명조체였다. 명조체는 원래 목판인쇄용 서체로서 중국인이 만들어낸 것이다. 하지만 이것을 근대 활판인쇄술의 기본 서체로서 시험적으로 제작하고 발전시켜온 이들은 서양인, 특히 서양 선교사들이었다.

서양인들이 명조체를 앞장서 개발한 까닭은 무엇일까. 일본의 타이포그래피 연구자 고미야마 히로시小宮山博史는 "서양 문자의 기본 서체가 로만체이기 때문에 그것에 가까운 디자인인 명조체가 뽑혔을 것"이라면서, "경험과 감성이 불가결한 붓글씨 느낌의 해서楷書를 쓸 수 없는 사람도 [중국어] 글자의 형태와 구성 방법을 깨달으면 비교적 쉽게 명조체를 디자인할 수 있는 측면도 있기 때문이 아닐까."라고 추측했다.[12]

일본의 인쇄사 연구자 후카와 미쓰오府川充男는 주조활자가 보급됨에 따라 '인쇄된 문자'의 세계에서 명조체가 표준이 되었다고 적극적으로 평가했다. 후카와는 이것이 "인쇄물의 대량생산과 함께 상당한 계층에서 '읽는 문자'의 대세가 명조체, 곧 글씨의 획에 드러난 기세筆勢를 탈색하고 추상화된 인쇄물 특유의 서체, 필사의 흔적을 떠난 인공적 서체로 된 것을 의미한다."라고 말했다.[13]

갬블, 효율적인 한자 배열법을 발명하다

갬블이 중국 인쇄 역사에서 두 번째로 일으킨 혁신은 원보식元寶式 활자 서가字架를 개발한 것이다. 이것은 '삼각가'三角架 또는 '승두가'카斗架라고도 불린다. 중국어의 한자 수는 수만을 헤아린다. 『강희자전』만 해도 4만 919개 문자가 수록되어 있다. 이 때문에 한자 활자의 식자排字와 검자檢字(부수를 알기 어렵거나 찾기 어려운 한자를 쉽게 찾아보도록 획수나 부수의 순서대로 한자를 배열한 것)는 큰 문제가 된다.

금속활자 인쇄술에서는 활자가 미리 만들어져 있어야 인쇄할 수 있다. 다양한 인쇄물에 쓰이고 활판인쇄의 경제적 효율성을 해치지 않으려면 엄청난 수의 한자 중에서 미리 필요한 글자 종류를 정해두지 않으면 안 된다. 또 자주 쓰이는 한자를 선정하는 작업도 불가결하다. 모든 활자가 같은 비율로 사용되는 것은 아니기 때문에 거의 쓰이지 않는 활자는 잠든 채로 있어야 한다. 따라서 필요한 활자를 뽑아서 식자하려면 활자를 효율적으로 활자 케이스(case, 문선·식자용으로 활자를 넣어두는 나무 상자)에 배치하는 방법을 고안하지 않으면 안 된다.

이 모든 문제는 한자의 본질 곧 형태소가 수만 개나 되기 때문에 일어난다. 중국에서 한자 활자를 주조하려면 사전에 문자의 사용 빈도 통계 조사가 필요하고 활자 케이스에 효율적으로 배치하는 방법을 고안해야 했다. 한자와 달리 알파벳은 문자의 형태소가 소수의 한정된 요소로 환원될 수 있다. 다시 말해 단위화가 쉬운 폐쇄된 문자체계이다.

따라서 서양에서는 한자처럼 활자주조를 위해 문자 통계를 조사하거나 활자 케이스에 배치하기 위해 정교한 방법을 고안하는 것 등은 필요가 없다. 서양에서 활판인쇄술이 완결된 시스템으로 발달할 수 있었던 것은 알파

벳이라는 문자 때문이었다.[14]

갬블은 한자의 수량과 배열 방법이라는 난제를 해결해야 했다. 그는 자신보다 앞서 한자 통계 조사를 실시했던 다이어의 뒤를 이어 자기만의 방식으로 한자의 사용 빈도수를 조사했다. 이를 위해 중국학자 두 명을 고용했다. 그들에게 2년의 기한을 두고 한자로 쓰인 책 4,166면을 조사하게 했다. 거기에는 성경과 미화서관에서 인쇄한 책 27종도 포함되어 있었다. 어떤 책에는 110만 자가 들어 있기도 했다. 한자의 빈도수를 통계내본 결과, 상용 기본자 5,150개를 계산해낼 수 있었다.

갬블은 어떤 한자가 얼마나 자주 쓰이는지에 따라서 한자를 크게 15개 종류로 나누었다. 그 가운데 1만 번 이상 거듭 나타난 한자는 13자였다. 1천 번 이상은 224자, 25번밖에 나타나지 않은 것은 3,715자였다.

한자, 폐쇄된 문자 '체계'로 발전하다

갬블은 이 결과를 바탕으로 한자 연활자를 크게 세 종류로 나누었다. 자주 쓰이는 상용常用, 필요할 때 사용할 수 있도록 갖추어두어야 할 비용備用, 드물게 쓰이는 한용罕用으로 구분한 것이다. 그는 나무 서가를 만들어서 정면에는 활자를 넣을 수 있는 선반 24개를 짰다. 가운데 8개 선반에는 상용 연활자를 두었다. 위의 8개 선반과 아래의 8개 선반에는 비용자를 넣었다. 마지막으로 곁에 둔 46개 선반에는 모두 한용 연활자를 비치했다. 같은 종류의 글자마다 『강희자전』의 부수와 검자 분류법에 따라 나누어 배열했다. 인쇄공을 서가 가운데 서게 해서 선반에서 필요한 활자를 뽑아오게 했다. 그 결과 문선과 식자에 드는 노동이 대폭 절약되고 시간도 과거에 비해서

최소 세 배나 빨라졌다.[15)

근대 활판인쇄 연구자인 스즈키 히로미쓰鈴木廣光에 따르면, 다이어와 갬블의 한자 통계 작업은 단순히 펀치 부형父型의 조각과 활자 케이스에 배치하는 것처럼 기술적인 문제를 처리하는 데에만 그치는 것이 아니었다.

> "그 본질적인 의의는 오히려 한자의 총체를 수량적으로 '한정'하는 것으로 그것을 폐쇄된 문자의 '체계'로 인식하고, 또한 '운용'의 수준에서 지장을 초래하지 않으려고 하는 것을 가능하게 한 점에 있다고 말할 수 있다. 결국 그것은 알파벳처럼 닫힌 문자체계로 발전한, 경제효율을 우선으로 하는 서양식 활판인쇄 시스템에 한자를 적합하게 하기 위해서 어떻게 해서든 필요한 작업이었다. (…)
>
> 유럽인이 명조활자를 개발해온 역사는 틀림없이 막대한 한자의 수와 격투해온 역사였다. 그것은 또한 그들이 한자라고 하는 문자의 총체 가운데 어떻게 해서 조직성, 체계성을 찾아내고 각각의 문자를 단위화해갈 수 있을까 하는 인식의 역사이기도 했다."[16)

이처럼 갬블은 한자 인쇄의 역사에서 신기원을 이룩했다. 그는 중국 선교 인쇄의 발전을 위해 결단을 내렸다. 1860년 12월 화화성경서방을 상하이로 옮긴 것이다. 인쇄 기자재를 구입하고 발행 도서를 판매, 우송하는 데 상하이가 더 유리하다는 점을 고려한 것이다. 초창기 위치는 상하이의 선교회 옆에 있는 작은 건물이었다. 상하이로 옮긴 뒤 화화성경서방은 '미화서관'美華書館(The American Presbyterian Mission Press)으로 이름을 바꾸었다. 상하이로 옮긴 뒤 영문 인쇄물이 증가하면서 미국에서 활자가 수입되었다. 또 새로운 중국어 활자 두 개와 크기가 작은 일본어 활자도 갖추어졌다.[17)

상하이로 서양과 중국 자본이 몰려들다

여기서 잠시 중국 근대 인쇄출판의 중요한 거점이 되었던 노시 상하이의 발전 상황을 살펴보자. 상하이는 1843년 11월 17일 서양에 문호를 열면서 서양의 상인과 선교사들에게 주목받기 시작했다. 1845년 11월 29일에는 상하이현과 영국 사이에 '상하이토지장정'上海土地章程이 체결, 공포되었다. 상하이의 조차租借 방법을 총 28개조로 세분화한 것이다. 이 토지장정에 따라 영국 조계지가 합법적으로 설립되었고, 서양 근대 도시의 방식에 따라 조계가 건설되었다.[18]

난징조약이 체결되기 전까지 오랜 시간 서양과 중국의 교역 중심지는 광저우였다. 하지만 광저우는 상하이에 비해 중국 상인과 관료층의 저항이 훨씬 강했고 방어적이었다. 난징조약이 체결된 이후 외국 세력이 성장하는 데 실질적 중심지는 양쯔강揚子江 하구가 될 수밖에 없었다.

상하이는 넓은 황푸黃浦 강변에 있다. 불과 19킬로미터 떨어진 곳에 양쯔강 어귀가 있다. 항구 시설과 안전한 항만을 갖춘 데다 내륙을 향해 펼쳐진 수많은 수로로 내지와 이어지는 교통 통신이 편리했다. 상하이는 한편으로는 양쯔강을 거슬러 올라가 쓰촨성四川省까지 이르는 수로와 또 다른 한편으로는 연안을 따라 광저우에서 만주 동북 3성에 이르는 해로의 교차점에 있다.

국제적으로도 상하이의 지리적 위치는 인상적이었다. 배편으로 광저우, 톈진 그리고 일본으로부터 접근이 가능한 중간 지점에 있었다. 거대한 양쯔강 유역과 화중의 교역 집산지일 뿐만 아니라 동아시아 전체의 배급소 역할을 맡을 수 있었다. 상하이가 국내외적으로 급성장한 데는 양쯔강 삼각주의 거대한 미곡 지대에서 식량이 풍부하게 공급될 수 있었기 때문이다.

국내의 정치적 격변도 상하이의 성장에 기여했다. 1853년 3월 난징이 태평천국군에 점령되자 대규모 피난민이 상하이로 흘러들었다. 1854년 이후 10년 동안 정치적 혼란이 계속되면서 중국 자본은 상하이로 집중되었다. 상하이가 중국과 서양 사이의 상업적 협력에서 새로운 중심지로 떠올랐기 때문이다.

상하이의 외국인 거주지는 성 밖 북쪽의 황푸가 중심이었다. 1840년대 중반 상하이에는 10개 이상의 외국 회사와 100명 정도 외국인 거주자가 머물고 있었다. 1850년대 중반에는 회사 수가 70개 정도로, 거주자는 가족을 제외하고도 300명 이상으로 늘어났다. 외국 영사관이 8개 세워졌고 서양 선교사 36명이 활동하고 있었다.[19] 상하이의 외국인 거주자는 1844년 50명에서 1851년 265명으로 점진적으로 늘다가 1852년에는 500여 명으로, 1855년에는 20,243명으로 대폭 늘었다. 원래 거주하고 있던 중국인을 크게 뛰어넘은 숫자다.[20]

서양인이 주도하는 상공업도 눈에 띄게 발전해갔다. 특별히 외국 상인이 설립한 양행洋行, 상호商戶가 상하이에 설립되었다. 1865년 말 외국인 상호 80가家가 문을 열고 있었다. 그 가운데 13가는 중간상, 13가는 대리상, 14가는 상점, 21가는 잡다한 점포였다. 1876년부터 1884년까지 8년간 상하이의 양행 수는 160가에서 245가로 증가했는데, 매년 평균 10가 이상이 신설되었다. 1884년에 양화洋貨를 전업으로 취급하는 양포점洋布店이 이미 62가가 있었고, 1900년에는 다시 130가에서 140가로 증가했다.

선박을 이용한 해외 교통망도 더욱 정비되어갔다. 1866년에 미국의 태평양우륜공사太平洋郵輪公司는 상하이에서 일본 세토瀨戶를 거쳐 요코하마로 가는 항로를 개설했다. 1870년에는 이미 윤선 4척이 상하이와 요코하마 사이를 오갔다. 일본은 1875년에 상하이에 미쓰비시우륜공사三菱郵輪公司를 세웠다. 이 회사는 요코하마에서 고베, 나가사키를 지나 상하이에 이르는 항로를 열었다. 다음 해 1월부터 4척이 정기적으로 매주 1회 왕래했다.[21]

갬블은 이처럼 새롭게 성장하고 있는 항구도시 상하이에 주목했다. 태평천국 반란군이 쑤저우蘇州 등지에 있던 중국의 목판출판업자들을 상하이로 몰아낸 뒤에 갬블은 닝보의 인쇄소 문을 닫았다. 그때 상하이는 이미 서양의 상품 집산지로서 닝보를 대체했다. 더욱이 닝보에서는 해외에서 점점 더 상품을 공급받기가 어려워졌다. 마찬가지로 닝보에서 완성된 발행물을 선박에 실어 중국 내륙으로 접근하는 일도 더욱 어려워졌다.

갬블은 1860년 상하이로 인쇄소를 옮기자고 선교단에 건의했다. 선교단은 이 제안을 받아들였다. 그해 12월 3주 동안 인쇄기 5대, 전도 장비, 서체 등의 설비가 상하이로 옮겨졌다. 모든 중국인 직공도 상하이로 이사했다. 이주 당시 미화서관은 해마다 7백만 면을 인쇄하고 있었다. 또 중국인 소년 3명이 도제가 되어 인쇄기술을 익히고 있었다.

1862년에 미화서관은 소동문小東門 밖 16포鋪로 이전하고, 다시 1875년 9월에는 베이징로北京路로 옮겼다. 1902년부터 3년에 걸쳐 북사천로에 새로 인쇄공장을 지었다. 베이징로에 있던 3층짜리 서양식 건물은 편집 발행소와 창고로 사용되었다. 1871년 무렵 미화서관의 상황은 『교회신보』 제165호에 실린 「미화서관 술략美華書館述略」이란 글에서 엿볼 수 있다. 이 글에서는 먼저 미화서관의 활자와 활자 선반 그리고 인쇄 수량을 소개했다.

"상하이 소동문 밖의 미화서관은 활자판으로 책을 인쇄하는 서양의 관館이다. 처음에는 미국 서적과 중화 서적을 인쇄했으므로 이름을 미화라고 했다. 그 활자와 연자

鉛字는 대자, 중자, 소자, 극소자極小字 등 수 종이 있다. 『강희자전』에 실린 자는 모두 있고 자전에 없는 글자도 있다. 하나의 상용자마다 1백 자, 수십 자를 갖추었다. 비상용자는 10여 자를 갖추었다. 그러므로 동시에 여러 책을 인쇄해도 쓰는 글자에 다함이 없다.

선반을 각 부로 구분해서 배치했는데, 자전의 부수처럼 획의 순서로 나누어 짜임새가 있다. 그러므로 식자하는 사람은 부수와 획수에 따라 글자를 취해서 시간을 멈추는 일 없이 한 사람이 하루에 수천 자를 식자해서 책의 페이지를 완성할 수 있다.

(…)

인쇄해서 교정하고, 교정한 다음 다시 인쇄하고 교정하므로 잘못된 글자가 드물다. 인쇄를 마치면 그대로 선반에 넣고, 부를 따라 획의 순서에 속하게 해서 어지럽지 않다. 그 인쇄도 기기機器를 써서 날마다 만 페이지를 인쇄한다. 중국에서 책을 인쇄할 때는 한 번 인쇄할 때마다 종이 한 장에 한 페이지를 인쇄한다. 서양의 기구로 책을 인쇄하면 한 번 인쇄할 때마나 종이 한 장에 수 페이지를 인쇄한다."

인쇄기, 나선형으로 돌다

이어서 인쇄기계 설비를 묘사하는 단락으로 넘어간다.

"기기는 철로 만들어졌고, 크기는 긴 탁자 같다. 넓이는 2척 남짓이고, 길이는 약 3척이다. 모습은 직사각형이어서 마치 받침대 같다. 그 바닥은 평평하다. 활판을 배열하고 수 페이지를 평평하게 연결해서 안에 두고 위에서 먹을 묻혀 인쇄한다. 종이를 평평하게 깔았으면 기계를 잡아당긴다. 기계는 덮개를 나선형螺旋形으로 끌어서 종이 위를 평평하게 누른다. 기계가 나선형으로 돌기 때문에 힘이 세고 압력이 높아

1870년대에 상하이의 베이징로에 자리 잡고 있던 미화서관. 「The Mission Press in China」(American Presbyterian Mission Press, Shanghai, 1895)에서.

져서 인쇄한 글자가 매우 선명하다. 인쇄를 마치면 기계의 나선형을 통과해서 곧 덮개가 열리고, 종이 한 장이 나오고, 한 장이 다시 들어간다. 종이 한 장에도 이미 수 페이지가 인쇄되었다. 백 장 천 장으로 인쇄하니 이미 수백 페이지 수천 페이지다."

중국식 인쇄와 서양식 인쇄의 차이점 가운데 하나는 먹과 잉크다. 그리고 잉크를 사람이 손으로 바르는가, 기계가 자동으로 묻히는가 하는 점이다.

"먹은 외국산 먹을 쓰는데 기름풀처럼 끈끈하다. 기계는 둥글어서 대롱 같고, 바깥을 가죽으로 쌌다. 위에서 먹을 적시고, 기구가 돌아서 글자가 모두 먹에 묻는다. 글자가 납으로 제작되어서 중국 먹이 납에 묻지 않기 때문에 중국 먹을 쓰지 않는다.

먹의 이름은 자래묵自來墨이라고 한다. 기계로 당겨서 나아가게 하면, 종이가 덮개 아래로 들어가 눌러서 인쇄되고, 기계를 당겨서 물러나게 하면 덮개가 열리고 종이가 나온다. 기통機筒이 앞으로 돌면 스스로 먹을 바르고, 또 종이에 묻힐 수 있다. 사람의 힘을 번거롭게 하지 않으므로 자래묵이라고 말한다."

마지막으로 납형전태법으로 동판을 제작하는 방법도 소개했다.

"또 동판銅版이 있다. 동활자로 배열하는 것이 아니라 동을 주조해서 글자가 있는 전체 판을 이루는 것이다. 그 법은 다음과 같다. 처음에는 연활자로 자본字本을 만들고, 책에 따라 식자한다. 이어서 식자한 것을 밀랍 판 위에 뒤집어서 누른다. 납판 위에 흑연을 바르고, 동판과 납판을 마주해서 배치해 전기상電氣箱 안에 두면 돌연 전기가 동을 녹여 납판이 동을 흡수해서 동판을 만든다. 동판의 글자는 견고하고 정교해서 목판보다 훨씬 더 뛰어나다."[22]

미화서관의 활자가 널리 보급되다

1876년 말에 미화서관에서는 다섯 가지 크기의 한자 활자, 다섯 종류의 일본어 활자, 한 종류의 만주어 활자, 그리고 두 종류의 영어 활자가 주조되었고, 한 서체의 음악 활자가 수입되었다. 미화서관의 한자 활자는 상하이의 행정관청, 해관(I.M. Customers' Statistical Department)뿐만 아니라, 몇몇 중국인 인쇄 회사에도 공급되었다. 이는 미화서관의 활자가 중국 전통의 목판보다 더 선명하고 읽기 쉬운 인쇄물을 생산한다는 것을 중국인이 받아들였다는 사실을 보여준다.[23]

미화서관은 신흥 도시 상하이를 배경으로 급속하게 발전해간다. 1895년에는 각종 모델의 인쇄기 9대를 보유하고 있었다. 그 가운데 곤통식滾筒式 인쇄기 4대, 평대平臺 인쇄기 1대, 수동 인쇄기 4대가 있었다. 그 밖에 카메라照相機, 액압기液壓機(hydropress), 전도설비電鍍設備, 장정기계裝幀機械와 망선판網線版(halftone block) 등의 설비가 갖추어져 있었다. 이때 미화서관에서는 이미 수동식 주자기鑄字機를 채용해서 연활자를 주조했다.

미화서관의 규모가 끊임없이 확대됨에 따라 노동자 수도 날로 늘어났다. 1895년에는 공인 77명, 잡공雜工 19명, 관외의 장정공裝幀工 30명 등 모두 120여 명이 일하고 있었다. 1914년에는 미화서관에서 고용한 인원이 200여 명에 이르렀다. 미화서관의 판매부銷售部는 1915년에 상하이의 위리공회서국衛理公會書局(The Methodist Publishing House)과 합병해서 교회도서공사敎會圖書公司(The Mission Book Company)를 구성하기도 했다.[24]

1913년 1월 미화서관과 화미서국華美書局(Methodist Publishing House in China)이 합병해서 '협화서국'協和書局(Mission Book Co.)을 설립하고, 베이징로의 건물을 총국總局으로 했다. 화미서국은 1902년에 상하이의 감리교관리회監理敎管理會(Methodist Episcopal Church)와 푸저우미이미회福州美以美會(Mission Financial Office Methodist Episcopal)가 협력해서 설립한 인쇄소이다.

한편, 상하이에서는 중국 자본이 세운 인쇄소가 태동하고 있었다. 미국 장로교회가 상하이에서 운영하는 청심서원淸心書院의 졸업생 포함창飽咸昌·포함형飽咸享 형제, 고봉지高鳳池, 하단방夏瑞芳 네 사람은 1897년에 상무인서관商務印書館을 설립했다. 1880년대부터 점차 많은 중국인이 인쇄출판업에 참여하기 시작했다. 1910년대에는 82개사, 1920년대에는 101개사, 1930년대에는 52개사가 참여했다. 상무인서관은 1931년에 노동자 3,604

명이 근무하는 대기업으로 성장했다. [25]

인쇄 산업 분야에서 중국의 민족자본이 두각을 나타낸 것은 서양의 기독교 선교용 출판사와 인쇄소로서는 위협적이었다. 1910년 이후 미화서관에서 일하면서 인쇄기술을 배운 많은 중국인이 인쇄소를 개설해서 외국인이 경영하는 인쇄소에 비견할 만큼 성장해갔다. 그 밖에도 중국인, 일본인이 경영하는 인쇄소도 증가하면서 경쟁이 치열해졌다.

하지만 기독교 선교용 전문 인쇄소로서 미화서관은 상대적으로 가격과 이윤 경쟁에 민감하지 않았다. 인쇄업에서 상업적으로 성공하는 것은 선교사들에게 그리 중요한 고려 사항이 아니었다. 그들에게 인쇄소 경영은 기독교 선교에 필요한 간행물을 얻기 위한 수단이었다. 선교회에서는 선교에 필요한 인쇄물을 이미 다른 인쇄소에서 값싸게 인쇄할 수 있다고 판단하고 미화서관의 폐쇄를 결정했다. [26] 미화서관은 마침내 1931년 12월 31일에 문을 닫았다. 미화서관의 인쇄 설비는 상무인서관으로 양도되었다고 전한다. [27]

미화서관에서는 수많은 종류의 한역성경과 선교용 소책자를 만들었다. 그뿐만 아니라 일본과 조선의 어학사전을 간행하기도 했다. 그 가운데 몇 가지 책은 주목할 만하다. 만주에 있던 존 로스 목사는 1877년에 조선인 신자 이응찬의 도움을 받아『Corean Primer』를 미화서관에서 간행했다.

그보다 10년 앞선 1867년에는 헵번(James Curtis Hepburn, 1815~1911)의 『화영어림집성和英語林集成(A Japanese and English Dictionary; with an English and Japanese Index)』도 미화서관에서 인쇄되었다. 이 책은 일본 최초의 일영사전和英辭典으로서 당시 발행부수는 1,200부였다.

사전의 표제어는 일본어-영어가 20,772개, 영어-일본어가 10,030개였다. 이 사전은 일본어를 가로쓰기로 조판한 최초의 인쇄물이기도 하다. 일본어는 로마자 알파벳 순서로 실렸다. 이 로마자가 발전해서 제3판(丸善商社書店 발행, 1886)에 이르러 헵번식 로마자가 되었다. 헵번식 로마자는 제4의 일본어 표기법으로서 오늘날에도 일본에서 널리 쓰이고 있다.

헵번, 미화서관에서 사전을 간행하다

헵번은 이 사전을 일본에서 출판할 수 없다는 사실을 깨닫고 미국 선교회로 인쇄기를 보내달라고 요청했다. 그는 1862년 2월 24일 로리(John Cameron Lowrie) 박사에게 보낸 편지에서 "부디 급히 인쇄기와 사전 출판에 필요한 활자 한 벌, 일본어 대문자와 보통의 활자를 보내주시기 바랍니다." 라고 썼다. 이것도 실현되지 않자 어쩔 수 없이 1866년 9월에 상하이의 미화서관으로 사전 원고를 가지고 갔다. 그리고 조수 기시다 긴코岸田吟香가 쓴 글씨를 바탕으로 일본어 활자를 만들게 했다.

헵번의 편지에 따르면, 당시 미화서관에서 갬블이 일본어 활자를 만드는 데 1개월 이상이나 걸렸다. 사전은 식자공 5명을 써서 8면을 인쇄했고, 전체를 모두 다 인쇄하는 데는 무려 6개월이 흘렀다고 한다.[28]

『화영어림집성』은 재판(1872, 3천 부 발행)까지는 미화서관에서 인쇄되었다. 3판(1886)부터는 마루젠상사서점丸善商社書店에서 출판하고 요코하마의 메이클존사(R. MEIKLEJOHN&Co.)에서 인쇄되었다. 헵번은 이 사전의 판권을 2천 달러에 마루젠으로 넘기고 그 금액을 메이지학원에 기부했다.[29]

의학박사 헵번은 북미장로회 소속 의료 선교사로서 상하이에서 활동하다 1859년 일본으로 건너왔다. 처음에는 부인과 함께 가나가와神奈川의 성불사成佛寺에서 살았고 가까운 곳에 있는 종흥사宗興寺를 치료소施療所로 삼아 일본인을 치료했다. 1862년 12월에는 요코하마의 외국인 거류지 39번 지로 옮겼다. 그는 1891년 귀국하기까지 33년간 의료사업, 사전 편찬, 성서 번역, 교회와 학교 건설 등 근대 일본의 형성에 큰 영향을 미쳤다.[30]

미화서관에서는 1869년에 『화역영사서和譯英辭書(An English-Japanese Dictionary)』를 펴냈는데, 이 사전은 일명 '사쓰마사전'으로 불린다. 사쓰마薩摩 학생 세 명이 유럽 유학 경비를 모으기 위해 편집 출판한 사전이었기 때문이다. 『화역영사서』를 인쇄할 때는 가타카나 루비 활자(Ruby)가 새롭게 제작되었다. 기시다 긴코의 『화역영어연주和譯英語聯珠』(1873)도 미화서관에서 인쇄되었다. 이들 두 사전은 『화영어림집성』과 달리 세로쓰기로 조판되었다.[31]

한편, 갬블은 1869년에 미화서관을 떠난다. 청심당淸心堂의 판햄(John Marshall Willoughby Farnham) 목사와 불화했기 때문에 결국 갬블이 미화서관을 사직한 것으로 추정된다.[32] 청심당은 미국 장로회 소속 판햄 목사가 상하이에 세운 최초의 프로테스탄트 교회다. 판햄은 『A directory of Protestant Missionaries in China, Corea, Siam and the Straits Settlements: Corrected to May』(1886)의 저자이기도 하다.

갬블은 미화서관을 튼튼한 반석 위에 올려놓은 일등공신이었다. 장로회에서는 갬블을 "선교회에서 상대적으로 잘 알려지거나 명성이 높지 않았지만, 그는 전반적으로 모든 선교회 인쇄소를 위해, 특별히 미화서관을 위해서 노력했고, 인쇄술 발전의 역사나 선교회의 연대기에서 그와 필적할 만한 사람은 거의 없었다."[33]라고 높이 평가했다. 갬블의 생애와 업적에 대해 동료 맥카티 박사(Dr. McCartee)는 다음과 같이 말했다.

"갬블 씨는 활자 제작을 위해 전도주조법을 도입했고 뒤에 1869년 일본으로 전해진 것보다 작은 활자를 개발했다. 그는 천재적이었고 인쇄소를 성공으로 이끌었다. 다시 미국으로 돌아간 뒤 셰필드 과학학교(Sheffield Scientific School)에서 공부했고, 예일대학에서 명예석사학위를 받았다. 의학을 공부했고, 파리에서 얼마 동안 머물렀으며, 필라델피아에서 결혼했다. 1886년 무렵[5월 18일] 미국 펜실베이니아에 있는 자신의 농장에서 사망했다."[34]

갬블의 유산은 오늘날에도 전해져온다. 미국 워싱턴에 있는 의회도서관의 '아시아부'에는 '갬블 컬렉션'(Gamble Collection)이 있다. 이곳에는 갬블이 소장하고 있던 중국어 성경 277권, 선교용 소책자 493권, 영어와 그 밖의 언어로 된 물품 120점 등이 보관되어 있다.[35] 갬블 컬렉션을 조사했던 일본 학자들의 보고서에 따르면, 소장 물품 가운데는 황양목에 새긴 종자, 가라판(ガラ版, shell, 전기판을 제작할 때, 전기 분해의 원리로 만들어진 얇은 금속판), 활자, 인테르(interline, 활판 식자를 할 때 행과 행 사이에 적당한 간격을 두기 위해 끼우는 물건), 전기판, 각종 인쇄 견본장(1862년 판, 1865년 판) 등이 있었다.[36]

갬블은 10년 동안 근무했던 미화서관을 떠나 일본 나가사키로 건너간다. 그는 그곳에서 처음으로 일본인에게 서양의 근대 활판술을 전수해준다. 갬블의 일본행은 일본의 근대 인쇄출판의 역사를 바꾸는 계기가 되었고, 머지 않아 조선은 갬블의 후예들에게 서양식 연활자 인쇄술을 수입하게 된다.

근대 출판의 기원,

쓰키치

활판제조소

　상하이의 미화서관을 책임지고 있던 갬블은 동료와 얽힌 불화 때문에 1869년에 인쇄소를 떠난다. 그 무렵 갬블의 동향은 『교회신보』 제52호 (1869년 9월 11일)에 실린 다음의 예고 기사에서 짐작해볼 수 있다.

　"미국인 갬블 선생은 일본의 한 관리가 요청해옴에 따라 서력 11월 나가사키로 간다. 나가사키에는 4개월 동안 머물면서 인쇄소를 설립하기 위해 한자 활자, 구문歐文 활자, 가나 활자뿐만 아니라 인쇄에 관한 일체의 기구를 가지고 가서 일본인에게 활자 인쇄와 전태법 등의 기술을 가르칠 것이다. (…) 지난해 일본인은 값이 싸고 문자가 아름답다는 이유로 상하이에 와서 갬블 선생의 인쇄소에 의뢰해서 사전을 인쇄했다."[1]

사쓰마 학생, 상하이에서 사전을 인쇄하다

이 기사는 갬블이 1869년 11월에 4개월 일정으로 나가사키로 떠날 예정임을 알렸다. 일본인에게 활자 인쇄기술을 가르치기 위한 것이었다. 일본인이 의뢰해서 인쇄한 사전이란 '사쓰마 학생'薩摩學生(A Student of Satsuma)이 1869년 1월에 미화서관에서 간행한『화역영사서和譯英辭書』를 가리킨다. 일문과 영문 서문에 따르면, 이 책은 호리堀의『영자전英字典』과 그것을 개정하고 증보한 호리코시堀越의 책을 다시 바로잡아 펴낸 것이었다. 사쓰마 학생은 영문 서문 마지막에 갬블에게 사의를 표했다.

> **"이 책의 아름다운 서체에 대해 우리는 중국 상하이의 미화서관에 은혜를 입었고, 영어 단어의 정확한 철자법에 대해서는 친절하게도 이 부분의 최종 개정 작업을 맡아준 책임자 갬블 씨에게 은혜를 입었다."[2]**

사쓰마 학생이란 다카하시 신키치高橋新吉, 마에다 겐키치前田献吉, 마에다 마사나前田正名 세 명을 말한다. 이들은 해외 유학 자금을 벌기 위해 사전을 간행하려 했다. 나가사키에 있던 네덜란드 선교사 베어벡(Guido Verbeck)의 도움을 받아 영어 표제어를 가타가나로 훈을 붙여 편집했다. 학생들은 베어벡의 알선으로 상하이에 밀항해서 갬블 소장에게 사전 인쇄를 부탁했다.『화역영사서』는 2단 조판 700면으로 1869년에 1,500부가 간행되었다. 이 사전이 잘 팔리면서 학생들은 나중에 미국과 프랑스로 사비 유학을 떠날 수 있었다고 한다.[3]

이 사전의 서문에서 밝힌 '호리의『영자전』'이란 호리 다쓰노스케堀達之助가 편찬한『영화대역수진사서英和對訳袖珍辞書(A Pocket Dictionary of the

English and Japanese Language)』(1862)를 가리킨다. 이 사전은 일본에서 처음으로 간행된 본격적인 영일 사전으로, 수록어 수는 37,000어이다. 피카드 (H. Picard)가 편집한『A New Pocket Dictionary of the English-Dutch and Dutch-English Language』(1843)를 저본으로 삼아 일본어로 옮긴 것이다.

『영화대역수진사서』초판은 두 번에 걸쳐 인쇄되었다. 1850년에 네덜란드 정부가 일본 정부에 기증한 서양 활자와 인쇄기로 표제어와 품사 표시를 먼저 찍었다. 그 위에 일본어 번역어를 목판으로 새기는 식으로 서양 활자 위에 겹쳐 찍었다. 서양식 양장본으로 제본되었고, 200부를 발행했다. 발매 후에 매진되어 한때는 10배 이상 가격으로 거래되기도 했다. 이 사전은 1867년에 호리코시 가메노스케堀越龜之助가 수정해서『개정증보改正增補 영화대역수진사서』1천 부가 간행되었다.[4]

갬블의 예고 기사가 나온 지 7개월 뒤,『교회신보』제82호(1870년 4월 16일)에는「미국인 갬블 선생, 일본에서 상하이로 돌아오다」는 제목의 기사가 실렸다.

"미국인 갬블 선생은 일본의 한 관리가 요청해옴에 따라 전태모형의 제작과 활자 조판 그리고 인쇄법을 가르치기 위해 일본으로 건너갔다. 갬블 선생은 일본에 머문 지 4개월 만에 벌써 강습을 마쳤다. 활자 모형 3세트를 만들었는데, 하나는 한자, 하나는 구문歐文, 또 하나는 가나로 크고 작은 문자가 모두 갖추어져 있다. 우선 활판으로 화영和英 사전을 인쇄하려고 시도했다. 일본 각지에서는 이들을 모방하려고 한다. 임무는 이미 끝나서 선생은 상하이로 돌아왔다."[5]

'일본의 구텐베르크' 모토키 쇼조

갬블을 나가사키로 초청한 '일본의 한 관리'는 모토키 쇼조本木昌造 (1824~1875)를 가리킨다. 모토키는 일본에서 근대 활판인쇄술의 선구자이자 '일본의 구텐베르크'로 불리는 인물이다. 그는 당시 나가사키제철소長崎製鐵所의 소장으로 근무했는데, 1840년대부터 활판인쇄술에 뜻을 두고 시험과 실패를 거듭하면서 분투하고 있었다. 여기서 모토키가 갬블을 만나기 전의 시절로 돌아가보자.[6]

모토키 가문은 대대로 네덜란드 통역관蘭通詞을 지내왔다. 모토키는 어린 시절부터 네덜란드에서 발행한 책들을 자주 만날 수 있었는데, 그 책을 찍은 네덜란드 인쇄술의 정교함에 감탄하고 서양식 활판인쇄술에 흥미를 느끼고 있었다. 그는 1840년대부터 네덜란드에서 번역된 책을 연구하기도 하고 서양 선교사들에게 문의도 하면서 인쇄술을 연구했다.

1848년에 한 네덜란드 상선이 수인手引 활판인쇄기, 구문 활자를 싣고 와서 나가사키 가이쇼長崎會所에서 판매했다. 나가사키 가이쇼는 나가사키에서 행정관리와 상인이 주체가 되어 설립한 일종의 무역사무소로서 1698년부터 1867년까지 나가사키 부교長崎奉行의 감독 아래 네덜란드와 일본 사이의 해외 무역과 나가사키 행정을 취급했다. 나가사키 부교는 에도 바쿠후가 직할령인 나가사키에 설치한 집정관으로, 네덜란드 무역과 중국 무역을 감찰하고 시정을 총괄했다. 1848년 당시 모토키는 나가사키 가이쇼의 네덜란드 통역관으로 근무하고 있었다.

모토키는 1848년 말에 동료 통역관인 기타무라 모토스케北村元助, 시나가와 도베品川藤兵衛, 나라바야시 데이치로楢林定一郎와 함께 나가사키 가이쇼에서 활판인쇄 기자재를 구입했다. 구입비용은 은 4관貫 600문匁

(1문=3.75g)이었다. 모토키는 동료들과 함께 서양의 활판인쇄기술을 연구하고 마침내 1851~1852년 무렵에는 자신의 저서인 『난화통변蘭和通弁』을 인쇄했다. 이 책에는 구문 활자와 가타가나 활자가 함께 쓰였는데, 구문 활자는 네덜란드에서 만든 연활자이고, 가타가나는 모토키가 주형鑄型에 연합금액을 부어서 제작한 활자라고 전해진다. 『난화통변』은 일본에서 최초로 연활자를 주조해서 제작한 책으로 알려져 있다. 하지만 원본이 남아 있지 않아서 일본 학자들 사이에서 의견이 분분하다.

한편, 네덜란드 정부에서는 1850년에 쇼군將軍 도쿠가와 이에요시德川家慶에게 네덜란드 암스테르담에서 제작한 스텐호프식 활판인쇄기(Stanhope Press) 한 대, 네덜란드제 구문 활자, 부속 기구 일식一式을 헌상했다. 스텐호프 인쇄기는 1800년 영국의 스텐호프 백작(3rd Earl Stanhope) 찰스 마혼(Charles Mahon)이 구텐베르크의 목제 수인 평압平壓 활판인쇄기를 개량한 것으로, 레버 장치를 달고 몸체를 목제 대신 철제로 제작했다. 개량 결과 압반이 이전의 것보다 배로 커졌고 압반이 오르내리는 속도가 향상되었다. 인쇄판과 압반의 압력이 증가함으로써 인쇄물도 훨씬 선명해졌다. 인쇄 속도는 1시간에 200~300매를 기록했다.[7]

모토키가 활판인쇄 연구에 힘쓸 무렵, 일본은 서양의 압력과 마주하고 있었다. 1854년에 일본은 미국과 화친조약을 체결함으로써 본격적으로 서양과 외교관계를 맺고 통상하기 시작했다. 바쿠후는 1855년에 나가사키 부교를 통해 네덜란드에 군함과 무기를 주문했다. 1855년 6월에 네덜란드 국왕은 해군 연습함으로 군함 슨빈호를 바쿠후에 기증했다. 슨빈호가 나가사키에 도착한 뒤, 그해 10월에 나가사키 해군전습소長崎海軍傳習所가 설립되었다. 서양 항해술과 포술 등의 기술을 익히기 위한 훈련소였다. 전습소는 나가사키 부교쇼奉行所의 니시야쿠쇼西役所 안에 있었다. 기증함의 함장 이하 승무원 22명이 해군전습 교사로서 남았는데, 모도키는 전습소 통역관으로 임명되었다.

1855년 6월에 나가사키 부교 아라오 시게마사荒尾成允는 활자판 간행 건의서를 로주老中(바쿠후에서 쇼군에 직속해서 정무를 총괄하고 다이묘를 감독하던 직책)에게 제출했다. 나가사키 부교는 네덜란드 서적의 번역과 출판이 필요한 사정을 깨닫고 있었다. 로주는 그해 8월에 아라오의 건의를 받아들였다. 또 네덜란드의 상관장商館長 쿠르티우스(Jan Hendrik Donker Curtius)를 통해 네덜란드 활자를 비롯한 활판 기구를 추가로 주문할 것도 허락했다. 1855년 11월에 쿠르티우스는 네덜란드에서 제작된 일본 가타가나 활자판 10매와 활자 수본手本 1포包 등을 제공했다.

1856년 봄, 나가사키 부교쇼는 모토키 등이 소유하고 있던 활판인쇄기 자재를 되산 뒤 니시야쿠쇼 안에 '활자판접립소'活字判摺立所를 신설했다. 모토키는 접립소의 취급괘取扱掛로 임명되었다. 그해 8월에 네덜란드인 간호장看護長 인데르마우르(G. Indermaur)가 나가사키로 파견되었는데, 그는 활판인쇄기술자이기도 했다. 접립소는 그에게 기술 지도를 받았다. 1857년 12월 접립소는 나가사키 에도마치江戸町로 이전했다. 접립소의 첫 번째 책은 1856년에 간행된 『Syntaxis of Woordvoeging der Nederduitsche Taal和蘭文典成句論』이다. 나가사키 해군전습소는 1859년에 폐쇄되었는데, 접립소도 이듬해인 1860년 무렵에 문을 닫은 것으로 보인다.

모토키, 나가사키 활판전습소를 열다

1857년 6월 네덜란드에서 활판인쇄 기구, 활자, 잉크, 용지用紙가 수입되었다. 이것은 1858년에 나가사키의 데지마出島에 신설된 '아란타인쇄소'阿蘭陀印刷所('아란타'는 네덜란드의 일본식 음역)에서 사용되었다. 아란타인쇄소의 소장은 활자판접립소에서 기술 지도를 맡았던 인데르마우르였다. 이곳에서는 일본인 공원工員의 기술 양성도 담당했다. 모토키도 부교쇼의 감찰 겸 통역관으로서 인쇄소에 참여하고 교정과 검열을 맡았다. 아란타인쇄소는 1862년 무렵 인데르마우르가 귀국하면서 폐쇄된 듯하다.

1857년 10월부터 바쿠후의 지시에 따라 네덜란드 기술자들이 나가사키의 아쿠노우라飽の浦에 나가사키제철소長崎製鐵所(오늘날 미쓰비시중공업 나가사키제철소의 전신)를 건설하기 시작했다. 제철소는 1861년 3월에 낙성했다. 모토키는 1860년부터 나가사키제철소의 어용괘御用掛(정부의 명을 받아 업무를 담당하는 관직)가 되었다. 1868년에는 제철소 소장으로 임명되었다.

1860년 무렵, 모토키는 우연히 서양 인쇄기가 사장死藏되고 있다는 소식을 들었다. 사쓰마의 학자 시게노 야스쓰구重野安譯가 상하이의 상인에게서 서양과 일본의 연활자와 수인평압인쇄기手引平壓印刷機의 일종인 워싱턴 인쇄기(Washington Press)[8] 등을 구입한 뒤 활용하지 못하고 있다는 것이었다. 그는 뜻있는 사람들과 함께 이것을 구입해서 연구를 거듭했다.

독학으로 서양식 인쇄술을 완벽하게 이해하고 습득하는 데는 한계가 많았다. 모토키는 1869년에 나가사키제철소 부속 '나가사키활판전습소'를 열었다. 그는 미국인 선교사 베어벡(Guido Verbeck, 1859년 11월 일본에 옴)에게 미화서관의 윌리엄 갬블을 소개받았다. 베어백은 나가사키 영어전습소(1858년 설립)의 후신인 제미관濟美館 교사였다. 마침내 갬블이 모토키의 초빙을 받아 나가사키로 왔다.

갬블은 모토키를 비롯한 활판전습소 사람들에게 전태모형주조법의 원리, 활자의 규격, 인쇄기의 작동법 등을 가르쳐주었다. 모토키는 당시 갬블이 상하이에서 가지고 온 활자와 인쇄기계, 그 밖의 인쇄 장비를 4천 달러에 구입했다. 강습을 마친 뒤에도 미화서관에서 계속 활자를 구입해서 그것을 복제했다. 모토키가 갬블에게 구입한 인쇄 장비는 혼코젠마치本興善町 원당통사회사元唐通事會社에 설치되었다.

4개월 동안 갬블의 활판 강습에 참가했던 사람들은 그 뒤에 일본 근대 활판술의 양대 산맥을 이루게 된다. 하나는 모토키에서 비롯되어 도쿄쓰키치활판제조소東京築地活版製造所로 발전하고, 또 하나는 대장성 인쇄국의 기초를 만들었다. 일본 명조체의 역사는 이 4개월 동안의 강습과 그 뒤의 활자 복제에서 시작된 것이다.

갬블의 구체적인 강습 과정은 기록이 남아 있지 않다. 고미야마 히로시에 따르면, 갬블은 미화서관에서 활자의 종자種字를 가지고 오지 않았다. 이미 주조된 활자를 종자로 삼아서 전태법으로 모형母型을 만들었다. 한자 활자는 충분했지만 일본어 가나 활자는 부족했다. 미화서관에는 5호와 6호의 가타카나 활자밖에 없었다. 모토키는 그 밖의 가나 활자를 스스로 주조하지 않을 수 없었다.[9] 히라가나, 가타카나의 명조체 일본어 활자는 나가사키의 국학자 이케하라 가와카池原香穉가 쓴 글씨를 모범으로 삼아 모토키의 활자 제조소에서 만들어졌다고 한다.[10]

모토키는 1869년 2월에 동지들과 의논해서 나가사키 신마치新町에 '신마치사숙'新街私塾을 열었다. 갬블을 초빙하기 전의 일이었다. 신마치사숙은 나가사키의 소년 자제에게 독서, 습자習字, 서양학 등 신교육을 가르치는 민

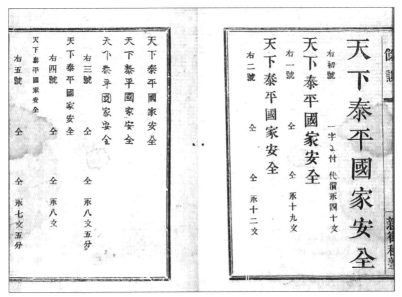

「기요신숙여담 초편」에 실린 활자 견본 광고. '호'를 활자 단위로 쓴 첫 번째 기록이다. 樺山紘一 編, 『本の 歷史』, 河出書房新社, 2011, 23쪽에서.

간 교육기관이었다. 모토키는 갬블의 강습을 받고 난 뒤 1870년 3월 무렵 나가사키제철소를 사직하고 신마치사숙 근처에 '신마치활판소'新町活版所(崎 陽新塾活字製造所라고도 한다)를 설립했다. 이를 계기로 본격적으로 활판인쇄술 을 시작했다. 당시 설립 자본금은 5만 엔이었다.

신마치사숙에서는 1872년에 『기요신숙여담 초편 1, 2崎陽新塾餘談初編 一. 二』를 발표했다. 이 책에는 '기요신숙활자제조소'崎陽新塾活字製造所에서 제 조한 활자 견본 광고가 처음으로 실려 있다. '천하태평국가안전天下泰平國 家安全'이란 한자 어구를 초호와 1호부터 7호까지(3호는 3종) 각 서체의 호수 크기에 따라 보여준 것이었다. 그해 10월에 발행된 『신문잡지新聞雜誌』 제 66호의 부록에도 별쇄로 '기요신숙제조활자목록'崎陽新塾製造活字目錄을 실 었다.

'호'號는 미화서관에서는 활자의 순번을 가리킬 뿐이었는데, 여기서는 서체의 크기를 나타내는 활자의 단위로 사용했다. 이로부터 활자의 호수제가 일본에서 처음으로 시작되었다. 이후 포인트 활자 단위가 도입[11]되기까지 오랜 시간 호수제는 동아시아 활자 인쇄의 표준이 되었다.

초호라는 명칭은 모토키가 창안한 것이다. 초호는 연활자가 아니라 목활자로 제작되었다. 미화서관의 6호는 기요신숙에서는 7호가 되었다. 3호는 명조체 외에 해서체와 행서체 두 서체가 더해져 있다. 이 해서체와 행서체는 미화서관의 활자 견본에는 없던 것으로, 일본에서 새롭게 만들어진 것이다. 6호를 제외하고 1호부터 7호까지 명조체는 활자의 크기와 자형이 미화서관의 그것과 완전히 같다. 그것을 그대로 복제한 것이다.[12]

『요코하마신문』이 창간되다

모토키는 1870년 갬블의 활판 강습을 받고 독립한 뒤 얼마 지나지 않아 문인 오바타 쇼조小幡正藏, 사카이 산조酒井三藏, 다니구치 모쿠지谷口默次를 오사카로 보내 '나가사키신숙출장오사카활판소'長崎新塾出張大阪活版所를 세웠다. 또 같은 해에 교토에 '덴린도인쇄소'点林堂印刷所를 설립했다. '덴린'은 모토키의 호이다. 오사카활판소는 1878년에 다른 곳으로 옮겨서 '오사카활판제조소'로 이름을 바꾸었고, 다시 1885년 4월에 독립해서 주식회사 '오사카활판제조소'가 되었다.

1870년에 모토키는 문인 요 소노지陽其二를 요코하마로 파견했다. 당시 가나가와현神奈川縣의 지사知事 이제키 모리토메井關盛艮가 요코하마에서 일간신문을 발행하려고 준비하고 있었다. 요 소노지는 활자와 인쇄기 등을 가지고 요코하마에 가서 '요코하마활판소'를 열고 신문 제작에 참여했다. 그해 12월 8일 일본 최초의 일간신문 『관허 요코하마신문官許橫浜新聞』(요코하마활판소 발행)이 창간되었다. 서양 수입지 1매에 양면을 인쇄한 신문으로, 요코하마의 무역 사정과 도쿄, 요코하마의 소식을 주로 실었다.

이 신문에는 창간호부터 1872년 9월 25일 호까지는 3호 크기의 해서체 목활자가 사용되었다. 그해 9월 26일 호부터 일부 지면에 신숙활판제조소에서 제작한 3호 해서체 연활자가 사용되기 시작했다. 신문 전 지면에 3호 해서체 연활자가 채용된 것은 1873년 1월부터였다.

요 소노지는 요코하마활판소의 창립자 가운데 한 사람인데, 1872년에 신문사를 사직하고 1873년 2월 요코하마에서 활판인쇄와 제본을 담당하는 게타이샤景諦社를 개업했다. 그는 1874년 2월 게타이샤를 초지회사少紙會社(뒤의 오지王子제지주식회사)에 넘기고 그 회사를 총괄하게 되었다.

모토키가 나가사키제철소에서 일할 무렵인 1863년 4월, 히라노 도미지平野富二(1846~1892)란 사람이 기관사가 되어서 모토키를 사사했다. 히라노는 1868년 12월에는 나가사키제철소의 1등 기관사가 되어 경영에 참가했다. 메이지 정부가 들어서면서 나가사키제철소의 운명도 바뀌어갔다. 메이지 정부는 1871년 4월 9일 나가사키제철소를 나가사키현 관할에서 메이지 정부 공부성工部省 소속 기관으로 바꾸었다. 나가사키제철소는 '나가사키조선소'가 되었다. 이듬해 1872년 10월 21일에는 다시 '나가사키제작소'로 개칭했다.[13]

나가사키제철소가 공부성 관리로 넘어가면서 1871년 나가사키제철소 소속 활자와 기계는 공부성으로 인도되었다. 이들 활자와 기계는 나가사키제철소에서 공부성 권공료勸工寮를 거쳐 태정관太政館 좌원左院 인서국印書

局, 대장성 인쇄국으로 차차 인계되었다.

한편, 당시 모토키가 설립한 인쇄소는 경영에 큰 어려움을 겪고 있었다. 선진적인 기술을 도입해서 정열적으로 연활자를 생산했지만, 그 무렵까지는 아직 활자와 활판인쇄의 수요가 그리 많지 않았다. 모토키는 나가사키제철소를 사임한 히라노 도미지를 적극 설득해서 인쇄소 경영에 끌어들였다. 히라노는 1871년 7월에 신마치활판소에 들어가 인쇄소의 사업 일체를 넘겨받았다.

모토키가 일본에서 서양식 연활자 인쇄술의 '발명자'였다면, 히라노는 발명자의 정신과 유산을 이어받아 연활자의 기업화에 성공한 '사업가'였다. 히라노는 모토키와 협의한 뒤 인쇄공장의 조직과 경영에 일대 혁신을 꾀했다. 1871년 11월, 그는 신마치활판소에서 제작한 연활자를 들고 도쿄로 올라가서 활자 수만 개를 태정관의 좌원에 판매했다. 이것은 뒤에 내각內閣 인쇄국 활자의 근원이 되었다. 히라노는 그 밖에도 요코하마활판소, 구라타활판소藏田活版所, 닛슈샤日就社(요리우리신문사의 전신) 등에도 활자를 판매해서 합계 2천여 엔의 수입을 거두었다. 그는 오사카에서 안티몬을 구입해 나가사키로 돌아왔다.

1872년 7월, 히라노는 나가사키신숙 활판소의 사원 8명을 이끌고 도쿄로 진출, 간다神田에 금속활자 제조공장 '나가사키신숙 출장 활판제조소'를 열었다. 당시 도쿄로 가지고 올라온 설비는 나가사키에서 지참한 5호, 2호 활자의 모형, 주형 각 1조組, 활자주조기 3대였다. 당시 물품의 대가는 1만 5천 엔이었다. 이듬해인 1873년 7월에는 쓰키치築地 2정목丁目에 토지를 400여 제곱미터 구입해서 공장을 신축, 이전했다. 1874년부터는 활판소 안에 철공부鐵工部를 설치해서 활자의 주조와 판매뿐만 아니라, 활판인쇄기계의 제작과 수리도 본격적으로 시작했다. 1874년 당시 신숙활판소의 현황은 다음과 같다.

4호 활자: 23만자

5호 활자: 22만자

4매접기계摺器械: 1대

2매접기계: 1대

롤러 기계: 1대(46판 8매 롤러의 뜻)

당시의 기계 정가

나가사키제 반지半紙 2매접枚摺 프레스: 170엔

당국當局(히라노활판소) 제조 1매접: 100엔[14]

'쓰키치체'가 완성되다

1876년 10월 히라노는 이시카와조선소石川島造船所를 해군성으로부터 불하받아 히라노조선소平野造船所(오늘날 '주식회사 IHI'의 전신)를 창업했다. 동시에 활판제조소 안의 인쇄기 제작부를 조선소 내로 옮겼다. 이때부터 '도쿄쓰키치활판제조소' 또는 '히라노활판제조소'로 이름을 바꾸었다. 1878년 9월 히라노는 나가사키로 가서 활판소 관계자들을 불러모았다. 그는 당시 활판제조소와 히라노조선소의 자산이 13만여 엔에 이르렀다고 보고하고, 활판소 자산 9만여 엔을 모토키 가문에 반환했다.

1879년에는 사원 마가타 세이曲田成를 상하이로 파견했다. 마가타는 상하이의 정교한 조각공에게 부형을 조각하게 해서 명조체 서체를 개량했다. 이때 새로 만들어진 서체가 뒤에 일본 민간 서체의 대표격이 되는 '쓰키치체'築地体의 기초가 되었다.

1881년에는 미국에서 처음으로 브루스형(David Bruce型) 활자주조기를 수입했다. 일본에서는 이것을 '캐스팅'이라고 불렀는데, 수동으로 작동되지만 기계식으로 활자를 주조한다는 점에서 신기원을 열었다.

1883년에는 마쓰노 오리노스케松野直之助 등 사원 3명을 상하이로 파견, 영국 조계지에 수문서관修文書館을 열었다. 수문서관은 도쿄쓰키치활판제조소의 상하이 지점이자 활자와 인쇄재료 판매점이었다. 1860년대부터 중국에서는 '양무운동'이 시작되었다. 청나라 정부가 근대화 개혁을 추진하면서 중국에서도 활판인쇄를 이용한 출판이 활기를 띠어갔다. 중국 시장에서 활자 수요가 급속히 늘었다. 서양 개화의 풍조가 전국으로 확대되었다. 과거시험이 폐지되면서 서양 서적의 번역과 번각이 활발해졌다. 관청의 인쇄 수요도 증가했다.[15] 하지만 당시까지 활판인쇄업에 참여하는 중국인은 많지 않았다. 서양인 선교기구에서 제작한 금속활자는 시장의 수요를 따라가지 못했다.

상하이의 수문서관은 일본어 주간신문『상하이신보上海新報』(1890년 6월 5일 창간, 1891년 5월 29일 52호로 폐간)를 인쇄했다. 미국 교회로부터 대량으로 성서 제작 주문을 받기도 했다. 하지만 영업 부진으로 1894년에 문을 닫았다. 1897년에 문을 연 상무인서관은 수문서관의 인쇄기계 일체를 1만 원元에 구입했다.

쓰키치활판제조소, 당대 최고의 숙련공들이 작업하다

쓰키치활판제조소築地活版製造所가 중국에 진출함으로써 쓰키치에서 제 작한 활자가 중국에 널리 보급되었다. 쓰키치 명조체와 고딕체는 범용 서체 로서 중화인민공화국이 건국된 뒤인 1960년대까지 사용되었다. 1890년대 부터 일본의 슈에이샤秀英社(1876년 설립)에서 제작한 '슈에이체'秀英体도 중 국에서 사용되었지만, 주로 신문 인쇄에 쓰였다.[16]

1884년 3월에 쓰키치활판제조소는 활자판 인쇄부를 새로 설치했다. 그 해 6월에 3호와 4호 조선문자를 제작했다. 1885년에는 활자와 인쇄 관련 조직을 통합 정리해서 유한책임주식회사 '도쿄쓰키치활판제조소'를 설립했 다. 그해 도쿄쓰키치활판제조소의 현황은 다음과 같다.

자본금: 8만 엔

주주: 20명

사장 이하 임원: 15명

직원 남녀 합: 175명

주조기: 15대 가운데 수입품 1대

인쇄기계: 46판 16엽頁 2대

　　　46판 8엽 2대

　　　족답足踏 2대

　　　半, 2매 **수인**手引 **인쇄기:** 5대

　　　美, 2매 **수인 인쇄기:** 3대

　　　차부車附 **석판인쇄기:** 4대

　　　수인 석판인쇄기: 8대

1년간의 영업 수입

> **활자류 매상고:** 2만 3,521엔
>
> **기계류 매상고:** 5,750엔[17]

1872년 7월에 1만 5천 엔으로 시작한 히라노의 활판제조소는 10년 뒤인 1883년에는 자본금과 수입을 합쳐 10만 엔을 기록하는 굴지의 대기업으로 성장했다. 1883년 당시 도쿄부東京府의 『도쿄부통계서東京府統計書』(東京府, 1912)에 따르면, 자본금이 10만 엔 이상인 기업은 부내府內에 4개 회사밖에 없었다. 성냥제조회사인 신스이샤新燧社(10만 엔), 오지제지회사王子製紙會社(25만 엔), 가와사키조선소川崎造船所(10만 엔) 등이었다. 당시 히라노활판제조소는 자본금이 10만 엔, 직공이 84명(남자 66명, 여자 18명), 수입금이 2만 8,414엔이었다. 히라노의 이시카와조선소는 자본금이 7만 6,916엔이었다.[18]

이처럼 모토키의 사업을 물려받은 히라노는 쓰키치활판제조소를 대기업으로 끌어올렸다. 그가 이처럼 활판제조업에서 두드러진 성공을 거둔 것은 무엇 때문이었을까.

당시 도쿄에서도 여러 사람이 활자를 만들고 있었다. 하지만 히라노가 가져온 나가사키제 활자는 품질이 뛰어나고 값도 쌌다. 1874년부터는 인쇄와 활자 제조뿐만 아니라 활판인쇄기도 제조했다. 히라노의 공장은 기계 제작 기술을 배경으로 당시 속속 탄생하던 인쇄업자들에게 기계를 판매할 수 있었다.

당시 일본 국내의 기술 수준도 활판인쇄업을 발전하게 하는 배경이었다. 히라노의 활판공장에서는 당대 최고의 숙련공들이 모여서 작업했다. 활자의 원형이 되는 종자種字는 도쿄의 인장印判조각사가 새겼다. 모형母型은 도쿄의 금속세공사가 만들었다. 활자 주형은 구와나桑名(철물업의 명산지) 출신의 철포鐵砲 대장장이가, 인쇄기는 가가加賀(기계공업으로 유명한 곳) 출신으로 바쿠후의 소총 제조소에서 일한 경험이 있는 철포 대장장이가 맡았다. 히라노는 전통적인 기술자들이 신기술 공장에서 자신들의 기술을 마음껏 발휘할 수 있도록 자리를 마련해주었다.

히라노가 쌓아온 인맥도 기업 성장에 큰 도움이 되었다. 그는 나가사키제철소에서 기관사로 근무한 경험 때문에 관청으로부터 기술적 신용을 얻을 수 있었다. 또 정부와 해군 인사들과 폭넓게 교유함으로써 활판소의 주된 시장인 관청에 쉽게 접근할 수 있었다.

히라노가 도쿄에서 활판제조소를 개업한 뒤 처음으로 인쇄의 거래조건을 문의해온 곳은 해군이었다. 최초로 활자를 주문한 곳은 사이타마현埼玉縣이었는데, 그 뒤에도 사이타마현의 고시 등이 히라노 공장에서 인쇄되었다. 당시 사이타마현령은 히라노가 나가사키제철소 소장으로 취임했을 때 사이타마현 지사였던 노무라 모리히데野村盛秀였다.

벤턴조각기와 쓰키치활판제조소의 몰락

1872년 메이지 정부는 태음력을 폐지하고 태양력과 1일 24시간제를 채용했다. 1872년 12월 3일이 1873년 1월 1일로 바뀌었다. 히라노는 개력改曆에 따른 정부 인쇄물을 태정관으로부터 주문받았다. 또 그해 11월 28일자로 발표된 정부의 「징병령조서徵兵令詔書」와 「징병고유徵兵告諭」 인쇄물도 수주해서 날마다 철야로 조업했다.[19]

쓰키치활판제조소는 메이지와 다이쇼 시대까지 업계에서 기술적 혁신과 창조적 열정을 선보이면서 날로 발전해갔다. 1921년 5월에는 벤턴모형조각기계字母彫刻機(Benton matrix cutting machine)를 수입했다. 1911년 대장성에서 수입한 데 이어 두 번째였다. 이 기계가 실제로 실용화된 것은 이듬해인 1922년부터였다. 1923년 4월 회사는 역사상 최고 수익을 기록했다. 매상고는 59만여 엔, 당기 이익은 10여 만 엔을 찍었다. 주주 배당금도 최고였다. 그해 7월에는 지하 1층, 지상 4층짜리 신사옥이 준공되었고, 벤턴조각기도 가동을 개시했다.

하지만 영광의 시간은 그리 오래가지 못했다. 1923년 9월 1일 간토대지진關東大震災이 일어났다. 두 달 전에 준공된 본사 건물과 쓰키시마月島 공장이 피해를 입었다. 1명이 사망하고, 2명이 부상당했다. 당시 회사 손실액은 150만 엔에 이르렀다. 그 후 회사는 끝내 예전의 명성을 회복하지 못했다. 회사 경영은 점차 시대의 흐름에 뒤처졌다. 업계의 경쟁이 치열해지면서 실적은 부진을 면치 못했다.

마침내 1938년 3월 7일 임시주주총회에서 회사의 해산을 결의했다. 토지와 건물은 채권자인 권업은행勸業銀行으로 넘겨졌다. 지진 전의 직공 수는 689명이었는데, 해산 당시 종업원은 150명, 자본금은 60만 엔이었다. 1870년 모토키 쇼조가 나가사키에서 신마치활판소를 세운 지 68년 만의 일이었다.

잊힌 전태법을 복원하다

윌리엄 갬블이 상하이에서 창안하고 모토키와 히라노가 나가사키와 도쿄에서 발전시킨 납형전태법도 점차 역사에서 퇴장하는 운명을 맞이할 수밖에 없었다. 1884년 미국인 벤턴(Linn Boyd Benton)이 모형조각기계를 완성하고 이듬해 특허를 얻었다. 이것은 활자 모형 또는 부형(凸型, punch)을 직접 금속 재료에 조각하는 혁신적인 기계였다. 쓰키치활판제조소에서는 1921년 5월에 벤턴모형조각기계를 수입했다.

그때까지 활자 모형은 갬블에게 배운 전태법으로 만들어졌다. 각 호수의 활자는 각각의 원자原字를 조각해서 만들어졌는데, 같은 문자라도 호수에 따라 약간 차이가 생겼다. 벤턴조각기는 약 5센티미터 크기의 문자를 아연판으로 구워서 요판凹版 모양으로 만든다. 이것에 탐침探針을 대서 움직이게 하면 한쪽 끝의 절단기(cutter)가 움직여서 모형 재료를 새긴다. 이것을 축소해서 초호부터 7호까지 활자 모형이 탐침과 절단기의 크기를 바꾸면서 같은 문자판(패턴)에서 활자가 만들어진다. 그때까지 사용하던 방법보다 훨씬 단순하게 활자를 제작할 수 있게 되었다.[20]

갬블의 납형전태법은 벤턴기계조각기가 모형을 제조하게 된 뒤부터 급속히 쇠퇴해갔다. 전태법으로 일가를 이루었던 활판소가 이를 대체할 기계를 앞장서 도입함으로써 자신의 종말을 재촉했다는 것은 역사의 아이러니다. 쓰키치활판제조소가 문을 닫은 뒤 점차 시간이 흐르면서 전태법도 잊혀 갔다. 그 기술에 관한 기록도 남아 있지 않았고 경험자들도 차차 사망했기 때문이다.[21]

일본 인쇄업계에서는 납형전태법을 복원하는 데 발 벗고 나섰다. 나가사키의 스와신사諏訪神社에는 목제 활자가 3,300개 남아 있는데, 이것은 모두 전태법으로 연활자의 모형을 만들기 위해 모토키가 제작한 종자였다.

1999년 말 '모토키 쇼조 활자 복원 프로젝트'가 시작되었다. 나가사키현 인쇄공업조합, 모토기 쇼조 현창회, 인쇄박물관, 주식회사 모리사와가 참여한 대형 기획이었다. 그 결과 2003년에 진태법을 복원하는 데 성공했다.[22]

• • •

쓰시마와 부산,

언어와 문학의

공동체

1881년 12월 10일(음력 10월 19일) 토요일, 조선에는 새로운 근대 문물이 등장했다. 바로 '신문'이라는 것이었다. 남쪽 부산에서 나온 신문 『조선신보』 창간호는 현재 남아 있지 않지만, 『도쿄일일신문東京日日新聞』 1882년 3월 3일자(양력)에 실린 「조선신보朝鮮新報」란 기사가 그 사실을 알려준다.

"조선국 부산 본정本町 2정목丁目 20번지의 조선신보사에서 오시이 도쿠오大石德夫 씨가 간리幹理 겸 편집 인쇄인으로 발행한 신보 제1호는 일본 메이지 14년[1881] 12월 10일자로서 조선력 신사년 10월 19일이라고 기록한 그 1호는 한 매를 접은 것一枚摺이다. 2호부터는 그 나라[조선] 종이로 하고 반지판半紙判의 철본綴本이다. 이것은 본년[1882] 2월 5일에 발행해 판매하는데, 그 나라의 12월 17일이 된다."[1)]

부산에서 『조선신보』가 나오다

위 기사가 실린 그다음 날인 3월 4일 『도쿄일일신문』에는 「조선신보 기사 초抄」란 제목으로 통리기무아문의 조직과 담당자 명단이 소개되어 있다. 이 기사가 나온 지 한 달쯤 지난 1882년 4월 11일자(양력, 음력 1881년 12월 17일) 『도쿄일일신문』에는 『조선신보』광고가 수록되었다.

> 조선신보
>
> **매월 3회 발태**發兌
>
> 정가 1책 4전
>
> **본소 신보 간행의 취지는 경제 논설을 서술해서 일본과 조선 두 나라에서 널리 사물을 잘 알고 있는 사람이 살펴보는 데 이바지할 뿐만 아니라, 그 나라 안팎에 드러내게 하고 기사이문**奇事異聞 **같은 것도 거두어서 남김 없게 하는 것이다. 바라건대 사방의 여러 군자는 이런 뜻을 잘 살피고 뛰어난 의견과 새로운 의론은 반드시 아끼지 말고 투고해주시면 그 글은 힘써 실을 것이다. 아울러 애독해주시기 바란다.**
>
> 재조선국부산항 본정 2정목 20번지
>
> **본국**本局 **상법회의소**
>
> **동**同 **변천정**辨天町 3정목 3번지
>
> **대취차매홍소**大取次賣弘所 **스즈키 다다요시**鈴木忠義

위 기사와 광고에서 『조선신보』가 부산항 상법회의소에서 1881년 10월 19일 창간되었고, 제2호는 그해 12월 17일에 발행되었다는 사실을 알 수 있다. 발행인 겸 편집인은 오시이 도쿠오, 판매 책임자는 스즈키 다다요시였다. 오시이에 대해서는 알 수 없다. 스즈키는 1940년과 1941년에 부산지

방체신국 소속 장기우편국장(8급)에 재직했다는 기록이 남아 있다.[2]

 광고에서 매월 3회 발행한다고 했으므로 순간 형식이었을 것이다. 하지만 창간호가 나온 지 한 달쯤 지나서야 2호가 간행되었으므로 발행주기가 지켜졌던 것 같지는 않다. 신문 가격은 1부에 4전이었다. 『조선신보』는 현재 5호부터 12호까지 남아 있고, 영인본[3]이 나와 있다. 12호 이후에도 발행되었는지, 폐간되었다면 언제인지 등은 알 수 없다.

 『조선신보』보다 앞서서 조선에서 신문이 발행되었다는 기록이 남아 있다. 1881년 2월 7일자 『이시카와신문石川新聞』은 "고베神戸사범학교 교장인 아마노 코天野皎 씨는 얼마 전 조선국에 부임했다. 이번에 그곳에서 협동상회協同商會와 상의해 표면은 일본 문자, 이면은 조선어로 적은 하나의 신문지를 발행하고 매월 5회씩 무가지로 인쇄해 발간한다는 소식"[4]이라고 전했다.

 『이시카와신문』은 일본 이시카와현石川縣에서 나온 신문이다. 고베사범학교 교장 아마노가 조선의 어느 곳에 어떤 직위로 부임했는지는 알 수 없지만, 아마 부산이었을 것이다. 일본 야마구치현山口縣의 협동사協同社는 부산 개항 이후 부산에 '협동상회'란 이름으로 지점을 설치했다.[5] 따라서 아마노가 상의한 것은 이 상사였던 것으로 보인다.

 당시 부산에는 근대적인 인쇄시설이 갖추어져 있었고, 한글 활자도 소유하고 있었다. 『조선신보』는 매달 3회 발행했는데, 아마노가 매달 5회, 게다가 무가지로 신문을 인쇄하려 했다는 점에서 꽤 야심찬 시도였다. 하지만 이 신문은 아마노의 구상으로만 끝나고 만 듯하다. 오늘날 이 사실을 입증할 만한 자료는 남아 있지 않다.

 결국 『조선신보』는 우리나라에서 발행한 최초의 신문인 셈이다. 『조선신

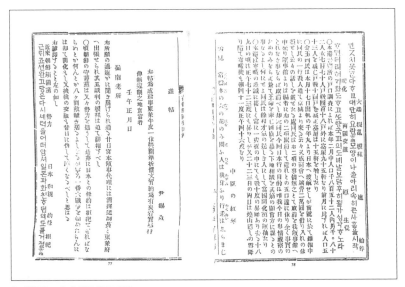

「조선신보」 7호에 실린 한글 기사.

보』 창간호 발행일이 1881년 10월 19일이고, 『한성순보』는 1883년 10월 1일이므로, 두 신문 사이에는 2년의 시차가 있다.

현재 남아 있는 자료를 바탕으로 『조선신보』의 체제와 내용, 성격을 살펴보자.[6] 4호 활자의 1단 체제이고, 신문 크기는 세로 17.8센티미터, 가로 12.6센티미터이다. 매호 10장, 18면이었다. 기사는 대체로 순한문이거나 한문과 일문을 섞어 썼다. 제7호(1882년 2월 7일, 양력 3월 25일)에는 한문과 일본 기사를 한글로 번역한 기사 한 건이 유일하게 실려 있다. 이 기사는 조선의 정치세력을 분석한 글이다. 한글은 활자가 아니라 손으로 쓴 것을 인쇄했다. 한글 옆에는 한자를 덧붙여 표기했다.

"근릭[近來]죠션[朝鮮]완고당[頑固黨; 일본어글에서는 守舊黨으로 나옴]은다시셰력[勢力]을어더압셔일본[日本]과화친[和親]ᄒ던약됴[約條]를거절[拒絶]홀만ᄯ치못ᄒ

다흥 고대단[大端]히 요란[搖亂]홀 모양[模樣]이나 출아리 속[速]히 큰사홈을 시작[始作]

흥 면더러 혀 기화[開化]도 흥 고 쏘 량국[兩國] 교의[交誼]도 녜날보담후[厚]히 될가 싱각

[生覺] 흥 노라"

『조선신보』에는 기사가 영사관 녹사錄事, 잡보, 부산 상황商況, 원산통신, 기서寄書, 수출입 물가표, 광고 등의 순서로 실려 있다. '영사관 녹사'는 일본 영사관에서 조선에 거주하는 일본인에게 널리 알리는 주의사항을 기록한 것이다. 5호부터 7호까지 풍기문란, 상거래 질서 위반, 소란행위 등 오늘날의 경범죄에 해당하는 죄목들이 실려 있다. 이 가운데 "신문 잡지 잡보류를 노상에서 읽으면서 판매하는 것"을 금지한다는 항목이 실려 있어 눈길을 끈다.

약품 광고가 실리다

오늘날의 신문 사설에 해당하는 항목이 '조선신보'이다. 이 난에서는 서양의 선진 문물이나 사상을 소개함으로써 일본 거류민뿐만 아니라 당시 조선의 고위직 인사나 지도급 인사들에게 개화사상이나 계몽사상을 알리려는 의도가 깔려 있었다. '잡보'는 오늘날의 사회면 기사와 비슷한데, 김옥균·어윤중 등 조선 정계 주요 인사의 동정, 지방 관제개혁, 신식군대 이야기, 의복개혁 소식, 조선과 미국의 수교 소식 등이 등장한다.

부산의 경제동향을 알려주는 '부산상황'과 개항장 원산의 소식을 담은 '원산통신'은 당시 조선에 있던 일본인에게 실용적인 정보를 제공했다. '기서'는 오늘날의 독자투고와 같다. '물가표'는 국내산과 외국산으로 나누어 수

출입 물가 정보를 알려주고 있다. 특히 일본 상인들에게 민감한 정보가 조선화폐와 일본화폐의 교환비율, 곧 환전이다. 이 물가표에서는 10일 동안 한전韓錢의 변동 상황을 날짜별로 기록하고 같은 기간의 평균 시세를 산출해서 발표한다고 알리고 있다.

'광고'는 본국 광고本局廣告와 상품 광고로 나뉜다. 본국 광고에서는 신문의 가격과 배포 방식을 알리고 있다. 이 광고에 따르면, 신문값은 1책 4전이고, 10책 이상을 구입하면 10%를 할인받을 수 있었다. 부산항 이외의 지역에서 신문을 구입하려면 따로 '우가세'郵價稅 곧 우편요금을 받는다고 명시했다. 일본은 1876년 11월 22일(양력) 부산에 우체국을 설치했고, 본국과 우편물을 교환하기 위해 매월 1회 우편선도 오갔다. 뒤이어 개항지마다 일본의 우체국이 설립되었다.[7] 당시 우편선을 통해 개항장 사이에서 신문을 구독할 수 있는 길은 열려 있었다.

상품 광고는 약품 판매 광고인 '천금단발매병제국묘약대취차판매광고'千金丹發賣 并諸國妙藥大取次販賣廣告가 유일하다. 이 광고는 9호(1882년 2월 28일, 양력 4월 15일)부터 11호(1882년 3월 18일, 양력 5월 5일)까지 20행으로 실렸다. 본국 광고에서 광고료를 "4호 문자 1행 25자의 배열에 따라 1회 금 3전, 2회 4전, 3회 이상부터 5호까지 5전. 단 25자 이하도 같음. 위는 모두 선금으로 받음"이라고 했으므로, 위의 천금단 광고료는 100전이었다. 이는 신문 25부 값에 해당하는 금액이었다.

「임경업전」을 번역, 소개하다

『조선신보』에서 가장 주목할 점은 8호(1882년 2월 18일, 양력 4월 5일)부터 잡보란에 실린 연재소설이다. 제목은 「조선임경업전朝鮮林慶業傳」이고, 조선국 금화산인金華山人[8] 원저原著, 일본국 노송헌주인鷺松軒主人 역술譯述로 밝혀져 있다. 이 「임경업전」은 10호를 제외하고 12호(1882년 3월 28일, 양력 5월 15일)까지 실려 있다. 금화산인이 누구인지는 알 수 없다. 노송헌주인은 당시 부산 영사관의 통역관 호세코 시게카쓰寶迫繁勝의 필명이었다. 호세코는 『교린수지』, 『일한선린통화日韓善隣通話』를 번역한 인물이기도 하다. 편자는 「임경업전」을 연재하게 된 까닭을 이야기하고 있다.

> "편자는 말한다. 조선국 열사 임경업의 공적이 많은 것은 거의 대부분 세상 사람들이 알고 있다. 일찍이 그 나라[조선] 학사 금화산인金花山人이 순서에 따라 엮었다는 전傳이 있는데, 우리나라 역관 호세코 시게카쓰 군이 자못 열사의 공적을 흠모해서 이제 그 전을 번역했다. 내가 지난번에 읽어보니 참으로 열사의 간난신고가 보는 사람에게 애를 끊게 했을 뿐만 아니라, 저절로 조선의 내부 사정을 아는 데 도움이 되는 것이 적지 않았다. 따라서 내가 감히 호세코 군에게 원고를 청해서 호마다 본지의 잡보란에 계속 실어서 보시는 여러분에게 읽어보는 데 바치고자 한다."[9]

「임경업전」이 마지막으로 실린 제12호에는 다음 호에 게재한다고 알렸다. 『조선신보』는 현재 12호까지밖에 남아 있지 않기 때문에 이후 몇 호까지 계속 연재되었는지 알 수 없다. 『조선신보』의 다른 기사에는 한자 단어에 일본어 발음 표기가 없는데, 「임경업전」에만 유독 발음 표기가 되어 있는 것이 다르다.[10]

일본의 서지학자 사쿠라이 요시유키櫻井義之는 『조선신보』를 다음과 같이 설명했다.

「조선신보」 8호에 실린 「임경업전」 번역 기사.

"특히 이 조선신보가 반도에서 최초의 신문으로서 한국 초의 개항지 부산에서 창간되었다고 하는 것은 결코 불가사의한 것도 아니고 또 우연도 아니다. 원래 반도에서 신문의 발달은 그 초기에는 오로지 거류민을 구독 대상으로 하고, 내지인이 신문경영을 장악해서 성장해오는 것이다. 부산이 메이지 9년[1876] 일한수호조약에 따라서 먼저 개항되고, 이어서 메이지 12년[1879]에 원산, 동 16년[1883]에는 인천항이 열렸고 경성에 일본 공사관이 설치된 것은 메이지 13년[1880]의 일이었다. 이 개항장 거류지에 맞는 신문이 일어나고, 차차 거주 내지인을 목표로 신문이 창간되어 이른바 해외 방자邦字(일본어 글자) 신문의 선편이 되어 특수한 발달을 해오는 것이다."[11]

『조선신보』는 표면적으로는 부산에서 상업에 종사하는 일본 상인들에게 실용적인 정보를 제공하는 것을 목표로 했다. 하지만 그 이면에는 좀 더 깊은 목적이 숨어 있었다. 역사학자 이현희는 일본 경제인들이 조선에서 기반을 구축하고 그들의 침략 의도를 실현하는 것이『조선신보』의 최대 목표라고 분석했다.[12] 또 언론학자 채백은『조선신보』가 우리나라에서 근대 신문이 만들어지는 데 직접 영향을 주지는 않았지만, "당시 조선 사회 특히 지방의 백성들로 하여금 신문이라는 존재에 대해 익숙하게 하는 하나의 요인이 되었다."라고 평가했다.[13]

초량왜관이 세워지다

『조선신보』를 발행했던 부산항 상법회의소는 어떤 곳이며, 어떻게 해서 당시 부산항에 근대적 인쇄 시설이 설치되었고, 게다가 한글 활자까지 갖추었을까. 부산항 상법회의소를 이해하려면 먼저 조선시대의 초량왜관과 메이지유신 이후 초량왜관의 변화를 살펴보아야 한다.

왜관은 조선 초기부터 존재했다. 조선은 고려 말 왜구의 침략으로 괴로웠던 역사적 경험을 바탕으로 왜관 제도를 만들었다. 왜인들에게 일정한 공간을 마련해주고 그들이 무역할 수 있는 기회를 주려 했다. 그들의 무자비한 약탈행위를 방지하고 평화적인 교린 관계를 유지하기 위해서였다.

왜관은 1407년(태종 7) 동래의 부산포와 웅천의 내이포에 처음 설치된 이후 여러 차례 설치와 폐지를 거듭했다. 임진왜란 이후 1607년(선조 40) 국교 회복과 함께 부산항 내 두모포에 새로 왜관이 설치되었다가 1678년(숙종 4) 초량으로 옮겨졌다.

일본의 도쿠가와 바쿠후와 조선 사이의 외교 사무는 전통적으로 쓰시마 섬 도주島主인 소씨 가문宗家에서 맡아왔다. 에도시대에 소씨 가문은 조선과 일본의 외교 통로로서 다음 세 가지 역할을 맡았다.

먼저 조선통신사로 대표되는 조선의 외교사절이 일본에 왔을 때, 처음부터 끝까지 모든 것을 관리하고 조정하는 것이 소씨 가문의 책임이었다. 두 번째는 왜관을 유지하고 운영하는 역할이었다. 왜관은 외교를 위한 재외공관이자 무역을 하는 상관의 기능을 아울러 갖추고 있었다. 소씨 가문은 두 가지 복합적인 기능을 통합해서 관리할 책임을 맡고 있었다. 마지막으로 외교문서를 기록, 정비하고 보존하는 책임도 지고 있었다. 외교는 특히 과거의 관례와 다양한 사례를 바탕으로 당시 문제를 조정하고 해결하는 것이기 때문에 기록과 보존은 중요한 기능이었다.[14)]

두모포왜관은 1607년에 설치되었는데, 면적이 약 33,000제곱미터였다. 오늘날 부산광역시 동구 수정동 일대. 초량왜관은 1675년 3월에 삽을 떠서 1678년 4월에 마무리되었다. 3년에 걸친 대공사였다. 초량왜관의 규모는 무려 330,000여 제곱미터에 이르렀다. 부산시 중구 용두산을 중심으로 동면 약 280칸 560미터, 서면 약 225칸 450미터, 북면 약 290칸 580미터, 남면 약 375칸 750미터에 용미산 부분까지 더해진다. 두모포왜관의 10배 규모였다. 일본의 나가사키에 설치된 중국인 거류지 도진야시키唐人屋敷(약 33,000제곱미터)의 10배, 네덜란드인 거류지 데지마出島(약 13,000제곱미터)의 25배에 해당했다.[15)]

초량왜관의 공사비로는 미곡 5천여 석에 은 6천 냥이 들었다. 비용은 조선 정부에서 부담했다. 『변례집요邊例集要』에 따르면, 초량왜관의 선창을 주조하는 데 1일 승군僧軍 1천 명과 경상좌우도 여러 포구의 병선 40척에 매척 군사 20명씩 합계 8백 명이 동원되었다. 또 새로운 왜관 터를 닦을 때 부역꾼 3만 1,287명, 목수·조역·승군 등 5백 명이 건너왔다. 목수, 공장, 역군

등까지 합치면 총동원 수는 125만 명에 이르렀다. 초석礎石은 절영도에서 따왔고 기와는 김해에서 구워왔다.[16]

조선은 왜관이 들어선 부지를 무상으로 제공했을 뿐만 아니라, 왜관 내에 있는 대부분 건물을 지었다. 왜관에 체류하는 쓰시마 관리에게는 날마다 지급하는 쌀과 음료, 땔나무 명의로 체류비를 지급했다. 한마디로 왜관은 조선 정부에서 운영했고, 쓰시마번은 그 사용허가를 받은 것에 지나지 않았다.[17]

왜관은 일종의 재외공관이었는데, 왜관의 최고 책임자는 관수館守였다. 관수는 외교부터 행정, 경영에 이르기까지 무척 폭넓은 역할을 했다. 그는 한반도나 중국 대륙의 정세에 관한 정보를 수집했다. 왜관에서 일어나는 사건 범죄자를 단속하고 불미스러운 풍속을 규찰했다. 왜관 시설을 확충하기 위해 조선 관리와 협상도 벌였다. 관수제도는 두모포왜관 시절인 1637년에 시작되었다.[18]

초량왜관은 크게 세 구역으로 나뉘었다. 첫째는 용두산 주변 지역이었다. 여기에는 일본을 대표해서 조선과 외교와 무역사무를 담당하던 공식 건물과 일본 거류민의 사옥이 자리 잡고 있었다. 둘째는 부두시설과 선박의 선착장이 있는 곳이었다. 셋째는 동래부사가 관할하는 곳이었다. 이곳에는 일본 사신을 접대하는 의례가 행해지던 건물과 조선 역관의 숙소가 있었다.

초량왜관은 용두산을 경계로 동관東館과 서관西館으로 기능이 분화되었다. 이 가운데 핵심은 외교와 무역을 관할하던 동관이었다. 동관에는 관수의 관사이자 사무실인 관수관(館守館 또는 館守倭家, 館守屋), 특수한 외교 업무가 일어날 때 파견되어 오는 관리의 처소인 재판관(裁判館 또는 裁判倭家, 裁判屋), 조선과 일본 사이에 공무역과 사무역이 이루어지는 개시대청開市大廳이 있었다. 이를 동관삼대청東館三大廳이라고 불렀다. 관수관은 48칸 규모였고, 재판왜관은 32칸, 개시대청은 40칸이었다. 이밖에도 동관에는 몇 가지 시설이 더 있었다. 서승왜옥書僧倭屋(東向寺)은 임제종 계통의 외교 승려가 거저하는 곳으로, 여기에서 두 나라의 외교문서가 작성, 심사, 기록되었다. 통사가通詞家는 통역 담당자들의 거처였다. 일본 신사神社도 동관에 있었다.

서관에는 일본 사신과 무역선의 대표자들이 머무는 숙소가 있었다. 동대청東大廳, 중대청, 서대청이 있어서 이를 서관삼대청이라고 칭했다. 왜관 북쪽에는 조선 국왕의 전패殿牌를 모시는 객사, 일본 사신에게 향연을 베푸는 연대청燕大廳, 향연을 위해 오는 조선 관리의 숙소인 유원관柔遠館, 역관의 숙소인 성신당誠信堂 등이 들어서 있었다. 왜관 주위에는 외부 공간과 구분 짓는 시설물을 세워 경계를 삼았다. 처음에는 목책을 세웠다가 뒤에는 돌담을 둘렀다. 돌담 밖 6개 처에 복병막伏兵幕을 세워 왜인의 출입을 감시했다.[19)]

왜관, 대일본제국 공관이 되다

초량왜관은 조선시대에 조선과 일본의 공식적인 외교무대이자 통상 기지로서 상징적이면서 정치적인 기능을 맡고 있었다. 일본에서는 일종의 지방 정권인 쓰시마 번주가 초량왜관이라는 제한적인 공간 안에서 조선과 일본의 외교와 통상 기능을 대리하고 있었다. 메이지유신 이후 초량왜관의 성격과 역할은 완전히 바뀌었다. 쓰시마의 기능과 역할은 전면 부정되었고, 일본 정부가 외교의 전면에 등장했다. 초량왜관은 일본 영사관과 일본인 거류지로 바뀌었다.

1868년 메이지유신이 일어난 뒤 일본 정부는 쓰시마의 번주藩主 소 요시아키라宗義達에게 조선에 왕정복고 사실을 통고하게 했다. 하지만 일본의 서계는 그때까지 지속되었던 전통적인 교린체제를 전면 부정함으로써 조선의 강한 반발을 불러왔다.

메이지 정부는 1870년 5월 쓰시마 번주 소씨宗氏의 직함을 회수하고 직접 조선 외교에 나섰다. 하지만 두 나라 사이의 관계만 더욱 악화되고 말았다. 일본 태정관은 1872년 5월 28일 부산의 초량공관 사무를 외무성 소관으로 넘겼다. 그해 6월 15일 하나부사 요시모토花房義質가 초량공관 책임자로 임명되었다.

하나부사는 모리야마 시게루森山茂, 히로쓰 히로노부廣津弘信 등의 수행원과 함께 9월 15일 왜관에 도착했다. 하나부사 일행은 조선에 통고도 하지 않고 왜관을 접수하고, 관수 후카미 마사카게深見正景를 외무성 직속의 관사館司로 임명했다. 하지만 조선 정부가 강력히 항의함으로써 9월 24일 부산항을 떠나야 했다.

1873년 1월 15일 일본 외무성은 히로쓰를 다시 조선으로 파견했다. 1873년 3월 4일 히로쓰는 부산공관에 도착해 왜관을 완전히 접수했다. 또 관수를 면직하게 하고 왜관을 외무성이 직할하는 '대일본국 공관'으로 명칭을 바꾸었다. 초량왜관이 외무성의 공관이 되어버린 것이다. 조선은 일본의 관원을 인정하지 않았다. 왜관에 대한 식량 지급과 교역을 중지함으로써 일본과 모든 통교 관계를 단절했다.[20]

일본의 조계지가 되다

조선과 일본의 공식 외교관계는 1876년 2월 3일에 병자수호조규가 체결됨으로써 정상화되었다. 이 조규의 제4관은 "조선국 부산의 초량항에는 일본 공관이 있고 [이곳은] 다년간 양국 주민의 통상지이다. (…) 위의 장소에서 [일본국 인민이] 지면地面을 임차賃借하고 가옥을 조영造營하며 또한 소재하는 조선 인민의 옥택屋宅을 임차함은 각자의 수의隨意에 맡긴다."라고 규정했다. 이어 1876년 7월 6일에 조인된 병자수호조규 부록에서는 각 개항장에서 일본국 관리관(영사)을 상주하게 하고, 일본인 거류지를 설치할 수 있었다. 또 부산에 있던 일본 공관의 존재를 승인하고, 이미 설치되어 있던 수문守門을 철폐하게 했다.[21]

1876년 7월 27일 일본 정부는 일반 국민이 부산으로 건너가도록 허가했다. 그해 8월 27일에는 일본 외무성 관리 가운데 곤도 마스키近藤眞鋤를 부산 주재 관리관에 임명해서 부산으로 파견했다. 곤도는 그해 12월부터 동래부사 홍우창과 부산일본인 거류지 설정문제를 둘러싸고 회담을 했다. 1877년 1월 30일 동래부사 홍우창과 일본국 관리관 곤도 사이에 '부산구조계약조'釜山口租界約條가 조인되었다. 초량왜관 부지 약 330,000제곱미터가 일본의 조계지專管居留地가 되었다.

초량왜관은 원래 조선의 국비로 조성되어 유지되어왔다. 따라서 소유권은 당연히 조선에 있었다. 쓰시마 번주에게 운영을 위탁했을 뿐이다. 조선 정부에서는 일본인이 초량왜관에 거주할 권리를 전혀 인정하지 않았다. 일본은 부산구조계약조를 계기로 초량왜관 지역을 일본인의 거주지로서 영구 임대해버렸다. 지대로 매년 50만 원을 지불하는 조건이었다.[22] 조계는 사실상 일본의 영토처럼 완전히 '일국 내의 소국'을 형성했다. 일본 언론에서는 부산 거류지를 쓰시마의 '지정'支町이라고 소개했다. 심지어 부산은 쓰시마의 '식민지'라고 불리기도 했다.[23]

부산 거류지 내에는 근대적 문명시설이 하나씩 들어섰다. 1876년 10월 7일 일본 관리청 안에 우체국이 설치되었고 매월 1회 우편선이 부산에 취항했다. 같은 해 11월에 일본 병원이 문을 열었다. 1877년 12월 19일에는 조선 정부의 허가를 받고 일본제일국립은행 부산지점이 개설되었다. 1879년 10월에는 과거 관수왜가館守倭家 자리에 일본 영사관이 세워졌다. 초량왜관 시절 동관 주변은 일본 영사관을 중심으로 경찰서와 은행, 대규모 상점들이 입주하면서 거류지의 중심으로 발전했다.

1879년에는 조계 내의 마을 이름을 획정했다. 용두산과 용미산 사이를 동관이라 불렀다. 동관을 둘로 나누어 제1구를 본정本町·상반정常盤町·변천정辨天町, 제2구를 입강정入江町·신정幸町이라고 일본식으로 명명했다. 서관은 서정西町으로 1구 1동이 있었다. 1880년 7월에는 조계지 주변의 땅 일부를 편입해서 북빈정北濱町이라고 이름 붙였다.

1880년에는 관리관 대신 영사가 파견되었다. 그해 4월에는 종래의 '초량공관'을 '대일본제국 부산 영사관'이라고 바꾸었다. 7월 13일 일본은 동래

부산의 일본인 수 누년표

연도	호수	인구
1876		82
1879		700
1880	402	2,066
1881	426	1,925
1882	306	1,519
1883	432	1,780

※ 손정목, 「한국 개항기 도시 변화 과정 연구」, 일지사, 1982, 106쪽.

부사와 협정을 맺고 북쪽 해안 일대를 조차지로 끌어들였다. 일본 거류지가 북쪽 해안지대까지 확대되었다. 1885년에는 해군저탄장 건설 명목으로 절영도 일부를 조차지로 획득했다. 1892년에는 다시 북병산 일대(약 49,500제곱미터)를 조계 부속의 묘지로 사용한다는 명목으로 조차했다.[24]

부산상법회의소의 등장

1879년 8월 부산 조계지에서 우리나라 최초로 경제 단체가 탄생했다.[25] 부산상법회의소釜山商法會議所가 그것인데, 1878년에 일본의 도쿄와 오사카에 세워진 데 이어 세 번째로 등장한 것이었다. 부산상법회의소는 부산항을 거점으로 일본인의 상권을 확보하고 일본의 정치외교를 측면에서 지원하려 한 조직이다. 조선과 일본의 "양국 무역에 관한 일체의 이해득실을 상의하고, 무역에 관한 관청의 질문에 답하고, 그 의견을 관청에 건의하고, 아울러 물품진열소를 관할한다."라는 것이 명목상 설립 목적이었다.[26]

실제는 달랐다. 상법회의소는 "일본의 자본력과 무력을 배경으로 하여 한국 내에서 상호 적극적인 협조를 갖고 활동하는 것은 물론이려니와 일본 국내의 도쿄와 오사카 등의 상법회의소와도 긴밀한 연락을 가지면서 그들의 상권 확장과 경제침략의 선도역을 담당했던 것이다."[27]

회의소의 회원은 초창기에는 부산항의 무역업자, 은행업자, 해운업, 중매상 네 개의 영업자였다. 1885년 2월에는 조직을 개편해서 모든 일본인 상인도 회원이 될 수 있었다. 임원은 정회두正會頭와 부회두副會頭, 회계위원, 내외 상황 조사위원, 수출입 물품 조사위원 등으로 구성되었다. 1890년 6월에는 잡화상까지 회원에 가입하도록 다시 조직을 개편했다.[28] 회의소 경비는 수출입 물품에 대해 원가 1엔마다 2리厘를 징수해서 충당했다. 회의소는 1893년 8월에 부산항 일본상업회의소로 이름을 바꾸었다. 1905년 12월에는 회의소 건물이 준공되었고, 상품진열소도 설치되었다.[29]

부산상법회의소가 세워진 지 2년 만에 『조선신보』가 창간되었다. 『조선신보』의 발행지 주소는 본정 2정목 20번지였다. 판매인 스즈키 다다요시는 변천정 3정목 3번지에 살고 있었다. 본정은 오늘날 부산시 중구 동광동이고, 변천정은 중구 광복동 지역에 해당한다. 비록 일본 상업단체가 창간하기는 했지만, 여기는 우리나라에서 처음으로 신문이 탄생한 곳이다.

『조선신보』는 부산항의 일본인 거류지에서 상업단체의 주도로 창간되었다. 이곳에 신문을 발행할 수 있는 인쇄 시설이 언제 어떤 경로를 거쳐서 들어왔을까? 에둘러 가기는 하지만, 먼저 쓰시마와 조선의 관계 그리고 쓰시마의 조선어 학습 상황을 살펴보자.

쓰시마와 조선은 지리적으로뿐만 아니라 정치적으로도 숙명처럼 서로 얽혀 있었다. 쓰시마의 지리 생태적 조건은 인간의 삶에 우호적이지 않았다. 깎아지른 듯한 높은 산이 이어져 있었다. 섬의 위치가 일본 본토와 멀리 떨어져 있고 오히려 조선과 가깝다. 땅이 무척 척박해서 농사에 적합하지 않다. 에도시대에는 쌀을 생산하지 못했다. 보리를 쌀로 대신해서 겨우 2천 석을 거두었다. 오늘날에도 논농사를 지을 수 있는 경지 면적은 섬의 총면적 가운데 3.4%에 지나지 않는다. 이 섬은 필연적으로 조선과 무역하는 데 의지하지 않을 수 없었다. 그것이 쓰시마 주민의 생명선이기도 했다.[30]

쓰시마는 임진왜란 당시 군사동원과 길안내, 외교 교섭 등의 임무를 피할 수 없었다. 조선과 쓰시마 사이의 지리적, 정치적, 경제적 특수성 때문이었다. 임진왜란 후 도쿠가와 바쿠후가 들어서면서 조선과 일본 사이에 국교가 회복되었다. 에도 바쿠후는 조선과 일본 사이의 외교업무를 쓰시마 번주인 소씨에게 일임했다. 임진왜란 뒤 조선 정부는 일본 사신들이 상경하는 것을 엄격히 금지했다. 두 나라 사이의 무역과 외교업무는 부산의 왜관을 중심으로 이루어졌다.

이런 역사적 특수성 때문에 쓰시마에서 조선어를 알고 배운다는 것은 필수불가결한 일이었다. 특히 조선과 무역을 담당한 상인 집단에 조선어 지식은 생존과 직결되는 문제였다. 조선 전기에 쓰시마에는 조선 무역에서 특권을 인정받은 '60인 상인'이란 집단이 있었다. 이들은 부모와 친척의 도움을 받아서 조선어학의 기초를 배우거나 견습(수습) 통역관에 해당하는 '계고통사'稽古通詞란 신분으로 부모를 따라 조선의 초량왜관에 가서 조선어를 배웠다.[31]

쓰시마에서 조선어 통역관을 체계적으로 교육하기 시작한 것은 18세기부터였다. 일본에서 한어韓語(일본은 에도시대에 조선어를 '한어'라고 불렀다.)[32] 학습과 교육을 체계화하고 수준을 높인 선구자적 인물은 아메노모리 호슈雨森芳洲(1668~1775)였다. 그는 1689년 5월 쓰시마번의 번사藩仕로 추천받았다. 1692년 쓰시마에 부임한 뒤 모두 일곱 차례에 걸쳐 조선을 오갔다. 두 차례는 조선통신사를 수행했다. 그는 23개월 동안 부산의 초량왜관에 거처하면서 한어를 배웠다. 오인의, 김태경, 이명수 등 조선의 역관 세 명이 그에게 한어를 가르쳤다고 한다.[33]

쓰시마의 통사 양성소 '한어사'

쓰시마에서는 1720년에 아메노모리에게 조선어 통사의 임용과 운영에 관한 보고서를 제출하게 했다. 그는 그해에 통사 양성 정책에 대한 각서인 『한학생원임용장韓學生員任用帳』을 올렸다. 쓰시마에서는 이를 바탕으로 1727년부터 쓰시마 이즈하라嚴原의 '어사자옥御使者屋'(조선통신사를 접대하기 위해 사용하는 곳)에 통사양성소인 '한어사韓語司'를 열었다. 이곳에서 아메노모리의 교육방침에 따라 체계적으로 통사를 양성하기 시작했다. 아메노모리는 1732년에 「사계고지자사립기록詞稽古之者仕立記録」에서 그간의 변화된 상황을 반영해서 여러 가지 통사 양성 방안을 제안했다.

- '60인'의 자제 가운데 유능한 자를 선발해 조선어 통역의 계고생(稽古生, 학습생)으로 삼는다.
- 연령은 12, 13세부터 14, 15세까지로 한다.
- 쓰시마에서 만 3년간 조선어를 배우게 한다.
- 그 가운데 직무를 맡을 만하고 지원하는 사람을 계고통사稽古通詞(통역견습)로 조선에 보낸다.
- 매월 1일을 고일考日(시험일)로 하고, 교수 외에 대통사大通詞, 본통사本通詞도 입회해서 두 사람씩 통조장通粗帳(성적표)을 날인해 아메노모리 호슈에게 제출한다.
- 교육 요원은 한학교수 1명, 제조提調 1명, 부제조副提調 1명으로 한다.
- 한학사韓學司(교실)는 사찰, 암자 등을 빌려 사용한다.[34]

쓰시마번에는 1672년 무렵부터 조선어 통사라는 정식 직업이 생겨나면서 이들이 조선통신사의 통역을 맡았던 것으로 보인다. 조선통신사를 맞이하는 쓰시마 통사에는 3등급이 있었다. 전체를 통괄하는 대통사, 조선통신사 가운데 정사·부사·서장관의 삼사三使를 담당하는 본통사 그리고 일반적인 등급의 계고통사가 있었다. 1693년부터는 통사가 왜관에 상주하면서 근무했다. 통사들은 왜관에 3년 교대로 2명씩 배치되었다. 조선에서는 이들에게 식량은 주지 않고 땔나무와 숯만 지급했다.[35]

쓰시마의 한학사에서 초급 과정을 마친 다음, 성적이 우수한 사람에게는 특전이 따랐다. '연수 코스'와 같은 형태로 쓰시마의 관비로 왜관에 유학을 할 수 있었다. 이때 특히 학업 성적이 뛰어난 5명은 왜관에서 장기간에 걸쳐 특별 훈련을 받았다. 이들은 아메노모리의 '한학성원임용장'이라는 학습 계획에 따랐다. 1742년에는 대통사, 본통사, 계고통사 아래에 새롭게 '5인통사'라는 통사직이 생겼다.[36]

한어사 학생들 가운데 선발되어 초량왜관에서 배우는 학생들의 교육 방법과 어학 교재를 살펴보자. 그들은 매일 동향사東向寺(쓰시마에서 온 일본인 승려가 사는 왜관 내의 사찰)로 가서『소학』,『사서』,『고문』,『삼체시三體詩』를 차례로 강독했다. 조선의 역관들이 업무를 보는 임소任所가 있던 사카노시타坂下(왜관의 출입구가 있는 곳)로 가서는 조선인에게『유합類合』을 비롯해『십팔사략』의 조선어음 강독을 배웠다.[37] 그 밖에『물명책物名冊』,『한어촬요韓語撮要』,『숙향전』 등도 어학 교재로 사용되었다.

『유합類合』은 초보자를 위한 한자 학습서로 선조 7년(1574)에 간행되었다.『천자문』과 함께 조선시대의 대표적 한문입문서였다.『물명책』과『한어촬요』는 현존하지 않는다. 고대소설『숙향전』은 한글본으로 상급과정 교재로 사용되었다.[38]

한어사에서 체계적인 조선어 교육이 시작된 이후 조선어 교재도 편찬되기 시작했다. 특히 아메노모리의 공이 컸다. 그는 부산 초량에 머물면서『교린수지交隣須知』1책,『유년공부酉年工夫』1책,『을유잡록乙酉雜錄』5책,『상화록『常話錄』6책, 『권징고사언해勸懲故事諺解』3책 등을 만들었다. 이밖에도 고대소설『숙향전』2책, 『이백경전李白瓊傳』1책 등을 필사했는데, 쓰시마의 한어 학습자들을 위한 교과서였다. 특히『교린수지』는 쓰시마뿐만 아니라 일본 전역에서 한어 학습서로 가장 널리 사용된 교재였다.[39]

메이지유신 이후 쓰시마의 한어사는 큰 변화를 맞이했다. 메이지 정부가 대조선 외교를 직접 장악하면서 쓰시마의 입지는 크게 흔들렸다. 그때까지 쓰시마에서 책임졌던 통사 양성 업무는 일본 외무성 주관으로 넘어갔다. 1872년 10월 25일 일본 외무성은 쓰시마 이즈하라의 니가시혼간지파東本願寺派 광청사光淸寺에 '한어학소韓語學所'를 설치했다. 그곳의 본당을 교장으로 삼아서 조선어를 교수했다. 이것은 메이지 정부가 설치한 최초의 조선어 교육기관이었다.[40]

이듬해인 1873년 8월 2일 일본 외무성은 쓰시마의 한어학소를 폐지했다. 그 대신 어학생 가운데 성적이 뛰어난 학생 10명을 선발해서 계고통사稽古通詞 자격으로 조선에 건너가게 했다. 이때 선발된 계고통사는 아사야마 겐조淺山顯藏, 구로이와 기요미黑岩淸美, 나가무라 쇼타로中村庄次郎 등이었다.[41] 그해 10월 16일 계고통사들은 이즈하라를 떠나 22일 초량공관에 도착했다. 공관에서는 첨관옥僉官屋(지금의 大谷派 本願寺)을 어학소로 삼아 엄격한 규칙을 세우고 조선어를 가르쳤다. 이것을 '초량관 어학소'라고 불렀다.[42]

도쿄외국어학교에 조선어과가 설치되다

초량관 어학소에서는 부산 영사관 직원 가운데 한어에 능통한 사람들이 조선어를 가르쳤다. 아라카와 도쿠지荒川德滋(3개월 만에 파면당함), 우라세 유타카浦瀬裕(아라카와 후임) 등이 초창기의 교사였다. 조선인 김수희도 교원으로 임용되었다. 『교린수지』와 『인어대방隣語大方』이 가장 중요한 학습 교재였다. 『최충전崔忠傳』, 『임경업전』, 『숙향전』, 『춘향전』, 『옥교리玉嬌梨』, 『임진록』 등 고전소설도 읽게 했다. 이들 소설은 조선의 풍습을 이해하는 데 도움을 주었다.[43]

초량관 어학소의 교수들과 계고통사들은 이후 조선과 일본의 외교무대에서 활약했다. 1875년 강화도조약이 체결될 때 외무성 4등 서기관 아라카와 도쿠지, 6등 서기관 우라세 유타카, 6등 서기관 나카노 교타로中野許太郎는 초량관 어학소의 계고통사 아사야마 겐죠淺山顯藏 등과 함께 통사로 참여했다. 또 이듬해 1876년 제1차 수신사 김기수 일행이 일본을 방문했을 때도 초량관 어학소 학생들 10명이 수행 통사가 되었다. 우라세는 수신사 김기수의 통역을 맡았다.[44] 김기수는 『일동기유日東記游』에서 자신의 통역관이었던 우라세를 다음과 같이 기록했다.

"우라세 유타카 역시 전어관傳語官(통역관)으로서 외무성 서기로 있었다. 관위는 아라카와 도쿠지의 위였고 예전 이름은 최조崔助였다. 두 사람이 오랫동안 초량에 있었으며 함께 강화도까지 왔다. 금조金助[아라카와를 가리킴]는 성질이 음험하고 간사하며 최조는 성질이 너그럽고 솔직하다 했는데, 이제 보니 과연 그러했다.

나이는 50여 세나 되었으며, 이마 가까이 북상투를 틀고 얼굴은 툭 드러나서 흡사 궁한 선비 같았다. 태도가 매우 조심스러워 그와 더불어 이야기할 수도 있고 일을 맡길 수도 있었다. 나를 요코하마에서 영접했다. 돌아올 때는 부산까지 수행해와서 작별을 고했는데, 서로 잊을 수 없었다."[45]

부산에 초량관 어학소가 세워지던 때인 1873년에 일본 문부성 관할 아래 도쿄외국어학교가 창설되었다. 1880년 3월 이곳에 처음으로 '조선어학과'가 설치되었다.[46] 이에 따라 부산의 초량관 어학소는 폐지되었다. 그곳의 교수와 학생은 도쿄외국어학교 조선어학과로 합류했다. 소속도 외무성에서 문부성으로 바뀌었다. 초급 과정에서는 『교린수지』와 『인어대방』을 배웠다. 중·고급 과정에서는 『숙향전』, 『최충전』 등의 고전소설류가 교재로 사용되었다.[47]

이와는 별개로 1878년 부산 오타니파大谷派 혼간지本願寺의 윤번輪番(불교에서 교대로 사찰을 관리하는 사람)인 오쿠무라 엔신奧村圓心은 어학사語學舍를 설립했다. 조선인에게 포교하기 위해 개교사開教師를 양성하는 것이 어학사의 목적이었다. 본산은 1878년 1월 다니 가쿠리쓰谷覺立, 가에데 겐테쓰楓玄哲, 하스모토 겐조蓮元憲城 3명을 조선으로 건너가서 공부하게 했다. 1878년 8월에는 쓰시마 번주의 통역관으로 임명받은 우라세를 불러 유학생에게 조선어를 가르치게 했다. 1878년 12월에는 스즈키 준켄鈴木順見, 1879년 6월에는 곤지키 료닌金色良忍 등이 어학생으로 부산에 왔다.[48]

이처럼 일본의 쓰시마와 부산의 초량왜관에는 조선어를 전문적으로 가르치는 교육기관이 설치되어 있었다. 이들 교육기관에서 조선어를 효율적으로 가르치기 위해서 다양한 조선어 교재가 편찬되거나 필사, 인쇄되었다. 특히 일본인이 조선어를 배우는 데 가장 많이 활용했던 교재는 『교린수지』와 『인어대방』이다.

『교린수지』는 에도시대부터 메이지시대에 걸쳐 일본인에게 가장 널리 사용된 조선어 학습서이다. 이 책은 크게 천문, 계절, 낮과 밤, 방위로 분류되어 있다. 각각 한자 표제어 아래에는 그 한자와 관련된 조선어 단문이, 단문의 왼쪽이나 오른쪽에는 일본어 대역이 붙어 있다. 조선에서 쓰이던 회화체 문장을 일본어로 대역해 두 나라 언어를 비교하면서 공부할 수 있었다.

이 책은 조선어 통역관 아메노모리가 1703년 무렵 초량에 머물면서 작성한 것이 바탕이 되었다. 쓰시마 통역관의 힘을 빌려 개량을 거듭해서 차츰 내용이 늘어났다. 200여 년 동안 여러 가지 판본의 사본으로 전해오다가 메이지시대에 들어서서 활자본으로 간행되었다. 현재 일본에서는 사본 8종이 알려져 있고, 간행본으로는 4종이 전해온다.[49]

우리의 관심을 끄는 것은 활자본『교린수지』다. 첫 번째 활자본은 메이지 14년(1881) 5월에 간행되었다. 4권 4책이고 세로 26센티미터, 가로 18.5센티미터, 대철袋綴[50] 장정이다. 그때까지 사본으로 전해진『교린수지』를 일본 외무성에서 고용한 조선어학교 교수 우라세 유타카가 수정 증보해서 외무성 장판藏版으로 간행한 것이다.

우라세는 1874년 6월 3일(양력) 한어학 교수로 임명되었다.[51] 1876년 강화도조약을 체결할 때 신헌과 구로다 기요타카黑田淸隆 사이에서 통역을 맡았다. 제1차 수신사 김기수의 통역관이기도 했다. 지석영이 종두법을 접할 수 있도록 부산 초량에서 제생의원濟生醫院 원장 마쓰마에 유즈루松前讓와 해군 군의관 도쓰카 세키사이戸塚積齊를 소개해준 인물이기도 하다.[52] 또 부산의 혼간지에서 통역관으로 일하면서 포교 관련 어휘집을 저술하기도 했다.[53]

『교린수지』출판 과정은 1880년 5월에 우라세가 쓴「서언」에 잘 나타나 있다. 우라세는 먼저『교린수지』가 처음 만들어지게 된 과정을 이야기한다. 관영寬永과 정덕正德 연간(1704~1715)에 아메노모리 호슈는 여러 차례 부산에 건너가서 그곳 역관에게 조선어를 배우고 깊이 통달했다. 그는 조선어학

서를 편집하고『교린수지』라고 이름 붙였다. 그 책은 각각의 사물을 부로 나
누고 그 뜻을 풀이했다.

쓰시마의 소씨는 처음으로 상서관象胥官(통역부)을 설치했는데, 이것을
'오인통사'五人通詞라 부르고『교린수지』를 배우게 했다. 그 이후 역학譯學의
사士가 배출되고 수정 증보한 것도 적지 않았다. 또『인어대방』등도 편찬해
서 상서학象胥學이 점차 틀을 갖추어갔다.

『교린수지』는 여러 가지 문제가 있는 책이었다. 그 책에 실린 조선 원어原
語가 대부분 동쪽 모퉁이의 시골말이 섞여서 잘못된 것이 적지 않았다. 하
지만 당시 두 나라가 교류하는 길이 트이지 않았고 일본 사람이 왕래하는
부산포는 크기가 손바닥만 한 외딴곳에 지나지 않았다. 공관의 울타리 바깥
으로 멀리 나갈 수도 없었고 가까운 마을 사람이라고 해도 함부로 말을 주
고받을 수 없었다. 더구나 경성의 신사와 만나서 친히 그 말을 들을 수도 없
었다. 이 책은 오늘날 쓰기에 적당하지 않게 되었다.

우라세,『교린수지』를 증보하다

두 나라 사이는 많은 변화를 겪었다. 메이지 9년(1876) 신조약이 성립되
어 두 나라 사람들이 넉넉하게 무역하는 길이 열렸다. 점차 교통도 편리해
졌다. 그때 우라세는 상서관으로서 외무성에 봉직하고 있었다. 그는 이 책
을 다시 증보 교정해서 세상에 내놓으려 했다. 하지만 도와줄 사람을 찾기
가 어려웠다.

"그런데 야마구치현山口縣의 호세코 시게카쓰寶迫繁勝란 사람이 부산에 와서 오로

지 조선어학을 익히고 있었다. 그의 뜻이 독실하고 학문이 크게 진전되었다. 메이지 12년(1879) 시게카쓰가 도쿄로 가려고 했다. 나는 그에게 '지금 본성本省(외무성)에서 조선어학서를 인쇄하려 하는데, 나는['그대는'의 오자인 듯함] 일찍이 그 일에 익숙하다. 본성에 이르면 조선 언문의 활자 제조를 신청해주기 바란다.'라고 말했다. 시게카쓰는 그것을 본성에 자세히 보고했다. 본성은 그것을 허락하고 일한日韓 활자와 그 기계를 주고 시게카쓰에게 인쇄의 일을 명하고 다시 나의 교정을 돕게 했다.

시게카쓰는 '이 책은 전사傳寫한 지 오래되었고 역문譯文도 오류가 있다.'라고 말하고 곧 궁내성宮內省에서 근무하는 곤도 요시키近藤芳樹, 가베 이와오加部嚴夫 두 사람에게 철저하게 일본어 번역의 질정을 받고 돌아와 그것을 나에게 알렸다. 우리 부산어학소에서 고용한 조선국 강원도의 선비 김수희와 의논해서 다시 교정하는 일에 종사했다. 수희는 본디부터 팔도의 어음語音에 정통해서 자못 빼고 바로잡는 것이 많았다.

우연히 경성의 학사 서너 사람이 부산에 올 기회가 있었다. 그들에게 그것을 보이고 다시 맞는지 맞지 않는지 물었다. 학사의 말에 따르면 '지금으로부터 10년 전에 우리나라 언어가 크게 변했는데, 이는 세상과 인정이 바뀌었기 때문이다.'라고 말했다. 이렇게 되어 그것을 질문하니 잘못된 것이 특히 많았다. 이에 그 연유를 본성에 아뢰었다. 다시 그 진사에게 의뢰해서 힘써 잘못을 고쳐 바로잡아달라고 청하니 더하고 빼는 바가 자못 많았다.

메이지 13년(1880) 5월에 이르러 마침내 대성大成할 수 있었고, 이 책은 다시 옛날의 모습을 되찾게 되었다. 애초에는 아메노모리의 이 저작만이 있어서 유일하게 번사藩司의 명령에 쓰일 뿐이었다. 하지만 지금은 관에서 간행해 널리 세상에 쓰이기에 이르렀으니 이 말[조선어]에 뜻을 둔 사람에게 희망하는 것 이상의 행운이 아니랴. 우리는 보잘것없고 서툰데도 함부로 고치고 바로잡는 임무를 맡았는데, 만약 빠진 것이 있다면 뒤에 오는 군자들이 그것을 바로잡아 고쳐주기를 엎드려 바란다.

메이지 13년 5월 외무성 고雇 조선어학 교수 우라세 유타카 씀[54]

우라세의 증언처럼 『교린수지』는 여러 사람의 공동 협력으로 탄생한 책이다. 아메노모리 호슈의 필사본 원고를 바탕으로 일본에서는 우라세 유타카, 호세코 시게카쓰, 곤도 요시키, 가베 이와오 등이, 조선에서는 김수희, 경성의 학사 서너 명이 내용을 고치고 바로잡고 보태서 완성한 것이다. 특히 부산 사투리에 국한된 것을 바로잡고 경성의 말을 기준으로 삼아 수정하고 활자본으로 펴낸 데는 우라세와 호세코의 공이 컸다.

『교린수지』는 1880년 5월 무렵에 완성되고 이듬해 활자로 인쇄되었다. 이 책의 판권장에 해당하는 부분은 각 권 첫 번째 장의 앞에 붙어 있는데, '대마 엄원번사 우삼방주 편집, 대마 포뢰유 교정증보 주방 보박번승 인쇄' 對馬 嚴原藩士 雨森芳州 編輯, 對馬 浦瀨裕 校正增補 周防 寶迫繁勝 印刷라고 밝혀져 있다. 스오周防는 야마구치현山口縣의 옛 국명國名을 가리킨다. 이 책에는 목차가 빠져 있고, 인쇄가 잘못된 부분이 많다. 활자가 아닌 붓으로 뒤에 써내려간 부분도 적지 않았다.[55]

우라세가 서문에서 말한 '강원도 선비 김수희'는 '한어학소 교사'였다. 메이지 12년(1879) 9월 28일 주駐 조선국 부산항 관리관 마에다 겐키치前田獻吉가 이노우에 외무경에게 보낸 보고서를 보면, 마에다가 당시 조선에서 콜레라 전염병이 번진 상황을 보고하면서 '한어학소 고용 교사 김수희'에게 당시 콜레라의 전염 상황과 농작물 상황을 묻고 이것을 우라세가 전한 내용이 실려 있다.[56]

『교린수지』는 메이지 16년(1883)에 두 가지 판본으로 개정 증보되었다.

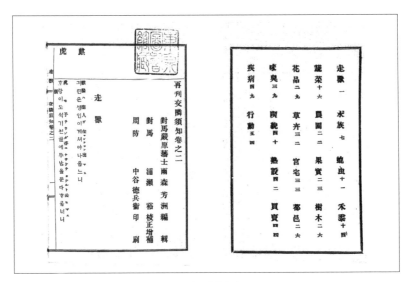

1883년 3월에 간행된 「재간 교린수지」. 일본 국회도서관 소장.

1883년 3월에는 『재간再刊 교린수지』가 발행되었다. 4권 4책으로 책의 제전題篴(표지에 직접 쓰지 않고 다른 종이에 써서 앞표지에 붙인 제목)에는 '재간 교린수지'再刊 交隣須知라고 기록되어 있다. 표지 뒷면 가운데에는 '재간 교린수지'再刊 交隣須知, 오른쪽에는 '외무성장판 명치 16년 2월 16일 출판계출'外務省藏板 明治 16年 2月 16日 出版權屆, 왼쪽에는 '명치 16년 3월 인행'明治 16年 3月 印行, 상부에는 '대일본제국 기원 2543년'大日本帝國 紀元 2543年이라고 쓰여 있다. 1883년 2월 16일에 출판허가를 제출하고 3월에 인쇄했다는 뜻이다. 각권 첫 번째 장의 앞에는 1881년판과 동일하지만 '주방 보박번승 인쇄'周防 寶迫繁勝 印刷가 '주방 중곡덕병위 인쇄'周防 中谷德兵衛 印刷로 바뀌어 있다. 재판본의 인쇄인은 나카야 도쿠베이中谷德兵衛였다. 일본어학자 사이토 아케미齊藤明美는 초판본을 인쇄하는 과정에서 문제가 일어난 데 대해 인쇄인 호세코가 그 책임을 받아들였을 것이라고 추정한다.[57] 재판본의 한자나 한글 활

'호세코본' 「교린수지」의 표지와 본문. 일본 국회도서관 소장.

자체는 1881년 초판본과 동일하다.

위의 두 인쇄본이 '외무성장판'인 데 비해 같은 해인 1883년에 나온 다른 『교린수지』는 상업 출판사에 나온 것이었다. 이 책은 '호세코본'寶迫本으로 불린다. 이 책의 표지 중앙에는 '교린수지'交隣須知, 오른쪽에는 '우삼동 원저, 보박번승 산정'雨森東 原著, 寶迫繁勝 刪正, 왼쪽에는 '명치 16년 3월 5일 출판어계 백석씨장판'明治 16年 3月 5日 出版御屆 白石氏藏版이라고 적혀 있다. 이 책의 한자와 한글 활자체는 앞선 두 판본과 모두 같다. 4권 4책 가운데 제1권에 있는 판권장의 기록은 다음과 같다.

明治 16年 3月 5日 出版御屆

同年 8月 30日 刻成御屆

定價 金 2圓40錢

原著者 舊對馬島藩士 雨森東

刪正者 外務御用掛 寶迫繁勝

　　山口縣 周防國 熊毛郡 淺江村 第82番地

出版者 福剛縣士族 白石直道

　　山口縣 長門國 赤間關區 田中町 151番地 寄留

　이 책에는 정가가 붙어 있고, 어디에도 우라세의 이름을 찾을 수 없다는 점에서 앞선 두 판본과 다르다. 외무성 재판본과 시라이시 나오미치 장판의 차이를 일본어학자 오마가리 요시타로大曲美太郎는 다음과 같이 지적했다.

　　"우라세본에는 있고 호세코본에는 없는 문文이 200개 정도이고 우라세본에는 없고 오세코본에는 있는 문이 20개 정도 있었다. 즉 호세코본은 우라세본의 문을 200개 정도 삭제하고 20개 정도 증보하고 있는 것이라 생각할 수 있는 것이다. 우라세본의 문의 총수는 3,000여 개이고 호세코본의 문은 3,000개에 못 미친다. 또한 우라세본의 긴 문을 호세코본에서는 간단하면서도 명확하게 했고 어미도 이따금 새로워진 것이 있다. 대체적으로 우라세본은 보수적인 데 반해 호세코본은 진보적이고 현대적이다."[58]

부산에서 『교린수지』를 찍다

　호세코본의 「자서自序」는 1883년 4월 호세코가 한문으로 작성했다. 호세코는 우라세의 서문과 마찬가지로 『교린수지』가 성립된 역사를 간략히 정리한 뒤 우라세 유타카가 이 책을 교정했지만 여전히 국음國音이 어긋나고 어격語格이 그릇된 것이 많았다고 지적했다.

"나는 늘 이 책이 완전하지 않은 사실을 애석하게 생각했다. 이에 따라 여러 관리에게 부탁해서 문법을 바르게 하고, 복잡한 것을 깎고, 거듭 바로잡아 베끼게 해서 점차 선본善本이 되었다. 이 무렵 친구 시라이시 나오미치白石直道가 보고 기쁘게 생각해서 장차 발행하려 했다. 이에 마침내 원고를 추려 그에게 주었다. 돌이켜보건대 [두 나라 사이의] 교제가 더욱 친밀해지고 언어가 더욱 정밀해졌을 것이다. 다른 날 다시 이 책의 오류를 바로잡는 자가 있으면, 교제가 더욱 친밀해졌음을 알 수 있을 것이다.

明治16年 孟夏 周防 後學 鷺松 寶迫繁勝 誌[59]

호세코본에서 흥미로운 사실이 하나 있다. 이 책을 광고하는 글에서 출판지가 부산임을 알려주는 것을 찾을 수 있다는 점이다. 오마가리는 한 글에서 반지 반매 인쇄半紙半枚刷 형태의 책 광고를 인용했다.

"雨森東 原著 寶迫繁勝 刪正 交隣須知 全4册
이 책은 조선어를 배우기 위한 책으로 외무外務 어용괘御用掛 호세코 시게카쓰寶迫繁勝 씨가 산정刪正한 것이다. 구본舊本과 같이 천변지이天變地異로써 길흉을 점쳐서 아는 것과 같이 황당무계한 것은 다 깎아버리고, 각 부部에서 지금 쓰이는 참된 말로 그것을 대신해서 저들과 우리가 이것을 배우는 데 힘쓰고 아울러 그 지식을 열어주게 한다. 또 구본에서는 번역이 모두 언문 곁에 붙어 있어서 무척 번잡하다. 따라서 그 피해가 늘어나 기억과 암송에까지 미친다. 이 책에서는 그 모양을 고쳐 난欄 안을 두 층으로 나누어 언문과 역문을 구별해서 독자에게 편리하게 했다. 이상 말한 것처럼 산정자刪正者는 후진이 편리하도록 크게 꾀했으니 한어를 배우는 사람이 지니지 않으면 안 될 진서珍書이다.

明治 16年 7月 5日

在 朝鮮國 釜山浦 居留地 本町 2町目 19番地

出版者 白石直道 白**[60]

출판업자 시라이시는 이 책이 내용뿐만 아니라 형식면에서도 이전 판본과 차별성이 있다고 강조했다. 앞선 책에서는 언문과 일본어 번역문이 함께 붙어 있어서 번잡했는데, 이번 책에서는 두 개를 하나의 난으로 나누어 분리했다는 점에서 달랐다. 오마가리는 『교린수지』의 초판본도 "메이지 14년 1월 부산에서 인행印行"했다고 말했는데,[61] 『교린수지』의 초판본과 재판본이 모두 부산에서 발행된 사실을 알 수 있다.

『교린수지』의 마지막 활자본은 1904년 3월에 경성의 히라타상점平田商店에서 간행된 『교정 교린수지校訂 交隣須知』였다. 근대 일본의 저명한 서지학자인 마에마 교사쿠前間恭作와 후지나미 요시쓰라藤波義貫가 함께 고치고 가다듬은 책으로, 46배판 양장본이다. 마에마의 「서언緒言」에 따르면, 『교린수지』 원본은 조사措辭(문자의 선택이나 배열)가 부적절하고, 방언이나 잘못된 문구가 많으며, 제목의 분류도 혼란스럽기 때문에 완전히 개작해서 의역했다고 한다. 이에 따라 한어의 본문이 새로워지고 일본어 대역이 메이지시대의 표준어에 가까워졌다.[62]

지석영, 『인어대방』을 교정하다

초간본『교린수지』를 펴낸 우라세는 이듬해인 1882년 6월『정정訂正 인어대방隣語大方』도 교정 증보했다. 이 책은 9권 3책으로, 참여자와 출판 형식이『교린수지』와 거의 동일하다. 한자와 한글 활자체도『교린수지』와 같다.

『인어대방』은 조선시대 사역원에서 쓰던 일본어 학습서로, 1790년(정조 14)에 왜학 당상역관인 최기령이 간행했다. 10권 5책의 목판본(33.3×20.9㎝)으로 현재 규장각(奎貴1622-v.1-5)에 소장되어 있다. 이 책에는 서문과 발문이 없고, 체재는 각권의 제목이 다르다. 일본어 원문과 우리말 언해문諺解文 모두 한자를 혼용했다. 원문을 수 행씩 먼저 쓰고 한 자씩 낮추어서 언해문을 썼다. 일본어 한자 단어는 난 위에 일본 음을 오른쪽에 함께 달았다.[63]

1790년 7월 19일자『승정원일기』에 따르면, 몽골어와 왜어에 관한 서적이 없어서 배우는 사람이 근심하고 한탄한 지가 오래되었는데, "몇 년 전에 왜학 당상역관 최기령이『인어대방』5책을 구입해 바쳐서 말을 배우는 자의 지침서가 되었다. 그러므로 곧 최기령에게 재력을 갖추어 판을 새겨 책을 만들게 했다."라고 되어 있다.

위의 기록을 보면 최기령이『인어대방』을 '구입해 바쳤다'고 했으므로, 그는 간행자이지 지은이는 아니었다. 이 책의 지은이 또는 엮은이는 누구였을까. 국어학자 정승혜는 규장각의 한국본 서목『서고서목西庫書目』을 근거로 왜학역관인 현계근에 주목했다. 그가 부산에서 왜학훈도로 활동하던 1774년부터 1776년 사이에 초고를 작성했고, 그것이 사본 형태로 존재하다가 최기령이 이것을 구입해서 간행했을 가능성이 높다고 추정했다.[64]

『인어대방』도『교린수지』와 마찬가지로 필사본 형태로 전해지다가 메이

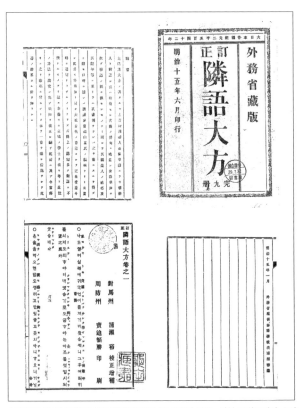

우라세가 1882년에 펴낸 「정정 인어대방」의 표지와 본문. 일본 국회도서관 소장.

지시대에 들어서 활자본으로 간행되었다. 활자본『정정 인어대방』의 표지에는 가운데에 '정정인어대방 완9책'訂正隣語大方 完9冊, 오른쪽에는 '외무성 장판'外務省 藏版, 왼쪽에는 '명치 15년 6월 인행'明治15年 6月 印行, 그리고 상단에는 '대일본제국 기원 2542년'大日本帝國 紀元 2542年이라고 적혀 있다. 각권 첫 번째 장의 앞에는 '대마주 포뢰유 교정증보, 주방주 보박번승 인쇄'對馬州 浦瀨裕 校正增補, 周防州 寶迫繁勝 印刷라고 쓰여 있다. 표지와 판권장의 작성 양식 그리고 한자·한글·가타가나 등의 활자체가 같다. 1882년 1월에 쓴 우라세의 「서언緒言」은 그간의 사정을 들려준다.

"『인어대방』은 옛날 쓰시마주의 번인藩人이 공사公私의 사무에 대해 조선인과 대화하거나 왕복하는 서간의 말을 한데 모아서 『교린수지』 다음으로 한어를 사용하는 데 이바지하는 것이다. 그런데 그 편집인의 성명과 기년紀年 등에 대해서는 그 책이 전하지 않아 살필 수 없다. 그러나 구비口碑에 근거하면, 그 번의 통역관 후쿠야마福山 모씨某氏의 편집이라고 한다.

이 책도 『수지』와 같이 대체로 고대의 말하는 법으로서 이리저리 구부러져 있고 까마득히 멀다. 오늘날에 적절하지 않을 뿐만 아니라, 서간에 쓰는 말투도 많고 대화하기에 불편한 것도 있다. 그러므로 나는 지난번에 경성의 학사를 이끌고 오로지 근세의 어법을 논구해서 우선 『수지』를 교정校正하고 이어서 이 책에 이르렀다. 이제 관에서 그것을 인쇄에 부치려 한다. 따라서 한마디 말을 기록해서 후진으로서 이 책의 연혁을 알게 한다.

明治 15年 1月 外務省 雇 朝鮮語學 教授 浦瀨裕 識"[65]

우라세는 『인어대방』을 '편집'한 사람이 쓰시마의 통역관 후쿠야마 모씨라고 말했는데, 정승혜는 이 책의 편찬자가 쓰시마의 통사였던 후쿠야마 덴고로福山傳五郎(初名 小吉)라고 밝혔다. 후쿠야마는 아메노모리 호슈가 '언어를 배우는 데 정말로 우수한 인재'라고 칭찬한 한어 통사로서 부산 왜관에 특별 유학생으로 와 있던 인물이다. 그는 통사로 활약하다가 후에 대통사大通詞가 되었다.[66]

우라세는 서문에서 자신이 '경성의 학사'와 함께 이 책을 교정했다고 말했는데, 그 학사는 지석영일 가능성이 있다. 지석영은 1879년 10월 부산에 도착했다. 부산에 서양의학을 배운 일본인 의사가 있다는 소문을 듣고 찾아온 것이다. 그는 일본인 거류지의 제생의원濟生醫院(1877년 2월 11일(양력) 개원, 본정 2정목, 오늘날 부산시 중구 동광동 2가)을 찾아가 자신의 뜻을 필담으로 전했다. 제생의원 원장 마쓰마에 유즈루松前讓와 해군 군의관 도쓰카 세키사이戸塚積齋는 지석영에게 종두법을 가르쳐주기로 하고, 그 대신 당시 편찬하고 있던 『인어대방』의 교정을 맡기기로 했다. 지석영은 이곳에서 2개월 동안 머물면서 서양의학을 배우고 국문법에 깊은 관심을 기울이게 되었다고 한다.[67]

조선어를 문법 용어로 분석하다

『교린수지』와『인어대방』은 모두 우라세가 교정 증보한 것이고, 인쇄는 호세코 시게카쓰가 맡았다. 그런데 호세코는 두 책을 간행하기에 앞서서 조선어 학습서인 『한어입문韓語入門』과『일한선린통어日韓善隣通語』를 출판했다는 점에서 흥미로운 인물이다. 그가 인쇄한 위 책들에 쓰인 한글 활자의 크기와 형태가 같다는 점은 더욱 주목할 만한 일이다.

『한어입문』은 메이지시대에 제작, 인쇄된 최초의 조선어 문법서로서 조선어의 문법과 기본 어휘를 체계적으로 학습하는 데 초점을 맞춘 입문서이다. 이 책은 조선어를 문자 → 단어 → 문법 → 문장의 순서로 단계적으로 학습하도록 배치했다. 또 한글을 음운론적으로 분석하고 조선어를 명사, 인칭, 대명사, 접속사, 시제 등의 문법용어로 분석한 것은 획기적인 일이었다.[68]

이 책의 표지에는 '조선국 이서경 열 일본국 보박번승 저, 명치 13년 11월 인행'朝鮮國 李瑞慶 閱 日本國 寶迫繁勝 著, 明治 13年 11月 印行이라고 적혀 있다. 판권장에는 '명치 13년 11월 9일 판권면허, 동년 12월 18일 출판어계, 저자 급출판인 산구현 보박번승 주방국 웅모군 천강촌 제82번지'明治 13年 11月 9 日 板權免許, 同年 12月 18日 出版御屆, 著者 及出版人 山口縣 寶迫繁勝 周防國 熊毛郡 淺江村 第82番地라고 기재되어 있다.

이 책은 상하 2책인데, 상권에는 운벽루주인雲碧樓主人 기당杞堂의 제서題書, 호세코의 서언, 범례, 목차, 본문의 순서로 배열되어 있다. 하권에는 본문과 세키사이 도쓰카코積齋戶塚廣의 발跋, 정오표 등으로 엮어 있다. 이서경과 운벽루 주인이 누구인지는 알 수 없다. 세키사이 도쓰카코는 지석영에게 종두법을 가르쳤던 해군 군의관 도쓰카 세키사이戶塚積齋와 같은 인물인 듯하다.

이 책의 판심版心(고서의 책지 중앙 부분, 곧 1매에 2면을 인쇄했을 때 중간이 접힌 부분)에는 『일한선린통어』와 마찬가지로 '저자장판'著者藏板이라고 박혀 있다. 『교린수지』와 『인어대방』의 '외무성장판'과 대비되는 것인데, 이 책들이 저자의 개인 저작물임을 강조했다.

호세코는 1880년 7월 10일 초량관에서 적은 「서언」에서 이 책을 펴내게 된 사정을 이야기했다. 이 글에 따르면, 당시 새로운 시대를 맞이해 조선과 일본의 관계가 긴밀해졌지만, 조선어를 배울 문법서가 없어 여러 해에 걸쳐 공부해도 그 효과가 없었다면서 "일찍이 내가 어학을 배우려 할 때 우선 문법서를 엮으려고 밤낮으로 생각하기를 그치지 않았다. 혹은 선배들이 전수해온 책에 근거하고, 혹은 저 나라[조선] 관부官府에서 출판한 여러 책에서 수집해서 감히 졸렬함을 돌아보지 않고 드디어 이 책을 지어 한어입문이라고 이름 붙였다."라고 말했다.

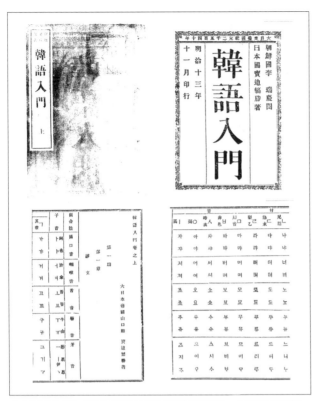

메이지시대에 제작, 인쇄된 최초의 조선어 문법서 「한어입문」. 호세코가 출판했다.
국립중앙도서관 소장.

이 책의 범례에서 "책 가운데 언문의 철자는 『교린수지』, 『인어대방』 등에 있는 것은 모두 실었고 어떤 것은 경서에 있다."라고 했는데, 「서언」에서 말한 것처럼 앞서 나온 어학서를 참고했다는 것을 알 수 있다. 범례 가운데 마지막 항목이 눈길을 끄는데, 출간 일정이 촉박해서 오류를 바로잡지 못하고 간행했음을 알 수 있다.

"이 책의 원고가 만들어지자 한어에 뜻을 둔 선비가 출판을 독촉해서 널리 교정할 여유가 없었다. 이 때문에 원고 그대로 상재했다. 따라서 갈피를 잡을 수 없이 뒤섞여 어수선하고 거칠고 엉성한 것이 무척 많을 것이다. 학식 있는 군자들은 그것을 용서하기 바란다."

이 책의 하권에는 「발跋」이 실려 있는데, 1880년 10월에 세키사이 도쓰카코積齋戸塚廣가 쓴 글이다. 그에 따르면, 호세코는 조선 부산포에 오래 머물면서 조선어를 널리 연구한 결과 자모字母와 발음의 근원부터 그 어법과 어격에 이르기까지 분류하고 모아 『한어입문』을 지었다. "대체로 수백 년 이래 귀로 듣고 입으로 주고받으면서 복잡하고 어지러워도 단속할 사람이 없었는데, 한번 호세코를 만나자 주체와 객체, 단수와 복수, 명령과 의문의 법도가 짜임새 있고 조리 있게 볼 수 있었다." 세키사이는 서양의 어학서와 함께 이 책을 공부한다면 어학을 배우는 데 크게 효과가 있을 것이라고 권했다.

「일한선린통어」, 방언을 수록하다

『한어입문』이 문법서라면, 『일한선린통어』는 언어의 실용적인 쓰임에 중점을 맞춘 회화용 학습서였다. 이 책의 표지에 적힌 사항은 『한어입문』과 동일하다. 판권장의 기록도 모두 같지만 출판허가 제출일만 1881년 1월 8일로 바뀌었다.

이 책의 「서」는 1880년 11월 30일에 곤도 마스키近藤眞鋤가 부산포 영사관에서 쓴 것이다. 이 글에 따르면, 일본 상인 가운데 조선국 부산포에 거류하는 자가 2천여 명에 이르는데, 조선말에 통하는 자는 거의 없었다. 모두 조선인 가운데 대략 일본어를 할 수 있는 자를 고용해서 통역으로 삼고 있었다. 이 책은 이들 무역업에 종사하는 이들을 위해서 만들어진 실용 학습서였다.

호세코는 1880년 3월 25일에 쓴 「서언」에서 "지금의 시대에 이웃과 우의를 맺지 않을 수 없고, 이미 우의를 맺으면 그 나라 말을 배우지 않을 수 없다. 이것이 내가 선린통어를 지은 까닭이다."라고 밝혔다. 이 「서언」의 바로 다음에 '1880년 2월 하순에 대조선국 선략장군宣略將軍 경상좌도 수군우후 청풍 김용원'이 쓴 「서」가 보인다. 당시 수군우후였던 김용원이 호세코의 부탁을 받아 글을 써준 것이다.

범례에 따르면, "이 책은 오로지 독학하는 데 편리하게 하는 데 이바지한다. 그러므로 책 가운데 문답의 말을 실어서 독자가 이해하기 쉽게 했다."라고 한 것처럼 문답형식을 취해서 실용적인 측면을 살렸다.

이 책에는 표준어와 방언도 실었다. 국어학자 이강민은 근대 일본에서도 1902년에 국어조사위원회가 설치된 뒤에야 각 지역의 방언을 조사하기 시작했다면서, 이 책의 근대적인 측면에 주목했다.[69]

이처럼 조선어 학습교재인 『교린수지』, 『인어대방』, 『한어입문』, 『일한선린통어』 등은 1880년대 초에 일본 외무성의 지원을 받거나 통역관 호세코의 주도로 만들어졌다. 그런데 이들 책의 인쇄인, 저자, 교정자로 이름을 올린 호세코는 어떤 인물일까. 그에 대한 자세한 기록은 별로 남아 있지 않다. 위에서 살펴본 것처럼 그는 야마구치현 출신으로, 1870년대 말쯤 통역관으로서 부산에 왔던 것으로 보인다.

그는 1895년 민비 암살사건이 일어났을 때 조선에서 쫓겨난 자들 가운데 끼어 있었다. 1895년 11월 7일 경성의 일등영사一等領事 우치다 사다쓰치內田定槌가 변리공사 고무라 주타로小村壽太郎에게 보낸 기밀 보고서에 따르면, 민비 암살사건에 관련된 혐의가 있는 자와 이와 직접 관계는 없어도 이곳의 안녕을 방해하게 될 것이라고 인정되는 꺼림칙한 사람에게 본관과 인천 영사관에 부탁해서 조선에서 떠나라고 명령했다. 이 가운데 '평민 호세코 시게카쓰, 43세'는 혐의가 없는 자였다. 그의 주소는 '산구현 웅모군 도강촌 82번지'山口縣 熊毛郡 濤江村 82番地였다.[70) 그는 사건 당시 조선에 머무르고 있었으며, 1852년 생으로 추정된다.

일본 외무성에서는 조선어 학습 교재로 고대소설을 활자본으로 출판하기도 했다. 1880년대 초에 나온『임경업전』과『최충전』이 그것이다. 두 소설이 활자화되기 전부터 조선의 고대소설은 일본의 조선어 학습에 활용되었다. 1703년 아메노모리는 부산에서 2년간 머물면서『숙향전』,『이백경전』,『옥교리』등 한글소설을 베끼며 조선어를 공부했다.[71)

쓰시마의 통역관 오다 이쿠고로小田幾五郎는 1794년에『상서기문象胥記聞』을 펴냈는데, 조신 시신에게 들은 이야기를 기록한 것이다. 이 책에는 "조선소설 장풍운전 구운몽 최현전 소대성전 장박전 임장군전 소운전 최충전 이외에 사씨전 숙향전 옥교리 이백경전 같은 것은 당[중국]의 사실을 언문으로 읽기 쉽게 쓴 것이라고 한다. 그 외에 삼국지 등도 언문으로 쓰인 책이 있다고 한다."라고 쓰여 있다.[72)

현재 오다 이쿠고로의 후손가에는 그때 공부했던 한글소설들이 여럿 전해온다. 또 일본 규슈 남부 가고시마鹿兒島 나에시로가와苗代川에 있는 조선 도공의 후예 심수관 집안에는『숙향전』두 종과『최충전』이 소장되어 있다. 한어사의 후신인 도쿄외국어학교 조선어학과에는 조선어 교재로『숙향전』,『창선감의록』,『구운몽』,『사씨남정기』,『장경전』,『최충전』,『임경업전』등이 망라되어 있다.[73)

조선의 한글소설은 일본어로 번역되기도 했다. 이미 살펴본 것처럼 부산에서 발행한『조선신보』에는『임경업전』이 일본어로 번역, 소개되었다. 흥미로운 사실은 번역자가 호세코였다는 점이다. 제8호(1882년 2월 18일, 양력 4월 5일)에 실린 편자의 말에 따르면, "우리나라 역관 호세코 시게카쓰 군이 자못 열사의 공적을 흠모해서 이제 그 전을 번역했다."[74]라고 했다.

같은 해에『춘향전』도 일본 신문에 번역, 연재되었다.『오사카아사히신문大阪朝日新聞』의 부산 통신원이었던 나카라이 도스이半井桃水는 1882년 6월 25일(양력)부터 7월 23일까지 20회에 걸쳐『오사카아사히신문』에 「계림정화 춘향전鷄林情話春香傳」이란 제목으로『춘향전』을 번역, 연재했다.

『오사카아사히신문』은 1881년 5월(양력) 부산에서 상업을 시작하려던 나카라이 도스이를 최초의 조선통신원으로 임명했다. 나카라이는 왜관에서 의사로 근무하던 부친 밑에서 급사로 일했기 때문에 조선어도 유창했다. 그는 조선 관련 기사를 써 보내『오사카아사히신문』의 부수를 늘리는 데 크게 기여했다. 특히 1882년 7월에 임오군란을 보도한 기사는 유명하다. 나카라이는 1888년까지 통신원 역할을 했다.[75]

나카라이는 왜『춘향전』을 번역했을까? 그는 "그 나라[조선]의 풍토와 인정을 상세히 묘사해서 세상 사람들에게 읽을 만한 것을 제공해줄 수 없는 것을 늘 유감으로 생각하고 있었는데, 최근에 우연히 그 나라의 정화情話를 기록한 하나의 소책자를 얻었다."라고 말했다. 그는『춘향전』이 조선의 풍속과 인정을 풍부하게 담고 있는 작품이라고 판단했다. 번역의 대본은 경판京板 30장본에 비교적 가까운데, 후반부는 경판본을 상당히 바꾸었다고 한다.[76]

『최충전』과 『임경업전』, 활자본으로 나오다

조선의 고대소설 가운데 일본인이 한글 연활자본으로 간행한 것은 『임경업전』과 『최충전』뿐이다. 『임경업전』은 1881년 10월과 1883년 3월에 '외무성장판'으로 간행되었다. 초간본은 56장 112면, 각 면은 10행 21자이다. 오역을 바로잡은 '정오'가 2면에 걸쳐 쓰여 있다. 이 책은 현재 도쿄외국어대학에 소장되어 있는데, 표지에 '생도용'이라고 쓰인 종이가 붙어 있다. 1880년에 설립된 도쿄외국어학교에서 교과서로 사용되었을 것으로 추정된다. 대부분 한글로 쓰여 있는데, 고유명사 등에는 그 옆에 각각 한자가 인쇄되어 있다.[77]

재판본도 역시 '외무성장판'이다. 표지에는 '명치 16년 2월 26일 출판계, 명치 16년 3월 인행'明治 16年 2月 26日 出版届, 明治 16年 3月 印行이라고 기록되어 있다. 재판본은 현재 일본국회도서관에 소장되어 있다. 외무성장판본은 1780년에 나온 경판 45장본 『임경업전』(연세대 소장)과 동일본으로 알려져 있다.[78] 『임경업전』의 발행자는 밝혀져 있지 않다. 외무성장판본이 거의 대부분 호세코가 발행했고, 『조선신보』에 「임경업전」을 번역, 연재했다는 점에서 그가 이 책을 발행했을 가능성이 크다.

『최충전』은 1883년 8월에 인쇄되었다. 위의 외무성장판본 『임경업전』과 달리, 안표지에 '대조선국 기원 사백구십이년/계미 팔월 인행/최충전 전일책'大朝鮮國 紀元 四百九十二年 / 癸未 八月 印行 / 崔忠傳 全一冊으로 기재되어 있다. 조선 개국기원을 사용한 점이 눈길을 끈다. 안표지의 테두리와 면 분할 방식, 본문에 한글이 주문主文이고 한자 어휘에는 국문자 옆에 한자를 함께 쓴 것 그리고 활자체, 행관行款(글을 쓰거나 인쇄한 면의 짜임새) 등에서 활자본 『최충전』과 『임경업전』은 동일하다. 『최충전』은 현재 국립중앙도서관과 일

1883년에 외무성장판본으로 발행된 「임경업전」. 일본 국회도서관 소장.

본의 동양문고東洋文庫에 소장되어 있다.

『최충전』은 통일신라 말기의 학자 최치원의 일대기를 허구화한 한글소설
이다. 우리나라에 전하는 작품들은 최치원전, 최고운전, 최문헌전 등 최치
원의 이름이나 호를 따서 제목으로 삼았는데, 『최충전』은 최치원의 아버지
이름으로 제목을 붙였다. 현전하는 이본 가운데 표제에 아버지 이름을 붙인

것들은 모두 일본이나 일본인의 손을 거쳐간 것들이다. 『최충전』은 『최치원전』 가운데 상대적으로 연원이 오래된 이본 계열로 추측된다.[79)]

조선의 여러 고대소설 가운데 왜 『임경업전』과 『최충전』만이 한글 활자본으로, 그것도 조선어 학습서로서 간행되었을까? 국문학자 정병설은 이들 작품이 조선인의 상반된 대외관을 잘 보여주기 때문에 일본인의 조선어 학습 교재로 사용되었을 것이라고 추측한다. 현재 전해오는 고전소설은 1천 종 내외에 이르는데, 이 가운데 대외관계를 다룬 작품은 무척 드물다고 한다.

정병설에 따르면, 『최충전』은 조선인의 대외적 자주성을 드러낸 소설이고, 『임경업전』은 사대적 모화사상을 보여주는 작품이다. 『임경업전』에서는 임경업이 명나라 황제에게 충성을 바치고 중국인에게 무한한 신뢰를 보낸다. 이에 반해 『최충전』에서 최치원은 중국을 경멸하고 황제에게 무례한 인물로 그려진다. 이것은 신라가 중국에 비해 영토는 작지만 문화와 인재가 더욱 훌륭하다는 자부심이 밑바탕에 깔려 있었다. 『임경업전』과 『최충전』은 조선의 대외관을 파악하는 데 더할 나위 없이 좋은 짝이었다. 19세기 말 일제 침략기에 일본인 사이에서는 『최충전』보다 『임경업전』이 더욱 주목받았다.[80)]

고대소설과 어학 교재의 활자가 같다

활자본 『임경업전』과 『최충전』에서 우리의 눈길을 끄는 것이 있다. 두 책의 한글 활자가 『조선신보』 제7호(1882년 3월 25일, 음력 2월 7일)에 실린 기사의 활자체와 동일하다. 현재 남아 있는 『조선신보』 가운데 한글로 기록된 기사는 이것이 유일한데, 활자체뿐만 아니라 한글 옆에 한자를 병기하는 표기

방식까지 꼭 같다. 『조선신보』 기사와 재판본 『임경업전』의 앞 구절을 옮겨 보면 다음과 같다.

"근릭近來 죠선朝鮮 완고당頑固黨은 다시 셰력勢力을 어더 압셔 일본日本과 화친和親ᄒ던 약됴約條를 거졀拒絕 홀만 ᄀᆞ치 못ᄒ다 ᄒ고 대단大端히 요란擾亂 홀 모양이나 출아리 쇽速히 큰 사홈을 시작始作ᄒ면 더러혀 기화開化도 ᄒ고 ᄯᅩ 량국兩國 교의交誼도 녜날보담 후厚히 될가 싱각生覺ᄒ노라"[81] (현대식으로 띄어쓰기함)

"대명大明 숭졍崇禎 말末의 츙쳥도忠淸道 츙쥬忠州 달쳔達川의셔 사던 사름이 잇시되 셩姓은 림林이오 명名은 경업慶業이라"[82]

『조선신보』는 당시 부산에서 발행되던 신문이다. 이 신문 제8호에 호세코가 『임경업전』을 번역, 연재했다는 사실을 고려하면 두 가지 가능성이 있다. 먼저 그 한글 활자가 동일하게 부산에서 사용되어 발행되었을 것이라는 점, 또는 일본에서 발행된 한글소설의 활자가 부산으로 들어와서 신문을 찍는 데 사용되었을 것이라는 점이다.

더욱더 주목할 만한 사실은 『조선신보』와 『임경업전』, 『최충전』뿐만 아니라 지금까지 살펴본 조선어 교재, 곧 『교린수지』, 『인어대방』, 『한어입문』, 『일한선린통어』 등에 사용된 한글 활자가 모두 동일하다는 것이다. 그뿐만 아니라 이 책들의 표지 형식과 판면도 거의 일치한다. 이것은 대부분 외무성장판이고, 인쇄자나 교정자가 호세코나 우라세 등이었다는 점을 기억하면 같은 인쇄기와 같은 활자가 사용되었음을 알 수 있다.

이들 활자본은 부산에서 인쇄되었을 가능성이 무척 높다. 우선 『조선신보』는 부산항 상법회의소에서 인쇄되었고, 호세코가 산정한 『교린수지』의 광고에서도 출판지가 '조선국 부산포 거류지 본정 2정목 19번지'라고 밝혀져 있었다. 더구나 『조선신보』의 발행지는 바로 옆인 '본정 2정목 20번지'였다. 또 우라세가 초판본 『교린수지』 서문에서 호세코가 일본 외무성의 허락을 받고 '일한활자와 기계'를 가지고 왔다는 것을 증언하고 있다는 점을 비춰보면 더욱 명백해진다.

서지학자 유탁일은 우라세나 호세코가 모두 부산 주재자였다는 점 그리고 오마가리 요시타로가 쓴 글[83]에도 1881년 1월에 초간본 『교린수지』가 부산에서 간행되었다고 밝힌 점을 들어서 이들 활자본이 부산에서 간행되었을 것이라고 주장한다.[84] 그렇다면 이들 활자와 인쇄기는 언제 어디서 누가 만들었을까?

••••

국경을

넘나든

활자의 여행

앞 장에서 살펴본 것처럼, 1880년 5월에 우라세 유타카가 쓴『교린수지』의「서언」에 따르면, 우라세는 1879년에 호세코에게 일본 외무성에서 조선 언문의 활자를 제조해줄 것을 신청하라고 부탁했고, 호세코는 '일한 활자와 그 기계'를 가지고 왔다. 그렇다면 이미 1879년 무렵에 일본에서 한글 활자가 만들어져 있었다는 이야기가 된다.

조선문자 서체 견본의 한글 활자

이를 입증하는 결정적인 자료가 남아 있다. 일본의 히라노활판제조소平野活版製造所에서는 1879년 6월에 활자 견본집『BOOK OF SPECIMENS MOTOGI & HIRANO 改刷』를 발행했다. 이 책의 8쪽에는 '조선문자' 41 개가 최초로 실려 있다. "명월은,샹원날이,웃틈이오니 / 이월은,한식이,잇슴시/ 삼월,삼일은,쓴,명일이라 / 스월의는,팔일이,잇고니"라는 한글 옆에

한자와 가타가나가 함께 기록되어 있다.[1]

히라노활판제조소의 후신인 쓰키치활판제조소築地活版製造所에서는 1888년 2월에 다시 활자 견본집인 『SPECIMEN OF NEW TYPES 新製見本』을 발행했는데, 이 책의 12쪽에는 위의 견본집에 실려 있는 동일한 활자가 '3호 조선문자'로 다시 등장하고, 이어서 '4호 조선문자'가 새롭게 선을 보였다. 3호 조선문자는 "명월은샹원날이웃틈이오니 / 이월은한식이잇슴식", 4호 조선문자는 "ㅅ월의ᄂ 팔일이잇고니 / 삼일참일은ᄯᆫ녕일이랴"라고 쓰여 있는데, 앞의 견본집과 달리 한글만 표기되어 있다. 그리고 오른쪽 상단에는 '명치17년6월신제'明治十七年六月新製라고 명기되어 있어서 4호 조선문자가 1884년 6월에 새롭게 제작되었다는 사실을 알려준다.[2]

그리고 도쿄쓰키치활판제조소東京築地活版製造所에서는 1903년 11월에 『활판견본活版見本』을 발행했다. 그때까지 제작된 모든 활자를 집대성해 수록한 견본집이다. 이 책의 85쪽에는 같은 활자가 '3호 조선문자 서체 견본' (TWO LINE BREVIER BODY)이라는 제목으로 실려 있다.

"셔울 냥반 ᄒ나히 졔쥬 한ᄅᆞᆨ산에 흥샹 신션이 ᄂᆞ려와 논다 말을 듯고 샹ᄒᆡ 말ᄒᆞᄃᆡ 내가 졔쥬목ᄉᆞ롤 ᄒᆞ면 신션님을 흔번 뵈오려마ᄂᆞᆫ 나 빅을 참예ᄒᆞᆯ 수 잇ᄂᆞᆫ가 ᄒᆞ더니 우연이 급뎨롤 ᄒᆞ야 의외에 그 목ᄉᆞ롤 ᄒᆞ여간지라 도임후에 졍ᄉᆞᄂᆞᆫ 변변치 못ᄒᆞ고 흥샹 말ᄒᆞᄃᆡ"(띄어쓰기함)

이 견본집에 실린 한글 활자가 『교린수지』를 비롯한 활판본에 실려 있는 활자와 동일한 것들이다. 그런데 1880년 11월에 간행한 『한어입문』의 범례 가운데 마지막 항목이 눈길을 끈다. 출간 일정이 촉박해서 오류를 바로잡지

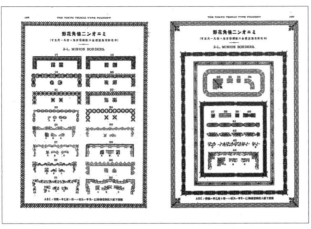

도쿄쓰키치활판제조소의 「활판견본」(1903)에 실려 있는 꽃문양. 이 가운데 오른쪽 맨 아래에 실려 있는 문양이 「교린수지」 등의 표지에 사용되었다. 일본 국회도서관 소장.

못하고 간행했다고 밝혔다.

> "이 책의 원고가 만들어지자 한어에 뜻을 둔 선비가 출판을 독촉해서 널리 교정할 여유가 없었다. 이 때문에 원고 그대로 상재했다. 따라서 갈피를 잡을 수 없이 뒤섞여 어수선하고 거칠고 엉성한 것이 무척 많을 것이다. 학식 있는 군자들은 그것을 용서하기 바란다."

이런 정황을 종합해보면, 1879년 2월 이전에 3호 한글 활자가 급히 만들어졌고, 이 활자들이 이후 『한어입문』 등에 동일하게 사용되었음을 알 수 있다. 그리고 이 활자를 제작한 곳은 일본의 히라노활판제조소였다.

이 견본집에는 '각종화형견본'各種花形見本(Several Borders)도 포함되어 있다. 이 견본의 A27면에는 '미니온2배각화형'(ミニオン2倍角花形 2-L MINION

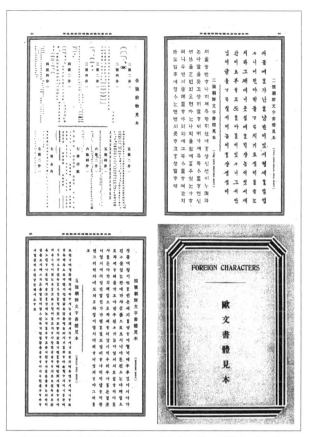

도쿄쓰키치활판제조소의 「활판견본」(1903)에 실려 있는 조선문자 2호, 3호, 4호, 5호 활자. 4호 활자는 「한성주보」에 사용된 한글 서체로, 이수정이 쓴 글씨로 추정되며 다케구치 쇼타로가 조각했다. 일본 국회도서관 소장.

BORDERS)이 실려 있다. 그 가운데 44번을 달고 있는 꽃문양 테두리가 우리 눈에 낯익다. 우리가 앞서 살펴봤던 『한어입문』 이하 책들의 표지에 실린 테두리 문양과 동일한 것이다.

도쿄쓰키치활판제조소의 『활판견본』에는 3호 조선문자 서체 견본 외에 3종이 더 실려 있다. '2호 조선문자 서체 견본'(TWO LINE SMALL PICA BODY), '4호 조선문자 서체 견본'(ENGLISH BODY), '5호 조선문자 서체 견본'(SMALL PICA BODY)이 그것이다. 모두 1880년대에 히라노활판제조소에서 만들어졌고, 우리나라의 근대 신문, 잡지, 교과서, 단행본, 성경 등에 널리 쓰였다.

일본에서 만들어진 이들 한글 서체는 4호를 제외하고는 모두 우리나라에서 초창기 기독교의 역사와 긴밀하게 연결되어 있다. 결론부터 말하면, 2호와 5호 활자는 가톨릭의 사전과 성경 번역서에 사용되었고, 3호 활자는 개신교의 성경 번역에 널리 쓰였다.

가톨릭 선교사들의 조선어 사전 편찬

이들 한글 활자 가운데 가장 먼저 만들어진 것은 5호 활자였다. 이 활자는 서양 가톨릭 선교사들의 선교와 출판 활동과 깊이 관련되어 있었는데, 『한불ᄌ뎐韓佛字典』과 『한어문전韓語文典』과 같은 사전과 어학서의 본문에 쓰였다. 한글 글자본을 쓴 사람의 이름을 따서 일명 '최지혁체'로 불렸다. 이들 책과 활자는 가톨릭 선교사들의 종교적 열정과 정치적 고난의 산물로서 근대 초기 활자 인쇄 역사에서 기념비적인 작품으로 손꼽힌다.

여기서 간략하게 서양 가톨릭 선교사들의 조선 선교와 출판 활동을 짚어보자. 1827년 로마교황청은 파리외방전교회에 조선 선교를 위임한다. 파리외방전교회는 1654년 프랑스 사제들이 창설한 가톨릭 포교단체인데, 주로 아시아를 선교 대상으로 삼았다. 현지의 성직자를 양성하고 그들이 다스리는 교회를 설립할 것, 현지 문화를 존중할 것, 선교 지역의 정치적 참여를

금지할 것 등이 전교회의 기본 강령이었다.[3)]

교황 그레고리 16세는 1831년 9월 9일 조선 교회를 베이징교구에서 분리, 독립하게 하고 브뤼기에르 주교(Barthélemy Bruguière, 1792~1835)를 조선 교구의 초대 주교로 임명했다. 브뤼기에르 주교는 이듬해 1832년 7월 25일에야 교황청의 결정을 알게 되었고, 그해 9월 12일 조선으로 떠났다. 하지만 우여곡절 끝에 1835년 조선 입국을 앞두고 내몽골에서 병사하고 말았다.[4)]

1836년에 브뤼기에르의 뒤를 이어 처음으로 모방 신부가 조선으로 들어왔다. 이듬해 1837년에는 앵베르 주교와 샤스탕 신부가 중국과 만주를 거쳐 입국했다. 뒤이어 페레올, 다블뤼, 메스트르, 베르뇌 등의 신부가 조선으로 들어와서 선교를 시작했다.

프랑스 계몽주의자 드니 디드로에 따르면, 문법과 사전은 민족 상호 간의 보편적 통역자로서 이것을 매개로 인간의 모든 능력은 공유되고 결합될 수 있었다.[5)] 신앙과 선교도 마찬가지였다. 조선에 파견된 가톨릭 선교사들에게 조선어를 배우는 것은 절실한 과제였다. 신의 말씀을 전하려면 조선 민중 속으로 파고들어가야 했다. 이를 위해 그들의 생각과 감정을 공유할 수 있는 언어를 습득하는 것이 중요했다. 특히 선교사들이 중국을 거치지 않고 조선으로 들어오기 시작하면서 조선어 사전이나 문법서는 선교의 성패를 가를 만큼 절박했다.[6)]

일찍이 여러 가톨릭 선교사들은 조선어 사전 편찬 작업을 시도했다. 프랑스 선교사 샤를 달레에 따르면, "다블뤼 주교는 오랫동안 한한불漢韓佛사전 편찬에 힘썼고 푸르티에(Pourthié) 씨는 또 하나의 한중라韓中羅사전을 꾸몄으며 프티니콜라(Petitnicolas) 씨는 3만 이상의 라틴어와 10만에 가까운 조선어를 담은 나한羅韓사전을 지었다.”[7]라고 했다.

리델 주교, 『한불ᄌ뎐』을 완성하다

이들 가운데 『한불ᄌ뎐』은 다블뤼(Marie-Antonio Nicolas Daveluy, 1818~1866) 신부가 1850년대부터 본격적으로 엮기 시작했다. 그는 조선의 3대 주교에 임명된 페레올(Jean-Joseph Ferréol, 1808~1853) 신부와 함께 1845년 10월 조선으로 들어왔다. 그는 여러 동료 선교사와 독실한 조선인 신자들의 도움을 받으면서 20여 년에 걸쳐 사전 편찬에 매진했다. 하지만 1866년 병인박해가 터지면서 그의 사전 원고는 훼손되거나 소실되어버렸다.[8]

다블뤼 신부는 사전뿐만 아니라 교리서의 번역과 출판에도 힘썼다. 그는 가톨릭 신자들의 영세 준비서인 『령세대의領洗大義』, 가톨릭 입문을 위한 묵상서 『신명초힝神命初行』, 고해성사를 위한 『성찰긔략省察記略』, 고난을 헤쳐가는 길을 돕기 위한 『회죄직지悔罪直指』 등을 번역했다. 이 책들은 조선 제4대 교구장인 베르뇌(Siméon-François Berneux, 1814~1866) 신부가 1859년에 서울에 설립한 인쇄소에서 목판으로 간행되었다. 하지만 이 책들도 병인박해 때 불타버리고 말았다.[9]

다블뤼 신부의 작업을 이어받아서 『한불ᄌ뎐』을 완성한 인물은 리델(Félix-Clair Ridel, 1830~1884) 주교였다. 그는 병인박해가 일어나자 상하이로 피신했다. 이곳에서 다시 조선으로 입국할 날을 기다리면서 조선어 사전과 문법서를 편찬했다. 사전 작업은 1873년 11월 무렵에 완성되었다. 『한불ᄌ뎐』의 필사본 원고는 1880년 활판본으로 간행되기까지 여러 선교사가 필사해 지니고 있었고, 인쇄본이 나오기까지 지속적으로 수정과 증보를 거듭해

갔다.[10]

리델 신부는 1869년 6월 25일 조선교구 제6대 교구장으로 임명되었다. 그는 조선인 신도 최지혁(요한) 등의 도움을 받아 1876년 5월 8일 블랑(Jean Marie Gustave Blanc, 1844~1890)과 드게트(Victor Marie Deguette, 1848~1889) 신부를 조선에 입국하게 했다. 1866년 7월 병인박해 이후 조선을 떠났던 선교사들이 10년 만에 다시 입국하게 되었다.

1877년 9월 16일 리델 주교도 조선으로 들어와 24일 서울에서 블랑 신부와 다시 만났다. 리델 주교는 조선에서 인쇄소를 설립해 신앙서적과 교리서를 출간하려고 계획했다. 그는 인쇄를 책임질 인쇄공을 찾았다. 1878년 1월 26일에는 인쇄소로 쓸 건물도 계약했다. 하지만 1878년 1월 28일 리델 신부는 체포되고 말았다. 베이징 주재 프랑스 공사의 외교적 교섭으로 마침내 석방되었다. 그는 그해 7월 12일 만주의 조선교구 대표부에 도착했다.

만주에서 활동하던 코스트(Eugene Jean George Coste, 1842~1896) 신부는 1878년 4월 25일 무렵 리델 주교의 지시에 따라 요코하마로 건너갔다. 조선어 사전과 문법서를 인쇄하기 위해서였다. 그는 요코하마에서 이 작업을 완수할 수 있는 인쇄소를 수소문했다. 일본에서는 한글 주형과 활자주조 작업을 준비했다. 프랑스에서는 프랑스어 새 활자판을 주문했다. 1878년 12월 초에 첫 인쇄 작업에 필요한 모든 재료를 갖출 수 있었다. 1880년 12월 11일 마침내 『한불ᄌᆞ뎐』이 출간되었다. 1878년 5월 작업을 시작했으니 장장 1년 6개월이나 걸렸다.[11]

『한불ᄌᆞ뎐』의 편찬소는 요코하마 천주당橫濱天主堂이었다. 이 성당은 요코하마의 외국인 거류지인 야마테山手 80번지(오늘날 神奈川県 横浜市 中区 山手町 80番地)에 있었다. 파리외방전교회의 일본교구장인 지라르 신부가 1862년 1월 12일에 완성했다. 정식 명칭은 'Eglise Du Sacre-Coeur聖心聖堂'로, 개항 후 일본에 세워진 최초의 가톨릭 성당이었다.[12] 코스트 신부 등은 이 성당의 지하 1층에서 만주에서 가져온 리델 주교의 원고를 거듭해서 수정하고 편집했다. 완성된 원고는 마침내 '레코 뒤 쟈폰사'(L'ECHO DU JAPON)에서 간행되었다. '일본의 소리'를 뜻하는 이곳은 일본 최초의 프랑스 신문사로, 요코하마에 있는 프랑스인 거류지 야마테 183번지에 자리 잡고 있었다.

『한불ᄌᆞ뎐』은 B5판(사륙배판, 세로 257㎜, 가로 182㎜)에 가깝고, 양장본으로 제본했다. 부록을 포함해서 모두 714면이다. 속표지의 표제는 '한불ᄌᆞ뎐 / 韓佛字典 / Dictionnaire CORÉEN-FRANÇAIS'이고, 저작자는 '파리외방전교회 소속 조선 선교사들'(PAR LES MISSIONNAIRES DE CORÉE DE LA SOCIETÉ DES MISSIONS ÉTRANGÉRES DE PARIS)이다. 발행사항으로는 'YOKOHAMA / C. LÉVY, IMPRIMEUR-LIBRAIRE / 1880'으로 기록되었다. 일본 요코하마에서 인쇄인 레뷔가 1880년에 발행했다는 뜻이다. 이 책의 마지막 면에는 조선 전도가 컬러로 인쇄되어 있다. 1880년 12월 13일자『레코 뒤 쟈폰』신문에는『한불ᄌᆞ뎐』의 판매 광고가 실렸다.

이 책의 서문에는 표제어 배열순서, 표제어 선정 기준, 약호 해설, 한글의 글자 제작 원리와 우수성 등의 내용이 담겨 있다. 서문과 부록의 서문을 제외하고 본문은 2단 조판이고 가로쓰기 체제이다. 한글 표제어와 나란히 해당 알파벳 발음이 표기되었다. 한자어인 경우에는 한자를 병기한 뒤 프랑스어 번역문이 실렸다. 사전의 표제어 수는 총 26,866개이고, 한자어는 22,346개였다. 그 가운데 '그리스도', '예슈' 등의 외래어도 있고, '우유'처럼 새로운 문명어도 보인다.[13]

『한불ᄌ뎐』의 발행자 레뷔는 어떤 인물이었을까. 레뷔(Cerf Lévy)는 프랑스 알자스 지방에서 태어났고, 스트라스부르공업학교를 졸업한 뒤 스트라스부르의 판각소와 파리의 인서국印書局에서 식자와 활판 기술을 배웠다. 1865년부터 2년 반 동안 사이공의 인서소印書所에서 책임자로 일하다 1868년 3월 무렵 요코하마로 왔다. 처음에는 요코하마의 외국인 거류지에 있던 재팬 타임즈사 식자공으로 일하다 1870년 4월에 최초의 프랑스어 신문 『레코 뒤 쟈폰』을 창간했다. 『레코 뒤 쟈폰』은 1885년 11월 28일까지 발행되었다. 이 회사는 신문 발행뿐만 아니라 명함, 안내장, 수표, 계약서류 등을 인쇄하고 프랑스어와 영어, 일본어 서적을 출판했다. 만년필과 펜, 잉크 등의 문구류와 각종 종이도 판매했다. 당시 직원은 식자공 15명, 기자 5명, 통역 1명이었다고 한다.[14]

『한불ᄌ뎐』의 한글 활자는 가톨릭 신자 최지혁이 쓴 글자를 본보기로 삼아 도쿄의 히라노활판제조소에서 제작한 5호 활자(3.68㎜)였다. 도쿄쓰키치활판제조소의 『활판견본』에는 '5호조선문자서체견본五號朝鮮文字書體見本' (SMALL PICA BODY)에 실려 있다. 최지혁은 서양 선교사들이 조선어 사전을 편찬하는 데 도움을 준 조선인 가운데 한 명이었다. 그들 가운데 이름이 밝혀진 이들로는 박영식(바오로), 김여경, 권치문, 이바울리노, 박종삼(요한) 등이 있다. 이 가운데 최지혁은 최초로 한글 연활자의 글자 견본을 쓴 인물로 널리 알려져 있다. 하지만 그에 대한 자세한 기록은 남아 있지 않다.

'프랑스 선교사들의 감탄할 만한 사전'

『한불ㅈ뎐』은 여러 면에서 기념비적인 출판물이었다. 먼저 이 책은 후대의 성경 번역과 한국어 사전 편찬에 크게 기여했다. 만주에서 신약성경의 한글 번역본을 준비하던 매킨타이어(John MacIntyre, 1837~1905)와 일본 도쿄에서 신약성경을 번역한 이수정 등이 『한불ㅈ뎐』에서 많은 도움을 받았다.[15]

개신교 선교사 언더우드(Horace Grant Underwood)는 1890년 일본 요코하마에서 『한영ㅈ뎐韓英字典(A Concise Dictionary of the Korean Language)』을 발행했는데, 『한불ㅈ뎐』과 거의 동일한 체제를 채택했고, 한글 활자도 모두 같다. 수록 어휘도 최소 94%가 『한불ㅈ뎐』에서 나온 것으로 추정된다.[16] 이 책의 발행소는 Kelly & Walsh이고 인쇄는 Yokohama Seishi Bunsha橫濱製紙分社가 맡았다.

1889년 11월에 서울에서 쓴 언더우드의 서문에 따르면, 『한영ㅈ뎐』은 '프랑스 선교사들의 감탄할 만한 사전'에서 크게 도움을 받았다. 언더우드는 또한 조선인 'Mr. Song Soun Young宋淳容'에게 감사의 말을 전했다. 그의 신중한 작업과 언문의 쓰임에 대한 철저한 지식 덕분에 이 사전이 정확성을 확보할 수 있었다고 한다.[17] 송순용은 가톨릭 신자로서 『한불ㅈ뎐』의 사전 편찬에 참여했다. 10여 년 뒤에는 언더우드의 조선어 교사로서 『한영ㅈ뎐』의 간행에도 영예로운 이름을 올렸다.[18]

『한불ㅈ뎐』과 『한영ㅈ뎐』의 간행 시기는 10년이나 차이가 난다. 송순용이 두 사전의 편찬 작업에 함께 참여한 사람이라면, 두 책을 인쇄하는 데 관여한 일본인이 있었다. 요코하마 제지분사의 공장 감독 무라오카 헤이키치村岡平吉(1859~1922)가 그 주인공이다. 그는 1877년 레코 뒤 쟈폰사에 입사해 구문歐文 식자공으로서 솜씨를 연마했다. 1883년에는 상하이 미화서관으로 건너가 1년 동안 인쇄제본 기술을 배웠다. 1884년 1월 귀국한 뒤에는 오지제지주식회사王子製紙株式會社 요코하마 제지분사에 입사했다. 1898년에는 독립해서 복음인쇄합자회사福音印刷合資會社를 창업했다. 1923년 간토대지진關東大震災 때 복음인쇄는 사옥, 공장, 창고 등 건물이 파괴되고 말았다.

복음인쇄합자회사는 기독교 전문 인쇄출판사로서 근대 일본에서 두각을 나타냈다. 특히 성서 인쇄 분야에서 일가를 이루었다. 일본 인쇄출판업계에서는 무라오카를 '바이블의 무라오카'로 불렀다. 복음인쇄는 영어는 물론 한글, 인도, 타이완, 싱가포르 등 아시아 여러 나라의 활자를 보유한 것으로 명성을 떨쳤다. 복음인쇄는 조선과 인연이 깊었다. 1914년 재일본 도쿄 유학생 학우회의 기관지『학지광學之光』을, 1917년 재일조선기독교청년회(조선YMCA) 기관지『기독청년』을 인쇄한 것을 비롯해 간토대지진 때까지 조선인 잡지 12종을 인쇄했다.[19]

『한불ᄌ뎐』은 한국어(국문, 국한문 포함)를 가로쓰기 형식으로 인쇄한 최초의 사례였다. 이보다 앞서 러시아의 관리 푸칠로가 편찬한 러시아어−한국어 대역 사전『시작노한사전試作露韓辭典』이 1874년 러시아의 페테르부르크에서 간행되었는데, 러시아어는 활판인쇄로 가로쓰기했고, 한글은 횡전종서橫轉縱書(세로쓰기한 글자를 왼쪽으로 90도 돌려서 씀) 형식으로 석판인쇄되었다.

그 뒤 언더우드와 게일(J.S. Gale)이 편찬한『한영·영한사전』(1890),『한영자전』(1897)도 모두 일본 요코하마에서 간행되었는데, 한글을 가로쓰기한 사례들이다. 초기의 가로쓰기 인쇄물들은 모두 사전류로서 일본에서 간행되었고, 외국인 선교사들의 노작이었다. 기독교 선교사들이 한국 근대 출판의 한 형식을 선구적으로 구현했다는 점에서 눈여겨볼 만하다.

리델 신부의 『Grammaire Coréenne』

한편, 요코하마의 코스트 신부는 1881년 레코 뒤 쟈폰사에서 『Grammaire Coréenne』을 발행했다. 이 책은 서양의 문법체계에 맞추어 조선어를 학문적으로 분석한 최초의 문법서로 평가된다.[20] 이 책의 공동편찬자는 파리외방전교회 선교사들이지만 실제로는 리델 신부가 저술한 것이었다.

『Grammaire Coréenne』의 체제는 『한불ᄌᆞ뎐』과 비슷하다. B5판(사륙배판, 세로 257㎜, 가로 182㎜)에 가깝고 양장본으로 장정되었다. 부록을 포함해서 332면이다. 속표지의 표제는 'Grammaire Coréenne'이고, 저작자는 '파리외방전교회 소속 조선 선교사들'(PAR LES MISSIONNAIRES DE CORÉE DE LA SOCIETÉ DES MISSIONS ÉTRANGÉRES DE PARIS)로 되어 있다. 발행사항으로는 'YOKOHAMA / IMPRIMERIE DE L. LÉVY ET S. Salabelle / 1881'로 기록되었다. 히라노활판제조소에서 만든 최지혁체 5호 활자가 쓰였고, 가로쓰기 조판으로 구성되었다.

『Grammaire Coréenne』이 『한불ᄌᆞ뎐』과 다른 점은 발행인이다. 타이포그래피 연구자 류현국의 연구에 따르면, L. 레뷔(Léon Lévy)는 C. 레뷔의 동생으로, 1874년 9월부터 1883년 9월까지 9년간 레코 뒤 쟈폰 신문사를 지켰다. 1881년 형이 일본을 떠난 뒤 신문사 사장에 올랐다. 그가 경영자로 있을 때인 1882년 9월부터 12월까지 프랑스 작가 알퐁스 도데의 소설이 신문 제1면에 연재되었다. L. 레뷔도 1883년 9월에는 요코하마를 떠나 프랑스로 돌아갔다.

발행자로 이름을 올린 스테판 사라벨은 신문사의 공동경영인이었다. 그는 1883년에 가족과 함께 상하이에서 요코하마로 옮겨왔다. 그의 이름은 1881년부터 요코하마의 프랑스 거류지 명부에 실렸다. 레뷔 형제와 그의 관계는 자세히 알 수 없다.[21]

『Grammaire Coréenne』은 크게 문법편과 연습편으로 나뉜다. 문법편은 품사론과 구문론으로 구분해서 관사, 명사, 대명사 등을 설명하고 각 품사들이 어떻게 조합되어 문장을 이루는지 설명하고 있다. 연습편에서는 간단한 단어부터 긴 문장과 문학작품에서 뽑은 인용문까지 단계적으로 학습할 수 있는 문제를 제시하고 있다. 마지막으로 부록에서는 조선의 시간 체계, 도량형, 방위, 가족관계 등 조선인의 관습과 특징을 설명하고 있다. 프랑스어문학자 강이연은 이 문법서가 "음소와 어휘를 넘어서 문장, 나아가 텍스트 단위, 심지어 문화적 요소까지 모두 다루면서, 복합적이고 다양한 당시 한국어문화 관련 정보들을 담고 있다."라면서 "그 형식과 내용이 풍부하고 치밀한 데다 독창성까지 갖추고 있"다고 평가했다.[22]

『Grammaire Coréenne』은 언더우드의 『An Introduction to the Korean Spoken Language』(Kelly & Walsh, 1890)에도 영향을 미쳤다. 그는 이 책의 서문에서 리델의 문법서를 바탕으로 이 책을 썼다고 밝혔다. 두 책의 모음과 자음 순이 같고 모음과 자음의 수도 같다. 또 『언문말칙』(1887)을 쓴 제임스 스코트도 『Grammaire Coréenne』과 존 로스의 『Corean Primer』(1877)에서 크게 도움을 받았다고 했다.[23]

나가사키의 조선교구 인쇄소

요코하마에서 『한불ᄌ뎐』과 『Grammaire Coréenne』을 발행하던 가톨릭 선교사들에게 1881년에 큰 변화가 찾아왔다. 인쇄의 근거지를 요코하마에서 나가사키로 옮긴 것이다. 1881년 9월 중순, 코스트 신부는 요코하마에서 나가사키로 건너갔다. 리델 주교의 지시에 따라 조선교구 경리부와 인쇄소에 적합한 건물을 찾기 위해서였다. 코스트 신부는 나가사키의 오우라 천주당(大浦天主堂, 長崎県 長崎市 南山手町 5-3) 지하에 조선교구 경리부와 인쇄소를 설치했다. 리델 주교는 코스트 신부를 경리부와 인쇄소의 책임자로 임명했다.

코스트 신부는 도쿄의 히라노활판제조소에 새로운 한글 활자를 주문했다. 조선 신자들을 위한 기독교 교리서 등을 출판하기 위해서였다. 마침내 1881년 11월 21일 나가사키의 조선교구 인쇄소가 작업하기 시작했다. 당시로서는 가장 최신식 설비와 기술을 갖춘 인쇄소였다. 어떤 인쇄설비를 어디서 얼마에 구입했는지 등은 알 수 없다. 나가사키 조선교구 인쇄소는 1881년 11월 21일부터 1885년 11월까지 약 4년간 운영되었다.[24]

나가사키 조선교구 인쇄소의 첫 번째 간행물은 『텬쥬셩교공과』(제3판, 1881)였던 것으로 보인다. 가톨릭교의 공식기도서로 쓰인 책인데, 1862년 서울에서 목활자로 찍은 것을 나가사키에서 연활자로 다시 찍어낸 것이었다. 본문에는 2호 활자(7.6㎜)가 쓰였고, 본문에 대한 주석과 페이지 번호는 최지혁체 5호 활자가 사용되었다. 본문의 2호 활자는 최지혁체와는 전혀 다른 사람이 쓴 글씨를 모범으로 제작되었다. 5호 활자에 비해서 선이 굵은 붓글씨의 느낌이 살아 있고 활자도 크며 자간도 넓은 편이다.

이 2호 활자도 도쿄쓰키치활판제조소의 『활판견본』에 '2호 조선문자 서체 견본'(TWO LINE SMALL PICA BODY)으로 실려 있다. 2호 견본의 글은 다음과 같다.

"싀골에 흔 가난흔 냥반이 잇서 형셰흘 일 없스니 어린아히들 ᄀᄅ치기로 싱이를 흐ᄂ지라 그 때에 니웃집에 흔 빅쟝놈이 잇서 셰간이 요부ᄒ고 ᄯ흔 아들이 잇스니 그 ᄉᆞ 안님이 글을 ᄀᄅ칠식 이놈이 흥샹 셩싱이"(띄어쓰기함)

2호 활자가 누구의 글씨를 본받아 만들어졌는지는 실증 자료가 남아 있지 않다. 이 활자는 『Grammaire Coréenne』이 인쇄된 뒤부터 『텬쥬셩교공과』가 발행된 사이의 어느 때인가 만들어졌을 것이다. 이 2호 활자는 나가사키 조선교구 인쇄소에서 만든 여러 가지 인쇄물에 모두 본문 서체로 쓰였다. 최지혁체 5호 활자도 『텬쥬셩교공과』와 마찬가지로 주석과 페이지 숫자에 사용되었다. 나가사키 인쇄소에서 나온 책들은 『회죄직지』(1882), 『셩찰긔략』(1882), 『신명초힝』(1882), 『셩교감략』(1883) 등 10여 책에 이른다.

2호 활자와 5호 활자를 만든 까닭과 쓰임새는 달랐을 것이다. 5호 활자로 인쇄된 책들은 서양인 선교사들이 조선의 언어와 문화를 이해하기 위해 만든 사전과 문법서였다. 따라서 실용성과 체계성이 목표였다. 독자도 두 언어를 알거나 배우고 싶은 소수 상층 지식인을 대상으로 했다. 따라서 상대적으로 크기가 작은 활자로 한 지면 안에 많은 지식과 정보를 담아낼 수 있었다.

평범한 신자들을 대상으로 하면 앞의 책과는 달라야 했다. 가톨릭의 교리와 신앙을 폭넓게 알리기 위해 활자도 커야 하고 자간도 넓어야 했다. 붓글씨와 세로쓰기 체제에서 자란 사람들에게도 낯익은 형식을 갖추어야 했다.

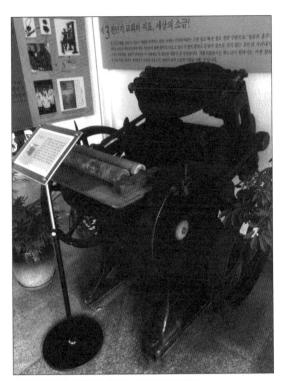

가톨릭출판사의 본관 로비에 있는 1880년대 인쇄기.

새롭게 주조된 2호 활자는 이런 목적에 충실했을 것이다. 1860년대에 이미 목판본으로 간행된 것처럼 『텬쥬셩교공과』 등은 모두 순 한글로 쓰였다. 고서의 형식에 맞게 광곽과 계선과 어미가 있고, 세로쓰기로 조판되었다.

요코하마와 나가사키에서 조선어 어학서와 가톨릭 교리서를 인쇄하는 데 쓰였던 2호와 5호 한글 활자는 1885년에 조선으로 전해졌다. 제7대 조선교구장으로 임명된 블랑 주교는 1885년 가을 나가사키 경리부와 인쇄소를 한성으로 옮기기로 결정했다. 코스트 신부는 그해 10월에 나가사키 조선교구 경리부와 인쇄소의 모든 물품을 조선으로 옮겼다. 그는 1885년 11

월 15일에 조선에 입국했다. 인쇄소는 처음에는 새문안의 정동(오늘날 서울 중구 정동길 26 이화여자고등학교 부근)에 있다가 1888년 12월 15일 이전에 종현(오늘날 서울 중구 명동길 74 명동대성당)에 인쇄소 건물을 지어 이사했다.[25] 이 인쇄소는 오늘날도 활동하고 있는 가톨릭출판사의 전신이다.

로스 목사, 조선어를 배우다

도쿄쓰키치활판제조소의 견본집에 실려 있는 3호 활자는 개신교의 성서 번역 활동과 긴밀하게 관련되어 있었다. 기독교 출판의 역사에서 가톨릭의 리델 주교와 코스트 신부의 업적에 필적하는 개신교 선교사가 있었다. 스코틀랜드 연합 장로교의 선교사 로스(John Ross, 중국명 羅約翰, 1842~1915) 목사가 그다. 그는 스코틀랜드 출신으로 만주와 한국에 개신교를 설립하고 처음으로 신약성서를 한글로 번역한 인물이다.

로스 목사는 동료 선교사 매킨타이어(John MacIntyre, 1837~1905)와 함께 1872년 8월부터 중국의 지푸芝罘, 잉커우鶯口에서 선교 활동을 했다. 그는 1874년 10월 9일, 중국과 조선의 관문인 봉황성鳳凰城의 고려문高麗門에서 처음으로 몇몇 조선인을 만났다. 하지만 기대했던 성과는 거둘 수 없었다.

1876년 4월 무렵 로스는 다시 고려문을 찾았는데, 마침 배가 난파되어 곤경에 처한 조선인 상인을 만났다. 그 상인을 설득해 조선인 교사로 삼았다. 하지만 그는 석 달이 지나자 떠나가버렸다. 그 뒤의 어느 날인가 로스는 함경도 출신의 한약장수 이응찬을 만나 조선어 교사로 고용했다. 로스는 이응찬에게 조선어를 배우는 한편 성경을 번역하게 했다. 로스가 신앙을 전파한 조선인들로는 이응찬 외에 평안북도 의주 사람 이성하, 김진기, 백홍준 그리고 의주 출신으로 홍삼 행상을 하던 서상륜과 서경조 형제 등이 있었다. 이들 가운데 서상륜은 자신이 로스와 매킨타이어 목사를 만나게 된 사연을 다음과 같이 증언했다.

> "본인, 평안북도 의주부 출신, 23세(1871) 상업으로 청국 관동 봉천성(일명 盛京省) 요양현 속 營口(일명 牛莊)항에 갔다가 불의의 신병에 걸려 거의 위험한 지경에 이르렀더니 마침 그때 동향인 교우 이응찬(主后 1870에 영국 목사 馬勤泰[매틴타이어] 씨에게 受洗했고 1889년에 성경에서 귀천) 씨가 해당 항에 주차하는 선교사 마근태 씨에게 소개하야 마씨가 자기 사저로 이접시키고 영국인 의사(씨명은 망각) 모씨로 하여금 치료케 하여 불과 2주 안에 쾌유差效이거늘 본인이 그 구활지은을 감읍 稱謝한즉 마씨가 이 기회를 당하여 救主의 은공과 天父의 자애하시는 도리를 侃侃設講하시며 切切기도하시는지라 부지불식지간에 본인의 충심이 감촉함을 被하여 구주를 믿기로 결심하고 다시 3 5개월을 지나 영 목사 羅約翰 명 로쓰 씨에게 수세(1872)한 후 불과 10수일에 해 씨가 성경으로 奉眷搬移時 본인이 함께 성경으로 가서 2개년간을 동거 學道하였나이다."[26]

로스 목사는 만주에서 선교활동을 벌이면서 틈틈이 조선어를 익혔다. 그리고 조선인 신자들의 도움을 받아 성경을 조선어로 번역하기 시작했다. 그는 조선인에게 신앙을 전파하기 위해 성경과 신앙 소책자를 번역하는 것이 중요하다는 사실을 일찍부터 깨달았다.

> "성경과 소책자에 담긴 기독교 진리의 반포는 한국인들 같은 민족에게는 무엇보다 중요하다. 그들이 주장하는 대로 비록 인구가 1,500만밖에 되지 않더라도 우리가

알기로는 그 나라의 모든 여자가 하루 만에 글을 읽는 것을 배울 수 있기 때문이다. 그 언어가 기록되는 자모는 음성문자이며, 너무나 아름답고 간단해서 누구나 쉽게 빨리 익힐 수 있다."[27]

상하이의 미화서관, 「Corean Primer」를 펴내다

로스 목사는 한글이 뛰어난 문자여서 기독교 선교를 돕는 데 이바지할 것이라는 점을 간파하고 매킨타이어와 함께 조선어 학습에 매진했다. 그는 1875년에 『예수성교문답』과 『예수성교요령』을 조선어로 번역했다. 1877년에는 이응찬의 도움을 받아 『Corean Primer』를 상하이의 미화서관 (American Presbyterian Mission Press)에서 간행했다. 『Corean Primer』는 서양인이 쓴 조선어 학습서로서 최초의 단행본이었다. 이 책은 서문과 회화편으로 나뉜다.

서문에서는 조선어의 특징을 소개하고 대명사, 동사 활용, 한글 자모에 대해 예를 들어 설명했다. 한글 자모에서는 자음과 음절을 제시하고 그 아래에 로마자로 음가를 달았다. 로스는 「서문」에서 "이 학습서는 머지않은 날에 조선인과 교제하기를 바라는 관리, 상인 그리고 주로는 선교사들에게 조선어를 소개하기 위해 만들어졌다."[28]라고 말했다.

회화편은 생활에 필요한 기본적인 주제나 상황을 중심으로 구성되었다. 회화 문장들은 한글, 로마자 표기, 영어 번역문을 함께 실어서 실용성을 높였다. 눈길을 끄는 것은 회화에 등장하는 문장이 함경도 방언이라는 것이다. 로스의 조선어 교사인 이응찬이 함경도 출신이었기 때문이다.[29]

이 책은 한글 자모와 영문이 가로쓰기로 배치되었다. 류현국에 따르면,

「Corean Primer」의 원본 이미지 :
https://archive.org/details/coreanprimerbein00rossrich

이 책의 한글 활자는 1호부터 4호까지인데 좌우 획과 상하 획을 따로 만들어 결합한 분합활자였다. "한글 해서체의 원도와 종자 조각 제작은 이응찬이 담당하였고, 본문용 목활자의 원도는 이응찬, 서상륜, 백홍준 등 3명이 담당했다."라고 했다.[30]

로스는 1879년 5월부터 1881년 5월까지 휴가를 얻어 스코틀랜드로 돌아갔다. 그는 휴가를 떠나기 전에 조선인 신자들이 만들어놓은 한글 목활자를 일본 주재 스코틀랜드 성서공회(National Bible Society of Scotland) 소속의 릴리(Robert Lilly) 목사에게 보냈다. 릴리 목사는 이 목활자를 도쿄의 히라노 활판제조소에 보내 한글 연활자 35,563개를 제작하게 했다. 이 한글 연활자는 1881년 무렵 도쿄에서 선양으로 전달된 것으로 보인다.[31]

이때 만들어진 활자는 한글 3호(5.61㎜)로, 앞서 말한 것처럼 히라노활판제조소의 활자 견본집『BOOK OF SPECIMENS MOTOGI & HIRANO 改刷』(1879년 6월 발행)와 쓰키치활판제조소의 『SPECIMEN OF NEW TYPES 新製見本』(1888년 2월 발행)에 이 서체가 실려 있다. 이 서체는 도쿄 쓰키치활판제조소의『활판견본』(1903)에 실려 있는 3호 조선문자 서체 견본(TWO LINE BREVIER BODY)과 동일한 활자이다. 타이포그래피학회에서는 이 활자를 '성서체'로 부르는데, 개신교의 성서 번역에 널리 쓰였기 때문이다.

문광서원, 컬럼비아 인쇄기를 설치하다

로스는 휴가를 보내는 동안 조선어 성서의 간행 비용을 후원해달라고 스코틀랜드 성서공회에 요청했다. 성서공회에서는 제작비(130파운드)를 제공해주겠다고 약속했다.[32] 로스가 휴가 간 동안 만주에 있던 매킨타이어는 이응찬과 다른 신자들의 도움을 받아 신약전서를 초역하고 있었다.

이때 만주의 선교사와 조선인 신자들이 성서 번역의 저본으로 삼은 것은 1852년에 홍콩에서 간행된 '대표역본'(Delegates' Version)『신약전서新約全書』였다. 1843년 8월에 중국에서 활동하던 미국과 영국의 선교기관들이 처음으로 홍콩에서 만나 회의를 열었다. 이곳에서 성서의 번역위원회委辦譯本委員會가 설립되었다. 위원회는 이전의 번역본보다 더 완전하게 성경을 번역하고 통일적인 명칭과 용어를 쓰기로 합의했다. 각 선교단체의 선교사 대표가 분담해서 번역하고 감수하기로 결정되었다.

이때 번역에 참여한 사람들은 브리즈먼(Elijah Coleman Bridgman), 레그

(James Legge), 메드허스트(Walter Henry Medhurst) 등 12명이었다. 번역은 1850년에 끝났다. 1852년에는 신약이 먼저 출간되었다. 대표역본에는 처음으로 중국인이 참여했는데, 왕도王韜가 대표적이었다. 메드허스트는 번역 텍스트의 내용을 종합하는 작업을 맡았고, 왕도는 문체를 통일하고 아름다운 문장으로 가다듬었다.[33] 이 번역본은 문학적 미덕을 갖춘 뛰어난 중국어 문체로 높이 평가받았다. 특히 지식인 독자들에게 환영받았다.[34]

로스 목사는 1881년 6월에 만주로 돌아왔다. 이 무렵 스코틀랜드 성서공회의 주선으로 상하이에서 인쇄기를 구입해 선양에 설치했다. 로스는 "1881년에 소형의 '컬럼비아' 인쇄기가 잉커우(Newchwang)에 설치되었고, 그곳에서 조선어로 된 누가복음 수천 권이 인쇄되었다. 그 뒤 그것은 선양(Moukden)으로 옮겨져서 수년 동안 조선어 복음서를 인쇄하는 데 사용되었다."[35]라고 증언했다. 선양에 세워진 기독교 서적 출판사이자 인쇄소는 '문광서원'으로 불렸다.

로스 목사가 컬럼비아 인쇄기[36]를 구입한 곳은 아마 상하이의 미화서관이었을 것이다. 미화서관은 로스의 『Corean Primer』를 인쇄한 곳이자 "종교 서적을 대량 인쇄했을 뿐만 아니라 북경, 복주, 영파의 교회서관부터 베를린柏林의 게르만日耳曼 제국 인서관印書館과 조선의 한 교회서관 주조활자까지 만들었다. 당시 중국에 있던 교회서관과 일부 국외의 출판 기구는 항상 미화서관에서 인쇄설비를 구매했다."[37]라고 한 기록에서 이를 알 수 있다.

서상륜은 당시 성경의 번역 출판에 대해서 "로쓰 목사가 성경에 반이일搬移日부터 이응찬 씨를 조선어학선생으로 고빙하야 조선어를 공부하며 한편 조선 언문으로 성경을 번역하며 한편 인쇄기 3부部를 설치하고 조선을 전시위주專是爲主하여 주야출판"했다고 증언했다.[38] 당시 문광서원에 인쇄기석 대가 설치되어 있었다고 했는데, 사실 여부는 확인할 수 없다.

목활자로 「예수성교문답」을 찍다

한편, 조선인 신자와 번역자들은 기독교 출판물을 만들기 위해 미리 한글 목활자를 제작해두고 있었다. 중국인 인쇄공 두 명이 인쇄 작업에 들어갔지만, 조선인 식자공이 필요했다. 그때 마침 '어리숙한 약장수'였던 김청송이 로스의 선교관을 찾아왔다. 로스는 그를 식자공으로 채용했다. 하지만 김청송의 일솜씨는 만족스럽지 않았다. 로스는 김청송을 이렇게 평했다.

> "다른 사람이 있었다면 이 사람을 고용하지는 않았을 것이다. 그만큼 가망이 없는 인물은 만난 적이 없었다. 그의 눈은 침침했고, 손재주가 없는데다가 걸음은 굼뜨고, 이해력은 느렸다. 어떤 과정을 이해시키려면 보통 사람보다 네 번이나 더 설명을 해주어야 했다. 그래서 두 인쇄공이 3천 부를 찍어내는 동안 그는 겨우 4면을 조판할 정도여서 일이 제대로 진행되지 않았다. 그러나 그는 비록 느리기는 했지만 신실했고, 주어진 일이라면 정성껏 했다. 식자를 할 때 그는 원고를 자세히 음미했고 또 관심을 갖고 기독교인인 인쇄공들에게 엉터리 중국어로나마 이런저런 용어의 내용을 묻기도 했다."[39]

1881년 10월 초에 『예수성교문답』과 『예수성교요령』이 선양의 문광서원에서 나왔다. 『예수성교문답』은 로스가 스코틀랜드 교회의 교리문답서를 요약, 번역하고 조선의 실정에 맞게 고친 것이다. 『예수성교요령』은 신약전서의 요약본으로 매킨타이어와 조선인들이 함께 번역한 4면짜리 소책자이다. 이들 두 책은 모두 목활자로 시험 삼아 인쇄되었다. 전통적인 방식대로 세로쓰기 조판이었다.

이듬해인 1882년부터는 본격적으로 성서의 한글 번역과 인쇄가 시작되었다. 그해 3월과 5월에는 『예수셩교 누가복음젼서』와 『예수셩교 요안ᄂᆡ 복음젼서』가 문광서원에서 3천 부씩 인쇄되었다. 이 책들은 순 한글로 번역된 첫 번째 신약 복음서였다. 모두 스코틀랜드 성서공회의 지원을 받아 간행되었다. 로스 목사는 두 한글 성서를 각 1천 부씩 일본 스코틀랜드 성서공회의 톰슨(J.A. Thomson) 총무에게 보냈다. 1881년 무렵 도쿄에서 제작된 한글 연활자가 선양으로 보내졌는데, 이 두 책은 연활자가 아니라 목활자로 인쇄되었다.[40]

한글 활자, 국경을 넘나들다

1882년 9월부터는 만주의 성서 번역을 지원하는 선교회가 바뀌었다. 스코틀랜드 성서공회 대신에 영국성서공회(British and Foreign Bible Society)가 한글 성경의 인쇄와 출판 비용을 부담하기로 결정되었다. 만주는 영국성서공회의 북중국 지부가 되었다.

1883년 10월에 영국성서공회 후원으로 『예수셩교셩셔 누가복음 뎨자ᄒᆡᆼ젹』과 『예수셩교셩셔 요안ᄂᆡ복음』이 각각 3천 부씩 발행되었다. 앞의 책은 1882년 3월에 나온 『예수셩교 누가복음젼서』를 가다듬고 「사도행전」을 덧붙여 편집한 것이다. 뒤의 책은 1882년 5월에 나온 『예수셩교셩셔 요안ᄂᆡ복음젼서』를 수정한 책이다. 이때부터 간행된 성서들은 목활자가 아니라 연활자로 인쇄되었다.

1884년에는 『예수셩교셩셔 맛듸복음』(5천 부), 『예수셩교셩셔 말코복음』(5천 부), 1885년에는 『예수셩교셩셔 요안늬복음 이비쇼셔신』(1만 부), 『예수셩교셩셔 맛듸복음』(1만 부), 1887년에는 최초의 한글 신약전서인 『예수셩교젼셔』(5천 부)가 발행되었다.[41] 로스는 "비록 적지 않은 책들이 조선의 중부와 수도로 들어갔지만, 이 책들의 배포는 주로 조선의 서북부 지역으로 제한되었다."라고 말했다.[42]

1881년부터 1887년까지 로스·매킨타이어 목사와 이응찬, 서상륜, 김청송 등 조선인 신자들이 합작해 만주 선양의 문광서원에서 한글로 번역된 신약성서를 '로스역', '로스 번역본'(Ross Version)이라고 한다. 이 번역본에는 몇 가지 특징이 있었다. 무엇보다 구어체의 특성을 살려 순 한글로 성경을 번역했다. 하지만 한문 성경을 토대로 번역했기 때문에 한문식 문장 표현이 남아 있었다. 또 번역자들의 특성상 서북 지방의 사투리와 고어들이 자연스레 반영되어 있었다.[43]

그런데 만주에서 성경 번역서에 쓰인 3호 성서체 한글 활자는 조선어 교재 『교린수지』, 『인어대방』, 『한어입문』, 『일한선린통어』와 한글소설 『임경업전』, 『최충전』 그리고 부산에서 발행된 신문 『조선신보』에도 사용되었다. 어떻게 된 까닭일까?

그 자세한 내막은 알 길이 없지만, 몇 가지 실마리를 더듬어가보자. 위의 책들 가운데 가장 먼저 활자로 간행된 것은 『교린수지』(1881년 5월)였다. 1880년 5월에 우라세가 쓴 「서언」에 따르면, 1879년 도쿄로 간 호세코 시게카쓰가 일본 외무성에서 일한日韓 활자와 그 기계를 받아왔다. 1879년 어느 무렵엔가 이 3호 활자가 완성되어 있어야만 했다.

앞에서 살펴본 것처럼, 로스 목사는 1879년에 일본의 스코틀랜드 성서공회에 목활자를 보내 활자를 제조하도록 부탁했다. 류현국은 이 활자가 1879년 4월 무렵 히라노활판제조소에서 만들어졌다고 주장한다.[44] 그렇다면 히라노활판제조소에서 만들어진 3호 활자가 스코틀랜드 성서공회를 거쳐 만주 선양으로 전해졌고, 그것 가운데 한 종류가 일본 외무성을 경유해 부산으로 보내져서『교린수지』,『조선신보』등을 인쇄하는 데 쓰였을 것이다. 만주 선양과 일본 도쿄 그리고 조선의 부산이 3호 한글 활자의 동시대적 인쇄출판 공간으로 연결되어 있었다. 활자 하나가 근대 초기 동아시아 세 나라의 국경을 넘나드는 여행을 거쳐 여러 가지 한글 책이 만들어진 것이다.

다케구치 쇼타로, 4호 한글 활자를 만들다

이제 마지막으로『한성주보』에 쓰인 4호 한글 활자의 여정을 따라가보자. 타이포그래피 연구자들은 이 활자를 '한성체'라고 부른다. 근대에 등장한 가장 대표적인 한글 서체로서 우리나라에서는『한성주보』에서 처음으로 쓰였기 때문이다. 쓰키치활판제조소의 활자 견본책『신제견본新製見本』(1888년 2월 발행)에 따르면, 이 서체는 3호 조선문자, 4호 범자체梵字體 활자와 함께 1884년 6월에 제작되었다.[45] 그리고 도쿄쓰키치활판제조소의『활판견본活版見本』(1903년 발행)에는 '4호 조선문자 서체 견본'(ENGLISH BODY)이란 이름으로 이 서체가 실려 있다.[46]

이 4호 한글 활자를 누가 조각했는지도 알 수 있다. 일본의 인쇄사연구자 고미야마 히로시小宮山博史에 따르면, 도쿄쓰키치활판제조소의 종자 조각사種字彫師인 다케구치 쇼타로竹口正太郎(1868~1926)가 이 활자를 만들었다. 그는 1878년 2월에 입사해서 주로 명조체 한자 제작에 종사했다.『인쇄세계印刷世界』1권 2호(1910년 9월 20일, 인쇄세계사)에 실린 「직공표창록職工表彰錄」에는 다케구치의 약력과 초상이 실려 있는데, 그 가운데 '조선문자를 제작'했다는 기록이 나온다. '조선문자의 제작'이란 쓰키치활판제조소가 인쇄를 담당했던 『메이지자전明治字典』(大成館, 1885~1888)에 쓰려고 개발한 한글 서체를 말한다.[47]

그러면 4호 활자는 누구의 글씨였을까? 여기서 우리는 뜻밖의 인물 한 명과 만날 수 있다. 1882년 민영익의 개인 수행원으로서 박영효 일행과 함께 일본으로 건너갔던 이수정(1842~1886)이 바로 그다. 그의 출신 가문은 정확히 알려진 것이 없다. 동시대인이었던 박대양은 그가 "본래 운미가芸楣家(민영익)의 겸종傔從(청지기)이었다. 사람이 재지才智가 있고 민첩하며 자못 문자를 이해했다. 이에 일본으로 들어가서 머리를 깎고 교사가 되었다."라고 증언했다.[48]

역사학자 이광린은 이수정이 상인이었을 것으로 추정한다. 이수정은 민영익 가문에서 운영하는 홍삼 수출 업무 때문에 여러 차례 부산을 오갔다. 1831년 3월에는 부산에 있는 일본 영사관에 들러서 영사 곤도 신스케와 만났다. 곤도는 이수정에게 도쿄외국어학교의 조선어 교사를 맡아달라고 부탁했다. 당시 일본 정부에서는 조선어 교사를 추천해달라고 조선 정부에 요청했지만 적임자를 찾지 못하고 있었다. 이수정은 민영익을 따라 일본에 건너간 지 1년 뒤인 1883년 8월부터 도쿄외국어학교에서 교사로 근무하게 되었다.[49]

『도쿄외국어학교 연혁』(1932)에 따르면, 1873년에 일본 문부성 관할 아래 도쿄외국어학교가 창설되었다. 1880년 3월에는 '조선어학과'가 설치되었다. 이곳의 첫 번째 조선어학과 교사는 손붕구였다. 손붕구는 1881년 조사

시찰단이었던 김용원의 수행원 자격으로 일본에 왔다. 그는 원래 도쿄대학에서 의학을 배우려 했지만 어학 능력이 부족해서 입학할 수 없었다. 어쩔 수 없이 시나가와品川 유리공장에 견습공으로 들어가 유리 제조 기술을 배웠다.[50] 손붕구는 1882년 3월에 도쿄외국어학교에 임용되었다가 1883년 8월에 퇴직했다. 그가 어떻게 해서 도쿄외국어학교의 교사가 되었는지는 알 수 없다. 손붕구의 뒤를 이어 조선어 교사가 된 이가 바로 이수정인데, 그의 퇴직 연도는 공란으로 있다.[51]

도쿄외국어학교 교사 이수정

이수정은 도쿄외국어학교에서 가르친 지 1년 뒤인 1884년 8월에 『조선일본 선린호화 권1朝鮮日本善隣互話 卷之一』을 발표했다. 이 책의 표지에는 '동경외국어학교 교사 이수정 저, 전재장판'東京外國語學校 教師 李樹廷 著, 筌齋藏版이라고 쓰여 있다. 전재筌齋는 이수정의 호로 추정된다. 그는 서문에서 이 책을 쓴 까닭을 밝혔다.

"마침 일본 문부文部에서 부름을 받고 생도들에게 우리나라[조선] 말을 가르쳐서 우리의 지리, 민정, 물산부터 고금의 역사, 조정, 예제禮制에 이르기까지 조금이라도 숨기는 것이 없었다. 오직 생도가 다 알지 못할까 걱정스러워 주고받은 문답을 낱낱이 써 기록해서 여러 학생에게 일본어로 번역하게 해서 '선린호화'라고 했다."[52]

서문은 한문에 일본어 토를 달았다. 본문은 일본어로 서술되어 있는데, 학생과 선생이 조선의 여러 가지 문제를 묻고 답하는 형식이다. 목록에는 지리, 민속, 제도, 법률, 정사, 도학道學, 문예, 사승史乘, 물산, 기구가 들어 있는데, 지리 문답을 실은 39면의 권1만 간행되었다. 그가 조선에 관한 모든 문제를 폭넓게 소개하려고 뜻했던 것을 알 수 있다. 이 책의 판권장에는 그의 주소지가 '부하 면정구 반전정 4정목 3번지 기류'府下 麴町區 飯田町 4丁目 3番地 寄留라고 적혀 있고, 이수정의 도장이 찍혀 있다.

이 책의 출판인은 '동경부 평민 청수묘삼랑'東京府 平民 清水卯三郎이다. 시미즈 우사부로(1829~1910)는 상인이자 출판인, 인쇄인, 사전편찬자 등 경력이 다채로운 인물이다. 그는 한학과 난학을 거쳐 영어를 배운 뒤 1860년에는 영어사전인『ゑんぎりしことば』를 발행했다. 1867년에는 상인으로서 파리만국박람회에 참가했다. 파리에 머무는 동안 가나 활자를 주조하게 했고 활판과 석판 인쇄기계를 구입해서 돌아왔다. 1868년 5월에 파리에서 귀국한 뒤 아사쿠사浅草에 '미즈호야'瑞穂屋란 서점을 냈다. 서양 서적을 수입하고 석판인쇄업도 했다. 1869년 3월 20일에는 월간지『관허 육합신문官許六合新聞』을 창간해서 해외 사정을 소개했다.[53] 이수정이 어떻게 시미즈와 인연을 맺었는지는 알 수 없다.

이수정은 일본에서 발행된『금오신화金鰲新話』(大塚彦太郎, 1884)에 발문을 썼고, 박제경의『근세조선정감近世朝鮮政鑑 상권上卷』(1886, 中央堂)이 일본에서 나왔을 때도 서문을 썼다.

일본에서 이수정의 가장 두드러진 업적으로 손꼽히는 것은 성경 번역이다. 이수정은 일본에 오기 전에『농정신편』을 쓴 안종수와 가까운 사이였다. 안종수는 1881년 조사시찰단의 일원으로 일본에 가서 일본 농학계의 대표 학자인 쓰다 센津田仙(1837~1908)에게 배웠다. 안종수의 영향과 소개로 이수정도 일본에 가서 쓰다 센을 찾았다. 쓰다 센은 농학자였지만 일본 기독교계의 중심인물이기도 했다. 이수정은 쓰다 센과 여러 차례 만나면서 점차 기독교 신앙으로 빠져들어갔다.[54]

이수정이 번역한 『신약마가전복음셔언히』

이수정은 1883년 4월 29일 도쿄의 로게쓰쵸露月町 교회에서 야스카와 도루安川亨 목사에게 세례를 받았다. 그는 일본에서 선교 활동을 벌이던 미국 장로교회 녹스(George W. Knox) 목사와 미국 감리교 선교사인 맥클레이(Robert S. Maclay) 목사와도 만나 교류했다. 미국성서공회의 총무를 맡고 있던 루미스(Henry Loomis, 1839~1920) 목사는 이수정에게 성경을 한글로 번역하는 일을 맡아달라고 간청했다. 이수정은 이를 받아들였다.

루미스는 1872년 미국 장로교회 선교사로 일본에 와서 영어를 가르쳤다. 요코하마에서 '요코하마제일장로공회'横浜第一長老公会를 설립하고 초대 목사가 되었다. 병으로 귀국했다가 1881년에 다시 일본으로 돌아와서 요코하마의 외국인 거류지 42번지에 있는 미국성서협회 총무가 되었다.[55] 루미스는 조선 선교의 미래를 염두에 두고 이수정에게 성경 번역을 부탁했던 것으로 보인다. 그는 이수정의 학식을 높이 평가했다.

"그[이수정]는 일본에 온 지 불과 9개월밖에 되지 않았지만 일본어를 유창하게 했고, 두 번이나 훌륭하게 그리고 정확하게 설교를 해서 모든 사람을 놀라게 했다. 그는 또한 모두들 감탄할 정도로 한시를 잘 지었다. 이에 따라 일본의 일류 신문사에서는 그가 쓴 것을 얻으려고 애썼다. 그는 탁월한 예술가라고 말할 수 있다."[56]

루미스의 증언처럼 이수정은 어학 실력이 뛰어났던 것으로 보인다. 그는 루미스 목사의 요청에 따라 한문 성경에 유교경전식 토를 단 신약성서 5권을 번역했다. 『신약성서 마태전新約聖書 馬太傳』, 『신약성서 마가전新約聖書 馬可傳』, 『신약성서 로가전新約聖書 路可傳』, 『신약성서 약한전新約聖書 約翰傳』, 『신약성서 사도행전新約聖書 使徒行傳』 등 이수정이 토를 단 이른바 '현토한한 신약성서'懸吐漢韓新約聖書가 1884년 요코하마의 미국성서회사(米國聖書會社, American Bible Society)에서 발행되었다.

이 작업을 끝마친 이수정은 마가복음과 누가복음을 한글로 번역하기 시작했다. 1885년 초에 『신약마가젼복음셔언히』(미국성서회사) 1천 부가 발행되었다. 87면의 소책자 성경이다. 표제는 '신약마가젼복음셔언히'이지만, 본문 제목은 '馬加(마가)의 傳(젼)훈 福音書(복음셔) 諺解(언해)'이다.

이 책은 일본에서 한글로 번역, 간행된 최초의 성경이었다. 만주의 로스 번역본 성경과 달리 국한문 성경이고, 한문 옆에 한글을 붙여서 이해하기 쉽게 했다. 특히 고유명사의 경우 성서의 원어 발음을 따르려고 했다. '耶蘇 基督'은 '예슈쓰 크리슈도스'로, '耶路撒冷'은 '예루샬넴'으로, '洗禮'는 '밥테 슈마'로 옮겼다. 이 책에 쓰인 한글 활자는 『한성주보』의 활자와 동일하다. 이수정이 번역한 누가복음은 끝내 간행되지 못했다.

『신약마가젼복음셔언히』는 미국 장로교 선교사 언더우드와 감리교 선교 사 아펜젤러가 1885년 4월 5일(양력) 인천에 도착할 때 들고 온 신약성서로 서 초기 기독교 선교 활동에 지대한 영향을 미쳤다. 언더우드는 1884년 7월 28일(양력) 조선 선교사로 임명받았다. 그는 1885년 1월 25일에 일본 요코 하마에 도착한 뒤 2개월 동안 이수정에게서 조선말을 배웠다.[57)]

이수정이 성경을 번역 출판한 미국성서회사는 오늘날 '일본성서협회'日本

聖書協會의 전신이다. 1875년에는 스코틀랜드성서회사(NBSS)가 요코하마에 지사를 설치했고, 이듬해 1876년에는 미국성서회사(ABS)와 대영국성서회사(BFBS)가 요코하마에 개설되었다.[58]

이수정, 한글 4호 활자를 쓰다

이수정은 『메이지자전明治字典』의 편집에도 참여했다. 『메이지자전』은 『강희자전康熙字典』에 따라 부수 순서로 한자를 배열하고 주석을 달았으며 『패문운부佩文韻府』의 해석을 덧붙인 자전이다. 표제어마다 일본 음을 한음漢音과 오음吳音(고대 한자음)으로 나누어 가타카나로 쓰고 그 밑에 일본어 훈을 쓴 다음 영어로 발음과 뜻을 적었다. 매 장 끝에는 그 장에서 다룬 한자를 따로 모아 한국어의 발음과 풀이를 한글로 쓰고 오른편에는 가타카나로 한글의 발음을 썼다. 글자 밑에는 '北'자를 쓰고 그 네 귀에 권점圈點을 붙여 중국어 사성을 표시했다.

이 자전의 편집자들은 이노 추코猪野中行, 스즈키 유이치鈴木唯一, 고스기 스기무라小杉榲邨 등 당시 문부성의 현직 관리들과 도쿄대학의 국학교수들이 중심이었다. 이 자전은 1884년 5월부터 1888년 7월까지 3년 2개월에 걸쳐 도쿄의 대성관大成館에서 간행되었다. 원래는 모두 39권을 완간하겠다고 야심차게 기획했지만, 제18권을 마지막으로 해서 미완에 그치고 말았다. 총18권에 1,485쪽을 헤아리는 방대한 사전이었다.

이 자전의 영문 「서문」에는 이 책을 편찬하게 된 동기가 실려 있다. 첫째, 오랫동안 중국어를 배우는 데 필요한 믿을 만한 사전이 없었다. 둘째, 서양 과학 지식과 물산이 날마다 수입됨에 따라 새로운 어휘가 필요한데, 이에 맞는 신조어를 만들려면 정확한 한자 지식이 필요하다. 셋째, 여러 나라 사람이 좀 더 긴밀하게 교류하려면 언어의 장벽을 뛰어넘어야 하고 이를 위해 새로운 자전이 필요하다.[59)]

이수정은 당시 도쿄외국어학교 교사로서 이 자전의 편찬에 참여한 것으로 보인다. 그는 표제어 한자의 조선어 발음과 뜻풀이를 담당했다. 「서문」도 썼는데, 이 글은 1884년 11월자로 작성되었다.

무엇보다 중요한 것은 그가 쓴 글자를 바탕으로 일본의 활자 조각사 다케구치 쇼타로가 쓰키치활판제조소에서 조선문 연활자 4호를 만들었고, 그것이 『신약마가전복음셔언히』와 『한성주보』에 사용되었다는 점이다. 이수정이 4호 활자를 썼다는 것을 증명할 확실한 사료는 남아 있지 않지만, 그의 학식과 출판 상황을 고려해보았을 때 그의 작품이었을 개연성이 가장 높다. 이수정의 최후는 비극적이었다. 조선 정부에서 파견된 박준우를 따라 1886년 4월에 귀국한 뒤 얼마 지나지 않아서 처형당한 것으로 보인다.[60)]

이수정의 유작인 4호 한글 활자는 근대를 대표하는 한글 활자로 손꼽힌다. 크기가 작으면서도 잘 정돈된 조형미를 갖추고 있다. 타이포그래피 연구자 박지훈에 따르면, 이 서체는 글꼴의 균형이 약간 오른쪽 위로 들린 전형적인 해서체이고, 글꼴의 가로세로 폭이 균일해 조판과 인쇄상태에 따라 가독성이 뛰어나다. 정형화된 정사각형 해서체이면서 세로쓰기에 어울린다는 것도 이 서체의 특징이다. 4호 한성체는 『독립신문』, 『황성신문』, 『뎨국신문』 등의 근대 신문과 『소년』 등의 초기 잡지 그리고 근대 교과서 등에 폭넓게 쓰였다.[61)]

2부

김옥균과 박영효가

꿈꾼 나라

●

굶주림의 반란,

왕조의 황혼

일본의 요코하마, 나가사키, 도쿄에서 만들어진 연활자와 인쇄기는 1880년대에 검푸른 바다를 건너 조선으로 넘어온다. 조선과 일본을 가로지르는 현해탄의 풍파가 거센 것처럼, 연활자 인쇄술이 건너야 했던 길은 결코 순탄하지 않았다. 민중 반란 한 번과 정치 쿠데타 한 번, 잔혹한 살육과 추악한 보복, 무가치한 희생 같은 파란만장한 희비극의 순간을 겪어내야 했다. 활자를 찍는 인쇄기에는 피가 몇 방울 떨어져 있었고, 어리석은 백성들은 거친 몽둥이와 타오르는 불길로 문명의 기계를 스스로 파괴하기도 했다. 이제 그 불온한 시대 속으로 들어가보자.

1882년은 조선 역사에서 기억할 만한 한 해였다. 그해에 조선은 안팎으로 정치적 파국과 혼란, 불화로 휘청거렸다. 조선은 일본에 문호를 연이후 처음으로 서양 여러 나라와 국제조약을 맺었다. 1882년 4월 6일에는 미국과 조미수호통상조약을, 4월 21일에는 영국과 조영수호통상조약을, 5월 15일에는 독일과 조독수호통상조약을 각각 체결했다. 일본에는 군함과 대포의 위협에 굴복한 것이었지만, 서양과 맺은 조약은 달랐다. 한반도에서 일본의 영향력이 확대되는 것을 경계하던 중국의 조언이 작용했지만, 조선에서 자발적으로 선택한 결과였다. 이제 조선은 동아시아 문명권과는 차원이 전혀 다른 국제조약 체제에 발을 들여놓았다.

'식욕'의 반란

조선이 바깥 세계에 눈을 돌리고 한창 새로운 문명의 질서를 배워갈 무렵, 나라 안에서는 조선의 뒷덜미를 잡아채는 반란사건이 터져나왔다. 1881년 4월 23일 별기군이 창설된 뒤 무위영, 장어영 등 구식 군대는 눈에 띄는 차별 대우에 자극을 받았다. 심지어 녹봉미마저 제대로 받지 못했다. 군인들은 더는 고분고분하지 않았다. 험악한 분위기가 삽시간에 군영 안으로 전염병처럼 퍼져갔다.

1882년 6월 5일 급료 체불과 급여 양곡의 변질, 정량 부족 등에 격분한 군인들이 마침내 실력행사에 나섰다. 이 군란은 당국자의 억압적인 대응으로 상처에 소금을 뿌린 격이 되어버렸다. 9일에는 군인들이 민겸호 집을 파괴하고 일본 공사관을 습격했다. 다음 날에는 난군이 창덕궁으로 몰려들었다. 민비는 황급히 피난길에 올랐다. 군인들의 위세에 눌린 고종은 대원군에게 국무를 맡길 수밖에 없었다.

정치철학자 한나 아렌트가 말한 것처럼 반란과 봉기가 '식욕' 때문에 일어나는 것이 최악이다. 아렌트는 "전통적 권위의 붕괴가 지구의 빈자들을 행진케 하는 곳, 그들이 불행의 어둠을 벗어나 저잣거리로 달려가는 곳에서 그들의 분노는 별들의 운행처럼 거역할 수 없는 것 같았으며, 자연력自然力

을 가지고 앞으로 돌진하면서 전 세계를 삼키는 조류와 같았다."[1]라고 묘사했다. 이성은 허기 앞에서는 보잘것없는 허깨비에 지나지 않았다.

군란은 급기야 동아시아의 국제 문제로 비화되었다. 군란 당시 중국에 머물고 있던 김윤식과 어윤중은 청나라에 파병을 요청했다. 27일에는 청나라 군사가 인천 월미도에 도착했다. 뒤이어 29일에는 하나부사 요시모토 일행이 병력을 동원해 인천에 도착했다. 이 배에는 일본에서 머물고 있던 김옥균 일행도 타고 있었다. 뒤이어 7월 13일에는 청나라 군사들이 대원군을 군함으로 납치하기에 이르렀다.

일본은 이 뜻밖의 호기를 결코 놓치지 않았다. 강화도조약이 자작극에 가까운 노회한 외교수단으로 조선에서 뜻을 이룬 것이었다면, 이번에는 명백한 피해자로서 정당한 권리를 주장할 수 있었다. 당시 군란으로 군사교관을 비롯해 자국민 13명이 피해를 입었다. 더구나 일본 공사관마저 불에 타버렸다. 몇 차례 줄다리기 끝에 마침내 7월 17일 조선국 전권대신 이유원, 조선국전권부관 김홍집과 일본국변리공사 하나부사는 '제물포조약'과 '조일수호조규속약'에 조인했다.

제물포조약은 일본의 가혹한 요구와 일방적 권리만 명문화한 것이었다. 일본은 군란의 피해자에게 구휼금 5만 원을 지급할 것, 일본의 손해배상금 50만 원을 5년 안에 완납할 것, 일본 공사관에 병력을 배치해 경비할 것, 조선에서 사절단을 파견하고 국서를 보내 사과할 것 등을 요구했다. 조일수호조규속약에서는 부산, 원산, 인천항에서 일본인은 사방 5리(약 2㎞)까지 여행할 수 있고, 2년 뒤에는 이를 1백 리(약 39㎞)로 넓힐 것, 1년 뒤에 양화진을 개시장으로 할 것, 일본의 공사와 영사, 수행원이 조선의 내지를 여행할 수 있도록 허가할 것, 2개월 뒤에 도쿄에서 비준 문서를 교환할 것 등을 약

속했다.[2]

　법과 질서의 수호자들이 도리어 칼끝을 돌려 폭도로 변하는 사건은 역사에서 그리 드문 일이 아니다. 하지만 임오년의 군사반란은 그 영향권의 규모와 강도에서 보기 드문 사건으로 손꼽힐 만하다. 한 줌 모래 바람이 결국에는 한 왕조를 몰락으로 이끈 거대한 폭풍을 일으키고 말았기 때문이다. 굶주린 군사들은 '식욕' 문제를 해결하겠다면서 증오의 무기를 들고 일어났지만, 자신들의 절망적인 욕구가 조국의 멸망을 재촉한다는 사실은 꿈에도 생각해보지 못했을 것이다.

　임오군란 이후 조선의 정계도 판이 새롭게 짜일 수밖에 없었다. 민씨 외척과 온건개화파는 퇴행의 길을 선택했다. 전통적인 외교문법대로 그들은 청나라의 울타리 안으로 피신함으로써 정권의 안위를 보장받고 일본의 위협에서 자신들을 보호하려 했다. 김옥균, 박영효, 서광범 등 급진개화파는 파괴와 건설을 욕망했다. 신흥 강자로 떠오른 일본의 힘을 빌려 전통적인 정치 질서를 뒤엎으려 했다. 그들은 청나라와 종속 관계를 끊고 완전한 자주 독립국가를 건설하려 했다. 이렇게 각 정파 사이의 노선 차이가 명확해짐으로써 국정은 혼돈으로 빠져들어갔다. 청나라와 일본은 이 틈을 타서 더욱 노골적으로 조선의 국정에 간섭하기 시작했다.

　예상치 못한 조선의 급변 사태 앞에서 일본과 청나라는 서로 다른 외교 전략을 구사했다. 일본 정부는 소심한 듯 보이지만 영리하게 대응했다. 조선의 급진개화파를 은밀히 원조함으로써 일본에 우호적인 세력을 심어두려 했다. 청나라와는 군사적 파국으로 치닫는 어리석음은 피하려 했다. 대국과 맞서기에는 아직까지 자신의 체력이 튼튼하다고 자신하지 못했기 때문이다. 하지만 언젠가는 청나라와 한판 겨루어야 할 때가 올 것이라고 짐작했다. 만약의 사태에 대비하려 청나라에 대항할 수 있는 군사력을 확충하는 것이 시급한 과제라고 상정했다. 이때부터 대규모 군비 확장 정책을 펼치기 시작했다.[3]

청나라는 대담해 보였지만 결국 자신의 허약성을 폭로하고야 마는 악수를 선택했다. 조선에서 임오군란이 발발하고 파병을 요청해오자 냉큼 받아들였다. 그동안 서양 세력에 잇달아 맥없이 패배하고 굴욕적인 조약을 강요당하면서 청나라의 자존심은 처참하게 구겨져버렸다. 이제 자신의 세력권 안에 있는 동아시아에서만은 권위를 되찾을 수 있는 절호의 기회라고 판단했다. 청나라는 전통적인 대조선 외교 방식인 형식적인 사대관계에서 벗어나 적극적인 개입 정책으로 급선회했다. 청나라와 일본 두 나라가 조선에 정치적으로 원조하고 군사적으로 개입함으로써 조선은 반식민지화의 길로 성큼 접어들고 말았다.[4]

"척화비를 뽑아버려라"

한편, 임오군란으로 불의의 일격을 받은 국왕은 국정 최고책임자로서 특단의 조치를 내리지 않을 수 없었다. 제물포조약을 체결한 다음 날인 7월 18일, 고종은 민심 수습용 전교를 발표했다. 변란과 관계된 모든 일은 일절 묻지 않겠다, 사형수 이하의 죄수는 용서해주겠다, 자신은 백성들과 함께 전날의 잘못을 고쳐 새롭게 출발하겠다고 다짐했다.[5] 7월 20일에는 전국에 대사면령을 내리고, 백성들의 정치 참여를 독려하는 윤음을 발표했다.

"백성들에게 불편했던 종전의 정령政令들은 다 없애버리겠다. 훌륭한 관리들을 골

라 백성들을 다스리게 할 것이다. 실제적인 방법을 강구해 온 나라 사람들과 함께 고쳐 새롭게 하려 한다. 너희도 마땅히 너희 일을 힘쓰고 훌륭한 계책을 알려주어야 할 것이다. 비록 의견이 부합되지 않더라도 호되게 책망하는 일은 결코 없을 것이다."[6]

7월 22일에는 인사 등용 제도를 대대적으로 개혁했다. "서북인西北人, 송도인松都人, 서얼庶孼, 의원醫員, 역관譯官, 서리胥吏, 군오軍伍들도 일체 주요 관직에 등용하되 오직 재주에 따라 쓸 것이다. 만일 특이한 재능을 지닌 자가 있으면 중앙에서는 공경公卿과 백관百官들이, 지방에서는 감사와 수령들이 각기 아는 사람을 천거해 전조銓曹(이조와 병조)에 보내라. 내 장차 뽑아 등용하도록 하겠다."[7]라고 발표했다. 서북인과 서얼 등 지역과 신분에 따른 전통적인 차별을 철폐하겠다는 의지를 천명한 것이다.

8월 5일, 고종은 외국과 교류, 통상하는 문제에 대해 자신의 견해를 밝혔다. 세계의 대세는 이전과 크게 달라졌다. 서양의 여러 나라는 부국강병을 도모하고 있고, 중국과 일본도 외국과 평등하게 우호통상조약을 맺었다. 우리나라도 일본에 뒤이어 미국, 영국, 독일과 화약에 조인했다. 국제관계는 평등을 원칙으로 하므로 우려할 일이 없을 것이다. 꽉 막힌 유자들이 천하대세를 거스르고 척화론을 들먹이지만 그들의 말을 따른다면 우리나라는 고립무원에 빠지고 패망의 길로 접어들 것이라고 말했다. 당시 국왕이 바깥 세계를 향해 열려 있었음을 짐작할 수 있게 하는 발언들이다.

고종은 정치적으로 민감한 주제인 기독교 문제도 짚고 넘어갔다. 외국과 수교하는 것과 사교를 금하는 것은 별개 문제다. 외국과 조약을 체결하고 통상하는 것은 공법에 의거할 뿐이다. 애초에 우리나라에 사교를 전도하는 것을 허가하지 않았으므로 걱정할 일이 없다고 백성들을 안심하게 했다. 고종은 특히 서양의 과학기술을 높이 평가했다.

> "기계를 제조하는 데 조금이라도 서양의 기술을 본받는 것을 보기만 하면 곧 사교에 물들었다고 지목하는데, 이는 대단히 잘못 이해한 것이다. 그들의 종교가 사교라면 음성淫聲이나 미색美色처럼 여겨서 멀리해야 할 것이다. 하지만 그들의 기계는 정교하니 그것으로 이용후생利用厚生이 가능하다면 농기구나 의약품, 무기, 운송 수단을 만드는 데 무엇을 꺼려서 하지 않겠는가. 그들의 종교를 배척하되 그들의 기계를 본받는 것은 실로 상치되지 않고 병행할 수 있는 것이다."

고종은 임오군란이 잘 처리되었으므로 함부로 의심하고 분노하지 말라고 백성들을 타일렀다. 나아가 이미 서양과 수호를 맺었으므로 경외京外에 세운 척양斥洋에 관한 비석들은 모두 뽑아버리라고 지시했다.[8] 이처럼 고종은 정치와 통상, 종교와 기술을 분리해서 생각하고 개방과 통상이 불가피함을 역설했다. 역사학자 최덕수는 적어도 표면적으로는 척화비를 척결함으로써 조선 정부가 대외정책에서 명분과 실제의 괴리를 극복했다고 평가했다.[9]

지석영, 도서관 설치를 주장하다

고종이 백성의 뜻을 받들어 다스리고 차별 없이 인재를 등용하겠다고 알리자, 전국의 사민들은 크게 반겼다. 7월 25일부터 그해 12월 말까지 1백여 명이 국왕에게 상소를 올렸는데, 국왕은 일일이 비답을 내려서 성의를 표시했다. 하지만 대부분 상소는 진부한 논의를 되풀이했다. 성리학을 숭상할 것, 국방에 힘쓸 것, 국가 기강을 세울 것, 절약을 숭상하고 사치를 억제할 것, 서원을 부설할 것 등이 골자였다. 그들 가운데 17명 정도만 진보적이고 혁신적인 의견을 제안했다. 이들은 대부분 하급 관료나 유생들이었다.

이때 올라온 상소 가운데 압권은 단연 지석영의 주장이었다. 지석영은 1882년 8월 23일에 바친 상소문에서 민심을 안정시키려면 무엇보다 백성들이 오늘날의 시세를 잘 알도록 해야 한다고 주장했다. 책을 널리 수집하고 인쇄, 출판함으로써 백성들에게 세계 대세를 깨우쳐주는 것이 그 실현 방법이었다. 그는 널리 모으거나 펴내야 할 훌륭한 책들로 다음을 꼽았다.

"『만국공법萬國公法』, 『조선책략朝鮮策略』, 『보법전기普法戰紀』, 『박물신편博物新編』, 『격물입문格物入門』, 『격치휘편格致彙編』 등의 책과 교리 김옥균이 편집한 『기화근사箕和近事』, 전 승지 박영교가 편찬한 『지구도경地球圖經』, 진사 안종수가 번역한 『농정신편農政新編』, 전 현령 김경수가 편찬한 『공보초략公報抄略』 등은 모두 우매함을 깨우쳐 시무時務를 환히 알 수 있게 하는 책들입니다."

지석영은 구체적인 실천 방안도 제시했다. 도성에 원院을 설립해서 위에서 말한 여러 가지 책을 널리 수집해야 한다. 또 각국에서 제작한 수차, 농기구, 직조기, 무기 등을 구매해야 한다. 명망 있고 글을 잘 읽는 인재를 뽑아 그 원에 파견해서 서적을 읽고 기계를 익히게 해야 한다. 서적을 간행하고 기계를 제작할 수 있는 자가 있으면 그 업무를 전담하게 해야 한다. 책을 간행하는 자는 번각을 금하게 해야 한다. 지석영은 이것들이 바로 이용후생을 위한 대책이라고 말했다.

고종은 지석영의 글을 읽고, "그대가 시무에 대해 말한 것이 명료하게 조리가 있어 시행할 만하다. 내가 이를 매우 가상하게 생각한다. 상소 내용은 의정부에 내려 의논해 시행토록 하겠다."라고 답을 내려주었다.[10]

지석영의 상소는 당시로서는 무척 혁신적인 것이었다. 특히 도서 수집 관청을 설립하고 인재를 파견해야 한다는 것은 근대 도서관을 설치하자는 주장으로 받아들일 수도 있었다. 지석영이 서적의 번각을 금지하자고 말한 대목도 주목할 만하다. 그가 저술활동의 창조성을 인식하고 출판권과 저작권의 보호라는 개념을 알고 있었다는 것을 뜻한다. 요컨대 지석영은 창작행위와 그 창작물에 대한 근대적 의미의 지적소유권 개념을 이미 알고 있었다.[11]

시무를 아는 데 요긴하다고 지석영이 추천한 책들

『만국공법』: 미국의 법학자 휘튼(Henry Wheaton, 惠頓, 1785~1848)의 국제법 저서 『국제법 원리, 국제법학사 개요 첨부(Elements of international law with a Sketch of the History of the Science)』를 미국 선교사 마틴(William Alexander Parsons Martin, 丁韙良, 1827~1916)이 한역漢譯해 1864년 4월 베이징의 경사동문관京師同文館에서 간행한 책이다. 마틴은 당시 경사동문관의 총교습으로 있었다.

『조선책략』: 청국 주일공사관 참찬관 황준헌이 작성한 대조선 외교 의견서로, 일본에 파견된 수신사 김홍집에게 1880년 8월 2일 기증된 것이다. 조선은 러시아의 남침을 막기 위해 중국과 친하고, 일본과 맺고, 미국과 이어짐으로써親中國, 結日本, 聯美國 부국강병을 도모해야 한다고 조언했다.

『보법전기』: 중국 저널리즘의 선구자로 알려진 왕도王韜(1828~1897)가 외국 잡지에서 프러시아와 프랑스의 전쟁을 다룬 기사들을 모아 1872년에 14권으로 간행했다. 이 책은 1878년 일본 육군성에서 복각본이 나왔다. 그 후 왕도는 이 책을 다시 증보해 1886년 20권으로 간행했다.[12]

『박물신편』: 영국인 의사 홉슨(Benjamin Hobson, 合信, 1816~1873)이 중국인 진수당陳壽棠의

협력을 얻어 저술한 과학서이다. 1855년 상하이 묵해서관黑海書館에서 3책으로 간행되었다. 홉슨은 그 밖에도 『전체신론』(1851년 광저우의 혜애의관惠愛醫館, 1857년 상하이의 인제의관仁濟醫館에서 간행), 이 책의 속편으로 중국의 치료 사례를 실은 『서의약론西醫略論』(1857년 상하이 인제의관), 내과와 약물을 설명한 『내과신설內科新說』(1858년 상하이 인제의관), 산과와 소아과 서적인 『부영신설婦嬰新說』(1858년 상하이 인제의관) 등을 펴냈다.

홉슨의 저작은 조선에도 전해졌다. 최한기는 인간의 신체에 대한 이해를 심화하기 위해 홉슨의 서적을 독파했다. 최한기의 『신기천험身機踐驗』은 홉슨의 여러 저작에서 글을 발췌해 적고 곳곳에 자신의 의견을 덧붙인 글이다.

지석영도 홉슨의 독자였다. 지석영은 『박물신편』(중국간행본) 1권, 『전체신론』(중국간행본) 1권, 『내과신설』(중국간행본) 1권, 『내과신설』(일본 간행본) 3권, 『부영신설』(중국간행본) 1권, 『부영신설』(지석영 자필본) 1권을 소장했다. 지석영은 또한 1885년에 『우두신설牛痘新說』을 저술하고 사가판私家版을 만들어 배포했는데, 이 책에는 홉슨의 '종두론'이 실려 있다.[13]

『**격물입문**』: 중국 경사동문관의 총교습 마틴이 저술하고 1866년 경사동문관에서 7권 7책으로 간행한 과학서이다. 서양의 물리, 화학, 천문기상학을 질의응답 형식으로 설명하고 있다. 권마다 여러 가지 도판이 실려 있다.[14]

『**격치휘편**』(Chinese Scientific Magazine): 영국 선교사 프라이어(John Fryer, 傅蘭雅)가 1876년 2월 상하이의 격치서실格致書室에서 창간한 월간지다.[15] 이것은 서양 선교사가 중국에서 창간한 최초의 과학 잡지로 음성학, 광학, 화학 등 서양의 자연과학 지식을 중심으로 소개한 전문적인 간행물이다.[16]

『**기화근사**』: 이름만 전하고 실물은 남아 있지 않은 책이다. 김옥균은 1882년 1월부터 6월까지 일본에 머물렀는데, 이 무렵 이 책을 지은 것으로 추측된다. 이노우에 가쿠고로井上角五郎에 따르면, 김옥균은 조선으로 돌아가자 『흥아책興亞策』을 저술해서 국왕에게 바쳤다. 이 책에는 삼국제휴의 방안을 담았다고 한다. 역사학자 이광린은 이 『흥아책』이 바로 『기화근사』일 것이라고 추측한다.[17]

『**지구도경**』: 저자 미상의 천문 및 세계지리서로, 필사본 3책이다. 1880년 무렵에 만들어진 것으로 보인다. 박영교가 편찬했다는 설이 있지만 서문과 발문이 없어 확인할 수 없다. 지도와 그 해설을 수록한 도경圖經의 형태로 편찬되었다. 천·지·인 3책으로 나누어 먼저 지구도법地球圖法 이하 지구 동서남북 반도半圖의 지도를 수록하고, 이어 천문과 세계지리 지식을 소개했다. 이 책은 서구의 천문과 지리 지식을 쉽게 전하려는 목적에서 편찬되었다. 우리나라의 전통적 지리서의 체재와 내용과 달리 서양 지리학의 연구 성과를 수용했다.[18]

공의당, 상회소, 국립은행을 설치하자

지석영이 손에 꼽은 책들 가운데 '김경수가 편찬한『공보초략』'은 특히 언급할 만하다. 김경수는 지석영과 함께 육교시사의 동인이며, 역관으로서 일곱 차례나 연행에 참가했다.『공보초략』은 그가 1879년 11월에 엮은 책으로 7권 7책이다. 서문에서는 "원래 공보에 실렸던 논설 가운데 우리에게 도움이 될 만한 것으로서 내용이 좋은 글만을 골라 수록했다. 책의 이름에 초략이라고 붙인 것은 이런 의미에서였다."라고 밝혔다. 김경수에 따르면, 공보는 중국과 서양이 서로 수교한 이후에 서양의 이학理學과 명물名物 등 시무에 도움이 될 만한 것을 소개해준 신문이었다.

김경수가 말한 '공보'는『만국공보萬國公報』(Chinese Globe Magazine)를 가리킨다. 미국 선교사 알렌(Young John Allen, 林樂知)은 1868년 9월에 상하이에서 종교잡지『중국교회신보中國敎會新報』를 창간했다. 1872년 8월부터는 제호를『교회신보』로 바꾸었다가 1874년 9월에 다시『만국공보』로 고쳤다. 이 무렵부터 중국 정치를 비롯해 서양 여러 나라의 정치와 경제, 시사 문제, 과학과 기술 등을 다루는 종합잡지로 바뀌었다.[19]『공보초략』은 1869년 9월부터 1876년 11월까지 발간된 신문에서 유용한 논설을 뽑아 책으로 엮은 것이다.『공보초략』제3권에 실린「인쇄기기印刷器機」기사가 눈길을 끈다.

"가경嘉慶 연간[1796~1820]에 어떤 영국 사람이 원통시전圓通施轉의 법을 창제했는데, 인력·우마·화륜으로 운전하는 것이 모두 가능하다. 그 뒤 그 법이 더욱 정밀해져서 큰 것은 화륜으로 운전해서 한 번에 만여 장을 그림처럼 인쇄할 수 있다. 중간이나 작은 것은 인력으로 운전해서 오백 장을 인쇄할 수 있다. 글자는 붉은색, 검은색, 붉은색과 검은색을 함께 쓰기도 하는데, 모두 할 수 없는 것이 없다."[20]

『공보초략』은 나중에 박문국의 『한성순보』에도 참고 자료로 자주 활용되었다. 역사학자 송민오에 따르면, 『한성순보』 제8호(1883년 12월 11일, 음력)부터 24호(1884년 5월 21일)까지 『공보초략』의 논설이 모두 37편이나 실려 있었다. 146편 가운데 25%에 해당할 만큼 높은 비율이었다. 특히 20호(1884년 4월 11일)에는 무려 10편이나 실려 있었다고 한다.[21]

지석영에 이어서 1882년 9월 5일 고종에게 헌상된 직강 박기종의 상소도 주목할 만하다. 박기종은 뒷날 우리나라 최초의 민족철도회사인 부하철도주식회사釜下鐵道會社를 세우는 등 철도건설의 선구자로 활약한 인물이다. 그는 서양의 기용器用이 편리해서 이용후생에 도움이 된다면서 "무엇을 꺼려서 농상農桑·의약·갑병甲兵·주거舟車 등을 쓰지 않으십니까. 갑병과 주거는 민간에서 우선 필요한 것은 아니지만, 농상과 의약은 묘방妙方이고 신술神術이어서 참으로 부강하게 되는 도리에 유익합니다. 관련된 글 한 통을 팔도에 반시頒示해도 불가할 것이 없습니다."[22]라고 말했다.

서양 책을 한글로 번역, 판매하자

9월 22일 유학 고영문의 상소도 진취적인 내용을 담고 있었다. 그는 서양 여러 나라에 사신을 파견할 것, 정부 외에 공의당公議堂 한 곳을 특별히 설치하고 인재를 등용할 것 등을 제안했다. 공의당은 의회를 가리키는 듯한데, 왕조 체제에서 민주주의의 제도 가운데 하나를 거론했다는 것만으로도 파격적이다. 특히 "급히 상회소商會所와 국립은행을 도하都下에 설치해 상업을 경영하는 대상大商을 불러들여 이로利路의 편리 여부를 자세히 의논하게 하면 세금이 더 늘어나게 될 것"[23]이라고 말했다. 상업회의소와 국립은행을 설립하자는 것은 당시로서는 무척 혁신적이었다. 당시 일부 지식인들이 서양의 민주주의와 자본주의 제도를 인식하고 있었음을 암시하는 대목이다.

10월 7일 전적典籍 변옥이 올린 상소문도 기억할 만하다. 그는 "사학을 배척한 책으로는 『해국도지』만큼 분명한 책이 없습니다."라고 하면서 "한번 그 책을 살펴보면 사교邪敎의 뿌리를 분별할 수 있을 것입니다. 황준헌이 쓴 『조선책략』, 기우자의 『이언』·『만국공법』은 바로 지금 천하에 통행되는 책인데, 모두 사학이라고 해서 배척하는 논의가 준엄하게 일어나니 의혹을 풀기가 어렵습니다. 이런 여러 책을 사도四都와 팔도에서 간행한다면 양학이 그렇지 않다는 것이 거의 분명해질 것입니다."[24]라고 말했다. 변옥의 주장은 그 전해에 올린 이국응의 상소와 맥락을 같이했다. 척화상소가 한창 빗발치던 1881년 12월에 전 교리 이국응은 외무外務에 관한 책자를 널리 간행해서 백성들의 의심을 풀자고 건의했다.

12월 6일 상소를 바친 전 수봉관守奉官 이규는 변옥보다 한 걸음 더 나아간 논리를 펼쳤다. 그는 국립인쇄소에서 언문으로 서양의 책들을 간행할 뿐만 아니라 시장에서 매매까지 하게 하자고 말했다.

"저들[서양]의 말을 아는 사람에게 이를 소상하게 부연시키고 언문諺文으로 주註를 달게 하십시오. 가령 '산은 무엇이라 말하고 물은 무엇이라고 말한다.'고 그 글자에 따라 풀이하게 해서 주자소鑄字所에서 간행한 다음 여러 고을에 반포해서 저들의 말을 이해할 수 있게 하소서. 그리한다면 통상과 우호에 도움이 될 뿐만 아니라, 모든 면에서 도움이 될 것입니다. (…) 지금 사람들이 모두 말을 배울 수 있는 책을 보고 싶어도 끝내 볼 수가 없습니다. 가령 이 책을 시장에서 매매할 수 있게 한다면 몇 달이 되지 않아 재능 있는 사람들이 저절로 모일 것입니다. 어찌 외교하는 데 기술이

없음을 걱정하겠습니까.[25)

변옥과 이규의 진보적인 상소문이 받아들여졌는지는 알 수 없지만, 정관응의 『이언』은 이듬해 1883년 3월 사역원에서 간행되었고, 그 뒤에는 한글 번역본까지 출간되었다.

문명개화를

위한 차관

17만 원

  1882년 6월 김옥균 일행은 5개월 동안의 일본 방문을 마치고 고국으로 돌아가려 했다. 아카마가세키赤馬關(시모노세키의 옛 이름)에 이르렀을 때, 뜻하지 않은 비보가 날아들었다. 조국에서 군인들이 반란을 일으켰다는 놀라운 소식이었다. 왕비 민비마저 세상을 떠났다는 믿을 수 없는 소문까지 들려왔다. 김옥균 일행은 모두 흰옷으로 갈아입고 부근의 산사에 올라가서 현해탄 너머의 조국을 향해 통곡했다고 한다.

  임오군란 소식을 듣고 김옥균과 서광범은 황급히 일본 군함을 빌려 타고 귀국했다. 수행원들만 일본 땅에 남게 되었다. 정병하와 김용원은 도쿄로 돌아가고, 강위는 중국 상하이로 가기로 결정했다.[1]

  임오군란의 결과 조선과 일본은 1882년 7월 17일(양력 8월 30일) 제물포조약과 조일수호조규속약을 조인했다. 이유원, 김홍집과 하나부사 요시모토 사이에 체결된 제물포조약 제6조에는 "조선국은 대관大官을 특파特派하고 국서를 보내 일본국에 사과한다."라고 규정되어 있었다. 조선에서는 금릉위 박영효를 수신사, 부호군副護軍 김만식을 전권부관 겸 수신부사全權副官兼修信副使, 주서注書 서광범을 종사관으로 임명해 일본에 파견하기로 결정했다.

박영효는 1882년 7월 25일 특명전권대신 겸 수신사特命全權大臣兼修信使로 임명되었다.[2] 그때 그의 나이는 겨우 22세였다. 약관의 청년이 한 국가를 대표하는 외교사절을 맡은 것이다. 박영효는 뒷날 자신의 일본 견문기 『사화기략使和記略』에서 "이번 행역行役은 6월의 군변軍變[임오군란]이 일어나 일본이 군대를 동원해 속약續約을 개정한 뒤 한편으로는 비준 문서를 교환하기 위한 것이요, 다른 한편으로는 수신修信하기 위해 가는 것"이라고 기록했다.[3]

일본에 의지하기로 결심하다

그해 8월 1일 수신사 박영효, 부사 김만식, 종사관 서광범은 대궐에 나아가 고종에게 하직인사를 올렸다. 오후 4시 무렵 국서와 예폐禮幣를 받들고 숭례문을 나섰다. 친구들이 모두 교외에 나와서 송별했다. 오후 6시 무렵 수신사의 수행원 유혁로·박제경·이복환·김유정·변수·변석윤·김용현, 시종 김봉균·조한승·박영준 등은 길을 떠나서 밤 10시쯤 부평 석천石川 50리에 도착했다. 박영효는 자신의 친척 서상식 집을 방문하고 점심을 먹은 후 조금 쉬었다.[4]

당시 수신사 일행 가운데는 김옥균과 민영익도 끼어 있었다. 그들은 임금의 밀지를 받들고 동행했다. 김윤식에 따르면, "김옥균은 직함 없이 함께 갔는데, 그전에 일본에 들어가 [그곳의] 정세와 형편을 자못 상세히 알았기 때문이다. 민영익은 직함 없이 먼저 들어갔다. 학도 10여 명이 수신사 일행을 따라갔다."[5] 김옥균은 『갑신일록』에서 당시 상황을 증언했다.

"변란[임오군란]이 조금 가라앉자 일본에 사신을 보내야 했다. 정부에서는 나에게 이 책임을 맡겼다. 나는 굳이 사양하고 금릉위 박영효를 천거했다. 임금께서는 일본의 정세를 탐지하기 위해 박영효와 함께 가서 [그의] 고문 노릇을 하라고 나에게 지시했다. 나는 이를 사양치 못하고 이해 8월에 다시 일본 도쿄에 도착했다. 당시 일본 정부는 막 우리 조선에 주의를 기울이기 시작했다. 우리나라를 독립국으로 보고 공사를 대접하는 것도 자못 은근했다. 나는 그들의 실지 마음과 실지 일들을 살피고서 박군과 의논해 드디어 일본에 의지하기로 결심했다."[6]

『일본외교문서』에 따르면, 일본의 '국정을 시찰하기 위해 동행한 자'는 민영익과 김옥균이었고, 그들의 수행원은 박의병·이수정·이고돌이었다.[7] 이수정은 민영익의 수행원이었는데, 박의병과 이고돌(이은돌로 표기되기도 함)이 누구의 수행원이었는지는 명확하지 않다.

수신사 박영효 일행이 출발하기 전에 당시 조선 주재 일본 공사 하나부사는 본국 외무대신에게 밀서를 띄웠다. 이번에 오는 조선 수신사는 통상적인 사절단과 달리 중대한 뜻이 있으므로 일본 정부에서 특히 후대해달라고 요청한 것이다. 일본 정부에서는 사절이 일본에 체류할 때 필요한 여러 비용을 관비로 지불하기로 결정했다. 또 기타 비용으로 1개월에 5천 원 정도를 책정했다.[8]

박영효 일행은 8월 12일 아카마가세키에 도착했다. 이어서 고베, 교토, 오사카를 지나 9월 2일에는 요코하마에 도착한 뒤 기차를 타고 도쿄로 향했다. 수신사 일행은 도쿄 아카고시타마치愛宕下町의 청송사青松寺에 숙소를 정했다. 청송사의 표문表門에는 '대조선국특명전권대신공관'大朝鮮國特命全權大臣公館이라고 적힌 커다란 표찰이 걸려 있었다. 청송사 앞에는 외교사절을 호위하기 위해 순사 파출소가 설치되었다. 김옥균과 서광범의 숙소는 도쿄 신바시新橋 야마시로초山城町 6번지의 야마시로야山城屋였다.[9]

수신사 박영효는 조선 외교사절의 공식 임무를 처리해야 했다. 9월 8일에 궁내성宮內省에서 일왕을 만나 국서를 바쳤다. 국서는 두 나라가 우호를 거듭 돈독히 하고 영원히 우애하고 화목하기를 바란다는 내용을 담고 있었다. 당시 국서를 바치는 자리에는 김만식, 서광범 등 정식 사절뿐만 아니라 민영익, 김옥균도 참석했다. 박영효는 9월 22일 일본 외무성에서 조일수호조규속약을 비준한 문서를 서로 교환했다. 이로써 조선과 일본의 공식적인 외교 업무는 마무리되었다.

손해배상금 지불 기한을 늦추다

박영효에게는 아직도 중요한 임무가 몇 가지 남아 있었다. 그 가운데 하나는 일본과 '전보사의'顚補事宜(손해배상금)를 협의하고 조정해서 처리하는 일이었다. 제물포조약 제4조에 따라 조선은 5년 안에 일본 정부에 손해배상금 50만 원을 완납해야 했다. 9월 13일 박영효는 외무경 이노우에 가오루 앞으로 보낸 서신에서 "5년으로 기한을 배정한다면 본국[조선]의 사정이 너무 절박할 염려가 없지 않"다면서 "본래 정한 기한에다가 다시 5년을 늦추어서 10개년으로 상환을 완결하도록 인가한다면, 우리나라에서도 힘을 펼 방도가 있을 것이고 귀국에서도 타협의 호의를 잃지 않을 것입니다."라고 요청했다.

이노우에 가오루는 9월 15일자 답신에서 "우리 정부에서는 귀국의 사정을 깊이 생각해서 기한을 늦추어달라는 귀 대신의 요구 조건을 들어주기로 했습니다. 이로써 [귀국에 대한 우리의] 관심이 절실하고 깊이 헤아려주는 성의를 표시합니다."라고 전했다. 조선 정부의 요구 조건을 전적으로 수용함으로써 외교적인 호의를 보여준 것이다. 마침내 9월 16일 박영효와 이노우에는 제물포조약 제4조 연부年賦 지불 협정에 조인했다.

> "전보금塡補金(손해배상금) 50만 원은 10개년으로 상환을 완결할 것으로 기한을 정한다. 조선에서는 경상도의 세수 제세諸稅 중에서 순금은으로 교환해 일본의 은화폐든지 금화폐의 양목量目에 비추어 해마다 5만 원을 지불한다. 이를 두 차례로 나누어 조선력朝鮮曆 5월 11일에 조선 원산항에 있는 일본 영사관으로 수송한다. 이때 입회인이 이를 분석해 [혹은 일본 오사카부大阪府의 조폐국造幣局으로 수송하기도 하는데, 입회인이 분석하는 것은 또한 시의時宜에 맡겨 둔다. – 원문 주] 그 품질을 시험해서 순수하고 잡박함과 가볍고 무거운 것이 틀림없도록 한다."[10]

일본에 유학생의 입학을 주선하는 일도 수신사의 임무 가운데 하나였다. 당시 생도 10여 명이 수신사 일행을 따라 일본으로 건너왔다. 9월 22일 박영효는 이노우에 가오루에게 "본 대신이 거느리고 온 생도 4인이 있습니다. 그들에게 각각 한 가지 기술을 가르쳐주실 것을 희망합니다. 어렵지만 귀 성경貴省卿께서 학업 방법을 지도해주시기 바랍니다. 그 생도의 성명과 연령, 배우기 원하는 기술을 뒤에 기록했습니다. 귀 성경께서는 각 성에 알려서 이들에게 각기 학업을 배울 수 있도록 해주시기 바랍니다. 월 수업료는 마땅히 조치가 있을 것입니다."라고 부탁했다. 생도는 '윤치호, 18세, 어학교. 박유굉, 16세, 육군사관학교. 박명화, 12세, 영어학교. 김화원, 18세, 제피소製皮所' 등이었다.

11월 3일, 박영효는 생도 박유굉과 박명화를 후쿠자와 유키치의 게이오의숙에 보내 어학을 익히게 했다. 11월 16일에는 생도 김화원을 조벽소造甓所에 입학시켰다. 생도 김동억은 중간에 사고가 생겨서 동래로 돌려보냈다.[11) 나머지 생도의 유학 여부는 알 수 없다.

위의 생도 가운데 윤치호는 두 번째로 유학하는 것이었다. 그는 1881년 조사시찰단 일행으로 일본에 건너가 도진샤同人社에 입학했다. 1882년 5월 (음력 4월)에 잠시 귀국했다가 1882년 6월(양력) 다시 도쿄로 돌아갔다. 그는 처음에는 농학교에 뜻을 두었던 것 같다. 11월 17일자 박영효 기록에 따르면, 윤치호는 "본디는 농학교에 소속되기를 청했지만 지금은 [마음을 바꾸어] 영어를 배우려 한다."[12)라고 했다.

100만 엔을 빌려달라

수신사 박영효가 일본에서 거둔 성과 가운데 하나는 일본에서 차관을 끌어온 것이다. 조선에 근대적 문물을 도입하고 정치와 경제 개혁을 실행하려면 이를 뒷받침해줄 자금이 필요했다. 당시 조선 정부는 이를 추진할 만한 경제 여력이 거의 없었다. 더구나 임오군란으로 일본에 막대한 배상금마저 지불해야 하는 궁색한 처지였다.

개화파는 일찌감치 일본에서 차관을 도입할 것을 궁리했다. 김옥균과 박영효의 후원을 업고 일본에서 활약하던 이동인은 일본 관료들을 통해 차관 도입 가능성을 타진해봤다. 그는 1881년 1월 5일 하나부사 공사와 만났다. 그 자리에서 무기를 구입하기 위해 자금이 필요하다면서, "포함을 구입하려면 상당한 재원이 필요한데, 지금 조선은 궁핍합니다. 일본 조정에 상담해서 5% 이자로 1백만 엔円을 빌릴 수 있겠습니까? 조선 조정은 몸소 이것을 하는 것은 꺼려하지만, 호족들을 모아 사사私社를 창립해 이들을 채무자로 한다면 일본 조정이 구입자금을 빌려줄 수 있을까요?" 하고 물었다. 조선 조정이 나서는 대신에 호족들의 개인 결사 형식으로 차관을 빌리는 것이 가능한지 질문한 것이었다.

하나부사는 이동인의 질의에 호의적으로 답했다. 그는 "포함을 구매하는 일은 귀국이 의결하기만 하면 이곳에서도 계약할 수 있습니다. 매입하는 방식도 지불방법을 연부年賦로 하면 일시에 거액을 빌릴 필요가 없습니다. 또 나라에서 담보해주면 채주債主가 사사이거나 액수가 크다 해도 성사될 수 있습니다."[13]라고 말했다. 하나부사는 할부 납부로 거액의 차관도 빌려줄 수 있지만 국가에서 담보해달라고 요구했다. 이동인의 대일 차관과 무기 도입 계획은 그의 의문의 실종으로 끝내 실현되지 못하고 말았다.

이동인이 하나부사에게 운을 뗀 1백만 엔은 당시로서는 막대한 금액이었다. 1881년 조사시찰단으로 일본에 갔던 이헌영에 따르면, 당시 일본 지폐 1원[엔]은 조선 화폐 3냥 3전 3푼에 해당했다.[14] 100만 엔은 조선 화폐로 300만 냥에 해당하는데, 당시 조선에서 주요 중앙 관아의 재정(수입) 규모는 300만 내지 500만 냥이었다고 한다.

조선 정부의 재정 규모에 대해서는 다른 의견도 있다. 1880년대 초 조선 정부의 1년 총세입은 석수石數로 환산하면 100만 석 내외였고, 양兩으로 환산하면 500만 냥에 해당했다. 1881년 당시 엔 대 양의 시세는 대략 1.29:1

이었다. 이것은 당오전 발행 이전에 마지막으로 상평통보(엽전) 기준으로 환율 추산이 가능한 것이었다. 1880년대 초 조선 정부의 1년 세입을 원으로 환산하면 145만 원 정도였다고 한다.[15]

1882년 김옥균이 처음 일본에 갔을 때도 차관을 빌리려고 했다. 당시 김옥균과 동행했던 강위는 자신이 지은 시의 주에서 "정남고鄭南皐(정병하)가 서양식 기계를 구매하고 교사들을 요청해 데리고 가려는 계획은 과단성 있고 적합해 우리 실정에 알맞은데, 일본이 그 비용을 빌려주기를 꺼리고 있다."[16]라고 기록했다.

차관 17만 원을 얻어오다

이처럼 개화파는 일본에서 차관을 도입하려고 타진해봤지만 성공하지는 못했다. 수신사 박영효가 마침내 차관 도입에 성공했다. 차관 규모는 12만 원으로 애초 기대에는 크게 미치지 못했다. 하지만 개혁 정책을 추진하기 위한 물적 토대를 일부 조달했다는 점에서 의미가 있었다. 김옥균은 당시 상황을 다음과 같이 기록했다.

> "우리나라는 새로 변란을 겪고 나서 모든 재정이 고갈되었다. 공사가 쓰는 여비조차도 넉넉히 쓸 수가 없는 형편이었다. 할 수 없이 일본 외무경 이노우에 가오루에게 청해서 간신히 12만 불을 요코하마 정금은행橫濱正金銀行에서 빌렸다. 이 돈으로 휼금恤金(정부에서 이재민에게 주는 돈)도 갚고 그 밖의 모든 비용을 썼다. 그때 공사는 국채 위임장을 가지고 가지 않았기 때문에 형세가 자못 어려웠다. 하지만 일본 정부의 특별한 우의로 돈을 빌려올 수 있었다."[17]

김옥균이 말한 12만 불은 12만 원을 뜻한다. 당시 멕시코달러와 일본 화폐단위 원圓은 동가同價로 교환되었다.[18] 화폐단위 불弗은 원元으로도 쓰이는데, 멕시코달러弗를 가리킨다. 멕시코는 16세기에 스페인에 정복된 이후 세계 최대 은 산출지였다. 그곳에서 주조된 1달러 은화는 16세기 이래 품위品位가 안정되어서 국제적으로 신용이 있었다. 멕시코달러는 무게가 27.073그램이고 품위品位는 0.9027로 순은을 24.439그램 함유했다. 1880년대에는 중국 동남부 해안 지대에서 표준 화폐처럼 사용되었다. 1875년 청나라 해관은 멕시코은화로 관세를 납부할 수 있도록 허가했다. 일본도 개항 이후 멕시코달러를 국제통화로 사용했다.[19] 러시아 대장성이 편찬한『한국지韓國誌』에 따르면, 조선에서는 1895년까지 모든 세관에서 멕시코달러로 결산했다.[20]

김옥균은 일본에서 12만 원을 빌렸다고 증언했는데, 실제 차관액은 17만 원이었다. 1882년 11월 8일 조선과 일본이 맺은 차관 계약은 다음과 같다.[21]

조선 정부 공채

조선국 정부는 이번에 일본 요코하마 정금은행에서 지폐 17만 원을 차용하고 그 약속은 아래와 같다.

제1조

　　조선 정부는 일본 요코하마 정금은행에서 지폐 17만 원을 차용할 것

제2조

　　이 공채의 이자는 8분으로 정한다. 곧 원금 100원마다 1년의 이자 금 8원으로 하고 매년 일본력 7월에 그해 1년의 이자를 일본 정금은행으로 송부 반제할 것

제3조

이 공채 원금은 조선 정부가 정무政務에 힘을 다하기 위해 유예를 청하기 때문에 2년간 거치한다. 2년간은 다만 원금 17만 원의 이자 1만 3천6백 원을 매년 일본력 7월에 반제만 하면 된다. 원금을 10으로 나누어 일본 메이지 18년[1885] 조선 개국 494년부터 10개년을 한해서 이 사이에 매년 금1만 7천 원에 이자를 합해서 요코하마 정금은행에 송부 반제할 것

단, 원금 10분의 1을 반제할 때부터 이자는 원금의 잔액에 준해서 차차 감할 것

제4조

이 공채의 원금과 이자도 이 조약에 따라 갚아야 한다. 만일 의외로 기일을 어기는 일이 있을 때는 이 공채 부속 조약附約에 기재하는 것과 같이 혹은 조선국 경상도 부산세관의 수입금으로 대신 반제에 충당한다. 또는 함경도 단천의 금광을 조선 정부와 요코하마 정금은행 입회하에 개채開採하고 그 채수금採收金으로 원리금을 반제에 충당할 것

이 공채의 원리금을 반제하는 데 혹은 미곡 금은 기타의 물품 혹은 일본의 여러 화폐로 하는 데는 일체 조선 정부의 편의에 맡긴다. 다만 반제의 경우 요코하마의 그때 시세로 해당 물품의 가격을 계산해서 요코하마 정금은행에 송부 반제할 것

(…)

제6조

이상 각 조를 통해서 약속을 체결하고 쌍방이 기명 조인한다. 요코하마 정금은행에서는 따로 사람을 파견해서 조선 경성에 이르러 조선 정부의 비준을 받을 것

일본 명치 15년 12월 18일

조선 개국 491년 임오 11월 8일

이 공채 계약은 일본 도쿄에서 체결되었다. 계약 당사자는 요코하마 정금은행장 오노 미쓰카게小野光景와 조선국 특명전권대신 박영효, 특명 부副 전권 김만식이었다. 두 나라 증인으로는 요코하마 정금은행 이사 니이즈미 노부키사小泉信吉와 김옥균이 기명 조인했다. 이 계약은 그해 12월 8일 조선 경성에서 호조판서 김유연이 비준했다. 공채의 부속 조약은 다음과 같다.

조선 정부 공채 부약附約

조선국 특명전권대신 박영효 등은 휴대한 위임장이 없음에도 일본과 조선 양국의 친의親誼로서 특히 이 조약을 맺는다. 지폐 17만 원을 차용해서 만약 조선 정부에서 반제할 시기를 어기는 일이 있을 때에는 해관세 또는 금광채수金礦採收의 금으로 반제할 수 있다. 그 약정約定은 다음과 같다.

제1조

조선 정부에서 반제할 시기를 어기는 일이 있을 때는 요코하마 정금은행은 대리인을 파견해서 조선 부산의 세관에 이르러 조선 관리와 회동해서 그 사무를 감독하고 1년 수입금 중에서 공채의 원리금을 공제해서 반제할 것

제2조

조선 정부는 지금부터 여러 곳의 광산 개채開採에 착수해야 한다. 함경도 단천의 금광에는 요코하마 정금은행에서 사람을 파견해서 조선 관리와 회동해서 그것을 개채해야 한다. 일체의 광업규칙과 비용은 모두 조선 정부에서 그것을 인수해야 한다. 그 채수하는 곳의 금괴金塊 또는 사금沙金을 계산해서 요코하마 정금은행에 송부해서 일본의 현 시세로 공채 원리금을 반제할 것

제3조

조선 정부는 단천금광 구역 안에서 다시 타인에게 개채를 허락해서는 안 된다. 또는 단천금광에서 나오는 액수만으로 공채 원리금을 반제하는 데 부족할 때는 조선 정부는 다른 금광으로 그것을 대신해야 한다. 다만 금광 개채의 법은 반드시 편리한 기계를 사용해야 할 것

제4조

이상 3조를 체약締約하고 쌍방은 기명 조인할 것[22]

조선 정부는 일본 요코하마 정금은행에서 17만 원을 빌리고, 2년 거치 뒤 10년에 걸쳐서 이자 8%와 원금 10%를 갚아야 했다. 담보는 부산세관의 수입금이나 함경도 단천의 금광 수입금이었다. 차관의 원리금 반환 상세표는 다음과 같다.[23]

(단위: 원)

현재 대부액 (貸付額)	연도	반환원금 (返還 元金)	이자	합계
170,000	명치 16년(1883)	0	13,600	13,600
170,000	명치 17년(1884)	0	13,600	13,600
170,000	명치 18년(1885)	17,000	13,600	30,600
153,000	명치 19년(1886)	17,000	12,240	29,240
136,000	명치 20년(1887)	17,000	10,880	27,880
119,000	명치 21년(1888)	17,000	9,520	26,520
102,000	명치 22년(1889)	17,000	8,160	25,160
85,000	명치 23년(1890)	17,000	6,800	23,800
68,000	명치 24년(1891)	17,000	5,440	22,440
51,000	명치 25년(1892)	17,000	4,080	21,080
34,000	명치 26년(1893)	17,000	2,720	19,720
17,000	명치 27년(1894)	17,000	1,360	18,360
합계		170,000	102,000	272,000

구휼금 5만 원을 지불하다

조선 정부가 관세를 담보로 설정하고 대외 차관을 얻어온 것은 이때가 처음이었다. 당시 관세는 조선에서 가장 유일하고도 확실한 재원이었다. 그뿐만 아니라 외부에서도 관세 수입을 대체로 파악할 수 있었다. 또 관세는 대외무역 관계에서 발생하므로 차관의 이자로 관세를 납부할 수 있었다. 당시 조선 해관은 주로 외국인을 고용해서 운영했는데, 만일 조선 정부가 차관을 갚지 못해도 담보권을 행사하기가 쉬웠다.[24)]

공채 계약을 체결한 사람 가운데 정부 대표인 박영효와 김만식뿐만 아니라 김옥균이 증인으로 참여한 점은 주목할 만하다. 당시 그는 정식 외교사절이 아니었다. 그런데도 그가 계약서에 조인했다는 것은 그만큼 차관 계약에서 그의 역할이 컸음을 입증한다. 이 계약은 1개월 뒤인 12월 8일 조선의 호조에서 비준할 예정이었다.

계약서에 명시된 17만 원과 김옥균이 증언한 12만 원은 왜 차이가 나는 걸까? 일본의 차관액 17만 원 가운데 5만 원은 임오군란 때 피해를 입은 일본인에 대한 구휼금으로 쓰였다. 제물포조약 제3조에는 "조선국은 일본관서조해자日本官胥遭害者들의 귀족과 부상자에게 5만 원을 급여함으로써 그들을 구휼한다."라고 명시되어 있다. 구휼금은 차관을 얻은 그다음 날인 9일 바로 일본 정부에 지불되었다. 박영효는 구휼금을 보냈다는 사실을 이노우에 가오루에게 외교서한으로 보냈다.

"양력 7월 23일에 귀 판리공사辦理公使 하나부사 요시모토와 본국 전권대신 이유원이 인천부에서 정한 조약 가운데 제3관款에 따라 귀국의 관리로서 살해당했거나 상처를 입은 사람의 체휼은體卹銀 5만 원을 귀국의 은화銀貨 5만 원으로 보내드립니다. 살피신 뒤 거두어 조치하시기 바랍니다."[25]

조선은 임오군란 때 피해를 본 일본인에게 지급할 구휼금조차 마련하지 못한 채 조선 사절을 파견했다. 박영효는 일본에서 차관을 얻자마자 바로 구휼금 5만 원을 지불했다. 수신사 박영효 일행이 차관액 17만 원 가운데 실제로 수령한 금액은 12만 원이었다. 따라서 김옥균이 잘못 기록한 것이 아니다.

당시 12만 원은 얼마만 한 가치가 있었을까. 12만 원을 당시 조선 화폐로 환산하면 40만 냥가량 된다. 1881년 고종은 조사시찰단원들에게 노자로 5만 냥을 내주었다. 5만 냥은 일본 원화로 환산하면 15,151원쯤 된다. 그 전해의 일본 시찰단원에게 내린 여비보다 8배 정도 많은 금액을 일본에서 차관으로 얻어온 셈이다.

박영효는 자신의 일본 체류 기록인 『사화기략』에서 체휼은을 갚은 사실은 기록했지만, 그 전날 차관 계약을 맺은 일은 언급하지 않았다. 그 까닭은 무엇일까? 정확한 내막은 알 수 없지만 추측은 가능하다. 조선의 정식 외교 사절로서 박영효의 공식 업무는 차관 도입이 아니었다. 고종의 밀명을 받고 일본에 파견된 김옥균이 차관 도입의 실질적 책임자였다. 자신의 고유한 외교 업무가 아니었기 때문에 그것을 기록하지 않았을지도 모른다.

불리하지는 않은 차관 조건

17만 원은 조선이 일본에서 얻은 첫 번째 공채였다. 당시 차관의 조건은 조선에 유리했을까? 그 무렵 조선이 해외에서 얻은 차관과 비교하면 그것을 판단할 수 있다. 조선 정부는 1881년 중국에 영선사를 파견할 무렵부터 청나라에서 차관을 도입하기 시작했다. 영선사로 파견한 학생들의 유학비용마저 조선 정부에서 감당할 수 없었기 때문이다. 그때부터 조선이 청나라에서 얻은 차관의 조건은 다음과 같다.

연도별 청 차관의 도입 상황[1]

연도	차관제공처	차관액 (단위: 냥)	이율	상환기간	담보	용도
1882년 1월	화풍전장 (和豊錢莊)	고평은 (庫平銀) 1,000	월 6~7리	단기	책문 (柵門) 인삼세	영선사 일행 경비
1882년 2월~5월	텐진기기국 (天津機器局)	고평은 1,150	미상			
1882년 4월~5월	초상국 (招商局)	고평은 10,000	월 6~7리			
1882년 4월~10월	화유은호 (華裕銀號)	고평은 16,000	월 6~7리			
1882년 8월 20일	초상국	고평은 300,000	연 8리	5년 거치 7년 상환	해관세, 홍삼세, 광세(礦稅)	해관 창설
	광무국 (礦務局)	고평은 200,000				
1882년	텐진해관 (天津海關)	화보은 (化寶銀) 2,999	무이자	단기		텐진 공관 건축
1882년 10월~ 1883년 1월	텐진해관	고평은 3,540	무이자	단기	책문 인삼세	기구 구입, 기기창(機器廠) 창설
1883년 2월 23일	초상국	조평은 (曹平銀) 200,000	연 8리	6년 거치 10년 상환	해관세	해관 창설
1885년 6월 6일	상하이해관 (上海海關, 華電局 名儀)	관평은 (關平銀) 100,000	무이자	5년 거치 20년 상환		육로 전선 가설

경제사학자 조기준과 역사학자 이광린은 일본의 차관 조건이 조선에 불리했다고 분석했다. 청나라에서 들여온 일부 단기 차관이 무이자였고, 일

부는 이자율이 6%에 지나지 않았다고 보았기 때문이다.[27]

하지만 이는 사실과 달랐다. 일본 차관에 바로 앞선 시기에 상하이 윤선 초상국과 톈진의 개평광무국에서 빌린 50만 냥과 1883년 초상국에서 빌린 20만 냥의 차관 조건은 일본의 그것과 거의 비슷했다. 초상국과 광무국은 청나라에서 자금을 투자하고 관리 감독하는 관청이기 때문에 청나라 정부에서 차관해준 것이나 다름없었다. 따라서 비슷한 시기에 조선이 청나라와 일본에서 빌린 차관 조건은 크게 차이가 나지 않았다.

서양 기업과 맺은 차관 조건도 살펴보자. 1886년 1월 20일 조선 정부는 독일의 세창양행으로부터 차관을 들여왔다. 인천세관의 수입금을 담보로 은 10만 냥을 빌리는데, 10% 이자를 지불하고 2년에 걸쳐 원금을 갚은 것이 조건이었다. 원래 세창양행은 12% 이자를 요구했다. 조선 정부가 이를 반대하자 10%로 이자율을 인하했다. 다만 조선 정부의 세미 3만 섬을 세창양행이 수송한다는 것을 조건으로 내세웠다. 조선 정부는 이를 수용했다.[28] 이에 비춰보면 조선과 일본의 차관 조건이 반드시 불리했다고는 말할 수 없다.

미래의 정략적 고려로 성사된 차관

일본이 왜 적지 않은 금액을 조선 정부에 차관으로 제공했을까? 더구나 수신사절인 박영효는 조선 국왕이 작성한 '휴대한 위임장'도 없었다. 계약서에 명시된 것처럼 '양국의 친의親誼'를 위해서 거액을 빌려준다는 말을 액면 그대로 믿어도 좋을까?

1883년 1월 29일(음력 1882년 12월 21일), 당시 일본 정부에서 중국 주재 특명전권공사였던 에노모토 다케아키榎本武揚(1882년 10월 25일~1885년 9월 11일 재임)에게 보낸 비밀서한에는 조선 차관 제공을 둘러싼 비밀이 들어 있다. 이 서한은 '호외 기밀 내신'號外機密內信으로 분류되어 있다.

> "지난번 조선 사절이 경중京中(도쿄)에서 은밀히 의뢰한 일도 있고, 또 우리 정부에서 뒤에 있을 정략상政略上의 경우를 생각해서 대장성에서 은밀히 요코하마 정금은행에 17만 원을 대부하고 다시 동 은행에서 조선 정부에 대여하게 되었습니다. 위의 반제 기한은 2년간 거치하고 오는 18년[1885]부터 다음 10년간에 연부年賦 반제返却하기로 하고 이식利殖은 매년 그 현재 화폐에 대해 8분의 비율로 약정했습니다. 지난 가을 제물포에서 맺은 별약別約에 실린 진휼금賑恤金 5만 원은 이미 사절이 머무를 때 공식적으로 우리 정부에 갚았습니다. 덧붙여서 사절도 우리 정부의 호의를 고맙게 여기고 몇 번이나 친밀하게 교제하는 계기가 되었습니다. 이 사건은 극히 비밀히 취급해야 합니다."[29]

위의 기밀서한을 살펴보면, 조선 사절은 일본 정부에 '은밀하게' 차관을 요청했다. 일본 정부는 뒷날의 정략적 필요성 때문에 '대장성에서 은밀히' 자금을 마련했다. 대장성이 직접 대출해준 것이 아니라 요코하마 정금은행에 돈을 빌려주고 그곳에서 조선 정부에 돈을 빌려주는 형식을 갖춘 것이다. 일본 정부는 배후로 빠지고 민간 은행이 무대에 나선 것이다. 이 사실은 청나라에 알려져서는 안 될 비밀이었다. 당시 청나라와 일본은 임오군란 뒤 조선에 군대를 주둔시키면서 날카롭게 대치했기 때문이다.

김옥균과 박영효는 이미 일찍부터 이동인을 통해서 일본과 차관 교섭을 벌여왔다. 이번에는 박영효가 정식 외교사절로 일본에 파견되었다. 김옥균은 이 기회를 놓치지 않고 차관을 성사시키려 했던 것으로 보인다.

1882년 12월 16일(음력 11월 7일) 마쓰카타 마사요시松方正義 대장경이 산죠 사네토미三條實美 태정대신에게 보낸 문서를 보면 차관 교섭 당시 일본의 의도를 엿볼 수 있다.

> "이번에 조선국 정부로부터 요코하마 정금은행에서 금 17만 원을 빌린다는 일로 의뢰를 받았습니다. 또 같은 은행[정금은행]에서 우리 성[대장성]으로 위의 금액을 빌려달라는 (…) 요청이 있었습니다. 요즘 국가 경비가 많이 들어가는 때이므로 우리 성에서도 여유가 없을 뿐만 아니라, 대하금貸下金(민간에 융자하도록 정부가 금융기관에 빌려주는 돈)은 일체 어렵다는 뜻을 알려드렸습니다. 두 나라의 우호를 위해 위 은행에서 거절할 수 없다는 사정은 여러 차례 외무경으로부터 상세히 보고받고 취지도 알겠습니다. 저는 본 은행이 여유가 없다는 사정을 들었습니다. 이때 [정부에서] 특별한 결정으로 [조선 정부가] 바라는 바를 들어주어 준비금 중에서 지폐 17만 원을 동 은행으로 빌려줄 수 있다는 것을 지급至急으로 재가해주시기 바랍니다."[30]

대장성과 요코하마 정금은행 모두 당시 조선 정부에 차관을 제공할 만한 경제적 여유가 없었다. 하지만 외무경 이노우에 가오루가 강력하게 요청하기 때문에 대장경도 이를 수용할 수밖에 없었다. 이노우에는 처음에는 조선에 차관을 제공하는 안에 반대했다. 그는 1882년 10월 25일(음력 9월 14일) 각의에서 조선의 원조 요청을 거부해야 한다고 주장했다. 자칫 잘못하면 청나라와 군사적으로 정면충돌하지나 않을까 무척 주저했다.

일본 조정에서는 이와쿠라 도모미岩倉具視, 야마가타 아리토모山縣有朋 등이 이노우에에게 조선 원조를 권했다. 이노우에는 더 고집을 부릴 수 없었다. 그는 조선과 개화당을 후원하지만 청나라와도 친목하기로 결정했다. 11월 12일(음력 10월 2일) 각의는 개화당에게 원조를 베풀어주도록 결의하고 원조의 전권을 이노우에에게 일임했다.

11월 6일(음력 9월 26일) 박영효, 김옥균이 이노우에에게 정식으로 차관을 요청했다. 그때도 이노우에는 쉽게 수용하지 않았다. 그해 12월에 사정이 달라졌다. 청나라에 파견된 조영하 등이 청나라에서 차관을 얻을 수 있다는 소식이 들려왔다. 이노우에도 더 회피할 수 없었다. 12월 16일(음력 11월 7일) 이노우에는 정부에서 조선 차관을 승인하게 했다. [31]

1882년 12월(양력) 당시 요코하마 정금은행 이사 니이즈미 노부키사와 은행장 오노 미쓰카게가 대장경 마쓰카타 마사요시 앞으로 보낸 문서는 다음과 같다.

"이번에 조선 정부에서 본 은행으로부터 금 17만 원을 차용하고자 한다는 의뢰가 있습니다. 위 의뢰에 따라서 빨리 조달하려고 하지만, 지금은 금융핍박 때문에 본 은행에서도 현재 여유 자금이 부족해서 대단히 곤란합니다. 위 금액은 특별한 고려로써 귀 성貴省(대장성)에서 본 은행에 대하貸下해주기 바랍니다. 반납의 방도는 명치 15년[1882]부터 2년간 거치하고 오는 18년[1885]부터 향후 10개년부로 그 정부에서 반납하는 대로 상납할 것입니다. 이자는 연 4분으로 16년[1884] 후부터 매년 12월 31일까지 그해에 빌려 쓴 금액에 대해 조선 정부에서 받아들여 상납할 것입니다." [32]

상황을 정리하면 다음과 같다. 일본 대장성은 요코하마 정금은행에 17만 원을 빌려준다. 요코하마 정금은행은 그 돈을 조선 정부에 빌려주고, 조선 정부에서 지불하는 8% 이자 가운데 4%를 대장성으로 상납한다. 대장성은 그 가운데 1%를 대부금 취급 수수료로 정금은행에 보내준다. 정금은행의 수입과 지불 명세를 도표로 정리하면 다음과 같다.[33]

이자 구분 표

(단위: 원)

연도	수수료	대장성 상납금	별도비 준비	수입총액
명치 16년(1883)	1,700	6,800	5,100	13,600
명치 17년(1884)	1,700	6,800	5,100	13,600
명치 18년(1885)	1,700	6,800	5,100	13,600
명치 19년(1886)	1,530	6,120	4,590	12,240
명치 20년(1887)	1,360	5,440	4,080	10,880
명치 21년(1888)	1,190	4,760	3,570	9,520
명치 22년(1889)	1,020	4,080	3,060	8,160
명치 23년(1890)	850	3,400	2,550	6,800
명치 24년(1891)	680	2,720	2,040	5,440
명치 25년(1892)	510	2,040	1,530	4,080
명치 26년(1893)	340	1,360	1,020	2,720
명치 27년(1894)	170	680	510	1,360
합계	12,750	51,000	38,250	102,000

"문명의 신사물을 수입하라"

조선 정부에 차관을 제공해준 요코하마 정금은행의 정체를 살펴보자. 요코하마 정금은행은 1880년 2월 28일(양력), 가나가와현神奈川縣 요코하마구橫濱區 혼마치本町 4정목 58번지에 개업한 특수은행이다. 설립 당시 자본금은 3백만 엔이었는데, 그 가운데 1백만 엔은 정부출자금이었다. 무역을 위한 금은화폐正金의 공급, 외국환거래 등 주로 무역관계 업무를 담당했다.[34]

이 은행을 설립하는 데는 당시 대장경 오쿠마 시게노부大隈重信와 후쿠자와 유키치의 공이 컸다. 후쿠자와는 자본금의 모집과 경영을 담당할 인재로 나카무라 미치타中村道太를 오쿠마에게 소개했다. 또 마루젠丸善의 하야시 유테키早矢仕有的 등을 설득해서 민간에서 최대 액수를 출자하도록 도왔다.

이 은행에는 후쿠자와 유키치와 관계가 깊은 인사들이 대거 입사했다. 1881년에 발행된 『교순사성명록交詢社姓名錄』에는 요코하마 정금은행 사장 나카무라 미치타, 부사장 니이즈미 노부키사를 비롯해서 20명의 이름이 올라 있는데, 이 가운데 17명은 후쿠자와와 개인적으로 친밀한 인물이었다.[35] 이 은행은 제2차 세계대전 후에 연합국군 최고사령관 총사령부連合国軍最高司令官総司令部(GHQ)에 의해 폐쇄되었다가 1946년 도쿄은행東京銀行으로 재발족했다. 현재는 미쓰비시도쿄UFJ은행三菱東京UFJ銀行으로 활동을 계속하고 있다.

대일 차관이 성공한 데는 후쿠자와의 역할도 무시할 수 없었다. 재일사학자 금병동琴秉洞은 이 차관이 "실은 후쿠자와의 소개로 이노우에 외무경을 통해서 빌린 것이다"[36]라고 썼다. 와타나베 소지로渡邊修二郎는 1894년에 펴낸 책에서 "외무대신 이노우에가 김[김옥균], 박[박영효]과 회견해서 은밀히 서로 결탁했다. (…) 민간에서는 고토 쇼지로後藤象二郎, 후쿠자와 유키치 등이 주선해서 마침내 금 17만 원을 요코하마 정금은행에서 빌릴 수 있었다. 또 신문을 발행하고 총병銃兵을 훈련할 것을 목적으로 우리나라[일본]에서 몇 명을 고용할 것을 약속했다."[37]라고 증언했다. 정교도 『대한계년사』에서 와타나베의 기록을 인용했다.[38]

후쿠자와는 수신사 일행이 일본을 방문하기 전에 이미 임오군란의 배상금을 조선의 문명화에 기여하는 데 써야 한다고 주장했다. 그는 『시사신보』

조선 정부에 일본의 차관을 제공했던 요코하마 정금은행. 土方定一 外 編,「明治大正圖誌」, 筑摩書房, 1978, 74쪽에서.

1882년 9월 8일자에 논설「조선의 상금 50만 원」을 발표했다. 이 글에 따르면, 조선이 일본처럼 문명으로 나아가려면 전국의 인심을 변화시키지 않을 수 없었다. 이를 위해 조선은 일본에서 새로운 문명을 수입해야 했다.

> "문명의 신사물을 수입해서 해항海港을 수축하고, 등대를 건설하고, 전신선을 통하게 하고, 우편법을 설치하고, 철도를 부설하고, 기선을 운전하고, 신학술의 학교를 일으키고, 신문지를 발행해야 한다."

후쿠자와는 구체적인 실행 방법도 제시했다. 우선 임오군란의 배상금 50만 원을 받은 뒤 그것을 조선 정부에 기증해서 새로운 사물을 수입하는 데 보조하게 한다. 조선 정부가 보조금을 남용하거나 무익한 데 쓰는 것을 막기 위해 일본은 조선의 보조금 사용 상황을 감독해야 한다. 앞으로 5년 동안 매년 10만 원을 들여서 해항, 등대, 전신, 우편, 학교, 신문, 기선, 철도 등 필요한 사업을 일으켜야 한다고 말했다.[39] 후쿠자와의 조언 가운데 조선에서 신문지를 발행하는 일은 나중에 자신의 제자 손으로 실현되었다.

차관으로 기계를 구입하다

조선사절단은 요코하마 정금은행에서 12만 원을 실제로 수령했다. 이 차관은 어디에 쓰였을까? 김옥균은 『갑신일록』에서 "이 돈으로 흉금도 갚고 그 밖의 모든 비용을 썼다."라고 말했다. 흉금은 17만 원에서 이미 지불한 5만원을 말하므로 12만 원에는 포함되지 않는다.

김옥균이 말한 '그 밖의 모든 비용'은 무엇을 말할까? 김옥균은 수신사 박영효 일행이 귀국한 뒤에도 일본에 남아 있었다. 그는 1883년 3월(양력)에 귀국했다가 두 달 뒤에 다시 일본으로 건너갔다. 일본 정부에서 차관 3백만 원을 얻기 위해 세 번째로 일본을 찾은 것이었다. 이번에는 고종에게 국채위임장을 받았고, 협판교섭통상사무 겸 동남제도개척사協辦交涉通商事務兼東南諸島開拓使란 공식 직함을 갖고 있었다. 김옥균은 이듬해 5월까지 차관 교섭을 벌였지만 결국 실패하고 말았다. 당시 일본의 1년 세수 가운데 22분의 1에 해당하는 거액을 조선에 빌려줄 만큼 일본 경제가 빠르게 성장하지는 못했다.[40]

김옥균은 1883년 5월 24일(양력 6월 28일) 도쿄에 들어갔다. 그는 차관 교섭을 위해 1883년 5월 28일 이노우에 가오루와 오랜 시간 대화를 나누었다. 그 대화록 가운데서 1882년 차관 이야기도 나왔다. 이노우에는 그 전해에 빌려간 차관 17만 원이 어떻게 쓰였는지 알지 못한다고 의문을 제기했다. 김옥균은 "5만 원은 진휼금에 충당하고 그 나머지로는 기계 등도 매입"했다고 답했다. 그러자 이노우에는 "전의 17만 원 가운데 아직도 정금은행에 남은 것이 있다는 것도 알고 있습니다. 또 남에게 사기당한 것도 알고 있습니다."라며 김옥균을 몰아세웠다. 김옥균은 "17만 원의 나머지 가운데 아직도 1만 원이 있고, 기계도 사고 생도도 파견"했다고 답했다.[41)]

김옥균의 증언이 사실이라면, 당시 차관 12만 원은 기계를 구입하고, 유학생을 파견하는 일에 쓰기도 했다. 김옥균이 말한 기계에는 인쇄기계도 포함되었을 것이다. 아마 수신사 박영효 일행과 함께 왔던 학생들을 일본에 유학시키는 데도 차관의 일부가 쓰였을 것이다.

차관이 유학생들 비용으로 쓰였다는 것은 박영효의 기록에서 확인할 수 있다. 1882년 11월 17일 박영효는 해군경 가와무라 스미요시川村純義에게 "생도 김양한이 항해할 때 쓴 지폐 1천 원을 귀 해군성에 보내드립니다. 바라건대 각하께서는 요코스카조선소橫須賀造船所로 보내어 수시로 모든 소용에 지급해주시기 바랍니다. 또 각하께서 그가 근실勤實하고 태만한지 때때로 독려하고 꾸짖어서 그들이 졸업하도록 해줄 것을 바랍니다. 월사금月謝金 문제는 이곳에 머무르고 있는 폐국弊國 조사朝士들이 의논할 것입니다."[42)]라고 편지를 보냈다. 박영효가 말한 조사는 박영효가 귀국한 뒤에도 일본에 남을 예정인 김옥균, 서광범 등의 일행을 말한 것이다.

박영효는 일본을 떠나기 전에 자신들을 도와준 사람들에게 돈을 지불했다. 이 비용도 차관에서 나왔을 가능성이 크다. 11월 14일자 기록에 따르면, 그는 일본의 고위관료들에게 주는 토산물을 나열하면서 "순사 6명 50원. 소사小使(잔심부름꾼) 3명 30원. 급사 5명 50원. 회방賄方(식사를 준비하고 제공하는 사람) 1명 20원. 요리料理 3명 15원. 하동下働(밥짓기, 청소 등 잡다한 일

을 하는 사람) 1명 5원, 인족人足(인부) 2명 10원, 어자馭者(마부) 1명 30원, 마차
구종馬車驅從(마차몰이꾼) 20원, 연료관속延僚館屬(엔료칸에 소속된 사람) 40원,
청송사靑松寺 사중社中(동료) 금金 30원" 등을 주었다고 한다.[43)]

당시 박영효와 동행했던 이노우에 가쿠고로井上角五郎는 차관의 쓰임새
에 대해서 "조선 정부가 일본에 지불할 배상금, 사죄사 일행의 귀국 비용에
쓰였고, 잔액은 조선의 교육 사업에 충당"[44)]했다고 증언했다. 금병동에 따
르면, 이 돈으로 "군대 근대화를 위해 당장 필요한 무기를 구입하고, 또 인
재를 양성하기 위해 일본에 유학 중인 학생들을 위한 비용에 지출"[45)]했다.
이광린도 이 차관 가운데 일부는 사절의 여비와 신문 발간에 필요한 비용,
즉 일본인 편집인과 기술자 초빙 비용, 인쇄기계 구입비 등과 유학생의 비
용으로 쓰였다고 말했다.[46)]

"무익한 데 돈을 낭비하지 말라"

그런데 이노우에 가오루가 당시 차관액 가운데 요코하마 정금은행에 1만
엔이 남아 있고, 김옥균이 사기를 당했다고 비난한 것은 무슨 까닭일까? 한
연구에 따르면, 김옥균은 차관 가운데 남은 돈 5만 엔가량을 나가사키의 어
떤 일본인에게 맡겨두었다가 2, 3만 엔 정도를 잃었다고 한다.[47)] 이것이 사
실이라면, 김옥균은 정부 사이의 계약으로 입수한 차관을 제대로 관리하지
못한 책임에서 자유롭지 못하다.

김옥균의 경제관념에 대해서는 몇 가지 비판적인 증언이 남아 있다. 윤치
호는 1882년 11월 26일자(양력 1883년 1월 4일) 일기에서 "11시에 기차 편으
로 [요코하마에서] 시나가와品川로 돌아와서 고우장古愚丈(김옥균)과 함께 후쿠

자와를 방문하다. 후쿠자와는 고우장에게 무익한 데 돈을 낭비하지 말도록 권했다."[48]라고 썼다. 갑신정변 뒤 특파전권대신으로 일본에 건너갔던 서상우는 1885년 2월에 고종에게 복명한 자리에서 김옥균이 임오년의 차관 가운데 2만여 원을 사용私用으로 썼다고 보고했다.[49] 『후쿠자와 유키치전』에도 이와 비슷한 증언이 실려 있다.

> "김[옥균], 박[영효] 등은 조선 정부의 명의名義로 요코하마 정금은행에서 금 17만 원을 차용했다. 그 중에서 일본 정부에 상금을 지불하고, 또 동행한 윤웅렬은 무기를 사는 등 여러 가지로 소비했던 모양이다. 하지만 잔금 5만 원만은 정금은행에 맡겨두었는데, 박영효가 귀국한 뒤에는 금권金權이 김옥균 한 사람의 손에 장악되어서 일시一時에 부자가 된 모습이었다. (…) 김옥균에게는 위의 돈 5만 원이 있을 뿐만 아니라, 본국에서 가지고 온 것인지 어디에서 온 것인지 모르지만 때로는 문진文鎭처럼 황금 막대 5본本도 10본도 지니고 와서 후쿠자와에게 보호를 의뢰한 일조차 있었다."[50]

박영효가 빌린 17만 원 차관의 사후 처리도 살펴보자. 『구한국외교문서』에 따르면, 1886년 4월 10일 일본 요코하마 정금은행에서 작년 상환분의 영수증을 보냈다. 여기에는 "은화 1만 2,050원, 원元 은화 12만 5백 원 가운데 명치 18년[1885] 제1차 상환분을 위 은화로 수령함, 명치 19년[1886] 3월 3일"이라고 기록되어 있다.[51]

1882년 11월 8일에 맺은 차관계약에 따르면, 차관 원금은 17만 원이다. 따라서 1885년에 갚아야 할 1회 원금은 17,000원이고, 8% 이자는 13,600원이어야 한다. 그런데 위 문서에는 원금이 12만 5백원, 1회 상환분은 1만

2,050원으로 기록되어 있다. 이뿐만이 아니다. 10년쯤 뒤인 1893년 11월 18일 일본 공사 오토리 게이스케大鳥圭介가 서리독판교섭통상사무署理督辦交涉通商事務 김학진에게 보낸 공문서에는 다음과 같이 실려 있다.

"우리 정금은행 대리인 하라다 쇼모原田松茂가 아뢴 바에 따르면, 우리 달력 명치 15년[1882] 12월 18일 해당 은행에서 조선 정부에 은화 12만 500원을 빌려줄 때 맺은 조항 제2조에 올해 분으로 마땅히 거두어야 할 이자 은 1,928원과 원금 12만 5백 원 중에서 조항 제3조에 올해 분으로 마땅히 거두어야 할 은 12,050원 합계 13,978원을 조선 정부에서 돌려주시기 바랍니다. 또한 지난해 분으로 마땅히 거두어야 할 본리本利(원금과 이자) 합계 14,942원도 연기해서 아직 갚지 못했습니다. 합해서 아울러 상환해줄 것을 청합니다."[52]

위 기록에는 조선 정부의 차관액이 12만 5백 원으로 나온다. 원래 계약 체결 내용과는 다르다. 왜 차이가 나는지 그 까닭은 알 수 없다. 다만 진휼금으로 지불된 5만 원을 제외하고, 그 1%의 수수료로 5백 원을 붙인 것은 아니었을까.

● ● ●

활자와 인쇄기,

현해탄을

건너다

수신사 박영효 일행은 고국으로 돌아오기 전에 일본의 근대 문물을 상세하게 살피는 데 힘썼다. 박영효의 일기 『사화기략』을 중심으로 그가 시찰한 일본의 근대 시설을 살펴보자.

날짜 (1882년, 음력)	장소	시설명	행위	만난 사람 (동행인)	비고
8월 25일	오사카	제동창(製銅廠), 제기창(製器廠), 포병공창(砲兵工廠)	시설물 견학		
8월 27일	오사카	사진국(寫眞局)	사진 촬영	김옥균, 서광범	
9월 15일	도쿄	사진국	사진 촬영		
9월 17일	도쿄	문부성	대학교 생도의 졸업 연회 구경		
9월 22일	도쿄	도서관, 여자사범학교, 박물관, 창평관(昌平館), 동물원	시설물 견학		
9월 27일	도쿄	공부대학교 (工部大學校) 전신국(電信局) 전기기계창 (電機器械廠)	시설물 견학	오토리 게이스케 (大鳥圭介), 하나부사 공사	

날짜	도시	장소	활동	인물	출처
9월 30일	도쿄	인쇄국	공장 견학, 사진 촬영, 오찬	이치가와 곤다이 (市川權大) 서기관	『東京日日新聞』 1882년 11월 9일, 『讀賣新聞』 1882년 11월 12일
10월 6일	도쿄	왕자조지국 (王子造紙局), 수륜직포소 (水輪織布所)	시설물 견학		『讀賣新聞』 1882년 10월 25일
10월 8일	도쿄	시나가와(品川)	유리와 가스등 [瓦斯燈] 제작 과정 견학		
10월 9일	도쿄	도야마(戶山)의 경마장	견학		
10월 19일		육군사관학교, 포병기계창	견학		

박영효, 인쇄국을 찾다

박영효가 견학한 일본의 근대 시설 가운데 우리의 눈길을 끄는 것은 인쇄 국과 조지국이다. 이들 관청을 둘러본 경험은 그가 귀국한 이후 조선에서 새로이 열리는 근대 인쇄, 출판, 언론의 역사에 어떤 형식으로든 그 자취를 남겨놓았을 것이다. 그는 귀국할 때 일본에서 인쇄기와 활자를 구입했을 뿐 만 아니라 신문을 창간하기 위해 신문기자와 인쇄기술자를 데리고 돌아오 는데, 이들 근대 시설에서 깊은 영감을 얻었을 것이 틀림없다.

박영효 일행은 1882년 9월 30일(양력 11월 10일)에 인쇄국을 방문했다. 『도 쿄니치니치신문東京日日新聞』은 조선 공사 일행이 인쇄국을 방문할 예정이 라는 소식을 전하면서 "인쇄와 조각彫刻의 두 가지 일은 공사가 귀국하면 곧 사업을 일으킬 계획이 있어서 상세하게 보고 싶다고 한다."[1]라고 보도했다. 당시 일본 신문에서는 이미 박영효 일행이 조선에서 신문 발간 사업을 계획 하고 있다는 사실을 알고 있었던 것으로 보인다.

박영효 일행은 9월 30일 오전 10시에 "이치가와 곤다이市川權大 서기관의 안내로 각 공장을 모두 둘러보고 조각부彫刻部의 사진과寫眞科에서 사진을 찍었다. 사진과의 촬영인 대기실에서 일본 요리를 대접받고 펌프 취급 방법을 자세히 본 뒤 오후 3시를 지나 숙소로 돌아갔다."[2]

박영효가 방문했을 당시 인쇄국은 대장성 산하 관청이었다. 오늘날 독립 행정법인이 된 국립인쇄국은 1871년 7월 27일 대장성大蔵省 지폐사紙幣司로 창설되었다. 같은 해 8월에는 지폐료紙幣寮로 이름을 바꾸었다. 창설 당시의 업무는 지폐의 발행, 교환, 국립은행(민간은행)의 인가와 육성 등 지폐 정책 전반에 걸쳤다.

당시 일본에서는 인쇄기술이 미숙했기 때문에 메이지 정부는 독일과 미국에 의뢰해서 지폐를 제조했다. 지폐를 국내에서 제조해야 한다는 목소리가 거세지자 지폐료에서는 지폐 국산화를 준비했다. 아울러 증권과 우표의 제조(1872년 1월에 제조 시작), 활판인쇄 등의 인쇄와 제지 업무를 맡았다.

지폐료는 연구를 거듭해서 1877년 10월 15일에 일본산 제1호 지폐(국립은행지폐 신권 1엔)를 제조하기 시작해서 일본 근대 인쇄와 제조의 개척자로서 첫발을 내디뎠다. 1898년 11월 1일에는 『관보』(1883년 7월 2일 창간)를 발행하던 내각 관보국과 통합해서 『관보』 발행도 아우르는 사업관청이 되었다. 그 뒤 몇 번 변천을 거쳐 2003년 4월에 독립 행정법인 국립인쇄국이 되어 현재에 이르렀다.[3]

박영효 일행은 인쇄국에 이어 제지회사도 찾았다. 박영효는 1882년 10월 6일자 일기에 '왕자조지국'王子造紙局에 갔다고 기록했는데, 일본 신문에서는 '오지제지회사'王子製紙會社를 방문했다고 보도했다.[4] 오지제지주식회사王子製紙株式會社는 당시 일본 최대 제지회사로, 양법저제상사洋法楮製商社(1871년), 유코샤有恒社(1872년 설립, 1924년 오지제지에 합병됨)에 이어 일본에서 세 번째로 설립된 양지 제지회사였다.

대장성 3등 관료 출신에서 실업가로 변신한 시부자와 에이치澁澤榮一는 미쓰이구미三井組, 오노구미小野組, 시마다구미島田組 등에 제지사업을 제의했다. 정부의 양지 수요는 늘었지만 그것을 공급할 만한 서양 제지회사는 아직 없었기 때문이다. 1872년 12월에 미쓰이 지로에몬三井次郎右衛門, 오노 젠에몬小野善右衛門, 시마다 하치로자에몬島田八郎左衛門 등이 자본금 15만 원으로 발기해 대장성 지폐료에 초지회사 설립을 신청했다. 이듬해 1873년 2월 설립을 허가받음으로써 일본의 근대 제지업이 시작되었다. 당시 회사 이름은 '초지회사'抄紙會社였다. 1874년 9월에는 오지무라王子村(오늘날 東京都 北区)에 공장 터를 정하고, 기계 기사 시멘즈(Frank Siemens), 초지 기사 포텀리(Thomas Pottomley)를 초빙했다. 제지기계는 영국 런던의 이스트 앤더슨사에 발주했다. 공장은 1875년 6월에 준공되었다. 그해 말부터 양지 제조를 개시했다.

초지회사는 처음에는 대장성에서 주문을 받아 지폐를 인쇄하거나 지권地券(메이지 정부가 토지소유자에게 발행했던 토지소유권 증명문서) 용지, 재판소용 괘지 등을 제작했다. 초기에는 수입 양지쪽이 값도 싸고 품질도 좋았기 때문에 회사 경영이 어려웠다. 하지만 얼마 지나지 않아 교과서를 일본산 양지로 제작하고 신문 발행부수도 증가하면서 경영이 본궤도로 올랐다. 대장성 지폐료의 초지국과 혼동을 피하기 위해 1875년 5월 '제지회사'로 이름을 바꾸었고, 1893년에는 '오지제지주식회사'로 다시 이름을 고쳤다.[5]

일본 국립 인쇄국 연혁(양력 기준)

1871년 7월 27일   대장성大蔵省 안에 지폐사紙幣司 창설

1871년 8월 10일   대장성 지폐사를 지폐료紙幣寮로 개칭

1872년 9월 20일   태정관太政官 정원正院 인서국印書局 설립

1875년 4월   초지국抄紙局 설치(현재의 오지王子 공장)

1875년 9월 4일   대장성 지폐료와 태정관 정원 인서국이 합병되어 대장성 지폐료가 됨

1876년 4월 5일   초지국 조업操業 개시

1876년 10월 10일   인쇄공장이 도쿄 오테마치大手町에 낙성

1877년 1월 11일   대장성 지폐료를 지폐국紙幣局으로 개칭

1877년 10월 15일   일본산 제1호 지폐를 제조(국립은행 지폐 1엔, 12월 28일 발간)

1878년 12월 10일   대장성 지폐국을 인쇄국印刷局으로 개칭

1883년 5월 10일   태정관 문서국文書局 설립

1883년 7월 1일   『관보』 제1호를 제조(7월 2일 발간)

1885년 12월 22일   태정관 문서국을 내각內閣 문서국으로 개칭

1885년 12월 24일   내각 문서국을 내각 관보국官報局으로 개칭

1898년 11월 1일   대장성 인쇄국과 내각 관보국이 통합되어 내각 소관의 인쇄국이 됨

1923년 9월 1일   간토대지진関東大震災으로 인쇄국 청사와 공장 괴멸

1924년 12월 20일   관제 개정에 따라 내각 인쇄국이 됨

1943년 11월 1일   대장성 소관 인쇄국이 됨

1945년 2월 25일   전쟁의 재난으로 인쇄국 청사와 오테마치 공장 소실

1949년 6월 1일   대장성 외국外局의 인쇄청이 됨

1952년 8월 1일   대장성의 부속기관인 대장성 인쇄국이 됨

1984년 7월 1일   대장성의 특별기관이 됨

2001년 1월 6일   재무성의 특별기관인 재무성 인쇄국이 됨

2003년 4월 1일   독립 행정법인 국립인쇄국이 됨

문화로 조선 침략의 발판을 삼자

기계 설비와 공장 구조, 인력 배치 등 근대 산업 시설의 물리적 환경이 박영효를 비롯한 개화파 인사들에게 조선의 근사한 미래를 위한 모범이었다면, 정치와 외교가 지향해야 할 방향과 국가 경영을 위한 새로운 제도와 이념 등 사상과 정치의 영역은 사상가와 개혁가의 훈도가 필요했다. 그 역할을 기꺼이 맡은 인물이 바로 후쿠자와 유키치였다.

후쿠자와는 박영효와 김옥균 등 자신을 찾아온 조선의 개화파 지식인들에게 문명개화의 강령을 깨우쳐주고 구체적인 실행 방안도 제시해주었다. 조선의 근대화와 후쿠자와의 관계를 이해하려면 그가 조선을 어떻게 바라보았는지 살펴야 한다.

후쿠자와는 1876년 조선과 일본이 강화도조약을 맺기 전까지는 조선에 대해 이렇다 할 발언을 하지 않았다. 조선에 대해 무지했거나 무관심했기 때문이었을 것이다. 강화도조약은 그의 시야에 조선이 들어온 계기가 되었다. 그의 전망에 따르면, 서구열강이 동아시아로 본격적으로 진출하면서 조선과 중국은 열강이 대립하는 각축장이 될 것이었다. 장래에 일본이 서양 열강으로부터 독립을 유지하고 경제를 발전시키려면 조선을 발판으로 삼아야 했다.

후쿠자와는 철저하게 일본인의 관점에서, 우월한 시각으로 조선을 바라보았다. 서구의 위협에 대항하기 위해 아시아인은 서로 연대해야 했다. 하지만 그 연대의 주도권은 일본이 쥐고 있어야 했다. 일본은 아시아의 다른 나라를 보호할 만한 군사력을 갖추었다. 또 서구문물을 가장 먼저 받아들여 '개화'한 나라가 되었다. 따라서 일본은 아시아의 다른 나라를 문명으로 인도할 자격을 갖추고 있었다.

후쿠자와는 1882년부터 여러 차례 적극적으로 조선 문제를 논평했다. 자신이 창간한 신문 『시사신보時事新報』의 사설란이 사상의 선전장으로 동원되었다. 그는 1882년 3월에 「조선과 교제하는 것을 논함」이란 사설을 발표했다. 이것은 퍽 문제적인 글이었다. 후쿠자와에 따르면, '조선은 일본에 비해 약소국이자 미개국이다. 따라서 일본은 조선을 개화하도록 지도해야 한다. 조선에 있는 일본 거류민을 보호하려면 조선에 군대를 주둔시켜야 한다'고 했다. 조선에 대한 후쿠자와의 멸시적 시각이 고스란히 드러난 글이었다.

임오군란이 일어나자 후쿠자와의 발언은 더욱더 호전적으로 바뀌었다. 이제는 일본이 조선의 내정과 외교에 적극 개입해야 한다고 주장했다. 그는 이 사건의 배후에 중국이 깊이 개입되어 있을지 모른다고 의심했다. 더는 중국의 눈치를 보면서 팔짱만 끼고 있어서는 안 되었다. 그는 일본 정부가 조선에 군대를 파견해서 강력하게 보복해야 한다고 주문했다. 한 걸음 더 나아가 주한공사 하나부사 요시모토를 조선의 '국무감독관'國務監督官으로 임명해 그에게 정부운영을 맡기자고 제안하기까지 했다.

이처럼 후쿠자와는 제국주의적이고 침략주의적인 관점에서 조선 문제를 관찰하고 해법을 제시했다. 하지만 국제 정세는 그의 뜻과 달리 흘러갔다. 임오군란 뒤 조선에서 일본 세력은 오히려 중국에 더욱더 밀리고 있었다. 후쿠자와의 조선정략도 수정되지 않을 수 없었다. 정치적이고 외교적인 방면에서 적극 개입하기보다는 문화적인 분야에서 조선을 후원하고 계몽하는 쪽으로 방향을 바꾸기 시작했다.[6]

후쿠자와는 일본이 조선에 진출하기 위해 선택할 수 있는 네 가지 방책을 꼽았다. "제1책은 직접 무력을 동원하는 것, 제2책은 우리의 종교로서 조선

국민을 교화하는 것, 제3책은 학문으로서 그들이 깨우치도록 유도하는 것, 제4책은 일본의 자금을 그들에게 주어 조선에 공업을 일으키게 하는 것"이었다.

첫 번째 정책이 가장 신속하게 목적을 달성하는 방법이었다. 하지만 조선인이 반발하고 중국이 간섭할 위험이 컸다. 따라서 현 단계에서는 "제4책으로 일의 실마리를 열고, 제3책으로 그 종결을 지어야 할 것"이라고 결론지었다. 다시 말해 조선에 차관을 제공함으로써 침략의 발판을 삼고 문화 부문에 침투하는 데 방점을 찍은 것이다.[7]

후쿠자와에게 절호의 기회가 찾아왔다. 수신사 박영효 일행이 일본에 파견되고, 진보적 인사들이 자신에게 찾아와 조선의 개혁 방안을 조언해달라고 요청해온 것이다. 자신의 국제 정치적 사상을 현실에서 실험해볼 수 있는 장이 열렸다. 그는 일본 정부가 조선에 차관을 제공하는 데 발 벗고 나섰고, 수신사 일행에게 신문 발간 사업을 권했다. 그뿐만 아니라 자신의 수제자들까지 인재로 추천했다. 이것은 그가 제시한 제3책과 제4책을 동시에 실현하기 위한 장기적 포석이었다.

후쿠자와, 신문 발간을 권하다

수신사 일행은 일본에 머무는 동안 자주 후쿠자와를 찾아가 그의 조언에 귀를 기울였다. 당시 일본 재야의 사상가 후쿠자와는 조선 지식인들에게 명망이 높았다. 그는 사상가이자 교육자, 언론인, 출판인 등 문화 방면에서 일본의 근대화를 이끌던 최고위 인물 가운데 한 명이었다. 더구나 조선의 총명한 인재들이 후쿠자와의 게이오의숙에서 근대 학문을 배우고 있었다. 수신사 일행이 후쿠자와에게 조선의 개혁 방안을 조언해달라고 부탁한 것은 자연스러운 일이었다. 후쿠자와의 추천으로 박영효 일행과 함께 조선으로 건너가는 이노우에 가쿠고로(외무경 이노우에 가오루와 혼동하는 것을 피하기 위해 이하 '가쿠고로'로 표기함)는 당시 상황을 다음과 같이 증언했다.

> "[박영효] 일행은 차관이 성립되자 곧 교육 사업에 대해서 [후쿠자와 유키치] 선생의 지도를 요청했다. 선생은 첫째로 조선에서 많은 청년을 일본으로 유학시킬 것을 권했다. (…) 둘째로는 경성에서 신문을 발행하라고 권유했다. 선생은 우선 이 두 가지를 실행하는 것이 좋겠다고 말했다. 일행 중에는 오히려 군사훈련을 바라는 자가 있었다. 선생은 이 일에 대해서는 그다지 권하지는 않았지만, [군사교관 파견도] 함께 실행하게 되었다."[8]

후쿠자와는 왜 유학생 파견과 함께 시급한 과제로 신문 발행을 권유했을까? 그는 일본의 근대 지식인 가운데 언론의 힘과 가치를 누구보다 앞서 깨달은 인물이다. 그의 언론관은 폭넓은 체험에서 얻은 것이었다. 그는 1860년 일본 최초 해외사절단의 일원으로 미국을 방문했고, 1862년에도 사절단원으로서 유럽에 파견되기도 했는데,[9] 일찍부터 유럽과 미국에서 나타난 언론의 영향력에 주목했다. 그 자신이 언론인이자 출판인이기도 했다. 1882년에는 『시사신보』를 창간하고 출판사를 경영했다. 그는 『서양사정西洋事情 초편初編』(尙古堂, 1866)에서 이미 신문의 중요성을 알아차렸다.

> "신문을 보면 세계의 실제 사정이 일목요연하게 묘사되어 있어 마치 실제로 그 사물을 접하는 것과 같다. 서양에서는 신문지를 보는 것이 인간의 즐거움 가운데 하나이

고, 이를 읽느라고 식사를 걸렀다는 사람들도 종종 있다. 세상에는 고금의 서적이 많다고 해도 견문을 넓히고 사정을 잘 이해해서 세상에 대처하는 길을 연구하는 데는 신문지를 읽는 것보다 더 나은 것이 없다."[10]

후쿠자와에 따르면, 신문의 효용은 자아와 세계의 무한한 확대와 지식의 질서정연한 파악 그리고 실천적 지혜의 심화 등에 있었다. 교육이 무지에서 벗어나 방대한 지식의 세계로 향하는 꾸준한 수련 과정이라면, 신문은 이미 짜여 있는 세계의 질서와 유동적인 세계의 변화 속으로 자아가 편입됨으로써 더 넓은 사회와 세계의 구성원이 되는 또 다른 형태의 학교였다. 후쿠자와가 사립학교 게이오의숙을 세우고 신문 『시사신보』를 창간한 것은 그 자신이 선진적인 세계를 경험하면서 얻은 통찰을 몸소 실천한 결과였다.

신문 간행과 근대적 군사 훈련은 조선에서는 처음 경험하는 일이었다. 일본이 서양의 전문가들을 초빙해서 서양 근대 기술과 제도를 배웠듯이, 조선도 마찬가지 과정을 겪어야 했다. 『후쿠자와 유키치전』에 따르면, 김옥균 일행이 "차관 17만 원을 얻고 [조선에서] 개혁을 추진하기 위해 [일본에서] 적당한 인물을 고문으로 초빙하려 했다. 그들은 [후쿠자와] 선생에게 그 인선을 부탁했다."[11]

후쿠자와는 게이오의숙 출신 제자들을 추천했다. 그는 "[게이오의숙의] 숙원 가운데 선배인 우시바 다쿠조牛場卓造를 추천하고 이노우에 가쿠고로, 다카하시 마사노부高橋正信 두 사람을 동행하게 했다. 따로 군사교련 교사로서 마쓰오 미요타로松尾三代太郎와 하라다 하지메原田一 두 사람이 참가했다."[12]

가쿠고로에 따르면, 우시바 다쿠조, 다카하시 마사노부 두 사람은 '교육

방면'의 전문가 또는 '학술가'로서, 마쓰오 미요타로, 하라다 하지메 두 사람은 '군사 방면'의 전문가 또는 '무예가'로서 후쿠자와의 추천을 받아 조선 정부에 고용되었다. 그 밖에 신문을 간행하기 위해 인쇄기계와 한문 활자를 준비하고 직공 감독도 고용했다.[13]

"조선을 개명의 길로 이끌어라"

수신사 일행과 함께 조선으로 온 일본인의 면면을 정리해보자. 먼저 공식 외교관으로는 다케조에 신이치로竹添進一郎(재임 1882년 11월 6일~1887년 8월 6일[양력])가 있었다. 그는 1882년 9월 26일에 변리공사로 임명되었다. 그해 9월 27일 외무경 이노우에 가오루는 박영효에게 "11월 초 6일[음력 9월 26일]의 상유上諭에 따라 변리공사 하나부사 요시모토는 외무성 삼등출사三等出仕로 보임補任시키고, 외무대서기관外務大書記官 다케조에 신이치로를 변리공사로 대신 보임시켜 조선국에 주차駐箚하게 했다."라고 전했다.[14] 하나부사는 1880년 4월 17일부터 1882년 11월 6일(양력)까지 변리공사로 재임했다. 박영효는 11월 27일 다케조에 신임 공사에게 서한을 보냈다.

> "귀국 사람 우시바 다쿠조, 이노우에 가쿠고로, 다카하시 마사노부, 마쓰오 미요타로, 사나다 겐조眞田謙藏, 미와 고조三輪廣藏, 혼다 기요타로本多淸太郎 등 일곱 명을 고용했으므로 각하께서 귀 영사관에 통지하는 것이 좋겠습니다."[15]

다케조에는 박영효의 서한을 받고 다음과 같이 회신했다.

"위 일곱 명 가운데 우시바 다쿠조, 이노우에 가쿠고로, 다카하시 마사노부 등 3명은 후쿠자와의 문하로서 영학英學(서양 학문)을 열기 위해, 사나다 겐조, 미와 고조는 인쇄를 위해, 혼다 기요타로는 대공직大工職(목수)으로 이상의 사람들을 고용하는 뜻은 제가 도쿄에서 어렴풋이 알고 있었습니다. 마쓰오 미요지松尾三代治는 시모노세키의 배 안에서 윤웅렬에게 처음 소개받았습니다. 위 사람은 메이지 4년[1871] 무렵에 대위를 사직하고, 10년 뒤에 다시 대위에 임명되었다가 같은 해에 사직했다고 합니다."[16]

가쿠고로의 증언에 따르면, 위의 공문서에 등장하는 인물 가운데 사나다 겐조와 미와 고조는 '활판직공', 혼다 기요타로는 '목공'이었다. 이밖에도 요코하마 정금은행의 대리인 소고 세이시로草鄕清四郞, '마부' 사에키佐伯가 동행했다.[17] 다케조에는 마쓰오 미요타로松尾三代太郞를 마쓰오 미요지松尾三代治라고 했는데, 아마도 착오인 듯하다. 이들 외에도 다케조에 일행으로 조선에 온 사람으로는 군인 이소바야시 신조磯林眞三 대위, 군의軍醫 우미노세海之瀨 등이 있었다.[18]

위에 등장하는 인물들 가운데 우시바 다쿠조와 다카하시 마사노부는 신문기자나 편집 업무를 맡기 위해 조선 정부에 고용되었다. 군사교관이나 군인 자격으로 파견된 사람은 마쓰오 미요타로와 하라다 하지메였다. 가쿠고로에 따르면, 마쓰오 미요타로는 기병대위, 하라다 하지메는 보병중위였다.[19] 미와 고조는 기계수선공이자 활자주조공, 사나다 겐조는 식자공이었다.[20]

후쿠자와의 추천을 받고 조선에서 신문을 발행하기 위해 조선에 온 일행을 살펴보자. 먼저 우시바 다쿠조의 이름은 牛場卓藏, 牛場卓造, 牛場卓

三 등으로 기록에 따라 달리 나온다. 그는 1850년 효고현兵庫縣에서 태어났다. 1872년 게이오의숙에 입학했고, 후쿠자와의 추천으로 잠시 유빈호치郵便報知신문사에서 신문 편집을 맡기도 했다. 졸업 후에는 효고현정 학무과, 권업과장 등을 지내다 1882년 창간된 『시사신보』의 기자가 되었다. 그 뒤 1894년 산요山陽철도회사 총지배인이 되어 철도 경영에도 종사했다. 나중에 제국브러시帝國ブラシ회사를 설립했고, 치요千代생명보험상호회사相互會社 이사를 지냈다. 1922년에 사망했다.[21]

우시바는 조선에서 스승 후쿠자와 문화 정책을 실현해줄 핵심 인물로서 조선 정부에 추천되었다. 후쿠자와는 그에게 큰 기대를 걸었다. 그는 1883년 1월 11일부터 13일까지 3회에 걸쳐 『시사신보』에 「우시바 군 조선에 가다」를 발표했다. 우시바 일행이 학자의 본분을 지켜서 조선인을 개화하고 조선의 독립을 공고히 하는 데 힘쓸 뿐, 조선의 정치 변혁에는 관여하지 말라고 타일렀다.

"[조선으로] 가서 그 나라가 개화하고 진보하는 데 솔선자가 되어라. 그 나라의 지식인 가운데 뛰어난 사람을 친구로 삼아라. 고루한 사람을 설득해 격려하되 그를 화나게 하지 말라. 그를 깨우치되 욕되게 하지 말라. 군이 평생에 걸쳐 닦은 처세의 기량과 학문의 실력으로 간절하게 그들에게 다가가 잘 알아듣도록 가르친다면, 그들을 개명開明의 길로 나아가게 하는 것도 어렵지 않을 것이다."[22]

다카하시 마사노부는 1857년 도쿄의 옛 무사 가문에서 태어났다. 1878년 2월에 게이오의숙에 입학했고 1880년 12월에 본과를 졸업했다. 뒤에 일본은행, 요코하마 정금은행 등에서 은행원으로 일했다.[23] 후쿠자와는 1882

년 12월 13일(음력 11월 4일) 다카하시에게 편지를 보냈다. 우시바가 조선에 고빙되었다는 사실을 알리면서 그와 동행해줄 것을 요청하는 내용이었다.

> "이번에 우시바 다쿠조 씨가 조선에 고빙되어 이달 20일 무렵 저 나라 수신사[박영효]와 함께 출발할 예정입니다. [우시바 다쿠조는] 영어 통역 한 명과 동행하기를 바라고 있습니다. 조선 정부에서 우시바 한 명만을 필요로 해도 통역관을 더 쓰게 되면 뒤이어 정부의 공식적인 초빙 인사가 될 것입니다. 이런 사정 때문에 이번에는 우시바의 수행원으로 가는 것입니다. 만약 뜻이 있으시다면 곧 상경하셔야 합니다. 자세한 것은 이노우에 가쿠고로에게 들으시기 바랍니다."[24]

다카하시는 우시바의 수행원 자격으로 조선에 온 것이다. 우시바가 조선 차관이 결정(음력 11월 8일, 양력 12월 18일)되기 전에 이미 후쿠자와의 추천으로 조선 정부에 고용된 사실을 알 수 있다.

'견학생' 이노우에 가쿠고로, 조선에 가다

마지막으로 이노우에 가쿠고로(1860~1938)다. 그는 1860년에 히로시마현広島県에서 태어났다. 1879년에 도쿄로 올라와 후쿠자와를 찾았다. 후쿠자와에게 인정받아 후쿠자와 자녀의 한학 가정교사가 되었다. 게이오의숙에서는 영어와 서양 학문을 배웠다. 1881년 이후 후쿠자와의 추천으로 재야 정치가 고토 쇼지로後藤象二郎의 비서가 되어 학자금을 보조받았다. 1882년 7월에 게이오의숙을 수석으로 졸업했다.

그는 1882년부터 1886까지 조선에서 『한성순보』와 『한성주보』를 발간하는 일에 참여했다. 1886년 2월에 조선에서 귀국한 뒤에는 변함없이 후쿠자와 집에 살면서 『시사신보』 기자와 『교순잡지交詢雜誌』 편집에 종사했다. 1887년 6월 단체이민단으로 15명쯤을 이끌고 미국으로 건너갔다. 샌프란시스코 교외에 토지를 구입하고, 개간과 경작에 종사하면서 현지 실정을 조사했다.

미국에서 잠시 귀국했다가 1888년 1월 27일 돌연 체포되었다. 갑신정변에 깊이 관여한 의혹 때문이었다. 관리모욕죄로 중금고重禁錮 5개월 형을 선고받았다. 1889년 2월 11일 특사로 출옥한 뒤 고토 쇼지로가 이끄는 대동단결운동에 참가했다. 1890년 제1회 중의원 선거에 출마했다가 낙선했지만, 보결선거에서 당선했다. 이후 14회 총선거(1920)까지 연속 당선되었다.

그는 정치가로서도 성공했지만 실업가로서 더욱 눈부신 활약을 펼쳤다. 1893년 후쿠자와와 고토의 소개로 홋카이도탄광철도 전무에 취임했다. 그밖에 교토京都전기철도, 일동제강日東製鋼, 하야기수력矢作水力, 일본페인트 등 여러 회사에서 중역을 맡았다. 1929년 국민공업학원을 창설하고 이사장에 취임했다. 1938년에 사망했다.[25]

가쿠고로는 조선의 신문 발간 사업에서 손을 뗀 뒤에도 조선과 관계가 깊었다. 1900년 1월 경부철도주식회사 창립위원, 감사역으로 참여하면서 한반도의 철도 이권 문제에 깊숙이 개입했다. 1902년 7월 조선협회 결성 때는 임원으로 이름을 올렸다. 조선총독부 산업조사위원회의 촉탁위원, 중앙조선협회의 평의원 등을 지냈다. 1919년 6월에는 조선농사개량주식회사의 발기인으로 나서기도 했다. 1935년 『고균古筠』이 발간되었을 때는 고균회 회장도 맡았다.[26]

가쿠고로가 당시 조선으로 가게 된 것은 우연이었다. 그의 증언을 들어보자.

"모든 준비가 끝나고 우시바, 마쓰오 등 여러 사람이 [조선으로] 출발할 시간이 가까
워졌을 때, [후쿠자와] 선생님이 나에게 '[고토 쇼지로] 백작이 계셨더라면 상담해서
당신도 가게 하는 건데'라고 말씀하셨습니다. 나는 원래부터 가고 싶었기 때문에 곧
장 다카나와高輪에 있는 백작 부인을 찾아서 그 사정을 이야기했습니다. 백작 부인
은 선생님과 면회하셨습니다. 나는 선생님과 백작 양쪽으로부터 여비와 기타 경비
등을 지급받고 조선 견학이라는 이름으로 우시바, 마쓰오 등 여러 사람과 함께 출발
하게 되었습니다."[27]

가쿠고로는 뒷날 조금 더 자세히 당시 상황을 회고했다.

"나는 이때 후쿠자와 선생의 집에 있었는데, 게이오의숙을 막 졸업[양력 7월 졸업]한
무렵이다. 그 당시 고토 쇼지로 씨는 해외시찰을 위해 외국에 나가 있었다. [고토 쇼
지로가] 집에 없을 때 일어난 일인데, 고토 쇼지로 씨의 부인이 '가쿠角 씨도 – 부인
은 나를 가쿠 씨 가쿠 씨 하고 부르고 있었다. – 조선으로 가시는 건가요?' 하고 물었
다. '아니요. 따로 후쿠자와 선생으로부터는 아무 말씀도 듣지 못했습니다.'라고 답
했다.
고토 씨 부인은 후쿠자와 선생이 있는 곳으로 가서 '내가 여비를 댈 테니까 가쿠 씨도
조선으로 보내주세요.'라고 부탁했다. 후쿠자와 선생도 '그러면 저도 여비를 반을 나
누어 내겠습니다.'라고 말했다. 그래서 양쪽에서 반씩 여비를 나누어 내서 나는 조선
견학을 위해 다른 사람과 동행하게 되었다. 물론 나는 당시 학교를 막 나와서 세상
일 등에 대해서는 어떤 경험도 없었다. 하지만 다행히 고토 쇼지로 씨의 부인과 후쿠
자와 선생이 주선해주어서 나도 마침내 조선으로 가게 되었다."[28]

원래 가쿠고로가 조선을 찾아온 목적은 신문 발간도 편집 업무도 교육 사업도 아니었다. 다만 조선을 '견학'하기 위한 것이었다. 신문 발행과 편집을 위한 전문가로 파견된 우시바 대신 견학생 자격으로 온 가쿠고로가 나중에 『한성순보』와 『한성주보』 발간 사업에 깊이 참여한 것은 역사의 아이러니 가운데 하나다.

"조선을 일본화하겠다"

가쿠고로가 조선으로 떠나게 되었을 때, 후쿠자와는 그에게 일장 훈시를 들려주었다. 가쿠고로는 자신의 비망록에 스승의 발언을 정리해놓았다. 먼저 후쿠자와는 가쿠고로가 일본인임을 결코 잊어서는 안 된다고 당부했다. 그리고 조선에 대한 자신의 포부를 들려주었다.

> "나는 조선을 완전히 독립시키고 싶다. 만약 [조선이] 독립할 수 있든 없든 일본 이외의 나라들이 결코 조선에 손대게 해서는 안 된다. 일본만이 조선을 담당하는 것이 일본의 권리이자 의무이다."

후쿠자와는 가쿠고로에게 세계 대세를 설파했다. 서양 세력이 동점東漸하면서 중국이 서양 세력에게 분할되었다. 일본만 외로운 섬을 지키면서 참고만 있어야 할 것인가. 일본은 대륙에 발을 걸치고 서양 여러 나라와 맞서 싸울 것을 고려하지 않을 수 없다. 그렇지 않으면 서양 세력은 일본의 독립을 위협할지도 모른다. 이를 막기 위해 일본과 중국, 조선이 힘을 합쳐야 한다. 적어도 조선을 일본의 세력 범위 아래에 두어야 한다. 조선과 제휴할 때 만에 하나라도 조선이 중국과 동일한 운명에 빠지게 해서는 안 된다. 이를 위해 무력이 가장 중요하다는 것은 인정하지만, 아울러 문력文力의 힘도 놓쳐서는 안 된다.

> "무력의 일은 그 당국에 맡겨두고, 문력도 크게 필요하다. 조선인이 문명의 지식을 기르고 생활의 안정을 얻지 못하면 도저히 [일본과] 완전히 제휴할 수 없다. 우리 일본인은 인도人道에 근거해서 [조선의] 문력을 [길러주어야 한다는 것을] 잊어서는 안 될 의무가 있다. 이것을 솔선해서 주장하는 것이 이 [후쿠자와] 유키치의 천직이다."

후쿠자와는 마지막으로 가쿠고로에게 조선에 가면 "우선 조선의 풍토, 인정, 경제, 정치 등 무엇이든지 모두 조사 연구"해줄 것을 당부했다.[29] 후쿠자와가 가쿠고로를 조선에 파견한 목적은 조선의 실정을 자세히 조사하고 연구하게 해서 조선을 일본의 세력 범위 안에 둘 방안을 찾게 하는 것이었다.

1882년 12월(양력) 우시바와 다카하시, 가쿠고로 등이 조선으로 떠나기 전에 메이지회당에서는 이들을 위한 송별연이 열렸다. 이 자리에는 후쿠자와도 참석했다. 이날 가쿠고로는 「도한渡韓의 목적」이란 주제로 스승과 선후배들 앞에서 일장 연설을 토했다.

가쿠고로는 '조선을 개발하고 이끌어서 일본처럼 문명개화의 방향으로 향하는 것'이 조선으로 건너가는 목적이라면서, 구체적으로는 신문 발간, 학교 창립, 저서와 번역서 발간 등의 사업을 꼽고 아울러 조선의 유력자에게 유세도 하겠다고 말했다. 그는 더 나아가 "조선이 일본과 함께 개화에 나아가서 일본류日本流가 되고 일본화해서 오늘날처럼 중국에서 간섭받지 않고 이른바 독립의 한 나라가 되게 하는 것이다. 만약 조선에 독립의 자질과 능력이 없다면 차라리 일본이 선정을 펼쳐서 일본의 덕교를 베푸는 것"이 자신의 궁극적 목적이라고 이야기했다.[30]

가쿠고로는 후쿠자와의 제자답게 조선을 일본처럼 문명개화의 길로 이끌겠다고 포부를 밝혔다. 나아가 조선의 독립 역량까지 운운하면서 일본의 교화를 입게 하겠다는 오만한 발언도 서슴지 않았다. 그가 그 뒤 조선에서 수행한 언론 문화 활동이 아무리 중요한 것이라 해도 그가 애초에 품었던 목적을 결코 잊거나 가볍게 보아서는 안 될 것이다.

한참 뒷날 후쿠자와는 제자 가쿠고로의 인물평을 남겼다. 그는 1888년 3월 가쿠고로의 정치적 성향을 가리켜서 "인간에게는 편집병이라는 병이 있다. 다른 모든 것은 평범하면서도 어떤 한 가지 일에만 미친 것과 같이 날뛰는 發狂 증상을 나타내는 사람이 있다. 이노우에도 그런 사람이다. 정치라면 완전히 분별을 잃게 되는 것 같다."[31]라고 말했다. 제자에 대한 악평이라기보다는 그의 감춰진 본능을 정확히 간파한 것이다.

이수정, 일본에 남다

박영효가 귀국할 때 동행하지 않고 일본에 남은 사람들이 있었다. 김옥균은 『갑신일록』에서 "박군[박영효]은 [사신의] 일을 마치고 [고국으로] 돌아가 복명했지만, 나는 일본의 사정과 천하의 형편을 탐지하라는 [주상의] 명을 받고 다시 두어 달 더 일본에 머무르기로 했다."[32]라고 말했다. 『일본입헌정당신문日本立憲政黨新聞』은 "김옥균, 박제경, 변수, 서광범 등 네 명은 잠시 도쿄에 머물게 된다."[33]라고 보도했다.

박영효 일행은 사신의 임무를 마치고 우시바 등 초빙 일본인과 함께 귀국 길에 올랐다. 1882년 11월 18일 도쿄에서 기차를 타고 요코하마에 도착한 뒤 오후 4시에 나고야마루名護屋丸(『일본외교문서』에는 名古屋丸으로 나와 있다)에 올랐다. 박영효는 "승선承宣 김옥균과 종사관 서광범은 이미 칙명을 받고 뒤에 떨어져 있었는데, 모두가 배 위에 와서 송별했다. 참으로 이별하기 어려운 입장이었다."라고 적었다.

박영효 일행은 20일에 고베항에 도착했다. 21일 오전 10시에 신임 다케조에 공사와 만나 메이지마루明治丸로 바꿔 탔다. 24일 오후 3시에는 시모노세키에 정박했다. 운미芸楣(민영익) 등 여러 사람이 오랫동안 기다리고 있었다. 월파루月波樓에 내려가서 민영익 일행과 만났다.

민영익의 수행원 가운데 이수정도 일행과 헤어져 일본에 남았다. 이수정은 그 뒤 일본에서 기독교에 입문하고, 도쿄외국어학교 교사가 되어 일본 학생들에게 조선어를 가르치면서 사전을 편찬하고, 기독교 성경을 한글로 번역하고, 한글 활자를 개발하는 데 참여하는 등 눈부신 활약을 펼친다.

민영익과 유학생 유길준은 시모노세키에서 기다리다가 수신사 일행과 합류했다. 민영익은 일본 시찰을 마치고 기다렸고, 유길준은 박영효의 개혁 사업을 돕기 위해 함께 귀국하는 길이었다.

우시바, 다카하시 등 조선에서 신문 발간 사업을 돕기 위해 길을 나선 일본인들은 박영효가 도쿄를 떠날 때부터 동행했다. 1882년 12월 22일(음력 11월 13일) 『도쿄니치니치신문』은 「우시바 다쿠조 씨」란 기사를 내보냈다. "동씨는 조선 정부의 고문으로 초빙되어 사절과 함께 오는 27일[음력 11월 18일]에 출발해서 그 나라로 향해 간다고 한다."라고 보도했다. 11월 16일에 후쿠자와가 박영효 일행을 찾아와서 작별했다. 자신이 추천한 제자들을 배응하기 위해 나온 것으로 보인다.

'푸트 인쇄기' 두 대를 구입하다

박영효 일행 가운데는 인쇄 직공인 사나다 겐조와 미와 고조도 있었다. 그들이 조선에서 사용할 인쇄기와 활자는 어떻게 되었을까? 박영효는 귀국하기 며칠 전에 이미 인쇄기를 구입해서 조선으로 보냈다. 박영효와 김옥균은 일본에서 인쇄기와 활자를 구입한 사실을 기록하지 않았다. 다행히 당시 일본의 신문기사가 이 사실을 증언하고 있다.

1882년 12월 22일자(음력 11월 13일) 『도쿄니치니치신문』에는 「한국근정韓國近情」이란 제목으로 조선 수신사 일행의 동정 기사가 실려 있다.

"이미 [도쿄에] 머물고 있던 박[영효] 공사가 귀국하기를 기다려 크게 정무를 개혁할 계획이 대략 정리되었기 때문에 바로 지금 필요한 물건을 구입하겠다는 뜻을 통지해왔다. 우리 인쇄국에서 별도로 제작한 푸트 인쇄기フート印刷機 두 대를 제조해 보내고, 기타 지난 20일[음력 11월 11일] 샤료마루社寮丸로 화물 50여 상자를 실어 보냈다. 또한 병기와 탄약까지도 뒤이어 조달할 뜻을 육군성에 문의하기도 했다. 그것을 위해서 수행하는 종사관 서광범, 김옥균 두 분과 그 밖에 두세 명은 내년까지 도쿄에 머문다고 한다."[34]

위 기사는 근대 서양식 인쇄기가 조선으로 처음 들어온 상황을 가장 구체적으로 밝혀주는 자료로서 가치가 크다. 당시 조선 정부에서 구입해온 인쇄기는 '푸트 인쇄기'(foot machine) 곧 '족답 인쇄기'足踏印刷機 두 대였다. 위

기사에서 "우리 인쇄국에서 별도로 제작"했다고 하는데, '우리 인쇄국'이 정부의 대장성 인쇄국을 가리키는지 아니면 일본의 민간 인쇄기계 제작소인지는 알 수 없다. 일본 대장성 인쇄국에서 펴낸『인쇄국연혁록印刷局沿革錄』(1903),『인쇄국연혁대요印刷局沿革大要』(1909),『인쇄국50년약사印刷局五十年略史』(1921) 등을 살펴보았지만, 1882년에 푸트 인쇄기를 제조해서 조선에 보냈다는 기록을 찾을 수 없었다.

1909년 용산인쇄국에서 발행한『활판술活版術』에 따르면, 활판인쇄기계는 세 종류가 있었다. 수인手引 인쇄기계(hand press), 족답 인쇄기계(foot machine), 원통圓筒 인쇄기계(roller machine)가 그것이다. 그 가운데 족답 인쇄기는 발로 밟아서 전달하는 기계력으로 회전할 수 있어서 수인 인쇄기에 비해 약 40%나 속도가 빨랐다. 1시간당 인쇄 매수는 1천 매에서 1천3백 매에 이르렀다. 인력이나 증기력으로도 운전할 수 있었다.[35] 당시 조선에는 전기가 설치되지 않았으므로 당연히 인력으로 작동했을 것이다.

족답 인쇄기는 'Jobbing platen press'를 가리키는데, 원래 청구서·상업용 카드·수표·광고지 등 소규모 인쇄 작업에 적합한 인쇄기로 만들어졌다. 미국 보스턴의 은세공업자였던 트레드웰(Daniel Treadwell)이 1818년에 전통적인 방식의 손잡이 막대 대신에 발판(foot treadle)으로 작동하는 인쇄기로 처음 특허를 얻었다. 트레드웰은 인쇄공의 발과 몸무게를 이용해서 인쇄하기 위해 발판을 도입했다. 이 발판 형식의 인쇄기는 나중에 보스턴의 러글즈(Stephen Ruggles)와 뉴욕의 고든(George Gordon) 등이 개량해 널리 상업화했다.[36]

당시 조선에서 구입한 푸트 인쇄기의 가격은 얼마였을까. 당시 구입가를 밝혀줄 자료는 남아 있지 않다. 한 가지 자료에서 대략 추측해볼 수는 있다.

1882년 2월 16일자 후쿠자와의 편지가 남아 있는데, 수신인은 나카무라 미치타中村道太로 추정된다. 이 편지에서 후쿠자와는 "일찍이 [인쇄] 기계는 [쓰키치활판제조소의] 히라노 도미지平野富二 쪽에 주문했고, 지금 가격에는 변동이 없습니다. 대체로 1천 엔쯤입니다."[37]라고 썼다.

『후쿠자와 유키치 서간집』의 주석에 따르면, 이것은 『시사신보』의 창간 준비 상황을 알려주는 편지다. 후쿠자와가 구입한 인쇄기계가 어떤 종류인지는 알 수 없지만, 그것이 신문을 발간하기 위한 것이기 때문에 조선에서 구입한 기계도 이와 크게 다르지는 않았을 것이다. 더구나 후쿠자와가 조선의 수신사 일행에게 신문 발간을 권유했기 때문에 더 나아가 신문 발행에 적합한 인쇄 기자재도 추천해주었을 가능성이 없지 않다. 따라서 조선에서 구입해간 푸트 인쇄기 두 대의 구입가는 2천 엔 안팎이 아니었을까.

위의 신문기사에서 말한 '화물 50여 상자'에는 어떤 물품이 들어 있었을까. 인쇄사 연구자 이유집에 따르면, 당시 "한문 활자와 문선文選, 식자植字, 정판整版에 필요한 공기구工器具와 문선함(활자 통), 케이스 등 목제품도 일본에서 들여왔을 가능성이 짙다."[38]라고 추정했다.

활자와 활판기계를 조선으로 보내다

박영효는 11월 11일에 조선으로 가는 우편선이 있다는 소식을 들었다. 그는 이날 도쿄에서 기무처機務處(1882년 9월 19일 궐내에 설치, 1882년 11월 17일 통리아문으로 이름이 바뀜)와 인천도호부仁川都護府 앞으로 서신을 보냈다. 기무처로 보내는 서찰에는 17일 무렵 자신이 신임 공사 다케조에와 함께 인천으로 향할 예정이라는 소식과 함께 "지금 우편선郵便船으로 본 사신이 처

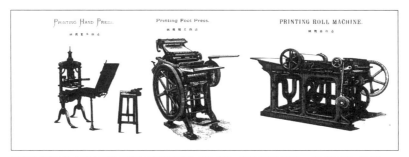

조선에 처음으로 수입된 족답 인쇄기 그림(가운데). 板倉雅宣, 「活版印刷發達史」, 印刷朝陽會, 2006, 202쪽에서.

리한 각 절목節目을 장계로 만들어 올립니다. 특히 일본 사신을 접대하는 일은 여러분께서 각별히 잘 타일러 그때에 구차하고 군색함이 없도록 하시기 바랍니다."라는 내용이 담겨 있었다.[39) 인천부에 보내는 감결甘結(상급 관아에서 하급 관아에 보내는 공문)에는 일본에서 보내는 화물을 어떻게 처리할 것인지 지시했다.

> "지금 이 일본 우편선 사료환社寮丸으로 장계 1통과 기무처에 아뢰는 서간 1통을 만들어 보냄. 도착 즉시 사람에게 전해 경기감영으로 빨리 보내야 함. 또 부쳐 보내는 물종物種은 별도로 그 선주船主와 교환해야 하는 표기標記가 있어 함께 보냄. 이 배가 항구에 도착하면 특별히 부지런하고 재간 있는 부하를 뽑아 급히 가게 해서 7장의 표기標記를 이 배에 교부해야 함. 그 뒤에 짐바리를 수량에 따라 풀어 싣고 본부本府(인천부)의 관고官庫에 수납했다가 본 대신이 귀국하는 날을 기다려야 함. 장교와 나졸들을 단속하고 단단히 타일러서 혹시라도 잃어버리거나 부서져 상하는 폐단이 없게 해야 함."[40)

박영효는 우편선 샤료마루로 인쇄 관련 물품을 먼저 실어 보냈다. 그는 그 물품을 인천부 창고에 보관했다가 자신이 귀국하면 넘겨달라고 인천부에 지시했다. 박영효가 보낸 물품들은 11월 24일쯤에 제물포에 도착했을 것이다. 그날 반접관伴接官(다른 나라 사신이나 손님을 접대하는 일을 맡아보던 벼슬아치)의 보고에 따르면, 제물포에 정박한 배에서 일본인 수행원 2명이 물품 14바리를 싣고 오후 6시쯤 관소로 들어왔다.[41] 이것이 박영효가 보낸 물품들이었다면, 그의 지시대로 이 물건은 인천도호부 청사의 창고에 보관되었을 것이다.

당시 일본 신문들은 박영효 일행이 일본을 떠나는 상황도 보도했다. 1882년 12월 27일자(음력 11월 18일) 『요미우리신문讀賣新聞』은 "조선 수신사 박영효 씨 일행과 함께 다케조에 공사와 부영사 일행은 마침내 오는 28일 오후 4시 30분 요코하마에서 출범하는 나고야마루名護屋丸로 출발한다. 또 같은 배에 그 나라[조선]로 활판기계와 활자 등 36개를 보낸다고 한다."라고 전했다. 『쵸야신문朝野新聞』도 같은 날짜에 "조선 수신사가 [일본에서] 구입한 활자와 활판기계 30여 개를 28일에 출범하는 히로시마마루廣島丸로 그 나라를 향해서 보낸다고 한다."라고 보도했다.

위의 두 신문에서는 박영효 일행이 탄 배편에 활판기계와 활자 등 물품 30여 개를 실어 보냈다고 보도했는데, 앞의 『도쿄니치니치신문』 기사와는 조금 다르다. 박영효의 기록에 비춰보면 요코하마에서는 나고야마루로 떠났고, 푸트 인쇄기와 활자 등 화물 50상자 또는 36상자는 샤료마루로 미리 보낸 것이 사실에 가까울 것이다.

「치도약론」을 활자 인판으로 번역하자

1882년 11월 18일 박영효가 요코하마를 떠날 때, 김옥균은 일본에 남아 있었다. 그는 귀국하는 박영효에게 『치도약론治道略論』을 써주었다. 이 글은 조선의 근대적 개혁을 실천하기 위한 구체적 방안으로서 근대적 도로의 개수改修와 위생문제, 경찰제도 정비 등을 서술하고 있다. 서론에 따르면, 이 글은 김옥균이 박영효 일행과 도쿄에 머물 때 박영효와 김만식의 요청을 받고 김옥균이 지은 것으로, 1882년 11월 15일에 작성되었다.[42]

『치도약론』[43]은 저술동기를 밝힌 서론과 치도규칙治道規則 17개조로 이루어진 본론으로 나뉘어 있다. 본론에는 거리의 요충지에 치도국治道局을 설치하고 한성부 판윤과 맞먹는 대관大官을 두어야 한다는 조문부터 오물 처리법, 도로정비를 감독하는 순검巡檢의 설치, 길거리가 아니라 성城 부근이나 동리의 빈터에 매시장賣柴場을 설치해야 한다는 것 등에 이르기까지 도시의 위생과 미관 문제를 설명하고 있다.[44]

『치도약론』은 후쿠자와가 운영하는 『시사신보』 1883년 1월 13일(음력 1882년 12월 5일)과 15일(음력 12월 7일)에 전문이 실려 있다. 김옥균과 후쿠자와의 긴밀한 관계가 신문 지상에도 반영된 것이다. 그리고 『한성순보』 제 26호(1884년 윤5월 11일자)의 「국내사보國內私報」에도 『치도약론』 서문이 실려 있다. 1883년 1월 13일자 『시사신보』에 실린 「김옥균의 상서上書」는 다음과 같이 시작한다.

"현재 도쿄에 머물고 있는 조선국 승지官名 김옥균 씨는 지난번 같은 나라 사절 박영효 등이 귀국하는 편에 부탁해서 본국 정부에 글을 올렸다. 바로 지금의 급무는 위생, 농상, 도로 등 세 가지를 개량하는 데 있다고 논한 것이다. 이제 그 상서上書(신하가 임금에게 글을 올림)의 사본을 얻었기에 아래에 기록한다."[45]

　박영효는 귀국한 뒤 김옥균의『치도약론』을 국왕에게 바쳤다. 통리아문
에서는 바로 그해(1882)에 이 책을 목판으로 간행, 반포했다. 김옥균의 주장
이 국가의 공식 기록으로 채택된 것이다. 그런데 이 글 가운데 주목할 만한
대목이 있다.

> "지금 공사가 가지고 온 활자 인판活字印板은 급히 원본正本을 탁본해 언문諺文으
> 로 번역, 간행해야 마땅하다. 그래서 어리석은 남녀들이 이해利害의 소재를 알게 한
> 다면 고무되는 점이 있을 것이다. 번역이란 정무에 관계되는 것이므로 이것을 인판
> 印板으로 반포하면 백성들의 지혜가 날로 자랄 것이다. 이것이 지금 천하를 개통시
> 키는 중요한 임무要務이다."[46]

　김옥균은 자신이 쓴『치도약론』을 한글로 번역해서 활판으로 인쇄해 널
리 알려달라고 주문했다. 특히 그가 자신의 글을 한글로 번역하라고 주장한
대목은 특기할 만하다. 뒷날『한성주보』를 한글과 국한문으로 간행한 것은
후쿠자와의 영향이 적지 않았는데, 김옥균이 신문을 간행하기 전에 이미 한
글 번역의 중요성을 설파하고 있다는 점이 눈길을 끈다. 그가 일본에 있을
때 후쿠자와에게 감화를 받고 이를 구체적인 개혁 과정에도 도입하려 계획
했던 것인지도 모른다.
　'활자 인판'이란 말도 흥미롭다. 수신사 박영효가 귀국하기 전에 이미 조
선으로 보낸 서양식 인쇄기와 활자로 자신의 글이 활자화되어 널리 민간에
퍼지기를 바랐던 것은 아니었을까. 하지만 그의 글은 정부에서 목판으로 간

행되었을 뿐, 서양식 활자로 인쇄되지 않았고 한글로 번역되지도 못했다.

일본 체험은 '일평생을 지배하는 기본 관념'

　활자 인쇄와 번역 그리고 서적 간행 등의 문화 사업에 대해서는 박영효도 김옥균의 생각과 크게 다르지 않았다. 갑신정변에 실패한 뒤 일본으로 망명가 있던 박영효는 1888년에 국왕에게 '건백서'建白書를 올렸다. 조선의 개혁 구상과 실천 방안을 구체적으로 밝힌 상소문으로 장장 13만여 자에 이르는 장문이었다. 그 가운데 다음의 대목이 눈길을 끈다.

1. 장년壯年을 위한 학교를 세워 한문이나 언문으로 정치, 재정, 국내외의 법률, 역사, 지리, 산술, 이화학理化學 대의大義 등의 책을 번역해 관인 중에서 젊고 의기가 왕성한 자에게 가르치고(이는 호당[湖堂, 조선 시대의 독서당]의 고사와 비슷하지만 그 이익은 반드시 클 것입니다), 또는 팔도에서 장년의 선비를 뽑아 그들을 가르치십시오. 그들이 졸업할 때를 기다렸다가 과거科擧의 법으로 그들을 시험해 문관으로 등용해야 합니다.

1. 활자를 주조하고 종이를 만들고 인쇄소印板所를 많이 세워서 서적을 풍부하게 해야 합니다.(사람이 배우려고 하지만 서적이 없으면 배울 수 없습니다. 그러므로 문명국은 서적이 풍성합니다. 신이 일본을 부러워하는 것은 종이값이 싸고 활자가 많고 인쇄는 편해서 서적이 풍부하고 학교가 많고 학생이 많은 점입니다.)

1. 규칙을 정해서 인민이 신문국新聞局을 설치해서 신문을 인쇄하고 판매할 수 있도록 허락하는 일입니다.(신문이란 조정의 일을 의논하고, 관청의 명령官命을 공고公告하고, 관리의 진퇴進退, 항간에 떠도는 이야기, 외국의 형세, 학문과 예술의 성쇠, 경작의 풍흉, 물가

의 고저, 교역의 성쇠, 민간의 고통과 즐거움, 삶과 죽음死生存亡, 신기한 이야기異事珍談 등을 싣고 있으며, 모든 사람의 이목에 새로운 것을 좇아 그것을 기록하거나 그림을 붙여 상세히 설명하지 않는 것이 없습니다. 그 밖에도 모든 사람마다 신문을 신뢰해 모든 일을 널리 알리므로 크게 편리합니다. 비록 방 안에 문을 닫고 있어서 문밖 사정을 볼 수 없거나 이역만리에 떨어져 고향소식을 듣지 못하는 사람도 한번 신문을 보면 세간의 사정을 알게 되어 마치 직접 그 사물을 보는 것과 같습니다. 그러므로 인민에게 널리 듣고 보게 해서 일의 사정을 환히 알게 하는 데는 이것보다 나은 것이 없습니다. 이 때문에 지금 구미의 여러 나라는 신문국이 많고 적은 것으로 그 나라의 문명 여부를 비교하고 있습니다.)[47]

위의 건백서에서 박영효는 학교의 설립과 인재의 등용, 국내외 서적의 간행과 번역, 신문 발간 등의 사업은 조선이 문명국으로 나아가는 데 핵심이라고 역설했다. 그가 일본에서 "종이값이 싸고 활자가 많고 인쇄는 편해서 서적이 풍부하고 학교가 많고 학생이 많은 점"을 부러워했다는 것은 퍽 인상적이다. 신문에 대한 그의 생각에는 후쿠자와의 영향이 짙게 남아 있다.

수신사 박영효의 첫 일본 체험은 그의 일생에 지울 수 없는 영광이자 크나큰 상처를 남겼다. 그는 1926년에 발표한 글에서 첫 번째 일본 방문이 자신의 삶에 어떤 영향을 미쳤는지 회고했다.

"임오군란 당시에 일본 공사관의 피해 문제로 양국의 교섭이 끝이 나자 아我 조정에서는 일본 사례사謝禮使를 파송派送할세 나는 그때 특명전권대사가 되었다. (…) 장차 개혁의 지志를 품고 동지 서광범, 김옥균과 3인이 일본을 시찰할 일이 있으니 그때 나는 21세의 청년이요, 서광범은 1년이 장長하고 김옥균은 10년이 장하였다. 자차自此로 일본은 명치유신 후의 대개혁을 단행하든 시時라 상하가 결속하야 내치외교에 국운은 날로 융성하여가는 판이었다. 두류逗留(객지에서 머무름) 3삭朔에 차此 성황을 본 우리 일행은 선망천만羨望千萬이라 '우리나라는 언제'나 하는 초급焦急한 마음이 일어나는 동시에 개혁의 웅심雄心을 참으려 하여도 참을 수가 없었다. 나의 일평생을 지배하는 기본 관념은 정正히 이때에 받은 충동에서 나온 것이니 타일他日 에 개혁의 헛된 희생만 되고 만 것도 이 충동의 소사所使이오 오백년 종사宗祠에 천 고千古의 유한遺恨을 품게 하였음도 모다 이때에 뿌린 씨로써이었다."[48]

자신의 '일평생을 지배하는 기본 관념'이 일본 수신사 시절에 형성되었다고 발언할 만큼 그에게 일본 체험은 장기 지속적으로 영향을 미쳤다. 그는 1930년 『동아일보』 지면에서도 당시를 회상했다.

"임오년 사건의 사죄 사신으로 내가 대사, 김옥균·김만식은 부사가 되어 일본으로 건너가보니 일본의 문물이 조선과 비교하야 천양지차가 있음을 발견하고 우리나라 가 강하게 되자면 우선 일본을 본받아야 하겠다는 결심을 굳게 가지게 되었소. (…) 서양 문물제도를 본받은 일본의 유신에 우리 일행의 안목은 활연히 열리었지요. 그 래서 우리는 어떤 계획을 세우고 소임을 마친 후 귀국하여 곧 개혁에 착수하기로 하 였는데 (…)"[49]

일본에 대한 선망과 조선 개혁에 대한 조급함은 머지않아 열혈 청년들에 게 대범하면서도 무모한 정치적 모험의 길로 치닫게 했다. 하지만 그 결과 는 참혹했고 조선의 운명은 더욱더 걷잡을 수 없는 불길한 운명으로 빠져들 어갔다.

3부

박문국과 동시성의

커뮤니케이션

•

유길준,

신문 창간사를

쓰다

　1882년 11월 27일 금요일 오후 2시 무렵. 검은 연기를 뿜어내는 배 한 척이 인천 제물포에 닻을 내렸다. 동력 1,530마력에 배수량이 1,027톤에 이르는 일본의 증기선 메이지마루明治丸[1]였다. 조선의 특명전권대신 겸 수신사 박영효와 수행원 일행을 태우고 막 일본에서 돌아온 길이었다. 그들은 지난 8월 10일에 제물포를 떠났으니 석 달 반 만에야 고국의 땅을 밟았다. 박영효는 이날 "도성의 산천을 바라보니 기쁘고 통쾌하기 그지없었다."[2]라고 일기에 적었다.

　이 배에는 조선인 사절단과 함께 신임 일본국 변리공사 다케조에 신이치로 일행이 함께 타고 있었다. 조선의 사신 일행 가운데는 전권부관 겸 수신부사 김만식과 수행원 박제경, 변수 등을 비롯해 민비의 친정 조카이자 비공식 사절이었던 민영익, 일본 유학생 유길준 등도 있었다.

일본 공사, 후당창을 예물로 바치다

신임 일본 공사 다케조에는 임오군란 뒤 일본으로 돌아간 하나부사 요시모토의 후임으로 조선에 부임하는 길이었다. 다케조에 일행은 이날 메이시마루에 머물렀는데, 병사 4명이 물품 22바리馱를 배에서 내려 오후 6시쯤 경성으로 올라갔다.[3] 이 물품 안에는 후당창後膛槍[4] 425자루, 탄약 5만 발이 들어 있었다. 이것은 12월 2일 다케조에 공사가 고종에게 국서를 바치면서 일본 국왕의 예물로 헌상할 물품이었다.[5]

메이지마루에서 내린 박영효 일행은 작은 배에 올라타고 화도진花島鎭(오늘날 인천 동구 화수동 138)으로 들어갔다. 그곳에는 가족과 친구들이 며칠째 머무르면서 수신사 일행이 돌아오기만을 기다리고 있었다. 일행은 저물녘에 인천도호부 청사(오늘날 인천광역시 남부 문학동 349-2)에 들어가 하룻밤 묵었다. 이날 박영효는 바다를 무사히 건너서 돌아왔다는 뜻으로 조정에 장계渡海狀啓를 올렸다.

> "신 등이 일본의 신임 공사 죽첨진일랑竹添進一郎과 함께 이달 17일에 배를 탄 사유는 이미 말씀드렸습니다. 선편이 조금 어긋났기 때문에 비로소 18일 신시申時에 명호옥환名護屋丸을 타고 출발, 20일 묘시卯時에 신호항神戸港에 와서 정박했습니다. 22일 진시辰時에 명치환明治丸으로 바꾸어 타고 27일 미시未時에 인천부仁川府 제물포에 도착해 정박했습니다. 종사관 서광범은 성명成命(왕명)이 있다고 하면서 일본 동경에 머물러 있습니다. 신 등은 내일 복명하겠습니다. 공사 죽첨진일랑은 모레 도성에 들어온다고 합니다."[6]

『승정원일기』에 따르면, 메이지마루가 제물포에 정박한 뒤 그다음 날인

11월 28일 공사의 수행원 1명이 배에서 내렸다. 이튿날인 29일에는 다케조에 공사가 수행원 7명, 통역관傳語官 5명, 사관士官 1명, 종자 3명, 병사 44명을 거느리고 오후 4시쯤 관소館所(관리들이 공무로 여행할 때 묵는 숙소)로 들어갔다.[7] 다케조에 공사 일행의 총인원수는 62명으로 추산된다.

다케조에 일행이 들어간 관소는 당시 임시 일본 공사관 장소였던 이현泥峴의 이종승 집이었다. 원래 일본 공사관은 청수관(오늘날 서울 서대문구 독립문로 49의 동명여자중학교 자리)에 있었지만, 임오군란 때 불타버렸다. 신임 다케조에 공사는 남부 훈도방 이현(진고개, 오늘날 충무로 2가)의 이종승 집을 임시로 세내서 머물러야 했다.

1882년 11월 28일, 박영효 일행은 새벽 6시 무렵 인천도호부 청사를 나섰다. 오리점梧里店에서 점심을 먹고 나서 오후 6시 무렵 청덕궁 앞에 이르렀다. 저녁 8시쯤 박영효와 김만식은 중희당에서 고종과 만나 일본에서 보고 들은 사정을 아뢰었다. 고종과 수신사 박영효의 대화를 들어보자.[8]

> **고종:** "먼 바닷길에 무사히 다녀왔는가?"
>
> **박영효:** "성상의 염려 덕분으로 무사히 다녀왔습니다."
>
> **고종:** "일본에 들어갔을 때 물정物情이 전과 다름이 없던가?"
>
> **박영효:** "예우와 물정이 전에 비해 더욱 좋아졌고, 처소도 별도로 정해주었습니다."

박영효는 이어서 일본 국왕을 만나 국서를 전하던 일, 임오군란의 배상금 협의 사항 등을 보고했다. 고종은 임오군란의 배상금 지불 기한을 5년에서 10년으로 연기한 것을 칭찬했다. 국왕이 원조금에 대해서 묻자 박영효는 외무성에서 빚을 얻기로 했다고 답했다. 고종이 말한 원조금은 요코하마 정금은행에서 빌린 돈으로 진휼금 5만 원을 지불한 것을 말한 듯하다. 고종은 일본의 내부 사정이 어떠한지 궁금했다.

> 고종: "6월에 생긴 우리나라의 변란을 저들도 알고 있을 텐데, 그들의 움직임에 어떤 다른 기색이 없던가?"
>
> 박영효: "별로 다른 기색이 없었습니다. 국서를 올릴 때는 각별히 대우해 전에 비해 더욱 너그러웠습니다."
>
> 고종: "일본은 군대와 병기가 강력하다고 하던데 사실이던가?"
>
> 박영효: "과연 그러했습니다. 저들은 부국강병책에 전적으로 힘을 기울여 그렇습니다."

박영효는 새로운 일본 공사가 자신과 함께 왔다는 것, 일본 국왕이 예물을 바쳤다는 것, 일본 관리들이 자신들을 환영했다는 것 등을 고종에게 알렸다. 고종은 인천에서 도쿄까지 4일이 조금 넘는 시간밖에 걸리지 않았다는 박영효의 말을 듣고 하루에 2천 리를 달린 셈이니 "윤선이 과연 빠르도다."라고 하며 감탄하기도 했다.

> 고종: "일본의 물색物色은 변화하던가?"
>
> 박영효: "풍속이 깨끗함을 숭상하고, 매우 변화했습니다."
>
> 고종: "일본에는 원래 온돌방이 없다고 하던데, 사실인가?"
>
> 박영효: "그렇습니다."
>
> 고종: "일본의 행동에 겉치레만이 아니라 실제로 정의情誼가 있는 것 같던가?"
>
> 박영효: "그렇습니다. 일본 국왕이 또 전하께 군물軍物을 바쳤습니다. 신 등이 이것

을 받아 가지고 왔습니다."

고종: "일본 국왕이 이처럼 많이 보냈는데 우리의 보답은 하찮으니 매우 불편하다."

박영효는 국왕에게 종사관 서광범이 일본에 남았다는 이야기, 우리나라 생도 김양한이 일본에서 윤선 제작법을 배웠다는 소식 등을 전하고 나서 국왕에게 하직인사를 올렸다. 시간은 퍽 늦어졌다. 국왕에게 복명을 마치고 집에 돌아오자 새벽 2시 무렵이었다.[9]

박영효, 한성판윤이 되다

박영효가 복명한 지 한 달쯤 지난 12월 29일 박영효는 한성판윤에 제수되었다. 『승정원일기』에는 "한성부 당상의 전망단자前望單子를 들이니, 판윤에 박영효를 추가로 써서 낙점했다."[10]라고 했는데, 이는 국왕의 특별한 배려에 따른 것이었다. 고작 스물두 살의 청년이 오늘날 서울특별시장의 자리에 올랐으니 이만저만 격을 깨는 인사가 아니었다. 매천 황현은 이 사건을 다음과 같이 비평했다.

"옛날 법에 따르면 의빈儀賓(부마도위처럼 왕족의 신분이 아니면서 왕족과 통혼한 사람)은 국정에 참여하지 않는 것으로 되어 있다. 그것은 조종祖宗의 깊은 뜻에 따른 것이다. 고종은 외국을 동경해서 선조先祖의 제도가 협소하므로 점차 변경했다. 그리고 박영효는 일찍부터 아첨을 해서 금중禁中(궁궐 안)을 출입했으므로 고종은 그를 매우 총애했다. 고종은 박영효의 말을 듣고 외국의 일을 어느 정도 알게 되었다. 고종은 박영효를 재사才士로 여겨 일본을 다녀오라고 한 뒤에 그에게 한성판윤, 광주유수

廣州留守 등을 제수했다. 이것은 매우 파격적으로 기용한 것이다."[11]

박영효는 한성판윤에 제수되자 정열적으로 개혁 징책을 펼쳐갔다. 무엇보다 김옥균과 함께 협의했던 근대적 도로 개수사업과 경찰제도를 도입, 시행하려 했다. 그의 회고를 들어보자.

"나는 행幸히 종척宗戚의 일인이므로 주상의 명교命教를 받자와 한성판윤이 되어 도하의 지방행정을 장악하고 겸하여 경순국警巡局을 설설하여 경찰제도를 개시하고 치도국을 주리主理하여 전국 토목사무를 관장하고 차次에 박문국을 신설하여 신식 교육을 시작하려 할 제 치도사治道事에 관하여 민비의 사촉私囑(사사로운 일을 부탁함)을 불청不聽한 사혐私嫌(개인의 사사로운 혐의)으로 광주유수로 전임되었다."[12]

"나는 귀국하자 한성판윤으로 임명되었으므로 내 권리가 미치는 한도 안의 일을 하기로 하고 우선 치도를 하여 교통을 발달시키고 신제도의 학교를 신설하고 순사를 두어 경찰을 밝게 하고자 하여 제일 착수로 치도를 시작하였더니 또 민후가 내시 유재현을 내게 보내어 치도를 중지하라고 했소마는 재가를 얻어 시작하던 일을 중지할 수는 없는 일이므로 십오일 간 연기를 하였더니 나라에서는 민요가 날 염려가 있다고 나를 파면하고 광주유수로 임명하였소."[13]

위의 회고처럼 박영효가 한성부에서 시행하려 했던 것은 크게 세 가지였다. 도로 치수 사업과 경찰제도 창설 그리고 신식 교육의 실시. 이 가운데 치도사업이 가장 많은 논란을 불러일으켰다. 특히 도로가에 불법으로 세워진 집들을 철거하는 과정에서 큰 소요가 일어났다. 김옥균은『치도약론』에서 도로 개혁 방안을 거론했다.

> "거리나 마을에 볏짚을 엮어 가가假家를 만드는 풍속은 금하지 않을 수가 없다. 화
> 재가 자주 나는 것은 일찍이 여기에 원인이 없지 않으니 급히 이것을 모두 철거시켜
> 야 한다. 그리고 비어 있고 거마가 다니지 않는 곳에서는 우산을 펴고 야시夜市를 보
> 게 해서 백성들이 게을러지고 생업을 잃지 않도록 해야 할 것이다."[14]

불법 가옥을 철거하다

이 가가假家 곧 불법 가옥 문제는 조선시대 내내 고질적인 병폐로 지적되
어오던 것이었다. 조선 초기부터 길가의 민가와 상가가 도로를 점탈하는 일
이 비일비재해서 정부는 골머리를 앓았다. 16세기 중종 때는 불법적으로
냇가와 길옆에 지은 인가가 360여 호에 이르렀다. 조선 후기에는 대로변에
가가를 짓고 상점을 차리거나 집을 넓히기 위해 도로를 침범하는 일이 더욱
잦아졌다.[15] 박제가는 이런 가가들이 도로 통행을 가로막는 장애물이라고
파악했다.

> "여염 백성들이 전廛을 열고 물건을 매매하는 것을 가가라 한다. 처음에는 허름한
> 오두막처럼 옮겨 들일 수 있는 것에 불과했으나 차츰 흙을 바르고 쌓다가 드디어 길
> 을 차지하게 되었다. 문 앞에는 나무까지 심어서 말 탄 사람끼리 서로 만나면 길이
> 좁아서 다닐 수가 없는 경우도 있다."[16]

도로가의 불법 건축물을 철거하는 과정에서 소요가 일어나자 개화파의

개혁 정책을 불편하게 바라보던 반대파들이 압력을 넣기 시작했다. 한성판윤에서 광주유수로 직이 바뀐 뒤 박영효가 고종에게 올린 상소에는 그간의 정황이 대략 나타나 있다. 그가 광주유수를 제수받은 것은 1883년 3월 17일이었다.[17] 석 달이 겨우 넘는 동안만 한성판윤 자리에 있었던 것이다. 박영효는 3월 22일 광주유수 벼슬을 갈아달라는 취지로 상소문을 올렸다.

> "신이 직무를 보던 초기에 처음에 길을 침범한 임시 가옥들은 다 철거시켜 시정의 백성들 중에는 간혹 기뻐하지 않는 무리가 있었습니다. 하지만 길가의 집들은 비록 길에 가깝게 지었더라도 철거시키지 않았습니다. 백성들을 이주시키는 문제를 신중히 하려는 것이었습니다. 그런데 심지어 이고 지고 흩어져서 도성 안이 텅 비게 되었다고까지 말하니 달가워하지 않는 자들이 서로 뜬소문을 퍼뜨린 것이 아니고 무엇이겠습니까. 크게 경장更張하는 때에 원망과 비방을 초래하지 않은 때가 없으니 신이 비록 지극히 어리석으나 어찌 여기에 생각이 미치지 않겠습니까. 귀 기울여 여러 날 기다렸지만 아직 처분이 내리지 않았습니다. 남의 신하가 되어 이런 죄를 저지르고서도 요행히 천벌을 면했으니 나라에 법이 있다고 할 수 있습니까. 엎드려 바라오니 신의 광주유수 직임을 갈아주시고 이어 해당 법률로 처리하소서."[18]

당시 임시 가옥이 철거되기 시작하자 "이고 지고 흩어져서 도성 안이 텅 비게 되었다."라는 뜬소문까지 돌았던 모양이다. 그는 3월 24일에도 상소를 올려 "신이 임시 가옥을 훼철해서 시정의 백성에게 해를 끼쳤고 도성 사람들의 비방을 얻었으니 원망과 비방이 쌓여서 지위와 명예가 더럽혀졌습니다. 신이 비록 나라를 위해 보답하려 했다고 해도 어느 누가 신의 마음을 알아주겠습니까. 얼마 되지 않아 내린 영을 뒤집고 훼철한 것을 다시 세웠으니 옛날에 이른바 오일경조五日京兆(관원의 유임留任이 오래지 못함)라는 것이 신과 근사합니다."[19]라고 한 것을 보면, 그가 철거한 가옥을 다시 원상으로 돌렸던 듯하다.

박영효가 광주유수로 좌천되었다는 소식은 일본 신문에서도 화젯거리였다. 『쵸야신문』은 1883년 5월 18일 다음과 같이 보도했다.

> "조선의 경성 발發 통신에 따르면, 한성부윤 박영효는 부내府內의 불결을 싫어해 일본풍을 본받아서 성내 도로가의 가소옥仮小屋을 단속하는 등의 일로 인심을 등지게 되어 지난달 10일에 면직당했다가 이번에 광주부 유수에 임명되었다. 광주의 유수는 무척 귀하고 중요한 지위이다. 육조의 판서는 대체로 이 관직에서 전임하는 것을 예로 하기 때문이다."[20]

박영효는 순경부를 설치해 근대적 경찰제도를 세우려고 했다. 1883년 1월 23일 통리아문은 고종에게 다음과 같이 아뢰었다.

> "근래에 순찰이 해이해져서 도둑의 우환이 없는 곳이 없습니다. 이것은 특별히 잡아내지 않을 수 없습니다. 우선 한성부에 명해 순경부巡警部를 설치하게 하고 그 절제節制와 규모는 본 아문에서 충분히 논의해 집행하게 하는 것이 어떻겠습니까?"[21]

고종은 이 제안을 윤허했다. 하지만 박영효가 한성판윤에서 물러남으로써 순경부 설치와 경찰제도 도입도 물거품이 되고 말았다.

한성부, 신문을 간행하려 하다

박영효는 한성부에서 신문을 발행하려 했다. 이미 귀국할 때 인쇄기와 활자를 구입하고, 신문기자와 인쇄공을 데려왔기 때문에 물적·인적 조건은 갖춰진 상태였다. 비록 형태는 바뀌었을지라도 김옥균과 박영효의 개화·개혁 구상이 실현된 것은 신문 간행 사업이 유일했다.

1883년 1월 21일 고종은 "신문지新聞紙를 한성부에서 맡아서 검사하고서 간행해 배포하도록 하라."[22]라고 사알司謁(임금의 명령을 전달하는 일을 맡아보던 정6품 잡직)을 통해 구전으로 하교했다. 이 지시에서 보는 것처럼 원래 신문 간행의 주체는 박영효가 판윤으로 있던 한성부였다. 10여 일이 지난 뒤 한성부에서는 "신문지는 본 한성부에서 국局을 설치하고 처리해서 빨리 간포刊布하는 것이 합당합니다. 그러므로 마땅히 시행해야 할 규례를 삼가 자세히 헤아려 여쭈어 재결하겠습니다."[23]라고 아뢰었다.

위의 구상대로라면 한성부 안에 신문지를 간행하고 배포할 국을 설치할 예정이었다. 이를 위해서 시행규칙도 마련해야 했다. 이 작업을 맡은 인물은 유길준이었을 가능성이 크다. 현재 (재)아단문고에는 『저사집역苧社輯譯』[24]이 소장되어 있는데, 유길준의 필사본 원고를 모아 엮은 책이다. 이 책에는 「상회규칙商會規則」, 「국채종류」, 「경쟁론」과 함께 「한성부신문국장정漢城府新聞局章程」이 수록되어 있다. 이 글은 붉은색 세로선이 그어진 한성부 괘선지에 쓰여 있다.

- 국의 이름은 박문博文이라고 부른다.
- 인장은 신문국에서 새기고, 문서를 인쇄한 곳에서 맡는다.
- 윤尹(책임자) 한 사람을 두어 크고 작은 사무를 맡고 한성부의 3윤(판윤, 좌윤, 우윤)

중에서 임금의 명령을 아울러 받든다.

· 교서校書 두 사람을 두고 번역, 교정, 인쇄, 회계를 담당하고, 당하관堂下官과 사인士人은 본부의 판윤이 임명한다.

· 번역인 두 사람을 고용해두고, 한 사람은 내국인을 쓰고, 한 사람은 외국인을 쓴다.

· 신문국의 모든 비용은 본국에서 지불한다.

· 총명하고 슬기로운 어린이들을 뽑아 교육해서 깨우쳐 이끌게 한다.

· 신문과 책을 새롭게 인쇄할 때마다 먼저 1건을 승정원에 바쳐 임금께서 보시게 한다. 다음으로 1건을 시강원에 바쳐 세자께서 읽으시게 한다. 그 나머지는 값을 받고 각 아문, 사도四都와 팔도八道의 각 고을에 반포한다. 또 백성들이 사서 보는 것을 허락한다.

· 조보朝報(근대 신문 발간 이전에 필사했던 정부 관보) 1건을 정서해서 매일 승정원에서 신문국으로 보내 요점을 간추려 인쇄하게 한다.

· 앞으로 지금의 규정을 보태거나 고칠 때는 상사에게 여쭈어 의논해서 결정한다.

개국기원 492년(1883) 2월 일[25]

이 장정에 따르면, 한성부에 신문 발행 기관인 '박문국'을 설치하고, 한성부에서 인사권과 비용 처리를 맡는다. 발행한 신문은 국왕과 시강원에 바치고, 값을 받고 판매하게 한다. 이 장정은 1883년 2월에 작성되었는데, 박영효가 한성판윤에서 경질되기 전이었다. 한성부에서 한창 신문 발간을 준비하던 무렵이었다.

유길준, 신문 창간사 초안을 쓰다

『저사집역』에는 이 장정과 함께 신문 창간의 취지를 설명한 글이 실려 있다. 신문 창간에 맞춰서 독자들에게 신문의 개념과 가치 그리고 효용성 등을 널리 알리기 위해 작성한 것으로 보인다. 신문창간사의 초안격이다. 제목은 없고 국한문 혼용체로 쓰였다. 이 글도 한성부 괘지에 필사되었다. 중간에 붉은색 글씨로 교정을 본 흔적이 남아 있는데, 박영효의 글씨체라고 한다.[26]

이 글을 살펴보면, 신문에 실릴 내용은 관청의 명령官令, 논설, 국내외의 여러 가지 알릴 내용, 나라의 형편, 문명 사물, 물가 등이었다. "본지는 ○○○○의 제1호가 될 뿐만 아니라 마땅히 아我 동방 입국 4천2백40년 이래 신문 공보新聞公報를 간행하는 제1호가 되는 자者"라면서 신문의 효용성은 "일국 인민의 지혜와 식견智見을 확대하는 데" 있다고 말했다. 신문으로 비루한 풍속에서 벗어나 개명한 기운으로 향하게 되고 그 나라의 문화를 향상시킬 수 있다고 했다.

이 창간사 뒤에는 신문을 해설한 글이 이어진다. 창간사와 마찬가지로 국한문 혼용체로 쓰였다. '신문 공보'란 뜻있는 학자와 문인이 회사를 설립하고 새로운 일과 사정을 찾아 기록해서 세상에 널리 알리고 펴는 글을 말한다. 나라 안팎의 모든 일이 신문에 실려 있기 때문에 한번 신문을 읽으면 천하의 사정과 민간의 상태를 훤히 알게 된다. 따라서 이 세상에는 서적이 무척 많지만 "견문을 박대博大히 하며 사정에 통명通明하기는 신문 공보를 독열讀閱함만 같지 못하다."라고 한다.

이 신문 해설문은 유길준이 후쿠자와의 『서양사정西洋事情 초편初編』에 실린 「신문지新聞紙」를 초역抄譯, 참고하면서 쓴 논설이다. 이것은 후일 보완되

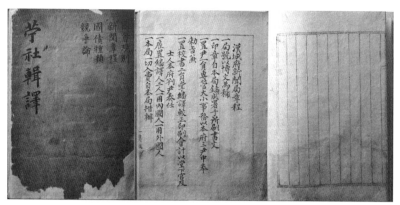

유길준의「저사집역」표지와「한성부 신문국 장정」. 재단법인 아단문고 소장.

어『서유견문』의「신문지」에 수록되었다.[27]

위의 신문국 장정과 창간 취지서, 신문 설명서 등은 누가 작성했을까. 유길준이 유력한 후보자이기는 하지만, 그가 혼자 힘으로 작성했는지는 알 수 없다. 신문을 발행하기 위해 일본에서 온 우시바 다쿠조나 다카하시 마사노부의 도움을 받아서 쓰고 그것을 국한문 혼용체로 바꾼 것인지도 모른다. 유길준은 게이오의숙에서 배울 때, 후쿠자와의 부탁을 받고 후쿠자와 글을 한문혼용의 가나문장으로 번역하기도 했다. 또 후쿠자와가 조선에서 신문을 간행할 때 언문도 사용할 것을 권고했다는 증언이 남아 있는 것처럼, 유길준이 후쿠자와의 뜻을 받들어 신문 창간을 준비하면서 국한문 혼용체로 글을 썼을 개연성도 있다.

박영효는 1882년 12월 29일에 한성부 판윤으로 임명되었는데, 유길준은 한 달쯤 뒤인 1883년 1월 20일에 통리교섭통상사무아문의 주사로 임명되었다.[28] 동료 주사는 김사철, 남정철, 정헌시, 서상우, 윤기진, 김가진, 고영철, 정만조, 지운영 등이었다. 유길준은 한성부 소속이 아니었지만, 박영효의 요청에 따라서 신문 발간 사업에 어떤 형식으로든 참여했을 것이다.

신문기자 우시바, 일본으로 돌아가다

한성부의 박문국 설립 계획은 끝내 실현되지 못했다. 박영효가 광주유수로 전직하면서 한성부의 신문 발간 사업도 중단되고 말았다. 이 때문인지는 알 수 없지만, 유길준은 1883년 3월 10일 신병을 이유로 통리교섭통상사무아문의 주사직에서 사임했다.[29] 3월 17일 박영효가 광주유수로 좌천되기 얼마 전의 일이었다.

신문 간행 사업이 실패로 돌아가자, 신문을 발간하기 위해 박영효와 함께 한성에 와 있던 일본인들은 당황할 수밖에 없었다. 가쿠고로는 당시 상황을 여러 지면에서 증언하는데, 시대가 흐름에 따라 조금씩 다르게 기술되어 있다. 1894년 10월 6일(양력)에 작성된 『한성주잔몽漢城遒殘夢』에는 다음과 같이 기록되어 있다.

"그 무렵 우시바와 마쓰오 등도 한가한 시일을 보내다가 마침내 무료함을 견디지 못해 귀국할 것을 주장하면서 지금의 상황에서는 도저히 조선의 독립을 이룰 수 없다고 강조했다. 오직 나 혼자만이 여러 사람의 이러한 견해에 반대하면서, 만일 조선이 독립에 대한 의지와 목표가 조금이라도 있다면 우리가 이를 위해 도울 필요가 있다는 점, 또 우리가 도와서 성공한다면 처음으로 우리의 입장이 확립된다는 점, 그리고 어렵게 보인다고 해서 물러나는 것은 대장부가 취할 태도가 아니라는 점을 설명하면서 함께 노력할 것을 주장했다. 그러나 결국 서로 헤어져 나 혼자만 서울 저동苧洞의 한 집[뒷날의 박문국]에 머물게 되었고, 우시바·다카하시·하라다 등은 모두 일본으로 돌아갔다. 이것은 1883년 4월의 일이었다."[30]

1910년 12월에 발표된 「후쿠자와 선생과 조선 문제福澤先生と朝鮮問題」란 글에는 당시 조선에 파견되어 있던 인사들 사이의 갈등 상황이 좀 더 자세히 서술되어 있다.

"우시바 군 이하 사람들이 경성 안의 집 한 채에 살고 있었는데, 신문을 발행하는 준비도 잘되지 않고, 학교도 세울 수 없어서 드디어 일본으로 돌아갔다. 그때 나는 우시바 다쿠조와 마쓰오 미요타로 등과 싸웠다. 이제 이곳에 있어도 아무 일도 못하니 돌아가자는 것이 4명의 의견이었는데, 나는 돌아가지 않겠다고 말했다. '원래 우리가 무엇 때문에 조선에 온 것인가. 우리가 여기에 와서 쉽게 신문이 발간되고 쉽게 학교가 지어지는 조선이라면 버려두어도 된다. 중국 세력이 매우 왕성하고 조선인이 완고해 도저히 일본인도 감당할 수 없기 때문에 우리가 왔으니, 수월하게 일이 진행되지 않는 것은 당연하다. 하지만 그것에 굴복하지 않고 어떻게든 일해야 남자로서 평가가 높아지고, 남자로서 능력을 알 수 있다. 지금 이곳을 떠나기가 언짢다.'라고 싸워서 드디어 나 혼자 남고 4명은 돌아갔습니다."[31]

그로부터 50여 년이 지난 1934년에 가쿠고로는 당시 상황을 이렇게 증언했다.

"박영효는 곧 한성판윤에 임명되어 한성부 관할 아래서 먼저 신문을 발행하기로 했다. 경성 남부 저동에 왕궁에서 쓰던 저택王宮御用邸을 국사局舍와 공장, 그 밖의 것으로 충당해서 모두 준비해두었다. 우시바와 다카하시 두 사람은 도착하자마자 신문 편찬과 인쇄 준비에 착수했다. 조금 지나서 박씨는 광주유수 겸 수어영사로 전임되었고, 김옥균도 일을 맡아서 일본으로 갔다.

[박영효가 한성판윤에서] 경질되자 여러 사람은 크게 놀라서 '이제 오래 머무를 필요가 없다. 곧 귀국할 수밖에 없다.'며 귀국을 준비하기 시작했다. 나는 '어쨌든 일단 도쿄로 통신을 보내서 답장을 기다린 다음 진퇴를 결정하면 어떻겠는가.' 하고 말하면서 백방으로 말려보았다. 하지만 '그렇게 하면 1개월이 걸린다. 요즘처럼 위험하게는 참을 수 없다.'라고 말했기 때문에 할 수 없이 나만 머무르겠다고 결심했다.

그런데 직공 감독 미와와 사나다 두 사람은 나를 동정했다. 세 사람이 의연히 신문 발행을 준비하는 국사局舍에 머물게 되었다. 귀국하는 여러 사람과 헤어진 것은 도착 후 4개월이 지난 1883년 4월이었다."[32]

1937년에는 이렇게 말했다.

"그때 나와 동행했던 우시바, 마쓰오, 다카하시, 하라다는 이러면 조선에 있어도 아무래도 가망이 없으니 돌아가자고 말을 꺼냈다. 거기서 나는 '이제 막 왔는데, 희망이 없기 때문에 이렇게 돌아간다고 하는 것은 너무 심한 것 아닌가.' 하고 반대했다. 그래도 어떻게든 모두 돌아가겠다고 말했다. 나는 혼자라도 남겠다고 말했다. 나는 그때 마침 학교를 막 나온 23세의 청년이었기 때문에 다른 일은 아무것도 생각하지 않았고, 두려움이라든가 위험함이라든가 하는 염려가 없었기 때문에 그러면 나 혼자라도 남겠다고 말하고 모두 헤어졌다.

이때에 신문 활판직공의 식자植字 계장係長으로 일본인 사나다란 사람과 신문 기계를 수선修繕하거나 부족한 활자를 주조鑄造하기 위해 미와란 사람을 데리고 와 있었다. 이 두 사람은 '이노우에 씨처럼 젊은 사람을 혼자 남겨두고 나이 많은 사람이 모두 돌아가는 것은 가혹하다. 지금 우리들이 뒤에 처져서 살아가는 것이 죽을 듯하지만 후쿠자와 선생께서는 기뻐하실 것이다.'라고 말했다. 나는 이들 두 사람과 함께 셋이서 경성에 머물렀다."[33]

『이노우에 가쿠고로 선생전井上角五郎先生傳』에 따르면, 우시바 등이 신변의 위협을 느끼고 일본으로 돌아간다고 하자 가쿠고로는 "그러면 나 혼자라도 남겠다. 제군이 도쿄에 도착하기 전에 이 인쇄기계는 훌륭하게 운전되는 것을 볼 수 있을 것이다."라고 자신했다고 한다.[34]

일본인 식자공, 기계수선공, 활자주조공

각 기록의 증언 사이에는 조금씩 차이가 있다. 단순한 기억의 착오일 수도 있지만, 자신의 과거 행적을 미화 또는 과장하거나 역사적 역할을 더욱 더 부각하려는 기록자의 욕망이 투영되었기 때문일 것이다.

가쿠고로의 기록에서 몇 가지 눈길을 끄는 대목이 있다. 당시 일본에서 파견된 인사들은 한곳에 모여 살고 있었는데, 그곳은 '경성 남부 저동에 왕궁에서 쓰던 저택'이었다. 저동苧洞은 오늘날 중구 저동1가, 충무로2가, 명동1가, 명동2가, 을지로2가, 장교동에 걸쳐 있던 마을이다. 모시와 삼베를 파는 저포전苧布廛이 있었으므로 모시전골이라 했다. 한자명으로는 저포전동苧布廛洞, 저전동苧廛洞으로 불렸고, 줄여서 저동이라 한 데서 마을 이름이 유래했다.[35]

초기에 신문 발행 사업이 순조롭게 진행될 때, 우시바와 다카하시가 신문 편찬과 인쇄 준비에 착수했다는 사실을 알 수 있다. 그리고 가쿠고로는 인쇄 직공으로 파견된 사나다와 미와의 구체적인 임무를 명시하고 있다. 즉 사나다는 식자 담당이었고, 미와는 신문 기계를 고치거나 부족한 활자를 주조하는 사람이었다. 당시 조선에 파견된 인쇄기술자들은 식자공, 기계수선공, 활자주조공이었다.

그런데 가쿠고로는 신문기자도 편집자도 인쇄기술자도 아니었다. 그저 '조선 견학'을 위해 파견된 인물이었다. 다른 인물들이 신문 발간을 준비하는 동안 그는 무슨 일을 했을까? 언론학자 채백에 따르면, 그사이 가쿠고로는 한성의 동향이나 청나라 군대의 주둔상황 등을 파악한 뒤 후쿠자와에게 부지런히 서한으로 보고했다.[36] 이 보고는 일본 언론에 기사화되기도 했다. 가쿠고로는 1883년 1월 22일자 『시사신보』부터 조선의 상황을 전하는 기사를 투고했다.[37]

또 당시 외교문서들을 보면 다케조에 공사는 '이노우에 가쿠고로의 밀보密報'를 인용해서 조선의 개화파와 수구파의 동향을 본국에 보고했다. 결국 당시 가쿠고로는 조선 견학을 명분으로 조선에 관한 정보를 은밀히 수집하기 위해 파견된 인물이었다.[38]

김옥균, 3백만 원 차관 교섭에 실패하다

우시바와 다카하시 등 네 사람이 신문 발간 준비를 그만두고 일본으로 귀국할 때, 조선인 동행자들이 있었다. 서재필을 비롯한 조선 청년 17명이 그들과 함께 배를 타고 일본 유학길에 올랐다. 유학생 17명 가운데 14명은 사관생도가 되었다. 이들은 처음에는 게이오의숙에서 일본어를 배우고 10월 3일(양력)에 도야마학교戶山學校에 입학했다. 다음 해 1884년 5월에 졸업하고 7월 말에 귀국했다.[39) 이들은 나중에 갑신정변이 일어났을 때 행동대원으로 활약했다. 한 연구자에 따르면, 우시바와 마쓰오는 조선인 유학생 17명과 함께 1883년 5월에, 다카하시는 그해 7월에 조선인 유학생 3명과 함께 따로 귀국했다.[40)

우시바와 다카하시가 시차를 두고 귀국한 사실은 다른 기록으로도 확인할 수 있다. 1883년 7월 19일 후쿠자와 유키치는 후쿠자와 스테지로福澤捨太郎에게 보낸 편지에서 "다카하시 마사노부는 2주 전에 조선에서 돌아왔고, 이노우에는 오래 남아 있습니다. 조선에서 생도 17명이 6월 중에 와서"[41)라고 전했다. 군사교련의 교사로서 조선에 갔다가 돌아온 마쓰오와 하라다는 후일 무기를 들고 조선으로 돌아와 갑신정변에 가담했다.[42)

우시바 등이 조선 학생들과 함께 귀국할 무렵, 김옥균도 세 번째 일본행 배에 몸을 실었다. 고종은 1883년 3월 17일 김옥균을 동남제도개척사東南諸島開拓使로 임명했다. 고종은 4월 20일 "개척사 김옥균은 고래잡이를 개척하는 일 이외에 해안의 여러 고을을 일체 살펴보라. 그리고 백성 구제와 이익 사업을 일으키는 것과 폐단을 바로잡고 처리하는 것에 관계되는 모든 일을 수시로 장계로 아뢰어라."[43)라고 지시했다.

수신사 박영효와 함께 일본에 갔던 김옥균은 박영효가 귀국한 뒤에도 도쿄에 남아 일본 정부 요인들과 접촉하면서 차관을 교섭했다. 일본 고위 관료들은 조선 정부에서 발행한 국채위임장을 지니고 오면 거액의 차관을 얻을 수 있을 것이라고 조언했다. 김옥균은 1883년 3월(양력) 하순에 영국 외교관 애스턴(William George Aston)과 함께 귀국했다. 애스턴은 고베에 있던 영국 영사로서 한영조약 체결 업무를 처리하기 위해 조선에 오는 길이었다.

1883년 4월 23일(음력 3월 17일) 애스턴이 주일 영국 공사 파크스(Harry S.

Parkes)에게 보낸 편지에는 당시 김옥균의 방일 목적이 잘 나타나 있다.

"김옥균은 반청당反淸黨의 핵심적인 구성원입니다. 그의 정책은 조선의 국가적 독립을 유지하고 청의 종속화를 제거하기 위한 것으로, 가능한 한 청나라의 그늘에서 벗어나고 청국 군대와 관리가 조선의 내정과 외교문제에 간섭하는 것을 제거하려는 데 목적이 있습니다. 이러한 김옥균의 정책이 성공적으로 달성되고 조선이 내부적으로 안정을 보장받기 위해서는 작지만 잘 조직된 군대, 복장, 기술, 그리고 유럽식 무기가 필요합니다. 현재 조선의 재정 상태는 매우 무질서한 상태이기 때문에 김옥균의 강병책을 달성하기 위해서는 외국채가 필요합니다."[44]

김옥균은 일본 차관의 담보물로 울릉도 삼림채벌권과 포경권捕鯨權을 구상했고, 그것을 국왕에게 요청해서 개척사와 포경사란 직함을 받았다.[45] 박영효가 광주유수로 좌천되어 광주 남한산성으로 출발할 때, "마침 동지 김옥균은 포경사가 되어 동해의 고래를 잡아 이것을 일본에 방매放賣하기 겸 득채得債 운동차로 일본을 향하여 떠나는 판이라 나는 광주유수가 수어사守禦使 겸직으로 병권을 가지게 된 것을 다행으로 후일지계後日之計를 위하여 양병을 할 터이니 김옥균은 득채중得債中 수만금을 군자로 밀송하여주기를 단단상약斷斷相約하고 나는 광주로, 김은 일본으로 각산各散하였었다."[46]

김옥균은 1883년 6월 15일(음력 5월 11일) 무렵 나가사키에 도착했다. 남흥철, 백춘배, 탁정식, 이의과 등이 동행했다. 김옥균은 차관 3백만 원을 얻는 대가로 울릉도의 목재벌채권, 동남해의 포경권, 동남제도의 개척권, 광산개발권 등을 일본 정부에 제시했다. 하지만 일본 정부의 반응은 뜻밖에도 싸늘하기만 했다. 조선 내에서 개화파들이 세력을 잃고 있다는 것을 이미 일본 정부는 눈치채고 있었다. 게다가 3백만 원은 일본 정부로서도 감당하기 버거운 거액이었다. 당시 조선에서 1년간 거두어들이는 세입에 상당하는 금액이었고, 일본 국가예산의 10분의 1에 해당했다. 당시 일본으로서는 이처럼 어마어마한 금액을 외국에 차관으로 제공할 만큼 재정이 넉넉하지 못했다.[47)]

차관 교섭이 실패로 돌아가자 김옥균은 일본에 더 머물 수 없었다. 1884년 4월 8일 개척사 김옥균은 수행원 3명, 미국인 1명과 함께 제물포에 상륙했다. 수행원 가운데 탁정식은 불행히도 1884년 2월 9일(양력 3월 6일) 일본 고베에서 병사했다. 김옥균과 함께 온 미국인은 요코하마에 있던 '미국무역상사'(American Trading Company)의 사원 타운센드(Walter David Townsend, 陀雲仙)였다. 조선에 지사를 설치하기 위해 오는 길이었다. 김옥균은 1884년 4월 10일(양력 5월 4일)에 한성부 좌윤에 임명되었다.[48)]

널리

세상의 이치를

배우다

박영효가 한성부에서 준비하던 신문 간행 사업은 곧 중단되고 말았지만, 머지않아 실행 주체와 간행 기관이 달라지면서 다시 추진되었다. 새로 신문 발간 사업을 맡게 된 곳은 통리아문 산하의 동문학이었다.

1883년 1월 20일 통리아문은 직제와 권한 등을 규정한 장정을 만들었다. 통리교섭통상사무아문의 산하기관으로 4사四司와 동문학同文學이 설치되었다. 4사는 장교사掌交司, 정권사征權司, 부교사富教司, 우정사郵政司 등이다. 장교사는 조약 등 일체의 외국 교섭과 사절에 관한 사항을, 정권사는 해관, 변관邊關의 세금 징수와 출입 관리를, 부교사는 화폐 주조, 광산 개발, 물품 제조 등에 관한 업무를, 우정사는 전보, 역전驛傳, 철로 등 통신과 운송에 관한 일을 각각 관장했다. 동문학은 외국어와 정치경제 등을 가르치게 했다.[1]

동문학에서 '신문보관'을 열다

동문학 장정에는 외국어 교육뿐만 아니라 언론과 출판까지 언급되어 있었다. 동문학에서는 서적을 발간해서 널리 퍼뜨리고 아울러 '신문보관'新聞報館을 열도록 규정하고 있었다. 장교掌敎 한 사람이 관장하고 주사가 그를 돕게 했다.

1883년 3월 22일 동문학의 책임자로 김만식이 임명되었다. 수신사 박영효의 부사로서 일본에 다녀온 김만식이 박영효의 사업을 이어받게 된 것이다. 김윤식은 그의 일기『음청사陰晴史』에서 다음과 같이 기록했다.

> "교섭통상사무아문을 재동 민영익 옛집에 설치하고 (…) 또 동문학을 설치해 장교 1인을 두었는데, 간동諫洞의 종형從兄에게 그 임무를 맡겼다. 나이 어리고 총명한 사람을 가려 뽑아 외아문(즉 통상아문-원주)에 학당을 열고 중국인 오중현吳仲賢, 당소위(唐紹威, 威는 儀의 오류-인용자) 두 사람이 양어洋語(영어)를 교습하게 했다."[2]

통리아문은 재동에 있던 민영익의 옛집에 있었다. 이곳은 1930년대에 "재동 83번지 경성여자고등보통학교의 지점에 있었다."[3]라고 하는데, 오늘날 종로구 재동 83번지(북촌로 15) 헌법재판소가 자리 잡은 곳이다. 외아문이 있는 곳의 서북쪽에는 홍영식의 집이 있었다. 그의 집은 스승 박규수의 집과 담을 맞대고 있었다. 갑신정변 뒤 홍영식의 집은 폐허가 되었고, 그 뒤 그곳에 광혜원이 들어섰다.[4]

김윤식이 말한 '간동의 종형'은 김윤식의 사촌형 김만식을 가리키는데, 그는 당시 사간동에 살았다. 김만식은 1883년 3월 17일 참의교섭통상사무로 임명되었고, 이어 3월 22일에는 동문학 장교로 임명되었다.[5]

김만식이 동문학 장교로 임명되면서 처음에 한성부에서 추진하다 중단된 신문 간행 사업이 재개되었다. 김윤식과 김만식 등 신문 간행 사업을 추진하던 인물들은 김옥균, 박영효 등의 급진개화파와 달리 온건개화파에 속했다. 온건개화파란 갑신정변 추진 세력처럼 체제 변혁적 혁명을 지향하기보다는 체제 내의 온건하고 합리적 개혁을 추진하던 인물들을 가리킨다. 이들은 주로 부국강병론, 동도서기론東道西技論, 균형외교론 등을 지지했다. 김윤식, 어윤중, 김홍집 등이 대표적 인물이었다.[6]

나라 안팎에서 널리 학문을 배우다

1883년 7월 15일, 동문학의 소속기관으로 '박문국'博文局이 설립되었다. 이 박문국이야말로 우리나라 근대 인쇄출판의 비조이자 근대 언론의 남상이었다. 통리아문에서는 이날 박문국이 설치되었으므로 부사과 김인식을 주사로 임명하겠다고 국왕에게 요청했다.[7] 통리아문의 업무일지인 『통서일기統署日記』에도 계미년(1883) 7월 15일에 박문국을 창설했다고 기록되어 있다.[8]

『한성순보』 창간호의 「박문국 공고」를 보면, [1883년] "8월 20일 본국은 성유聖諭를 받들어 1국을 특별히 세우고 10월 초 1일부터 순보를 발간하기 시작했다."라고 쓰여 있다. 그렇다면 7월 15일에 박문국이 설립된 뒤 8월 20일부터 신문 발간을 위한 본격적인 업무를 시작한 것은 아니었을까.

'박문국'은 원래 한성부에서 신문 발행 기관으로 정한 이름을 그대로 이어받은 것이었다. '박문'博文은 『논어』 「옹야雍也」편에 나오는 말이다. 공자는 "군자가 널리 글을 배우고 몸가짐을 올바른 예에 맞도록 한다면 도에 어굿나지 않을 것이다."君子博學於文 約之以禮 亦可以弗畔矣夫라고 말했다. 여기서 나오는 '박문약례'博文約禮는 널리 학문을 닦아 사리를 밝히고, 예의로 실행해서 바른 길에서 벗어나지 않게 한다는 뜻이다. 박문이란 이름에는 나라 안팎에서 모든 지식과 학문을 배워 올바른 정치를 열어가겠다는 의지가 담겨 있었다.

조선 조정 내부에서 어떤 논의 과정을 거쳐 통리아문 안에 동문학이 설치되고 동문학의 소속기관으로 박문국이 세워졌는지는 기록이 남아 있지 않아 자세히 알 수 없다. 우리는 어쩔 수 없이 일본인의 증언을 참고할 수밖에 없다. 가쿠고로는 그간의 사정을 기록으로 남겨놓았다. 그는 다른 증인들이 침묵할 때 자신의 발언을 역사의 법정 앞에 제출함으로써 자기 정당화에 유리한 패를 쥐고 있었다.

"나는 [우시바 등] 여러 사람과 헤어진 다음 날부터 크게 운동을 시작했다. 당시 유력한 사람들을 찾았고 마침내 김윤식을 방문하게 되었다. 그런데 뜻밖에도 김씨는 무척 기쁘게 나를 맞이했다. 이 김씨는 대원군파도 아니지만 민가당여閔家黨與도 아니었다. 오히려 두 파에서 중시되었다. 당시 직위가 외아문 협판에 지나지 않았지만, 외아문 일체의 일은 씨가 좌우했다. 조선인으로서 해외의 사정에 마음을 기울이는 사람은 모두 씨를 선생으로 삼고 있었다. 사죄 부사[로서 일본에 왔던] 김만식은 그 종형제였다. 대원군의 난[임오군란] 전에 일찍이 후쿠자와 선생을 방문했던 사람들은 대부분 김씨가 중개해주었는데, 정치상으로는 중립파라고 불리고 있었다. (…) 그 뒤 거의 매일 [김윤식과] 서로 왕래하게 되었다. (…) 그 뒤 민영익과도 친하게 왕래하게 되었다. 그 가운데 궁중에서 내관이 찾아오는 등 무엇보다 내가 사는 곳이 붐비게 되었다. (…)

그 뒤 얼마 지나지 않아 김만식 씨는 한성판윤에 임명되었다. [오류. 당시 김만식은 동
문학 장교로 임명되었음―인용자] 나는 국왕전하로부터 내명內命을 받고 조선에 머물
게 되었고, 공적으로는 외아문 고문으로 고용되었다. 내가 처음으로 외아문의 벼슬
에 나아간 것은 그해 6월이었는데, 우시바·마쓰오 등 여러 사람과 헤어진 뒤로부터
겨우 3개월째의 일이었다."[9]

신문 발행의 대요를 마련하다

가쿠고로의 증언을 믿는다면, 그는 김만식의 중개로 김윤식과 만났고,
김윤식의 소개로 민영익과 왕래했다. 민영익의 알선으로 궁중까지 출입하
게 되었다. 그는 외아문 협판 김윤식의 소개로 외아문에 초빙되었다고 말하
기도 했다.[10] 김윤식은 가쿠고로에게 신문 발행 계획의 대요大要를 작성해
서 보여달라고 청했다. 그는 김만식과 의논해서 다음과 같은 계획안을 마련
했다.

1. 신문은 순보旬報로 하고 매월 10일에 1회 발행할 것

1. 관보를 제일로 하고 내외의 시사를 아울러 실을 것

1. 인지人智를 개발해 식산을 장려하고 기타 풍교風敎에 필요한 논설을 실을 것

1. 각 관아의 고등관과 중앙, 지방의 각 읍에 의무 구독을 명할 것, 기타의 구독에 대
   해서는 그 요금을 낮게 할 것

1. 편집사무를 맡을 사람은 모두 관원으로 하고 문학의 소양이 있으면서 내외사정
   에 통하는 자를 채용할 것

1. 당분간은 한문만으로 간행할 것

1. 국원 일체의 봉급은 외아문이 지출하고 기타의 비용은 한성부에서 내줄 것[11]

위의 계획안은 가쿠고로와 김만식이 함께 의논해서 작성한 것을 김윤식이 승인한 것으로 보인다. 위의 안대로라면 박문국원의 봉급은 외아문이 지불하고 기타 비용은 한성부에서 담당하게 되는데, 이는 원래 신문 발행 주체가 한성부였기 때문이었을 것이다. 가쿠고로는 자신이 사는 곳을 박문국의 국사局舍로 삼았다고 말했다. 『한성주잔몽漢城遒殘夢』에서도 "나는 외아문에 관여하면서도 신문의 경영과 기획을 수행하기 위해 내가 거처하는 곳을 사무실로 정하고 박문국이라 불렀다."[12]라고 증언했다.

가쿠고로가 거처하던 박문국은 어디였을까.『경성부사』에서는 "외아문의 일국인 박문국을 지금의 불란서 교회의 북방인 경성헌병대 관사의 땅[당시 苧洞이라고 불렸다. 현 황금정黃金町 2정목丁目 168번지-원주]에 체류하던 일본인 이노우에 가쿠고로의 임시 거처에 설치하고 고종 20년[메이지 16년 – 원주] 10월 1일 신문지『한성순보』제1호를 발행, 이노우에가 경영의 임任을 맡았다."[13]라고 기록되어 있다.

1930년대의 '황금정 2정목 168번지'는 오늘날 어디를 가리킬까. 1927년에 발행된『경성부관내지적목록京城府管內地籍目錄』에 따르면, 황금정 2정목 168번은 1,121평이었다. 이곳은 오늘날 천주교서울대교구청 건너편에 있는 서울시 중구 명동11길 20(명동1가 1-1번지)과 서울시 중구 명동길 73(명동1가 1-3번지) 그 일대였다.[14]

여규형, 고영철 등 신문 편집을 맡다

박문국이 설립되자 인선 작업도 착수되었다. 통리아문은 1883년 7월 15일에 부사과 김인식(김윤식의 친척)을 박문국 주사로 임명했고,[15] 1883년 8월 7일에는 유학幼學 장박, 오용묵, 김기준을 모두 박문국 사사司事로 임명해달라고 청해서 국왕의 윤허를 받았다. 『한성순보』 창간호에서는 1883년 8월 20일에 일국을 특별히 세워두었다고 말했는데, 실무 책임자들이 임명되고 나서 실무 작업에 투입된 것으로 보인다.

『한성순보』 제7호(1883년 12월 1일자)에는 통리군국사무아문과 통리교섭통상사무아문의 소속기관과 관리 명단이 실려 있다. 당시 통리교섭통상사무아문에 소속된 협판동문학사무協辦同文學事務는 김만식, 동문학 주사主事는 여규형·고영철, 동문학 사사司事는 장박·김기준·오용묵이었다. 국내인 관리 명단 다음에는 조선에서 직책을 맡고 있는 외국인 명단이 따로 나와 있는데, 그는 '박문국 저동苧洞 일본인 정상각오랑井上角五郎'이었다. 이들 박문국의 실무자들은 '문학의 소양이 있으면서 내외사정에 통하는 자'로 뽑힌 인재들이었다.

박문국에 참여했던 초창기 인물들을 살펴보자. 고영철은 1883년 3월 22일 정권사征權司 주사에서 동문학 주사로 바뀌었다.[16] 10월 27일 주사 김인식은 신병 때문에 물러나고 여규형이 박문국 주사로 임명되었다.[17] 김인식·여규형·고영철이 초창기 편집 책임자급이었고, 편집 실무자는 장박·김기준·오용묵이었다.

주사 여규형(1848~1921)은 1882년 1월에 문과에 급제했다. 시문에 뛰어났으며 음악, 수학, 천문 등에 두루 능통했다. 그는 남촌시사南村詩社의 동인이자 육교시사六橋詩社에도 참여한 한학자이자 문장가였다. 남촌시사는 남산 일대에 거주하던 소론 계열의 젊은 선비들을 주축으로 만들어진 시 모임이다. 강위, 김택영, 백춘배, 이건창, 정만조, 정헌시, 황현, 정범조 등 당대의 쟁쟁한 문사들이 모여 있었다. 여규형은 남촌시사 동인 가운데 강위, 백춘배, 고영철과 함께 육교시사에도 적을 두고 있었다.[18]

육교시사는 1870년대 말에 결성된 시모임을 가리킨다. 육교는 청계천 하류에서 여섯 번째 다리인 광교의 다른 이름이다. 육교시사의 맹주는 강위였다. 동인은 변진항, 배전, 지운영, 변위, 김경수, 백춘배, 고영철, 고영주, 고영선, 현은, 김득련, 지석영, 박영선 등인데,[19] 개화파로 활약한 인물이 많았다. 이들 가운데 고영철, 권문섭, 여규형, 주우남 등은 『한성순보』와 『한성주보』 발간에도 참여했다. 1881년 무렵에 강위는 시사의 동인들과 같이 지은 시를 모아 『육교연음집六橋聯吟集』을 만들었는데, 이 글에 등장하는 인물은 모두 71명에 이른다.[20]

남촌시사의 동인이었던 매천 황현은 1900년 여규형에 대해 "재주가 많으면서도 겸손하기로 / 그대 같은 이가 다시 또 있을까 / 순식간에 종이 백 장을 휘몰아 쓰면서 / 두 손으로 쓸 수 없음을 유감스러워하였네."[21]라는 시를 지어 그의 재주를 높이 기렸다. 하지만 『매천야록』에서는 "여규형과 정만조는 재능과 학문으로 명성을 떨쳤으나 개화 이후 그들은 외국인에게 아부해 남보다 뒤질세라 전전긍긍하므로 사람들은 모두 그들을 더럽게 여겼다."[22]라며 안타까워했다. 여규형은 1895년에 중추원 의관議官이 되었고, 일제 때는 제1고등보통학교 한문교사를 지냈다.

고영철(1853~?)은 역관 출신으로 강위, 김경수, 배전, 지석영, 백춘배, 변수, 지운영 등과 함께 육교시사의 동인이었다. 그는 1881년 영선사의 일원으로 뽑혀 중국으로 가서 톈진 기기창의 동국東局 수사학당水師學堂에서 양문양어洋文洋語를 배웠다.[23] 1883년 6월에는 미국 파견 전권대신 민영익과 함께 미국을 방문하고 돌아왔다. 그의 다양한 경력으로 미뤄볼 때 그는 아마도 박문국에서 외국 문헌의 조사나 번역에 종사했을 가능성이 크다. 고영철의 셋째 아들이 우리나라 최초의 서양화가로 꼽히는 춘곡 고희동이다.

동문학 사사 장박은 장석주張錫周라고도 불리는데, 1895년에는 법무대신까지 오를 만큼 출중한 능력을 인정받은 인물이었다. 황현의 인물평에 따르면, "그는 장성해 많은 서적을 탐독했다. 특히 서양학에 조예가 깊어 시속배들의 추대를 받았으므로 주사직에서 일약 협판으로 임명되었다."라면서 "장박의 성품은 강직해 법도를 따라 동요되지 않았으며 더욱 탐관오리를 미워해 그들을 법에 따라 처리했다."[24]라고 했다.

가쿠고로, 외사를 번역하다

박문국에서 가쿠고로의 역할은 무엇이었을까. 그는 수기나 회고록에서 자신이 박문국에서 가장 중요한 일을 처리한 것처럼 묘사했다. 자신이 박문국을 관장하는 주임이 되어 해외 사정에 밝은 사람들을 모집해 주사와 사사로 임명했다고 하는가 하면,[25] 외아문의 고문 겸 박문국의 주재를 맡아서 양반 계급의 젊은이를 선발해 그들에게 주사 또는 사사라는 관명을 주어 기자로 쓰고 자신은 그들을 감독했다고 증언했다.[26]

하지만 이것은 가쿠고로의 일방적인 주장일 뿐이다. 당시 공문서에는 그의 지위와 대우가 명확하게 밝혀져 있지 않다. 『한성순보』 7호에는 '일본인'이라고만 밝혀져 있다. 그의 공적 위상을 짐작해볼 수 있는 자료가 있는데, 김윤식의 증언이 그것이다. 김윤식은 가쿠고로가 증언한 대로 외아문 협판으로서 그를 가장 잘 알 수 있는 위치에 있었다. 또 가쿠고로와 친밀하게 지내며 그에게 글을 지어주기도 했다.

김윤식은 1885년에 지은 글에서 가쿠고로는 "박문국에서 2년 동안 손님으로 머물면서 문을 닫아걸고 외사外史를 번역했다."[27]라고 증언했다. 가쿠고로는 박문국에서 주로 외국의 역사를 번역하는 일을 맡은 것으로 보인다.

박문국의 인선 작업이 끝난 뒤부터 신문 창간 때까지 박문국의 활동상을 알 수 있는 자료는 남아 있지 않다. 당시 박문국에 참여하고 있던 가쿠고로가 후쿠자와와 『시사신보』에 보낸 글과 당시 회고록에서 단편적인 사실만 엿볼 수 있다. 박문국에서 신문이 창간되기 전인 1882년 10월 9일(음력 9월 9일) 『시사신보』는 다음과 같이 보도했다.

"조선국에서 신문지를 발행하는 일은 박사朴使[수신사 박영효]가 귀국한 뒤부터 동同 정부에서도 의논이 있었지만 한때는 거의 중지할 것 같은 상태였다. 근래 동 사무가 착실히 진행되어 『조선순보』라 칭하고 총리아문總理衙門[통리아문의 오류] 박문국에서 발행하게 된다. 신문은 내외 두 아문의 관리에 속하고 당상관, 주사, 사사, 대청직大廳直 등의 관직을 두어 그 사무를 담당하게 한다. 위에 말한 관원은 매일 저동의 집으로 출장을 가고, 활자 직공(조선인-원주)도 출두해 준비가 한창이다. 신문 원고도 벌써 정리되어 있고, 이제 일본 직공 한 사람이 도착하기를 기다려 곧 발행한다고 한다. 이는 지난달 22일 발發 통신에 보인다."[28]

이것은 1883년 9월 22일(음력 1883년 8월 11일) 가쿠고로가 『시사신보』에 보낸 통신문을 바탕으로 작성된 기사이다. 이 기사에는 당시 박문국에서 신문 창간을 준비하던 정황이 나타나 있다. 신문 이름을 '조선순보'라고 불렀는데,『시사신보』의 착오 때문인지 아니면 당시까지 신문 이름이 정해지지 않았기 때문인지 알 수 없다. 당시 조선인 활자 직공도 창간 준비에 참여한 사실을 알 수 있다. 일본에서 직공 한 사람이 오기를 기다린 것은 무엇 때문일까. 당시 인쇄 직공 사나다와 미와는 박문국에서 가쿠고로를 돕고 있었다. 두 사람 가운데 한 사람이 잠시 일본으로 떠났던 것인지, 두 사람 외에 인쇄기술자가 더 필요했던 것인지는 알 수 없다.

후쿠자와, 한글 활자를 팔려 하다

후쿠자와는 1883년 11월 21일(음력 10월 22일) 가쿠고로에게 편지를 보냈다. 음력 10월 1일에 나온『한성순보』창간호는 아직 받아보지 못한 때였다.

> "근일에는 신문지도 착수해서 곧 발행하신다니 거듭 힘써주시기 바랍니다. 또『시사신보』에도 매번 보도해주시니 무척 고맙습니다. (…) 경성에서 신문지 만드는 일에 덧붙여 조선의 가나假名(한글)를 쓸 수 있습니다.
>
> 조선 가나 활자 4호 문자
> 4천3백여 종류 각 150개씩
> 이들 총수는 64만 9천8백 개
> 대금 2천79엔36전
> 단 1개에 3리厘 2모毛
>
> 위의 제품이 있습니다. 만일 쓰신다면 보내드리겠습니다. 실은 이 제품을 팔면 이쪽

에서도 좋습니다. 다만 돈을 미리 보내지 않으시면 상담할 수 없습니다. 물품은 진실로 제 손에 있습니다만, 돈 쓸 일이 잦아서 돈 몇 푼으로 바꾸어서는 안 되는 형편입니다. 만일 그곳의 활판국에서 매입하게 된다면 위 대금 외에 포장비, 운임을 예상해서 여분의 돈을 조금 더해 보내주시면 바로 물품을 보내겠습니다. 사실을 증명하기 위해 일부러 노생老生이 말씀드립니다."[29]

이 편지는 후쿠자와가 자신이 소유하고 있는 한글 활자를 조선에 팔고 싶다고 가쿠고로에게 알리는 내용이다. 『후쿠자와 유키치 서간집』의 주석에 따르면, '조선 가나 활자'는 후쿠자와가 독단으로 모두 쓰키치활판소에서 주문한 것으로, 가쿠고로는 뒤에 『한성순보』를 『한성주보』로 개제하고 한자와 가나(한글) 문자를 혼용한 문체를 채용할 무렵 이것을 인수했다고 한다.[30]

한글 활자를 팔려고 했던 후쿠자와의 뜻은 조선에서 받아들여지지 않았다. 가쿠고로는 당시 상황을 다음과 같이 증언했다.

"[후쿠자와] 선생은 다른 사람에게 상의도 하지 않고 언문 활자를 주문했습니다. [조선에 함께 온] 일행은 나중에 이를 알고, 조선에서는 새롭게 신문을 만드는 것조차 세간에 반대가 많아서 걱정하고 있는데 언문을 사용하면 상류사회가 전혀 읽지 않게 될지도 모른, 당분간은 보류해주었으면 좋겠다고 부탁했습니다. 선생은 '좋다. 주조 비용은 내가 지불해두고 이것을 쓸 때가 오기를 기다리자'라고 대답했습니다. 이 언문 활자는 몇 년 뒤에 내가 매수한 것인데, 내가 조선에서 최초로 사용한 언문 활자가 된 것입니다."[31]

후쿠자와가 한글 활자를 주문한 것은 가쿠고로가 조선으로 떠난 뒤의 일이었을 것이다. 한창 신문 창간을 준비할 무렵에 후쿠자와는 가쿠고로에게 한글 활자를 구입해달라고 요청했다. 가쿠고로는 박문국 책임자와 국원들과 의논했지만 조선의 실정에 비추어 시기상조라는 의견이 지배적이었다. 결국 한글 활자 구입 건은 보류 또는 연기되었을 가능성이 크다.

후쿠자와의 명세서에 따르면, 한글 4호 활자 한 개의 값은 3리厘 2모毛였다. 1872년과 1873년 무렵에 히라노활판제조소에서 제작한 4호 활자값은 6~7리厘였고, 1875년 3월 25일 정부 소유 인서국印書局의 4호 활자 가격은 3리 2모였다. 그리고 1892년 12월 31일 도쿄쓰키치활판제조소에서 만든 4호 활자값은 2리 5모였다.[32]

김옥균, 한글 활자를 주문하다

위의 두 기록에는 후쿠자와가 다른 사람과 상의도 하지 않고 독단으로 한글 활자를 주문했다고 말했는데, 이것이 사실일까. 후쿠자와는 1895년 4월 12일에 「조선인에게 빌려준 돈에 대한 기억서朝鮮人への貸金の記憶書」를 작성해서 조선 정부에 제출했다. 그는 이 글에서 "[김옥균이] 조선문자의 활자를 주문해서 자국에서 저서, 신문 등의 사업을 일으키기 위해 그 활자 몇십만 개는 쓰키치의 히라노공장平野工場에서 만들었다."라고 기록했다.[33] '쓰키치의 히라노공장'이란 히라노 도미지平野富二가 1873년에 도쿄 쓰키치에 세운 활판제조소로, 1885년에는 주식회사도쿄쓰키치활판제조소로 발전한다.[34]

대금청구용으로 작성한 후쿠자와의 기록에 따르면, 한글 활자를 주문한 이는 김옥균이었다. 김옥균은 왜 일본에서 한글 활자를 주문해두었을까?

그는 1883년 5월부터 1884년 4월까지 1년여 동안 도쿄에 머물면서 일본 정부와 차관 교섭을 벌였다. 1883년 9월 초순(양력)부터 귀국할 때까지는 쓰키치의 아다와라마치小田原町에 머문 것으로 보인다.[35] 쓰키치에는 히라노 활판제조공장이 자리 잡고 있었다. 김옥균과 후쿠자와가 이곳에서 한글 활자를 주문한 것도 이와 무관해 보이지는 않는다.

김옥균이 한글 활자를 주문했다면 왜 그것을 후쿠자와에게 넘겼을까? 자세한 기록이 남아 있지 않아서 그 내막을 알 길이 없다. 김옥균은 후쿠자와의 조언을 듣고 앞으로 조선에서 신문을 창간할 경우 한글 활자가 필요할 것을 예상하고 이것을 주문했다가 차관 실패로 귀국할 때 후쿠자와에게 넘긴 것은 아니었을까?

후쿠자와가 1883년에 쓰키치활판제조소에서 한글 활자를 주문 제작해서 소유하고 있었다는 주장은 학자들 사이에 논란이 많다. 이 사실을 입증할 만한 자료는 후쿠자와와 가쿠고로의 증언 외에는 남아 있지 않다.

실제로 나중에 『한성주보』에 쓰인 한글 4호 활자는 1884년 6월에 쓰키치활판제조소에서 새롭게 제작한 것이었다.[36] 쓰키치활판제조소의 종자조각사種字彫師인 다케구치 쇼타로竹口正太郎가 그 활자를 만들었다. 다케구치는 1878년 2월에 입사해서 주로 명조체 한자 제작에 종사했다. 『인쇄세계印刷世界』 1권 2호(1910년 9월 20일, 인쇄세계사)에 실린 「직공표창록職工表彰錄」에는 다케구치(1868~1926)의 약력과 초상이 실려 있는데, 그 가운데 '조선문자를 제작'했다는 기록이 나온다. '조선문자의 제작'이란 쓰키치활판제조소가 인쇄를 담당했던 『메이지자전明治字典』에 사용된 것이었다.[37] 이 4호 활자는 이수정의 글씨를 바탕으로 만든 것으로 추정된다.

· · ·

『한성순보』,

논란의 중심에

서다

　1883년 10월 1일(양력 10월 31일) 마침내 『한성순보』 창간호가 나왔다. 창간호의 제1면에는 '한성순보'란 제호가 박혀 있다. '한성에서 10일마다 알리는 새 소식'이란 뜻이다. 제호 아래에는 발행 순서를 가리키는 '제1호'가 나오고, 그 아래에는 '조선 개국 4백92년 계미 10월 초1일'로 발행일을 나타냈다. 그 옆에는 발행소로서 '통리아문박문국'이 새겨져 있다. 통리아문은 '통리교섭통상사무아문'의 줄임말이고, 박문국은 『한성순보』를 발행하는 관청 이름이다. 난외의 왼쪽 상단에는 '중국광서 9년'이라고 박혀 있는데, 이는 중국의 연호를 가리킨다.

대조선 개국 연호가 명기되다

　『한성순보』에서 조선 개국 연호를 사용한 것은 퍽 의미심장한 일이었다. 이것은 조선시대 내내 지속되었던 시간 체제에 커다란 변화가 일어났다는

「한성순보」 창간호. 재단법인 아단문고 소장.

것을 지면에서 보여준 사건이었다. 조선은 그동안 외교문서 이외의 국가 공
식문서에서는 중국의 연호를 사용해왔다. 다만 외국과 맺은 조약에서는 '대
조선국 개국'이란 기년紀年을 사용해왔다. 그러다가 국가기관에서 발행하
는 관보에서 조선 개국 연호를 쓰고 청나라의 연호를 난외에 표기한 것이
다. 조선의 시간만이라도 중국의 시간체제로부터 자유롭게 하겠다는 의지
를 상징적으로 보여준 것이었다. 4호부터는 조선 개국 연호와 함께 청나라
의 연호가 아울러 표기되었다. 난외에는 서기가 사용되었다. 그전보다 후
퇴하긴 했지만, 당시 청나라 군대가 조선에 진주하고 있던 상황을 고려하면
주목할 만한 점이었다.

　　조선의 개국 기년이 국가 공문서에 사용되기 시작한 것은 갑오개혁 때부
터였다. 1894년 6월 28일에 군국기무처는 "지금부터 국내외 공사公私의 문
서는 개국 기년으로 기록할 것"을 규정한 의안議案을 국왕에게 올렸다.[1] 다
음 달인 7월 1일에 군국기무처는 "한성의 각 관청과 각 도, 각 읍에서 주고받

는 문서에 개국 기념을 쓰도록 공문을 띄우겠다."²⁾라는 안을 올려서 그대로 시행하도록 결정되었다. 조선 개국 504년(고종 32, 서기 1895년) 음력 11월 17일을 조선 개국 505년이자 건양 1년(고종 32, 서기 1896년) 양력 1월 1일로 선포함으로써 태양력인 그레고리우스력이 조선의 공식 역법으로 채택되었다.

창간호에는 신문 창간사에 해당하는 「순보서旬報序」가 실려 있다. 신문의 강령을 체계적으로 서술한 글이다. 서문은 과거와 현재를 날카롭게 대비함으로써 변화의 당위성을 역설했다. 과거에는 나라와 나라 사이에 산천이 가

『한성순보』 창간호의 체재

- 광곽(匡郭, 판의 네 둘레를 둘러싼 선, 테두리선): 사주쌍변(四周雙邊, 판의 네 둘레를 둘러싼 테두리선이 두 개)
- 광곽의 크기: 세로 23.5cm×가로 17.5cm, 오늘날 B5판형(사륙배판, 25.7×18.2cm)과 비슷함
- 활자 크기: 제호와 발행소를 제외하고 기사 제목과 본문 글자는 4호 명조체 활자(4.6mm, 일본 히라노활판제조소에서 제작한 것), 한글과컴퓨터의 한글 2007 기준 14포인트
- 사용 문자: 한자, 띄어쓰기와 구두점 없음
- 글자 방향: 세로쓰기, 위에서 아래로, 오른쪽에서 왼쪽으로 읽어감
- 계선(界線, 각 행간을 구분하기 위해 긋는 선): 무계無界
- 행자수行字數: 17행 47자, 3호부터는 23행 47자로 행 간격이 줄어듦
- 면수: 18면
- 단수: 1단
- 발행주기: 10일
- 제책 방식: 앞면 인쇄 뒤 가운데를 접어 철함
- 용지: 수입 서양지³⁾
- 목차: 순보서旬報序, 내국기사(市直探報 등), 각국근사各國近事, 지구도해地球圖解, 지구론地球論, 논주양論洲洋, 정오正誤, 공고公告

로막혀 있었다. 문물과 제도가 달라서 멀리 덕이 베풀어지거나 힘이 미치지 못했다. 요즘은 달라졌다. 선박이 전 세계를 누비고 전선이 서양까지 연결되었다. 게다가 나라 사이에 공법을 제정해 국교를 수립하고 항만과 포구를 쌓아 서로 교역하고 있다. 남북극이나 열대, 한대 할 것 없이 모든 나라가 이웃 나라와 다름이 없어졌다.

"우리 조정에서도 박문국을 설치하고 관리를 두어 외보外報를 폭넓게 번역하고 아울러 국내의 일까지 기재해 나라 안에 알리고 동시에 여러 나라까지 반포하기로 하고 이름을 『순보』라고 했다." 이렇게 신문을 발행하는 까닭은 "견문을 넓게 하고, 여러 가지 의문점을 풀어주고, 상리商利에도 도움을 주고자" 한 것이었다. 중국과 서양의 관보官報나 신보申報를 우편으로 주고받는 것도 그 때문이었다. 신문 안에는 세계의 지리, 정치, 법령, 기계, 빈부 등부터 인품의 선악과 물가의 고저까지 사실대로 정확히 실어 밝게 알수 있게 했다. 여기에는 포폄과 권선징악의 뜻도 담겨 있었다.

시장의 물가 정보가 실리다

창간사에서 눈길을 끄는 대목이 있다. 중국과 서양의 신문을 우편으로 주고받아 정보를 얻고 이를 번역해서 널리 알리겠다는 말이다. 지금까지의 자족적인 세계에서 벗어나 여러 문명국과 함께 어깨를 나란히 하겠다는 다짐이었다. 서문에서 '상리'를 거론한 것도 주목할 만하다. 이는 상업과 이익을 천대하던 전통적인 관념에서 멀리 벗어난 것을 뜻한다. 창간호부터 '시치탐보'市直探報가 실렸다. 이것은 시장의 물가 정보를 제공하는 것으로, 제9호(1883년 12월 21일)를 제외하고 매호 수록되었다. 창간호 마지막 면에는 한

면에 걸쳐 사고社告가 실려 있다.

> "8월 20일 본국이 성상의 유지論늡를 받들어 특별히 국을 설치해서 10월 1일부터 처음으로 순보를 발행했다. 그러나 우리들은 평소에 재주가 없고 지식이 거칠어서 우리나라의 일도 제대로 알지 못하는데, 더구나 천하의 정세를 어찌 알겠는가. 오직 각국의 신문과 고금도서의 촬요撮要(요점을 골라 간추림)와 집성에 의거해 약간을 엿볼 뿐이다."

순보서와 사고에서 알 수 있듯이, 당시 『한성순보』에 실린 외국 기사들은 외국의 신문과 책에서 인용하거나 발췌한 것이었다. 이 글 아래에는 3항의 규칙을 제시했다.

제1항은 독자들이 잘못된 점을 바로잡아줄 것을 부탁하는 내용이다. 시무에 밝은 여러분이 기록된 내용 가운데 뜻이 자세하지 않거나 이치가 미진한 점을 지적해준다면, 반드시 신문에 실어서 잘못을 바로잡겠다고 다짐했다. 제2항에서는 지면의 제약 때문에 긴요한 것만 간추려서 기록했으므로 독자가 전체를 알고 싶다면 자세히 알려드리겠다고 말했다. 마지막 제3항에서는 신문 구독 방법을 안내했다.

> "혹 시사에 관심을 두어 꼭 사서 읽어보시고자 하면 서울에 계시는 분은 저동에 있는 박문국으로 오셔서 말씀하십시오. 지방에 계시는 분은 경저京邸(각 지방에서 서울에 파견한 경저리가 임시로 묵으면서 그 지방 관청의 일을 대행하던 곳)로 서신을 보내시면 본국에서 힘껏 주선하겠습니다. 부치는 우송료는 본국에서 부담합니다."

『한성순보』는 국가에서 발행하는 관보나 마찬가지였다. 주요 독자는 현직 관리였다. 일반인도 독자가 될 수 있었다. 관심 있는 독자가 있으면 박문국에 직접 찾아와서 구입할 수 있었다. 지방에 사는 독자에게는 부쳐주겠다고 했다. 당시 조선에는 우편제도가 도입되지 않았다. 이듬해인 1884년 10월 1일에야 우정총국에서 우정사무를 시작했다. 따라서 위에서 말한 '우송료'란 아마 인편으로 부치거나 한성에 있던 경주인京主人(중앙과 지방 관아의 연락 사무를 담당하기 위해 지방 수령이 서울에 파견하던 아전이나 향리)이나 영저리營邸吏(각 감영에 속해서 감영과 각 고을 사이의 연락을 맡던 아전이나 향리)를 통해 보내주겠다는 뜻이었을 것이다.

3천5백부를 발행하다

창간호 기사만 보면 『한성순보』가 무가지였는지 유가지였는지 알 수 없다. 당시만 해도 신문을 유료로 판매하겠다는 방침은 아직 세워지지 않았는지도 모른다. 제8호(1883년 12월 11일)의 마지막 면에 신문 구독료가 처음 밝혀져 있다. '매1권 가전價錢 아我 동화銅貨 30문文'이었다. 8호에 실린 당시 물가를 보면, 싸전米廛에서 파는 하미下米 한 되(1升)가 60문이었다. 하미 반 되가 신문 1부 값과 맞먹었다. 저포전苧布廛에서 파는 하급 저포下苧布 한 자(1尺) 값도 신문 1부 값과 같았다. 1881년 10월에 부산에서 발행된 일본 신문『조선신보』의 1부 값 4전(40문)보다는 쌌다.

『한성순보』는 4호(1883년 11월 1일)에 이르러 지면에 몇 가지 변화가 나타났다. 인쇄용지가 서양 종이에서 한지로 바뀌었다. 4호에서 가장 눈에 띄는 변화는 1면에 나타났다. 제호 아래에 발행소가 왼쪽에서 오른쪽으로 이동하면서 '통리아문'이 빠지고 '박문국'으로만 간략해졌고, 아래에 '제4호'가 나타난다. 그 왼쪽에는 '조선 개국 492년 계미 11월 초1일'과 함께 '중국 광서 9년'이 표기되어 있다. 그전까지 중국 연호는 왼쪽 상단의 난외欄外에 있다가 제호 아래로 옮겨간 것이다. 중국 연호가 있던 자리에 서기 연호, 곧 '서력 1천8백83년 11월 30일'이 표기되었다. 신문 한 면에 조선, 중국, 서양의 연호가 동시에 등장한 것이다. 이런 시간표기 형식은 현재 남아 있는 『한성순보』의 마지막 호인 36호까지, 그리고 『한성주보』에서도 지속되었다.

당시 『한성순보』는 몇 부나 발행되었을까? 언론학자 정진석은 지방관청에서 납부한 구독료와 구독 부수를 토대로 『한성순보』와 『한성주보』가 매호 3천 부 정도 발행되었을 것이라고 추정했다.[4] 이 발행부수를 뒷받침해주는 결정적 증거가 남아 있다. 『시사신보』 1884년 1월 25일자(음력 1883년 12월 28일) 기사가 그것이다.

> "조선의 『한성순보』는 3천5백 책여冊余를 인쇄, 3천 책은 지방으로, 2백 책은 경내京內로 관명官命으로 팔아넘긴다. 3백 책은 사보고 싶은 자에게 매호 값 30문으로 판다. 어느 쪽으로도 몹시 평판이 좋다고 한다. 특히 해당 신문에 게재된 「지구설략」, 「5대주」 기사 등에서 지구의 모습이 어떤지, 5대주 각국의 대소와 강약이 어떤지 성대하게 논의하고 연호를 쓰고 이학理學의 일도 다루었기 때문이라고 한다."[5]

이 기사가 실린 날짜를 보면, 당시 『한성순보』는 9호(12월 21일)까지 발행되었다. 두 나라 사이의 교통 사정을 고려하면 7호(12월 1일)나 8호(12월 11일)까지 발행된 상황을 반영할 것이다. 이 기사는 『한성순보』 발행부수가 3천5백 부라고 명시하고, 그 내역까지 자세히 기록했다. 이는 정확한 정보일 것이다. 당시 신문의 편집 내지 실무를 맡고 있던 가쿠고로가 보낸 자료를 토대로 작성되었을 것이기 때문이다.

당시 신문 발행부수 3천5백 부는 얼마만 한 규모였을까. 1883년 12월 30일 한성부의 발표에 따르면, 전국의 호구 수는 157만 3,387호였고, 인구 수는 662만 8,587명이었다.[6] 당시 인구를 『한성순보』 발행부수로 나눠보면, 인구 1,894명당 신문 1부에 해당한다. 당시 인구 규모나 교육 수준, 문맹률, 교통 통신 상황 등을 고려해본다면 이 발행부수는 대단히 많은 편이었다.

돌려가면서 신문을 읽다

조선시대에 서적이나 문헌을 생산하고 유통하는 일은 무척 제한적이었다. 교서관을 비롯한 중앙부서나 지방의 감영이 서적 생산의 중심지였다. 한 번 간행된 서적은 필요에 따라 중앙이나 지방 관아 또는 민간에서 다시 인쇄될 때도 많았다. 기본적으로 국가에서 생산한 서적은 공적인 시스템에 따라 배포되었다. 왕이 무상으로 하사한다는 뜻에서 이를 반사頒賜라고 했다. 개인이 서적을 간행해서 자유롭게 판매하는 일은 드물었다.

조선시대에 서적의 간행 부수는 결코 많지 않았다. 공식적인 반사에 따라 서적이 유통되었기 때문이다. 대체적으로 1백 부에서 2백 부 정도 간행된 것이 평균적이었다. 해마다 관상감(4천 부)과 교서관(1천 부)에서 인쇄해서 여러 관청과 각 고을, 관리들에게 나누어준 책력, 2,940부를 제작한 『삼강행실도』와 4,750부를 찍은 『규장전운』은 특수한 예외에 속했다.[7]

위의 『시사신보』 기사에서 눈길을 끄는 점이 있다. 한성에서 사고 싶은 자에게 3백 부를 팔았다는 내용이다. 3천2백 부는 지방 관청이나 중앙 관료들에게 판매되었지만, 3백 부는 순전히 일반 독자들이 구입한 부수였을 것이다. 당시 신문은 혼자서만 읽는 것이 아니었다. 승정원에서 매일 발행하던 조보의 경우, 고위관리 등에게 배포되면 여러 사람이 돌려가면서 읽었다.[8] 10여 년 뒤의 일이지만, 서재필은 『독립신문』 한 부를 2백여 명이 돌려서 읽었다고 증언했다. 『코리안 리포지터리』 1897년 12월호에서는 신문 한 부를 적어도 85명이 읽는 경우가 있다고 보고했다.[9]

『한성순보』는 뜻밖에도 발행부수가 많았다. 독자는 주로 관리와 관청 소속 아전이었지만, 전국 각지에 고루 보냈고 일반인과 외국인까지 읽을 수 있었다. 거기에 담긴 기사도 당시로서는 참신했다. 그전에는 어디에서도 쉽게 볼 수 없는 외국의 다양한 문물과 정보 그리고 편집자와 기자들의 논리적 주장 등이 담겨 있었다. 『한성순보』가 당시 독자들에게 미친 영향은 적지 않았을 것으로 보인다.[10]

의견과 평판이 구구하다

가쿠고로는 『한성순보』가 나오자마자 일본의 언론 단체에 보내주었던 듯하다. 당시 일본 신문에서는 『한성순보』 창간 소식을 알렸다. 1883년 11월 27일(음력 10월 28일) 『도쿄니치니치신문』은 「한성순보」란 제목의 기사를 실었다. "이번에 조선 정부 통리아문 박문국에서 제호와 같이 관보를 발행하게 되어 당사當社로도 제1호를 보내주었다. 그것을 보니 마치 우리 관보의 체제로 제1에 내국기사가 있"다고 전했다. 같은 날짜 『시사신보』는 「한성순보(관보)의 발행」이란 제목으로 더욱 자세하게 소개했다.

"지난번부터 조선 정부에서 관보를 발행할 기획이 있다는 것은 본지에 자주 실었다. 지난달 31일(즉 조선 개국 492년 계미 10월 1일−원주) 동국同國 통리아문 박문국에서 『한성순보』라는 제목을 달고 제1호를 발간해 1책을 당사에 우송해주었다. 그 체재는 우리 정부의 관보와 같다. 활자는 모두 4호이고 용지는 서양지이다. 내외국 기사와 논설을 모두 한문으로 기재했다. 첫머리에 서序가 있다. 마지막에는 3조의 규칙을 내걸었다. 오늘은 [지면의] 여백이 없으므로 다음 호에 이를 게재하겠다."[11]

가쿠고로는 스승 후쿠자와에게도 『한성순보』를 보내주었다. 그의 지도를 받고 조선에 와서 발행한 신문이었기에 스승에게 평가받고 싶었을 것이다. 후쿠자와는 『한성순보』 제2호까지 받아서 읽었다. 그는 1883년 12월 15일(음력 11월 16일)에 가쿠고로에게 격려의 편지를 보냈다.

"그곳의 신문지는 제2호까지 받았습니다. 한 걸음 한 걸음 [나아가는 모습이] 모두 좋습니다. 한결같은 마음으로 힘쓰시기 바랍니다. 혹은 [신문에 실을] 재료를 [찾기] 위해 해외의 신문지를 사보는 것도 긴요할 것입니다. 따라서 영문을 번역할 인물도 써야 할 것입니다. 이어서 지면에 그림을 실으면 한인의 이목에 새로운 바람을 넣을 것입니다. 또는 조선의 가나[한글] 한자를 써서 친근한 자연과학理學, 의학의 도리를 알게 하고, 또는 골계 재치 경연도 [신는다면] 절묘할 것입니다. 어쨌든 가나는 빨리 사용하시기 바랍니다. 한문만으로는 구역이 협소하고 분명히 말할 수 없습니다. 실은 가나문을 써서 조선의 옛 주의를 아주 달라지게 하고 싶습니다. 일본에서도 낡은 견해를 물리친 것은 오직 통속문의 힘이라고도 할 수 있습니다. 결코 등한하게 보아서는 안 될 것입니다."[12]

후쿠자와는 제자의 공로를 칭찬하면서 더욱 분발할 것을 주문했다. 당부의 말도 빼놓지 않았다. 그는 『한성순보』에도 일본의 신문 기법을 활용해보라고 권했다. 조선 신문에 만화를 싣고 자연과학을 쉽게 설명하고 골계 경연대회까지 열면 좋을 것이라고 생각했다. 신문에 한글을 사용하라고 당부한 것이 눈길을 끈다. 문명의 진보와 문자의 힘을 연결할 줄 아는 데서 후쿠자와의 사상가적 안목을 엿볼 수 있다.

『한성순보』가 창간된 뒤 독자들은 어떤 반응을 보였을까? 안타깝게도 그것을 직접 확인할 수 있는 자료는 남아 있지 않다. 다만 몇몇 단편적인 기록에서 짐작해볼 수밖에 없다. 가쿠고로는 신문이 나오자 "세간에서 그 필요를 인정"[13]하게 되었고, "국왕 전하도 『한성순보』를 보고 국민들을 개화시키는 데 도움이 될 것이라고 격려해주었다."[14]라고 말했다.

격려와 칭찬만 있었던 것은 아니었다. 반대와 비난도 만만치 않았다. 가쿠고로의 증언처럼 "제1호가 세상에 나타나자 이에 대한 의견과 평판이 구구했다. 특히 청국 사람들의 비난은 극심하기 이를 데 없었다. 그들은 서양의 종교를 전파하는 도구로 쓰기 위해, 또는 일본을 찬양하기 위해 이 신문을 만들었다고 꾸며댔다. 또한 『이언』 6책을 조선말로 번역해서 국내에 배포하는 것을 그 목적으로 하고 있다고 모함했다."[15] 그의 말은 과장이 아니었다. 당시 상하이에서 발행되고 있던 『신보申報』는 1884년 3월 10일에 「조선근사朝鮮近事」란 제목의 기사를 실었다.

"조선에서는 지난해 겨울 10월부터 일본인의 계책을 듣고 박문국을 설치하고 순보를 간각刊刻했다. 협판 외무아문 김만식과 그 주사들이 10일마다 1본本을 새겨서 번번이 태서[서양]를 칭찬하고 중국을 박하게 하며 또한 일본인에게 많은 말을 해석하게 했다. 조선에 있는 중국인 가운데 절치통한切齒痛恨하지 않은 자가 없었다."[16]

필화사건이 일어나다

당시 조선에 있던 중국인들과 친중국 성향의 조선인들에게『한성순보』는 결코 달가운 존재가 아니었다. 조선 정부에서 간행하는 신문에 일본인이 관여하는 게 무엇보다 신경을 거스르게 했다. 기사 가운데는 중화주의 질서를 허물거나 상대화하는 근대적 지식과 정보가 실려 있었다. 임오군란 뒤 세력을 확장해가던 중국으로서는 불쾌하기 짝이 없는 일이었다. 이런 상황에서 갑자기 필화사건이 일어남으로써 마침내 악감정이 폭발하고 말았다.

사단의 발단은 우발적인 살인사건에서 비롯했다.『한성순보』제10호 (1884년 1월 3일, 양력 1월 30일)에「화병범죄華兵犯罪」란 기사가 실렸다. 오늘날 사회면에 해당하는 국내사보國內私報란에 보도한 것이었다.

"어젯밤 중국 병정이 평소 서로 면식이 있는 종로 광통교 옆 약국藥舖에 갔다. 그는 전에 약재를 많이 샀지만 약값을 갚지 못한 것이 많았다. 주인이 약을 가지러 안으로 들어간 사이에 주인의 아들이 앞서 사간 약값도 갚지 않고 또 와서 외상을 하려 한다고 다투다가 마침내 욕설까지 했다. 분을 참지 못한 병정은 갑자기 권총을 꺼내 주인의 아들을 쏘아 죽였다. 주인이 안에서 나오자 그 병정은 당황한 나머지 엉겁결에 또 한 발을 쏘아서 주인을 쓰러뜨리고 도망쳤다. 이런 소란이 알려져서 이웃 사람들이 모두 모였다. 하지만 두 사람의 시체를 어쩌지 못해서 급히 관청에 알렸다.

날이 밝자 중국 대진大陣의 날쌘 기병飛騎이 왔다 갔다 하면서 현장을 친히 조사하는 한편, 그날로 각 진을 크게 수색하고 사방으로 조사했다. 이튿날 주인은 다행히 살아났지만 범인은 아직 찾지 못해서 각 진에 현상금을 내걸고 찾는 중이다. 만약 찾으면 그날로 법에 따라 처단할 것이라고 한다. 중국 병사는 대부분 각처에서 모집해 부대를 편성했다. 그래서 사기가 드높을 뿐 아니라 군율도 매우 엄격한데, 뜻밖에 이런 변이 생겼다. 그러나 다행히 여러 진에서 엄격하게 병사를 다스리는 데 힘입어 성 안이 무사하고 군민이 평안했다."

이 기사는 살인사건을 객관적으로 서술했다. 특히 기사 말미에서는 중국 병사의 사기와 군율을 칭찬까지 했다. 일방적으로 중국인을 비난한 기사라고 보기 어려웠다. 하지만 이것은 전혀 예상치 못한 반응을 불러일으켰다. 한중일 세 나라 사이에 큰 외교적 파문까지 몰고 온 사건으로 커져버렸다.

그다음 호인 11호(1884년 1월 11일)에는 후속 보도가 실렸다. 「화병징판華兵懲辦」이란 제목을 단 이 기사는 "일전에 중국 진영에서 범죄를 일으킨 중국 병정을 수색해서 3명을 잡아 참수하고 효경교孝經橋 입구에 그 목을 달아놓았다. 군대의 기율이 숙연해지고 군오軍伍가 안정되었다."라고 전했다.

"흉수는 중국인이 아니다"

이 사건이 보도된 지 두 달이 지나도록 별다른 소동은 일어나지 않았다. 1884년 3월 18일, 청총판조선상무淸總辦朝鮮商務 진수당은 조선의 박문국 순보국과 독판교섭통상사무 김병시 앞으로 다음의 공문서를 보내왔다.

"이달[3월] 13일에 북양대신[이홍장]이 보낸 공문을 받들어 열어보니, 한성의 최택영 약국에서 인명이 다치고 죽은 일이 일어났는데, 흉수兇手가 중국인이 아니니 확

실하게 조사하고 분명하게 처리해서 다 보도해야 한다고 했습니다. (···) 귀국의 제10

호 순보를 보니 「화병범죄」 1조를 간행했고, 제11호 순보에 「화병징판」 1조를 간행

했는데, 말의 진실함과 명확함은 마땅히 참된 근거가 있어야 합니다. (···) 「화병범죄」

와 「화병징판」의 두 기사를 다시 살펴보니, 위에는 '국내사보'國內私報란 글자가 있

는데, 일은 수레바퀴 아래에 있어 이목이 가장 가깝고 참됩니다. 반드시 귀국의 각

관리가 확실하고 간절하게 진실과 증거를 조사하고 밝혀 비로소 신문을 간행하고

아울러 반 글자라도 허위가 없어야 합니다. 만약 각국 사가私家의 일보日報에서 풍

문을 듣고 기록한다면 이것은 관보가 아닙니다.""[17]

느닷없는 반응이었다. 이 사건은 청나라의 최고급 대신이 개입함으로써
정치적 파장이 걷잡을 수 없이 커져버렸다. 이홍장이 몸소 신문기사에 문제
를 제기했다. 관보에 사실이 아니라 풍문을 보도할 수 있느냐고 따진 것이
었다. 조선 정부에서는 전전긍긍할 수밖에 없었다.

1884년 3월 24일 독판교섭통상사무 김병시는 진수당에게 회답을 보냈
다. 그에 따르면, 3월 20일 통리아문에서는 박문국에 공문서를 보내 사건의
전말을 물었다. 이 사건을 보도한 사람은 올해 정월에 최택영 약점의 일을
몰래 조사해보았다. 사건이 모두 형조의 의안議案에 실려 있었다. 증인을 불
러서 물어보니 범인의 말과 의복이 중국인 같았다고 답했다. 조선 정부에서
는 오장경 군문軍門에 공문서를 보내 자세히 물어보았다. 군문의 답신에 따
르면, 군문에서 사방으로 군사를 보내 범인을 체포하게 했다. 여러 사람을
붙잡았는데, 주범의 이름을 알기가 어렵지 않았다. 확실한 신문을 기다려
서 다 법에 따라 엄히 징계하겠다고 했다.

조선에서는 일반 백성들이 무기를 지니는 것은 불법이었다. 이번에 흉악

한 범죄를 저지른 사람은 서양 총과 환도 등의 무기를 지니고 있었다. 일반 백성의 소행은 아니었다. 사람들은 모두 범인이 중국 군사華兵라고 말했다. 중국의 각 군대에서 사건을 조사해서 중국 군사 세 사람을 효경교 위에서 처형했다고 들었다. 백성들은 이들이 최 약점의 흉악범이라고 떠들썩하게 말했다. 이 때문에 사보私報에 실었고 마침내 순보로 간행했다.

> **"본국은 비록 관설官設이지만, 따로 「국내사보」란을 만들어 항간의 이야기閭談를 채록해서 신기한 이야기異聞를 알게 했습니다. 이런 경위는 순보 제5호에 설명했습니다. 이 살인사건命案은 다른 일과 다릅니다. 다만 항간에 떠도는 이야기에 의거했으니 참으로 잘못된 정황이 있습니다. 이에 따라 제10호와 제11호에 실린 살인사건과 징계 등의 일을 살펴보았습니다. 과연 전해진 이야기이고 아울러 확실한 공초와 사실의 증거가 없었습니다. 해당 국원은 스스로 오류를 깨닫고 과오를 깊이 뉘우치고 있습니다. 다시 낱낱이 살펴서 따져볼 일의 실마리가 없으므로 사리에 맞게 공문서를 보내 회답합니다."[18]**

청나라의 압력에 굴복하다

김병시는 청나라의 압력에 굴복하고 말았다. 그는 『한성순보』 기사가 항간에 떠도는 이야기를 수록했을 뿐 확실한 증거가 없다고 털어놓았다. 두 사람의 외교문서에서는 문제의 기사가 '사보'에 실린 것이 논란이 되기도 했다. 『한성순보』 제5호(1883년 11월 11일)에 실린 「국내사보」에 따르면, 동서양을 막론하고 신문에는 '관보'와 '사보'가 있어서 각각 독자성을 유지한다. 조선에는 아직 사보가 없어서 기록할 만한 것들이 대부분 흩어지고 만다. 항간에서 보고 들은 중요한 일을 기록하되 한가롭거나 쓸데없는 말은 일체 기록하지 않고 관보의 체재에 따르겠다고 했다.

김병시가 해명했지만 중국은 고분고분 넘어가지 않았다. 진수당은 3월 26일에 다시 통리아문으로 공문을 보냈다. 지난번 회신에서 『한성순보』의 보도가 박문국의 오류라고 밝혔지만, 이 안건이 어떻게 처리되었는지 공개적으로 발표한 것이 없었다. 범인이 어떤 사람과 관계되었는지 깊이 살피지도 않았다.

지난 3월 13일에 미국 대사가 서신을 보내왔다. 어떤 중국 병사가 자신을 시중드는 지역 주민의 집안에서 소란을 일으켰다고 전해온 것이었다. 진수당은 중국군東防華軍에게 알려서 그를 빨리 잡아오게 했다. 막상 잡아와서 보니 그는 중국 병사가 아니었다. 지역 주민 최성균으로, 머리를 깎고 중국인 모자와 옷과 신발을 착용하고 있었다. 그를 신문한 뒤에 통리아문으로 보내서 신문하게 했다.

중국 외교부는 중국인들에게 밤 12시 이후에는 거리에 다니지 못하게 금지했다. 범인을 잡기 위해 현상금까지 내걸었다. "범인을 붙잡는 자에게는 양은 2백 원, 범인을 잡도록 도움을 주는 자에게는 양은 1백5십 원, 사정을 알고 증거를 알린 자에게는 1백 원, 중국인 복장을 하고 꾸민 자를 붙잡는 자에게는 5십 원"이 상금이었다. 진수당은 이 고시를 눈에 잘 보이는 곳에 붙이고 널리 알려줄 것을 요청해왔다.[19] 통리아문은 4월 9일 중국 외교부에서 작성해 보낸 포고문을 등사해서 종가와 성문 여러 곳에 붙였다.[20]

이것은 당시 국가 간의 외교적 역학관계를 가감 없이 보여주는 사건이었다. 조선은 기세등등하던 중국의 위세에 감히 맞서지 못했다. 통리아문은 조선 주재 중국 외교부의 주장을 전적으로 받아들였다. 명확한 근거도 없이 신문기사의 오류를 인정해버렸다. 물의가 빚어진 이상 어떤 형식으로든 내부적으로 책임을 묻지 않을 수 없었다. 문제의 기사를 작성한 것으로 보이는 가쿠고로는 결국 박문국에서 손을 떼지 않을 수 없었다.

　김병시는 「화병범죄」 기사를 쓴 "해당 국원은 스스로 오류를 깨닫고 과오를 깊이 뉘우치고 있"다고 진수당에게 알렸지만, 당사자의 증언은 전혀 달랐다. 그의 발언을 간추려 보면 다음과 같다.

　한성에서는 약을 파는 상인들이 여러 곳에 가게를 차리고 '약국'이라고 이름 붙였다. 어느 날 밤 한 청나라 군인이 약국에 들어갔다. 그는 인삼을 사고 그 값을 지불하지 않았다. 주인이 인삼값을 치러달라고 요구했다. 청나라 군인은 오히려 화를 내며 그 자리에서 주인을 총으로 쏘아 죽이고 도망가버렸다. 피해자는 이 사실을 조선 관리에게 신고했다. 조선 정부는 즉시 이 사실을 청나라 군대에 알렸다. 청군은 범인을 수색하기는커녕 적반하장격으로 대처했다. 자기 나라 군인은 규율이 엄격하다, 그런 사건을 저질렀을 리가 없다, 조선 사람이나 다른 나라 사람이 청나라 군인으로 가장하고 저지른 행위일 것이라고 주장했다. 조선 사람 가운데 이를 개탄하는 사람이 많았다.

　가쿠고로는 『한성순보』 제10호에 그 사건을 실었다. 신문이 발행되자 청군은 크게 분개했다. 제10호의 배포를 금지하라고 조선 정부에 압력을 넣었다. 가쿠고로는 청군의 모든 요구를 거부했다. 청나라 사람들은 가쿠고로를 위협하기도 했다. 어느 날이었다. 가쿠고로는 길을 걸어가다가 머리가 쭈뼛할 만큼 놀라운 장면을 목격했다. 청나라 군인 두세 명이 자신의 이름을 크게 쓴 종이를 칼에 꽂아들고 거리를 활보하고 있었다.

　당시 가쿠고로는 혼자서 박문국에 거주하고 있었다. 일본 공사관에서는 그를 보호하기 위해 어떤 조치도 하지 않았다. 단지 참모 대위 이소바야시 신조磯林眞三[21])가 매일 밤 가쿠고로의 숙소에 와서 함께 잠을 잤다. 이소바야시는 항상 베개 밑에 총과 칼을 놓고 잠을 잤다. 다행스럽게도 가쿠고로는 재난을 면하고 피해도 입지 않았다.

그로부터 1개월 정도 지난 뒤였다. 북양대신 이홍장이 『한성순보』 기사를 비난하는 편지를 조선 정부와 박문국에 보내왔다. 이홍장은 관보에 실린 제10호의 기사를 묵과할 수 없다고 강조했다. 조선이 청나라에 무례를 범했다는 것이었다.

이홍장의 편지를 받고 조선 정부와 박문국 직원들은 크게 우려했다. 가쿠고로는 "그 기사는 이노우에 가쿠고로 한 사람의 생각을 기사화한 것이다. 실제로 책임은 나 한 사람에게 있다. 나 혼자 책임을 지겠다."라고 해명했다. 가쿠고로는 스스로 그 직위에서 물러났다. 그는 1884년 5월(양력)에 박문국의 일을 주사와 사사에게 일임하고 한성을 떠났다.[22]) 가쿠고로는 다른 글에서 『한성순보』 제16호(1884년 3월 1일)가 발간됨과 동시에 외아문 고문과 박문국 주재의 직위에서 물러나 일본으로 돌아갔다고 밝혔다.[23]

필화가 언론을 만들다

하지만 가쿠고로의 증언은 공문서의 기록과 여러 면에서 다르다. 무엇보다 「화병범죄」 기사 자체가 그의 증언과 어긋난다. 신문기사는 청나라 군대의 엄격한 군율을 칭찬했지만, 가쿠고로는 청군의 무례한 태도만을 부각했을 뿐이다. 청나라가 신문의 배포를 금지해달라고 요청했다는 것도 그의 발언 외에는 어떤 공식 기록도 남아 있지 않다. 가쿠고로가 사직한 일도 자청했는지 박문국의 공식 요청이었는지 분명하지 않다. 그에게 필화사건의 책임을 물었다는 사실은 조선의 공식문서에서 찾아볼 수 없다.

「화병범죄」 기사를 둘러싼 외교적 분란은 우리나라 최초의 신문 필화사건이었다. 논란은 크게 세 가지였다. 중국 고위자는 보도 행위 자체를 문제 삼았다. 왜 불미스러운 사건을 굳이 기사화했느냐는 항의였다. 둘째는 보도자의 자격이었다. 여기에는 조선의 신문에 참여한 일본인 기자나 편집자에 대한 민족주의적 적대감이 깔려 있었다. 셋째는 보도매체의 정체성에 대한 문제제기였다. 『한성순보』는 분명 '관보'인데 왜 '사보'처럼 풍문을 보도하는지 따진 것이었다. 여기서는 풍문이라는 구술문화적 전통에 대한 폄하와 기사라는 문자문화적 행위에 대한 과도한 의미부여가 충돌하고 있었다.

이 사건은 당시 국제적 역학관계를 폭로하는 막간극 가운데 하나였다. 하지만 언론의 힘이 처음으로 공적 논란의 장으로 떠올랐다는 점에서 그 의미가 적지 않았다. 이제 말과 언어는 밀폐된 공간에서 소수자들에게 눈과 귀로만 떠도는 것이 아니라, 이념적으로는 모두가 관중과 참여자가 될 수 있는 탁 트인 광장에서 널리 퍼져가고 반향을 불러일으키는 시대가 되었다는 것을 상징적으로 보여주었다. 필화가 언론을 만들었다.

불타는 박문국,

혁명정치의

파산

가쿠고로가 필화사건으로 박문국을 떠난 뒤에도 『한성순보』는 순조롭게 발행되었다. 가쿠고로는 "박문국의 [신문] 편찬은 나 없이도 몇 개월간은 지장이 없었다. 인쇄는 조선인이 잘 이해했다. 직공 감독은 나보다 앞서서 일본으로 돌아갔다. 내가 떠난 뒤에도 국원 일동에게 발행을 계속하도록 분부해두었다."[1]라고 말했다. 그의 증언대로라면 신문의 편집과 인쇄 등 기술적인 영역에서 이제 박문국은 완전히 조선인의 손으로 운영되었다.

하지만 박문국의 조선화는 그다지 행복한 결말을 맺지 못했다. 박문국과 『한성순보』는 돌연 비극적 종말을 맞이하고 말았다. 1884년 10월 17일 갑신정변이 일어나면서 박문국과 인쇄공장이 불타버렸다. 활자와 인쇄기도 녹아버렸다. 얄궂게도 일본에서 신문과 인쇄기라는 근대문명과 문화를 도입해온 당사자들이 도리어 그것을 파괴하는 데 앞장섰다. 참으로 희비극적 운명이었다.

오늘날 『한성순보』는 제36호(1884년 8월 21일)까지 남아 있다. 가쿠고로의 증언에 따르면, 40호(10월 1일) 발간에 착수했을 때 갑신정변이 일어났다.[2] 『한성순보』는 39호(9월 21일)까지 발행되었을 가능성이 크다.

"조선의 월급이 적다"

1884년 10월 17일 급진개화파 인사들은 전광석화 같은 기세로 타락한 정치질서를 일거에 뒤엎으려 했다. 김옥균, 박영효, 서재필 등 열혈 청년들이 우정국 낙성식 축하연을 틈타서 정변을 일으켰다. 혈기를 통제할 만한 노회한 전략가가 없었다. 계획은 엉성했고 행동은 서툴렀다. 각본에 없는 사태가 일어났을 때 허둥지둥 귀한 시간을 써버리고 말았다.

청나라 군대는 신속하면서도 질서정연하게 사태에 개입했다. 급조한 정권은 허망하게 무너져버렸다. 어설픈 삼류 정치극은 급히 무대에 올랐다가 3일 만에 서둘러 막이 내려졌다. 귀한 생명 수십 명이 복수극의 제물로 희생되었다. 신문명의 기관인 박문국도 사라져버렸다. 『한성순보』를 인쇄하던 기계는 멈추었다. 편집자와 인쇄공은 뿔뿔이 흩어졌다.

갑신정변은 개화파와 일본 군대의 합작품이었다. 일부 급진주의자들이 일본의 군사력을 동원해 청나라에 우호적인 정치질서를 전복하려던 것이었다. 갑신정변에는 공사 다케조에 신이치로 등 일본의 외교관이 공모자로서 연루되어 있었다. 그뿐만 아니라 민간인 후쿠자와와 가쿠고로도 깊숙이 발을 담그고 있었다.

갑신정변이 일어난 지 한참 뒤인 1888년 3월 15일(양력), 후쿠자와는 가쿠고로의 증인으로서 일본 법정에 섰다. 당시 가쿠고로는 갑신정변 때 개화파 인사와 암호 전보를 주고받은 혐의로 감옥에 갇혔다. 이때 후쿠자와는「메이지 17년 조선 경성 변란의 시말明治17年 朝鮮京城變亂の始末」이란 문서를 법원에 제출했다.[3] 그 가운데 눈길을 끄는 대목이 있다.

> "이노우에 가쿠고로는 본래 김옥균, 박영효 등과 함께 조선으로 갔다. 뒤에 그 정부에 고용되어『한성순보』에 글을 쓰게 되었다. 올해 봄 초부터 중국인이 그를 자주 비난했다. 또 조선 정부에서 주는 월급이 무척 적었다. 하나는 신체를 보호해달라고 또 하나는 생계를 보호해달라고 일본 대리공사 시마무라島村에게 청했지만 조금도 받아들여지지 않았다. 대개 일본인은 이노우에 가쿠고로가 김[옥균], 박[영효]과 뜻을 같이한다고 간주했기 때문이다. 가쿠고로는 5월에 경성에서 나와 귀경했다. 이때 청나라와 프랑스 사이에 점차 전쟁이 일어나려 했다. 7월에 이르러 세인은 이미 그 전쟁을 피할 수 없다고 생각했다. 외무성에서는 가쿠고로에게 약간의 보호금을 주어서 다시 건너가게 했다. 그 주된 뜻은『한성순보』를 중국인의 손에 넘겨서는 안 된다는 것이다. 가쿠고로가 다시 건너간 것은 8월 중순으로(…)"[4]

후쿠자와의 증언은 가쿠고로의 몇몇 발언에 담긴 진실성을 크게 훼손했다. 가쿠고로가 박문국에서 물러난 것은 필화사건에 대한 책임 때문이 아니었다. 조선 정부에서 받는 월급이 적은 데다 일본 공사관에서 자신의 신변 보호와 생계를 책임져주지 않았기 때문이었다.

가쿠고로는 필화사건 뒤 일본으로 돌아갔다가 다시 조선으로 돌아왔다. 두 번째로 조선에 올 때는 외무성의 보조금을 받았다. 첫 번째가 후쿠자와와 고토의 개인 후원금을 받고 조선을 견학하러 온 것에 비하면, 두 번째는 공적인 임무를 띠고 있었다. 외무성에서는 왜 가쿠고로에게 보호금을 지

급했을까. 정치학자 김종학은 명목상으로는『한성순보』발간을 원조하기
위한 것이었지만, 실제로는 '조선 정세 밀탐을 위한 공작금', '청불전쟁을
계기로 가쿠고로를 밀정으로 활용하기 위해 지급한 공작금'이었다고 주장
했다.[5]

가쿠고로, 외무경을 협박하다

일본의 역사학자 야마베 겐타로山邊健太郎는 가쿠고로가 외무경을 협박
한 사실을 밝혀냈다. 자료는 일본 국회도서관의 헌정자료실에 소장되어 있
는 「이노우에 가오루 문서」였다. 어느 날 가쿠고로는 이노우에의 집을 방문
했다. 마침 이노우에는 외출하고 없었다. 가쿠고로는 그 집 하인에게 편지
를 맡겨놓았다. 그 편지에서 가쿠고로는 외무경에게 조선에 건너가기 위해
준비금을 달라고 요구했다. 만약 그 액수가 적으면 외국(프랑스)에서 준비금
을 받을 것이고, 그렇게 되면 그 나라를 위해 일하겠다고 위협했다고 한다.[6]

일본 외무성에서는 왜 "『한성순보』를 중국인의 손에 넘겨서는 안 된다."
라고 말했을까? 가쿠고로가 박문국에서 물러난 뒤『한성순보』의 논조에서
친일적인 색채가 빠지고 중국인의 압력에 굴복해서 여론전에서 밀리고 있
다고 판단했을 것이다. 이는 가쿠고로의 증언에서도 확인할 수 있다.

> "이노우에 외무경은 나를 외무성으로 불렀다. 이노우에 씨는 여러 근동의 상황을 설
> 명하고, '나의 생각은 오직 [후쿠자와] 선생과 다르지 않다. 그래서 군이 금일에 조선
> 을 버리는 것은 아깝다. 한 번 더 급히 애써줄 것을 부탁하고 싶다. [그대를 조선으로
> 다시] 보내는 것은『한성순보』를 다른 나라 사람의 손에 넘기지 않기 위한 것이다. 그

밖에 다른 일은 다케조에 공사가 부임하므로 만사를 상의하기 바란다.'고 말했다. 나는 '어쨌든 선생에게 상담해보겠습니다.'고 답했다."[7]

당시 베트남 지배권을 둘러싸고 청나라와 프랑스가 군사적으로 충돌했다. 1884년 8월 5일(양력) 프랑스군은 대만의 기륭포대基隆砲臺를 포격해 파괴했다. 8월 23일에는 프랑스 군함이 푸저우福州의 마웨이馬尾 포대를 함락시켰다. 두 나라 사이의 전쟁이 격화되면서 경성에 주둔해 있던 청나라 군대는 절반이 본국으로 돌아가지 않을 수 없었다. 일본 외무성에서는 이 기회를 놓치지 않으려 했다. 조선에서 청나라의 영향력을 약화시키고 자신의 세력을 확장하려고 계획한 것이었다. 이를 위해 청나라로부터 조선을 독립시키려는 개화파의 정변 계획을 후원하게 되었다.

후쿠자와는 위의 시말서에서 자신은 갑신정변에 관여하지 않았다고 선을 그었다. 갑신정변은 김옥균을 비롯한 개화파 인사들과 일본 외교관들이 벌인 일이라고 변명했다. 하지만 가쿠고로는 스승의 주장을 정면으로 반박했다.

"이 시말서를 보면 선생은 다만 제3자의 입장에 서 계신 것으로 보이지만, 김옥균, 박영효 등의 거사는 당초부터 선생이 관여하고 듣고 계셨다. 선생은 늘 '나는 작자로서 대본을 만들 뿐이다. 그 대본이 무대에서 공연되는 것을 볼 때는 유쾌하기 그지없지만 배우 같은 것은 누구라도 상관없다. 이 때문에 명리名利를 바라는 마음 따위는 추호도 없다.'고 말한다.

그러나 김옥균, 박영효의 거사에서 선생은 단지 그 대본의 작자에 그치지 않는다. 스스로 나서서 배우를 선택하고 배우를 가르치고 또한 필요한 도구를 갖추는 등 기타 만반의 수단을 강구한 것이 사실이다. 필경 동양의 평화 문명을 위해서 조선의 독립을 돕고 중국의 횡포와 오만을 제어해서 우리나라의 국권 확장을 도모하는 데 너무 열심인 나머지 나선 것이리라.

1884년 8월에 나는 먼저 조선에 갔다. 이어서 선생의 조카 이마이즈미 슈타로今泉秀太郎도 다케조에 공사가 귀임하는 길에 함께 경성에 와서 머지않아 변란을 맞이했다. 그사이 선생은 김옥균, 박영효 등에게 무척 열심히 원조했다. 내가 통신의 임무를 맡고 선생과 주고받은 문서도 적지 않지만, 이 시말서 가운데는 그런 것들이 실려 있지 않다. 생각건대 이 글은 자신을 제3자의 위치에 두고 김옥균, 박영효 등의 담화를 기록한 것인 듯하다."[48])

가쿠고로는 갑신정변 때 후쿠자와가 각본을 짰을 뿐만 아니라 배역을 지도하고 실행 도구까지도 지원해주었다고 폭로했다. 그 자신은 조선 개화파와 후쿠자와 사이에 비밀 통신 업무를 맡으면서 갑신정변에 깊이 개입했다고 털어놓았다. 사냥터에서 서로 뒤쫓던 사냥감이 사라지자 사냥꾼이 서로 으르렁거리는 추한 장면이 스승과 제자 사이에 벌어진 것이다. 『후쿠자와 유키치전』을 쓴 이시카와 미키아키石河幹明도 가쿠고로의 증언을 뒷받침했다.

"원래 이 사건[갑신정변]에 관해서 [후쿠자와] 선생은 처음부터 김[옥균], 박[영효] 등의 계획을 들어주고, 실제 이것을 하기 위해 돈도 지불하고 사람도 쓰셨다. 물론 여기에는 선생 자신의 기록도 없고 남은 왕복 문서도 없지만, 이노우에[가쿠고로]는 실제로 선생과 통신을 주고받는 일을 맡고 있었다. 그가 말하는 것에 따르면, [후쿠자와] 선생과 김옥균과 이노우에[가쿠고로] 3인 사이에 전신의 암호를 주고받았다. 사변이 일어나기 전에 이다 산지飯田三治라는 요코하마 상인의 이름으로 수십 구□의 일본도日本刀를 이노우에[가쿠고로]의 손에 보냈던 것 등의 사실은 선생이 얼마나 이 사건에 관계가 깊은지 입증하기에 충분할 것이다."[9]

김옥균과 후쿠자와, 암호를 주고받다

3자 사이의 암호는 검찰 조사 결과 사실로 밝혀졌다. 1888년 1월 27일(양력) 가쿠고로가 체포되어 처음 심문을 받았을 때였다. 검사는 서류를 보여주며 기억이 나지 않느냐고 물었다. 그것은 세 사람만이 은밀하게 사용하기 위해 만들어놓은 전신 신호 서류였다. 가쿠고로는 미국으로 건너가기 전에 필요 없다고 판단해서 잘게 찢어버린 다음 숙박하고 있던 여관 식모에게 불태워버리게 했다. 하지만 뜻밖에도 그것이 깨끗하게 배접되어 검사의 손에 들어가 있었다.[10]

갑신정변을 준비하는 과정에서 무기는 일본에서 밀수입해왔다. 가쿠고로가 후쿠자와에게 보고한 서한에 따르면, 소총과 피스톨은 박영효가 준비했다. 다이너마이트는 마쓰오 미요타로의 부하인 후쿠시마 하루히데福島春秀가 몰래 들여왔다. 이다 산지의 이름으로 일본도 80자루가 든 큰 상자가 도착했다. 상자를 열어보니 흰 칼집만 있을 뿐 막상 칼은 없었다고 한다.[11]

야마베 겐타로는 갑신정변이 일어나기 전에 김옥균이 후쿠자와, 고토와 쿠데타 계획을 사전에 충분히 협의했다고 주장했다. 김옥균은 후쿠자와와 고토 앞으로 보낸 의견서에서 쿠데타를 일으키기 위해 "만약 무력을 사용하게 되면 일본인을 고용하지 않으면 안 된다. (…) 일본인을 고용하기 위해서는 나에게 돈은 있지만 권위가 없다. 그것이 있어서 우리들과 일을 같이할 수 있는 사람은 각하뿐이다. 각하와 나 사이에는 변함없는 철맹鐵盟이 있지만 두 사람의 약속은 결국 사적인 것이다. 나는 군주의 밀칙을 얻어서 각하와 일하고 싶다."라고 말했다. 이노우에 외무경도 암암리에 이것을 지지했다. 결국 정부와 민간이 일체가 되어 김옥균 등을 선동해서 쿠데타를 감행했다고 한다.[12]

1884년 8월(양력) 가쿠고로는 일본 외무성의 자금을 받고 다시 조선으로 돌아왔다. 그는 이때 후쿠자와의 조카인 이마이즈미 슈타로今泉秀太郎가 조선을 견학하기 위해 자신과 함께 조선으로 왔다고 말했는데,[13] 『후쿠자와 유키치전』에서는 이마이즈미가 다케조에 신이치로 공사와 함께 조선으로 갔다고 했다. 이마이즈미는 근대 일본의 화가이자 만화가인데, 1891년 4월 26일 『시사신보』에 처음으로 '망가'漫畵라는 용어를 사용한 인물로도 널리 알려져 있다.[14]

다케조에 공사는 1884년 9월 12일(양력 10월 30일) 변리공사에 임명되었다. 9월 15일에는 고종을 알현했다. 그는 이날 일본 정부가 임오군란의 배상금 50만 원 가운데 40만 원을 조선 정부에 되돌려준다는 사실을 통고했다. 일본 외무경이 보내는 무라다식村田式 총을 국왕과 왕세자에게 각각 1자루씩 바쳤다.[15] 무라다 총은 일본 육군의 화기 전문가였던 무라다 쓰네요시村田経芳가 프랑스 총을 국산화하는 과정에서 개발한 것으로, 1880년에 일본군이 채용한 최초의 일본산 소총이었다.[16]

박영효, 집을 일본에 팔다

가쿠고로가 한성에 다시 오자 김윤식과 박문국 직원들이 그를 반갑게 맞이해주었다. 중국 군인들이 절반이나 본국으로 돌아가버려서 그 위세도 예전 같지 않았다. 그는 자신이 "바로 옛 지위에 복귀했다. 외아문에 때때로 출근하고 주로 『한성순보』의 발행을 감독"했다고 말했다.[17] 하지만 그의 속에 숨은 뜻과 정치 활동은 전혀 다른 곳으로 향해 있었다.

1884년 9월 13일(양 10월 31일), 김옥균은 가쿠고로를 불렀다. 다케조에 공사가 새로 부임한 뒤에 귀담아들을 만한 말이 있었는지 물었다. 가쿠고로는 "어제 가보았지만 별로 하는 말은 없었다. 그런데 그 기색은 크게 활발한 데가 있었다. 참으로 전날의 다케조에 신이치로가 아니었다."라고 말했다. 김옥균은 가쿠고로에게 더 자세히 사정을 탐지하고 보고 들은 대로 자신에게 알려달라고 부탁했다.[18]

9월 16일에는 교동에 새로 지은 일본 공사관에서 축하연이 베풀어졌다. 원래 일본 공사관은 청수관(오늘날 서울 서대문구 독립문로 49의 동명여자중학교 자리)에 있었는데, 임오군란 때 난민이 불태워버렸다. 그 뒤 일본 공사관은 1882년 8월부터 1884년 4월 17일까지 약 1년 8개월 동안 남부(오늘날 충무로 2가)의 무장武將 이종승의 집을 임시로 빌려 사용하고 있었다. 일본 군대는 오늘날의 남산동, 명동 일대에 걸쳐 주둔하고 있었다.[19]

일본은 1883년 11월 12일(양력 12월 11일) 경운동에 있는 박영효의 집을 사서 새로 공사관을 지으려고 했다. 당시 일본서리공사日本署理公使 시마무라 히사시嶋村久(1883년 12월 6일[양력] 취임, 1884년 10월 30일[양력] 이임)가 독판 교섭통상사무 민영목에게 보낸 문서는 다음과 같다.

"우리 정부에서는 한성 중부 정현방貞賢坊 오순도계吳順道契[慶雲洞-원주] 제4호 주戶住 금릉위의 궁방옥宮房屋과 기지基地 계 2천1백77여 평을 사서 일본 공사관으로 지으려고 합니다. 박 금릉위와 다케조에 변리공사의 기명記名 개인盖印(관인을 찍음)의 계약서를 합해서 귀 아문에 보내니 조사 대조해서 공증公證해 뒤의 증빙에 대비하시기 바랍니다."[20]

마침 이날 윤치호는 춘고장春皐丈(박영효)을 찾아갔다. 그는 1883년 11월 12일자 일기에 "들으니 춘고장은 그 저택을 일본 공사에게 팔았다고 한다. (지폐로 5천 원)"[21]라고 일기에 기록해놓았다. 박영효가 집과 집터 2,177여 평을 5천 원을 받고 일본에 매각한 것이다. 이곳은 오늘날 서울 종로구 삼일대로 457에 있는 천도교중앙대교당 자리다.

『경성발달사』에 따르면, 일본은 1884년 봄 교동에 있던 박영효 집을 사들여 공사관과 영사관 신축 공사에 착수했다. 건물은 모두 서양식으로 지었다. 공사비는 15만 원이었다. 이 공사는 오쿠라구미大倉組[22]가 맡았다. 신축 공사에 종사하는 직공 60~70명이 조선으로 들어왔다. 경성일본인단도 갑자기 활기를 띠었다. 아직 청나라 외에는 각국 공사관이 없었던 시절이었다. 거금을 들여 대규모 공사를 시작했으니 당시 사람들을 놀라게 했다고 한다.[23]

공사관 건물은 2층짜리 서양식 건물로 당시 서울에서 지어진 최초의 양관洋館으로 알려져 있다. 하지만 갑신정변 때인 1884년 10월 20일에 민중의 공격으로 소실되었다. 신축된 지 불과 7개월 만에 잿더미로 변해버린 것이다. 그 뒤 일본 공사관은 남부 훈도방(오늘날 중구 예장동 8) 남산 밑에 자리를 잡았다. 일본 영사관도 공사관에서 가까운 곳에 들어섰다.[24]

신축 공사관이 완성되자 시마무라는 독판교섭통상사무 민영목에게 공문을 보냈다. 1884년 3월 23일(양력 4월 18일)에 정현방의 신관으로 이주한다고 알려왔다.[25] 그동안 임시로 머물던 구 공관의 집세도 정산해서 지불했다. 1884년 2월 17일(양력 3월 14일), 일본 공사관은 그동안 빌려 쓴 집세가 얼마인지 알려달라고 통리아문에 요청했다. 다음 날 통리아문은 집세가 매월 동전 2만 문ᵡ이라고 통고했다. 일본 대사관은 3월 29일에 1882년 8월부터 날짜를 계산해서 동전 42만 문을 치러주었다.[26)]

개화파, 정변을 모의하다

———————

다시 김옥균과 가쿠고로의 행방을 따라가보자. 1884년 10월 4일 밤, 가쿠고로는 김옥균을 찾아갔다. 그는 김옥균에게 일을 도모하라고 권했다. 요즘 일본 공사관에서 개화파에 우호적인 분위기이므로 이런 기회를 놓치지 말아야 한다고 했다. 김옥균은 "나도 그런 뜻이 없지는 않다. 하지만 아직 귀국 정부의 뜻을 분명히 알지 못해서 이러고 있다."라며 "그대는 나를 위해서 이것을 후쿠자와 유키치 선생에게 말해서 요즘 일본 정부의 동향을 자세히 탐지해서 알려주기 바란다."라고 말했다. 가쿠고로는 "내가 이미 [후쿠자와 선생님이 있는] 미타三田로 편지를 보냈다. 다음 배편에는 회보가 있을 것이다. 그대들이 하려고 하는 일을 내가 알고 있는데, 그대들이 나에게 감추고 있으니 한스러운 일이다."라고 답했다.[27)]

두 사람의 대화를 들어보면, 가쿠고로는 김옥균에게 정변을 실행에 옮길 것을 권했다. 김옥균은 망설였다. 일본 정부 입장을 분명히 확인받고 싶어했다. 가쿠고로는 김옥균이 거사 사실을 자신에게 감추고 있다고 비난하는데, 이는 사실과 다르다. 나중에 『갑신일록』을 집필할 때, 김옥균은 가쿠고로와 함께 말을 맞추었다. 가쿠고로는 김옥균의 거처에서 가까운 곳에 살면서 자신에게 유리한 방향으로 서술하도록 집필에 개입했다. 그들은 후쿠자와와 고토 그리고 가쿠고로가 정변에 개입한 사실을 은폐하고 모든 책임을 다케조에 공사와 이노우에 외무경에게 돌리려고 했다.[28)

가쿠고로는 개화파들의 '북악 모임'에서 갑신정변 계획이 세워졌다고 전했다. 그해 가을에 김옥균은 경성 북악의 산기슭에 별장을 짓고 있었는데, 거의 완성되고 있었다. 김옥균은 박영효, 홍영식, 서광범 세 사람을 불렀다. 가을밤에 달을 보고 감상하면서 시를 짓는다는 명분을 내세웠다. 그 자리에 유대치와 가쿠고로도 초대되었다. 그것이 거사를 위한 중요한 모임이었다.

가쿠고로는 북악 모임이 끝나자 그것을 후쿠자와에게 보고했다. 당시 가쿠고로가 정리한 거사 계획은 이러했다. 김옥균의 별장이 준공되면 신축 축하연을 연다는 명목으로 고위관리들과 각국의 주요 인사를 초대한다. 연회가 무르익을 무렵 거사를 일으킬 작정이었다. 12월 1일(양력. 음력 10월 14일)이 때마침 소월야宵月夜(달이 초저녁에만 서쪽 하늘에 떠 있는 밤)였다. 밤 절반부터 어두워져서 만사에 편리했다.

그날 점차 연회가 무르익으면 일본에서 돌아온 사관학교 학생 17명에게 모두 중국 군복을 입게 하고 기다리게 한다. 몇 사람이 말에 탄 채로 연회장에 칼을 휘두르며 쳐들어간다. 마치 중국 병사가 난폭한 일을 저지르는 것처럼 보이게 하려는 것이었다. 그 사실을 국왕에게 알리면서 이런 일은 우선 일본 공사의 힘을 빌리는 수밖에 도리가 없다고 말할 계획이었다. 그 보고서에는 북악의 별장에 마련된 정원의 모습, 주위의 도로, 도랑의 도면과 함께 암살할 사람들의 성명을 덧붙였다.[29)

갑신정변이 터지다

가쿠고로는 갑신정변의 거사 계획이 담긴 편지를 부산에서 떠나는 정기 기선으로 부쳤다. 당시까지는 두 나라를 오가는 정기선의 횟수가 적었다. 그 편지가 후쿠자와의 손에 들어간 것은 1884년 12월 10일(음력 10월 23일)이었다. 갑신정변이 이미 끝난 뒤였다.[30)

김옥균의 『갑신일록』은 가쿠고로의 증언과 다르다. 이 책에는 북악의 별장에 관한 내용은 보이지 않는다. 9월 24일 여러 친구가 모여서 산 정자에서 조금씩 마셨다는 이야기만 나올 뿐이다.[31)

김옥균은 9월 17일에 박영효의 집에서 만난 시마무라에게 자신들의 거사 계획을 알렸다. 그에게 밝힌 거사 방안은 세 가지였다. 하나는 우정국에서 잔치를 열고 즉석에서 일을 행하는 것이었다. 또 하나는 자객을 청나라 사람처럼 꾸미고 민영목, 한규직, 이조연 세 사람을 한꺼번에 찔러 죽인 다음 그 죄를 민태호 부자에게 돌리는 것이었다. 하지만 이것은 지나치게 까다로운 일이어서 중지되었다. 또 하나는 경기감사 심상훈을 매수해서 백록동 정자에서 잔치를 벌인 다음 그 자리에서 행사하는 것이었다. 이 정자는 홍영식의 별장인데, 산속 후미진 곳에 있어서 일을 벌이기에 편리했다.[32) 위의 세 가지 가운데 첫 번째 안이 최종 낙점되었다.

10월 17일(양력 12월 4일), 드디어 우정국에서 축하연이 열렸다. 김옥균 일파는 우정국 북쪽에 있는 민가에 불을 지름으로써 거사를 단행했다. 김옥균 등은 고종을 모시고 경우궁으로 들어가면서 일본군의 보호를 요청했다. 이튿날인 18일 개화파는 새 정권의 정무를 맡을 관료들의 인선 작업을 마치고 이 사실을 『조보』로 알렸다. 또 이날 '정강 14조'도 발표했다. 하지만 정변 3일째인 19일에 청나라 군대가 궁궐로 들어옴으로써 개화당 정권은 맥없이 무너지고 말았다.

19일에 다케조에 공사와 김옥균, 박영효, 서광범, 서재필, 이규완, 신응희, 임은명, 변수, 유혁로 등 정변 주도자 9명[33]은 우정국에서 멀지 않은 일본 공사관으로 허겁지겁 대피했다. 우정국에서 정변이 일어났다는 소식은 삽시간에 시내로 퍼져갔다. 일본의 기세를 업고 정변을 일으킨 사실에 많은 군민이 분개했다. 주모자들이 대피한 일본 공사관 주위로 사람들이 속속 모여들었다. 분위기는 금세 험악해졌다. 사람들은 공사관에 총을 쏘고 돌을 던졌다. 20일 다케조에 공사를 비롯해 개화파 인사들은 일본 공사관을 떠나지 않을 수 없었다. 일행은 21일 아침에 인천에 도착했다. 24일 일본 기선 치토세마루千歲丸[34]를 타고 나가사키로 떠났다.

유혁로의 증언에 따르면, 김옥균 일행이 천신만고 끝에 인천에 도착한 것은 22일 날이 밝을 무렵이었다. 당시 제일은행 인천지점장이었던 기노시타木下의 집에 피신했다. 이튿날인 23일 다케조에 공사의 알선으로 치토세마루에 탈 수 있었다. 가까스로 배에 올랐을 때 당시 조선 정부 고문이었던 묄렌도르프가 추격해왔다. 그는 일본 공사에게 이것은 '중대한 국제문제'라고 항의하면서 김옥균 일행을 넘겨달라고 요구했다. 다케조에는 일행의 하선을 허락하려 했다. 정변 주모자들의 목숨이 경각에 달려 있는 위태로운 상황이었다.

이때 치토세마루 선장 쓰지카쿠 사부로辻覺三郎가 나섰다. 그는 다케조에에게 "이 배는 정부의 어용선이 아니다. 일행을 태운 것도 공사의 체면을 존중했기 때문이다. 만일 저들을 하선시키면 바로 학살될 것이다. 나는 공사가 명령한다고 해도 사람의 도리로 결코 하선시킬 수 없다."라며 거절했다. 그는 일행을 배 밑으로 숨기면서 묄렌도르프에게는 "이 배에는 그런 자들이 결코 타고 있지 않다."라고 항변했다. 선장의 기지와 대범함 덕분에 일행은 겨우 인천을 떠날 수 있었다.[35)]

박문국이 불타다

갑신정변 당시 가쿠고로는 어디서 무엇을 하고 있었을까. 그는 갑신정변 직후 후쿠자와의 조카 이마이즈미와 함께 「조난기사遭難記事」를 작성했다. 이 글은 조금 손질되어 「조선사변朝鮮事變」이란 제목으로 『시사신보』 1884년 12월 19일과 20일자에 발표되었다. 당시 신문 기록과 뒷날의 증언을 토대로 그들의 행적을 재구성해보자.[36)]

갑신정변이 일어난 뒤부터 가쿠고로와 이마이즈미 그리고 시종 후쿠시마 하루히데福島春秀는 저동의 박문국에 머물고 있었다. 12월 6일(음력 10월 19일) 오후 5시, 내궐에서 총성이 올렸다. 세 사람은 어찌할 바를 몰랐다. 그때 박문국 국장 김만식이 보낸 심부름꾼이 박문국으로 찾아왔다. 그는 가쿠고로에게 "지금 중국군 장교 원세개가 중국 병사들을 이끌고 대궐의 서문에서 공격해오고 있다."라면서 "원씨는 성내의 중국 병사와 중국 상인에게 일본인을 보면 죽이라고 지시하고 있다. 빨리 재앙을 피해 스스로 보전해야 한다."라고 은밀히 알렸다.

세 사람은 더 지체할 수 없었다. 각자 칼을 집어 들고 일본 공사관으로 향했다. 도중에 여러 차례 청나라 사람, 조선 사람들과 마주쳤다. 후쿠시마는 창을 맞았다. 이마이즈미도 배에 돌을 맞았다. 일행이 일본 공사관에 도착한 것은 오후 6시였다.

그날 오후 9시 30분 박문국에서 불길이 솟아올랐다. 가쿠고로는 중국인들이 『한성순보』에 원한이 깊어서 박문국을 불태웠다고 생각했다.

"원래 박문국은 이노우에[가쿠고로]가 지지난겨울 처음으로 이 나라에 온 이래 항상 거주하던 곳이었다. 작년 가을 음력 10월 1일부터 관국官局이 되었다. 활판기계를 설치하고 매월 3회씩 『한성순보』를 발간했다. 통리외아문협판 김만식이 국장을 겸하고 별도로 주사 1인, 사사 3인, 그 밖에 속리屬吏가 매우 많았다. 순보는 매호 3천 책을 발간했고 그것을 전국에 배포했다. 하지만 현재의 어려움 속에서 제40호의 발간에 착수했을 때 때마침 이러한 사변이 일어났다.

아, 구차하게도 조선의 완고한 백성을 개도開導해서 천하의 대세를 알게 하려고 스스로 순보의 편저를 총괄했지만, 끝내는 효과도 없이 여기에 이르렀다. 실로 세상에서 글을 쓰는 지사에게 부끄러운 일이다. 더욱이 이 순보는 중국 관민이 크게 미워했다. 이번 늦봄 무렵과 같은 경우에 중국 관리는 공적으로 조선 정부에 조회하고 그 기사가 중국에 무례하다며 책망했다. 또 중국의 병사와 백성은 사사로이 이노우에[가쿠고로]를 암살하려고 꾀하고 있다. 이러한 상태라면 박문국의 화재는 그렇다 치더라도 이노우에[가쿠고로]의 생존은 중국인에게는 유감이 될 만한 일이다."[37]

이튿날인 12월 7일(음력 10월 20일) 성안의 소요는 더 커져만 갔다. 공사관으로 피신한 일본인과 정변 참여자들은 한 발자국도 밖으로 나갈 수 없었다. 이날 오후에 간신히 공사관을 빠져나와 인천으로 향했다. 서소문 근처를 지날 때였다. 조선 군인들이 습격해왔다. 돌과 몽둥이를 든 사람들 때문에 여러 차례 길이 막혔다. 한강을 건너고 나서 궁성 쪽을 바라보았다. 일본 공사관이 불길에 휩싸여 있는 게 보였다.

갑신정변 당시 성안의 위태로운 상황은 여러 사람의 증언에서도 확인할 수 있다. 서재필은 당시 거리에서 '왜놈 죽여라, 역적 놈 죽여라'란 소리가 사방에서 들렸다고 말했다.[38] 윤치호는 10월 19일자 일기에서 "가동街童 역부役夫들이 군기고로 달려가 임의로 무기를 가지고 나와 노상에 횡행하면서 변장한 일본인들을 찾고 있었다."[39]라고 썼다. 당시 외국인 고문이었던 묄렌도르프도 "국민들은 극도로 흥분해 있었고, 거리에 있는 일본인은 모두 참살되었다."[40]라고 전했다. 황현은 『매천야록』에서 "도성민들은 일본인이 역당逆黨의 편이 된 것에 노해서 그들을 만나기만 하면 죽였다. 또 여러 사람이 몰려가서 그들의 공사관에 불을 질렀다."라고 기록했다.[41]

가쿠고로, 갑신정변의 전말을 보고하다

다시 가쿠고로 일행의 행적을 따라가보자. 경성에서 난을 피해 철수해온 인원은 250명이나 되었다. 그들은 눈이 휘날리는 밤길을 걸어갔다. 이튿날인 8일(음력 21일) 오전에야 겨우 인천 제물포의 일본인 거류지에 도착할 수 있었다. 다케조에 공사 이하 일본 공사관원은 영사관에 머물렀다. 가쿠고로 등은 미쓰비시三菱 기선 직원 후쿠시마 도모키치福島友吉의 숙소로 들어갔다. 급하게 피난하느라 옷은 얇았고 게다가 축축했다. 수건조차 없었다. 가쿠고로는 치토세마루 선장 쓰지카쿠 사부로에게 편지를 보내 딱한 사정을 알렸다. 쓰지카쿠는 배에서 내려와 일행을 찾아 위로하고 의복과 이불을 챙겨주었다. 그날 인천에는 일본우선회사의 기선 치토세마루와 일본 군함 닛신칸日進艦이 정박해 있었다. 조선 백성들이 일본인들을 습격하는 일은 없었다. 군함에서 상륙한 군인들이 일본인들을 보호했기 때문이다.

12월 11일(음력 10월 24일) 오전 7시 30분, 가쿠고로는 이마이즈미와 함께 치토세마루로 인천항을 떠났다. 13일(음력 26일) 오전 9시 30분 나가사키항에 도착했다. 가쿠고로는 나가사키에 내리사마자 우체국으로 달려갔다. 후쿠자와와 이노우에 외무경에게 전신 편으로 정변의 개요를 보고하기 위해서였다. 가쿠고로가 보낸 전문은 『시사신보』에 실렸다. 이것은 갑신정변을 처음으로 일본에 알리는 뉴스였다. 도쿄에서는 "속히 상경하라."라고 전신 답보를 보냈다.

가쿠고로는 일행보다 앞서서 혼자 출발했다. 나가사키항에서 겐카이마루玄海丸를 타고 떠났다. 고베에서는 다시 와카우라마루和歌浦丸로 바꿔 탔다. 요코하마에서 하선한 것은 18일(음력 11월 2일) 오전 1시였다. 『시사신보』 1884년 12월 19일자 기사에 따르면, 가쿠고로는 "요코하마의 첫 번째 기차로 도쿄에 올라왔다. 이노우에 외무경의 부탁에 따라 외무관저(다른 기록에는 태정관청-인용자)에 나아가 여러 참의가 앉은 곳에서 이번 조난의 전말을 자세히 진술했다."[42] 이때 참석한 인사들은 이토 히로부미, 마쓰카타 마사요시松方正義 등이었다.

"청나라와 전쟁도 불사해야 한다"

갑신정변 전후로 후쿠자와가 발표한 신문 사설에 주목할 필요가 있다. 그는 1884년 12월 17일 「조선국에 일본당은 없다」라는 사설에서 일본이 갑신정변에 관여한 사실을 부정했다. 원래 일본이 조선의 내정에 간섭할 의도는 없었다고 전제하고, 이번에 일어난 사변은 오직 조선 내부의 변란일 뿐, 조선에 있는 일본인은 조금도 관계가 없을 것이라고 못 박았다. 자신이 김옥균, 가쿠고로와 함께 암호까지 주고받은 사실을 감춰버린 것이다.

하지만 곧 갑신정변의 내막이 알려지면서 후쿠자와는 갑자기 태도를 바꾸었다. 정변이 일본과 중국 그리고 조선 세 나라가 관련된 일대 사건이지만, 조선과 중국이 가해자이며 일본은 피해자일 뿐이라고 주장했다. 그에 따르면, 이번 정변의 주도자는 청나라였다. 일본은 정변의 책임 소재를 명백히 밝혀야 한다. 사후에 중국은 일본에 배상금을 지불해야 하고, 일본은 남양만에 있는 청나라 군사를 철병하도록 요구해야 한다. 만일 이것이 받아들여지지 않으면 청나라와 전쟁도 불사해야 한다고 선언했다.[43]

이것은 정변의 공모자로서 적절한 발언이 아니었다. 오늘날 고액의 일본 화폐(1만 엔)에 새겨질 만큼 존경받는 인물에게도 인간의 악덕 가운데 몇 가지는 피해갈 수 없었던 모양이다. 적반하장의 경지를 넘어 대청개전론으로 비약해가는 그의 후안무치가 놀라울 따름이다.

한 일본인 학자는 조선의 개화파를 '내발적 독립정신' 없이 일본의 지원을 등에 업은 '친일파'라고 규정하고, 갑신정변은 "일본의 국가권력(이노우에 가오루, 다케조에 신이치로 공사, 시마무라 히사시島村久 서기관)이 민간인(후쿠자와 유키치, 이노우에 가쿠고로 등)과 일체가 되어 조선의 내정에 간섭하고, 더구나 무력개입까지 하면서 정권교체를 도모한 무시무시한 사건이었다."라고 비판했다.[44]

갑신정변은 조선의 근대사에 치욕스러운 상처를 남겼다. 조선의 왕궁에서 국왕을 사이에 두고 일본군과 청나라군이 살육전을 벌였다. 민중세계는 뜻하지 않은 정치 격변에 깜짝 놀랐고 당장 눈앞에 보이는 적들에게 적개심을 쏟아냈다. 조선의 자주독립과 문명개화를 부르짖던 유망한 청년들은 하루아침에 역적 신세로 전락해서 허겁지겁 조국을 떠나야 했다. 강화도조약 체결 이후 나라 바깥에서 불어오는 풍랑에 몹시 흔들리던 조선은 임오군란과 갑신정변이라는 미증유의 사태를 거치면서 더욱더 걷잡을 수 없는 혼돈 속으로 끌려 들어가지 않을 수 없었다.

개화파와 뜻을 함께하던 윤치호는 갑신정변을 비판적으로 바라보았다. 자신의 안위와 외교관이라는 신분 때문이었다. 그는 1884년 10월 20일자 일기에서 "아, 고우배古愚輩(김옥균의 무리-인용자)의 망발로 위로 국사를 실패하게 하고 아래로 민정을 시끄럽게 했으며, 공적으로는 개화 등의 일을 탕패蕩敗시켜 남김이 없게 했고 사적으로는 가족을 망파亡破시켜 온전치 못하게 했다. 한 생각의 차이가 모든 일을 모두 실패하게 했으니 어찌 그리 어리석고 어찌 그리 도리에 어긋났는가."⁴⁵⁾라고 한탄했다.

온건개화파 김윤식은 급진개화파에 대해서 윤치호보다 훨씬 더 관대한 평가를 내렸다. 그는 김옥균이 세계정세에 매우 정통했고 자신과 함께 나라를 걱정했다고 회고했다. 갑신정변이 실패한 뒤 그는 역적의 몸이 되었고, 자신은 "정부에 몸을 담고 있어서 정부 안의 다른 사람과 입을 맞추어 그들을 제거해야 한다고 주장하지 않을 수 없었다." 하지만 그들의 마음을 생각해보면 이는 애국심에서 한 일이고 다른 마음이 없었던 것을 알 수 있다고 동정했다.⁴⁶⁾

한성조약과 조선의 굴욕

갑신정변 뒤 일본 정부는 이노우에 외무경을 특파전권대사로 임명했다. 갑신정변의 사후 처리를 그에게 일임한 것이다. 이노우에는 1884년 11월 14일(양력 12월 30일) 군함 7척과 육군 2개 대대를 거느리고 인천에 입항했다. 그는 11월 18일(양력 1885년 1월 3일) 호위병 1개 대대를 이끌고 한성에

와서 서소문의 경기감영에 관소를 정했다. 11월 21일에는 창덕궁의 낙선재에서 고종을 만나 국서를 바치고 두 나라가 서로 협상할 것을 알렸다.

우의정 김홍집과 이노우에는 11월 22일 협상을 시작했다. 이노우에는 일본 공사관이 불타버린 데 대한 책임으로 재건 보상금을 조선에 요구했다. 김홍집은 일본 공사관 직원들이 공사관을 버렸고, 탈주할 때 기밀문서 등을 태우다가 공사관이 불탔으므로 책임질 수 없다고 맞섰다. 또 일본에 망명 중인 역적 김옥균 등을 체포, 송환해달라고 요구했다. 하지만 이노우에는 만국공법을 방패막이 삼아 그것을 거부했다. 이노우에가 애초에 요구한 배상금 액수를 반감하겠다는 타협안을 제출함으로써 마침내 협상이 타결되었다. 11월 24일에 '한성조약'이 체결되었다.

제1조

조선국에서는 일본에 국서를 보내 사의를 표명한다.

제2조

이번에 살해당한 일본국 인민의 유가족과 부상자를 구제하며, 상인들의 화물을 훼손·약탈한 것을 보상하기 위해 조선국에서 11만 원을 지불한다.

제3조

이소바야시磯林 대위를 살해한 흉악한 무리를 조사·체포해 종중정형從重正刑(사형으로 처벌함)한다.

제4조

일본 공관을 새로운 자리로 옮겨서 지으려고 하는데, 조선국에서는 택지와 건물을 공관과 영사관으로 넉넉히 쓸 수 있게 주어야 하며, 그것을 수리하고 증축하는 데에 다시 조선국에서 2만 원을 지불해 공사 비용으로 충당하게 한다.

제5조

일본 호위병의 병영은 공관 부근에 성하고 임오속약壬午續約 제5관에 따라 시
행한다.

별단別單

1. 약관 제2조, 제4조의 금액은 일본 은화로 환산해 3개월 안에 인천에서 지불한다.
1. 제3조의 흉악한 무리에 대한 처리는 조약을 체결한 후 20일을 기한으로 한다.[47]

조선 정부는 또다시 굴욕적인 조약문에 관인을 찍어야 했다. 갑신정변에
군사적으로 개입했던 일본의 책임을 묻지도 못했을 뿐만 아니라, 도리어 일
본에 배상금을 지불하고 공사관 부지까지 제공해야 했다. 나아가 일본 호위
병이 조선에 주둔하는 것까지 허락하고 말았다. 일본 외교전략의 일방적인
승리였다.

조약 체결 다음 날인 11월 25일 고종은 낙선재에서 일본국특파전권대사
이노우에 가오루, 변리공사 다케조에 신이치로 등을 만났다. 이튿날인 26
일 이노우에, 다케조에 등은 경성을 떠나 인천으로 향했다. 이노우에는 외
무서기관 곤도 마스키近藤眞鋤를 임시 대리공사로 임명하고 호위병 1개 대
대를 주둔하게 했다.

가쿠고로, 막후교섭에 나서다

한편 가쿠고로는 특파전권대사 이노우에와 함께 다시 조선으로 건너왔
다. 갑신정변으로 조선에서 쫓겨 도망간 지 20여 일 만이었다. 그는 당시 자

신의 신분이 전권대사의 '수행원', '상담원'이었다고 말했지만, 사실은 달랐다. 공식 수행원이 아니라 이노우에의 요청에 따라 개인 자격으로 따라온 것이었다.[48] 갑신정변 당시 가쿠고로는 직접 무대에 나서지 않았다. 조선 조정에서는 그에게 적대적이지 않았고, 더구나 조선의 유력 정치가인 김윤식 등과 친분이 있었다. 이노우에는 조선 정부와 비공식 교섭을 맡기려고 가쿠고로를 데려온 것이었다.[49]

당시 가쿠고로의 공식 직함은 『시사신보』 '특파 통신원'이었다. 『시사신보』는 1885년 1월 20일에 "이노우에 가쿠고로 군은 조선 정부에 고용되어 오랫동안 경성에 머물렀다. 이번 변란에도 몸소 그 어려움을 겪었고, 지난달 18일 도쿄로 돌아왔다. 아직 여장旅裝을 바꿔 입을 틈도 없었다. 본사는 특히 군이 필요해서 조금 무례한 일이지만 『시사신보』 특파 통신원으로서 곧 조선으로 가달라고 부탁했다. 군은 즉석에서 승낙했다. 22일 다시 도쿄를 떠나 이노우에 대사를 수행해서 조선으로 들어갔다."[50]라고 보도했다.

가쿠고로는 한성조약을 체결하는 과정에서 막후에서 활약했다. 『이노우에 가쿠고로 자기 연보自記年譜』에 따르면, 전권대신 이노우에 가오루 일행이 인천에 도착하자 조선 정부는 성문을 폐쇄한 채 청국 군대와 합동으로 전투태세를 갖추었다. 가쿠고로는 1885년 1월 6일(양력)에 김윤식에게 편지를 보냈다. 그가 조선에 머물렀을 때 고용한 조선인 이화춘과 한치야를 통해 보낸 것이었다. 그 편지는 김윤식에게 무사히 전달되었다.[51]

김윤식은 갑신정변 뒤인 1884년 12월 7일 독판교섭통상사무로 승진해 있었다. 1884년 3월 13일부터 10월 20일까지는 협판교섭통상사무로 재직했다. 김윤식에 따르면, 탁원琢園(이노우에 가쿠고로의 호)이 이노우에 대사와 함께 다시 한성에 와서 자신에게 편지를 보냈다. 이튿날 자신의 집에서

탁원을 반갑게 만났다.[52] 『속음청사』에서는 두 사람이 만난 곳이 새문[新門, 서대문] 밖이라고 말했다.[53] 당시 두 사람의 대화는 『속음청사』에 기록되어 있다.

가쿠고로가 말문을 열었다.

"지난날의 변(갑신정변-인용자)에 귀국 사람이 박문국을 둘러싸고 나를 죽이려고 했습니다. 형세가 급해서 칼을 뽑아 휘두르며 교동관校洞館(일본 대사관)으로 달려 들어가 군대를 따라 성을 나와 겨우 살아 돌아올 수 있었습니다. 우리나라에서 대사를 파견해 귀국과 사건을 처리한다는 사실을 듣게 되었습니다. 저는 귀국의 처지를 위해 염려하던 마음을 놓을 수가 없어서 자청해서 대사의 시종이 되어 왔습니다."

김윤식이 감사하며 말했다.

"그대가 뜻밖에 재앙을 만나 낭패했는데도 오히려 이웃 사이의 정의情誼를 보존하려고 애써 수고로움을 사양하지 않으니 [그대의] 높은 의리는 구름 끝에 닿을 만합니다. 무척 고맙고 고맙습니다. 오늘의 일은 마땅히 어떻게 해야 하겠습니까."

이노우에 가쿠고로가 답했다.

"이번에 대사가 왔으니 두 나라 사이의 우호 관계는 변치 않을 것이고 반드시 다른 일은 없을 것입니다."[54]

김윤식은 두 사람이 만났을 때 나눈 의례적인 대화만 적어놓았을 뿐 조약 체결의 핵심 의제는 기록하지 않았다. 두 사람의 은밀한 대화는 1885년 1월 7일(양력) 김윤식과 이홍장이 파견한 오대징 사이의 회담에서 드러난다.

김윤식은 그날 아침에 평소 친한 일본인(이노우에 가쿠고로)이 자신에게 은밀히 알려준 사실을 오대징에게 전했다. 그 일본인은 조선과 일본의 회담

때 가짜 교서(갑신정변 때 고종이 일본 공사에게 보호를 요청하기 위해 친필로 써서 보냈다는 가짜 명령서) 문제는 언급하지 말라고 충고했다. 그 문제는 갑신정변의 책임 소재를 파악하는 데 가장 핵심 사안이었다. 일본 정부는 조선과 조약을 체결한 뒤에 곧 중국과 전쟁을 벌일 것이라고 귀띔해주었다.[55]

가쿠고로, 외아문 고문이 되다

가쿠고로는 당시 조선 정부의 핵심 관료였던 김윤식에게 청일전쟁의 공포감을 조장했다. 김윤식은 조선 안에서 또다시 청나라와 일본이 무력으로 충돌하는 악몽 같은 상황만은 피하고 싶었다. 조선 정부가 갑신정변의 책임을 끝까지 묻지 않고 서둘러 한성조약을 체결한 데에는 가쿠고로의 이면공작이 주효하게 작용했을 가능성이 크다. 일개 일본인 야인의 교묘한 혀가 조선 고관의 순진한 귀를 농락해버린 것이다.

이노우에가 일본으로 돌아간 뒤에도 가쿠고로는 조선에 남아 있었다. 그는 얼마 지나지 않아 다시 외아문에 초빙되었다. 김윤식의 도움 덕분이었다. 김윤식은 평소에 가쿠고로를 높이 평가했다. 그는 일본인 구리바야시 쓰기히코栗林次彦에게 답하는 편지에서 "이노우에 가쿠고로는 제가 경외하는 벗입니다. 그 사람이 나이는 비록 적지만, 견식은 저보다 열 배나 됩니다. 마음을 쓰는 것이 공평하고 막힌 곳이 없습니다. 제가 진심으로 그를 좋아합니다."[56]라고 썼다. 정치학자 김종학은 김윤식이 가쿠고로를 조선에 남겨둔 것은 청일전쟁과 관련해 일본의 동향을 탐지하려는 의도 때문이었을 것이라고 추측했다.[57]

가쿠고로가 외아문의 고문이 된 것은 1885년 1월 중순(양력) 무렵이었던 듯하다. 1885년 1월 20일(양력)『시사신보』는 한성조약이 체결된 뒤 가쿠고로가 조선의 외아문에 출사해서 외교 사무를 맡게 되었기 때문에『시사신보』통신원을 그만둔다는 뜻을 통지해왔다고 전했다.[58]

가쿠고로는 이노우에를 따라 다시 조선에 돌아오는 길에 옛날 자신의 거처이자 박문국이 있었던 곳을 방문했다. 1885년 2월 5일(양력)『도쿄니치니치신문』은 "한성순보를 발행하던 박문국은 지난해[1884] 12월 경성변란으로 그 활자가 불에 타 녹아버리고 인쇄기계도 중요한 부분이 모두 파괴되었다."라고 전하면서 "이번에 다시 한정韓庭에 고용되어 외아문에 출사한 이노우에 가쿠고로 씨는 대사를 따라 입경하는 김에 이 광경을 목격하고 마침 그곳에 있던 한인에게 누가 이렇게 파괴했는지 물었다. 우리는 결코 이런 일을 하지 않고 모두 청국인의 손으로 된 것이라고 답했다고 한다."라고 보도했다.

청일전쟁의 우울한 예고, 텐진조약

가쿠고로가 외아문에서 근무할 때, 중국 텐진에서는 청나라와 일본 사이에 치열한 외교 담판이 벌어지고 있었다. 갑신정변 이후 두 나라와 조선의 관계를 새롭게 정립하기 위한 회담이었다. 일본은 1885년 1월 10일에 참의 겸 궁내부경 이토 히로부미伊藤博文를 특파전권대사로 임명했다. 2월 18일부터 3월 1일까지 6회에 걸쳐 이토 히로부미와 청나라의 직예총독 이홍장 사이에 줄다리기 회담이 계속되었다. 마침내 3월 4일에 양국 사이에 텐진조약이 체결되었다.

1. 중국은 조선에 주둔하게 했던 군대를 철거하게 한다. 일본국은 조선에서 공사관을 호위하던 군대를 철거하게 한다. 수표手票를 하고 도장을 찍은 날로부터 4개월 내에 각각 모든 인원을 철거하게 함으로써 두 나라 사이에 사건이 일어날 우려를 없앤다. 중국은 마산포를 통해 철거한다. 일본은 인천항을 통해 철거한다. 이것을 의정議定한다.

1. 양국은 서로 조선 국왕에게 권고해 군사를 훈련하게 해서 자체로 치안을 유지하게 한다. 그리고 조선 국왕은 다른 나라 무관을 1인 또는 몇 명을 선발해서 고용해 훈련하게 하는 일을 맡길 수 있다. 이후에 중일中日 양국은 서로 조선에 사람을 파견해 훈련하게 하지 못한다.

1. 앞으로 조선국에 변란과 중대한 사건이 생겨 중일 양국이나 또는 어느 한 나라에서 군사를 파견하려고 하면 우선 서로 공문을 보내 통지한다. 사건이 안정된 후에는 곧 철거하게 하고 다시 주둔하지 못하게 한다.[59)]

텐진조약은 교묘한 타협의 결과였다. 청일 두 나라는 서로 의심하면서도 두려워했다. 갑신정변은 국지전으로 그쳤지만, 조선의 정세는 언제든 양국이 전면전으로 치달을 수 있을 만큼 위험했다. 당장은 조선의 자위권을 인정하지만, 언제든 두 나라가 군사적으로 한바탕 치고받을 여지는 열어두었다. 텐진조약은 10여 년 뒤에 일어날 피의 열전, 곧 청일전쟁을 예고하는 우울한 협정서였다.

청나라와 일본의 외교 담판 소식은 곧 조선에도 날아들었다. 조선에서는 이토 히로부미가 텐진에 간다는 소식만으로도 공포에 떨었다. 이미 청일 사이에 전쟁이 벌어진다는 소문이 파다했다. 1885년 3월 18일 이홍장이 텐진 주재 일본 영사 하라 다카시原敬에게 보낸 서한에 따르면, 이노우에 지고로(井上次五朗, 井上角五朗의 착오임)란 일본인이 조선 관리들에게 "이토 대사 일행이 출발한 것은 전적으로 중국에 개전할 것을 결심한 것이다. 이를 위해 이미 군함과 군대에 충분히 준비할 것을 명령했다. 또 호위를 위해 군함과 군대를 대사에게 붙였다."라고 고하자 조선 관리들이 크게 경악해서 곧장 전보와 전신으로 자신에게 이 사실을 통보했다.[60] 이처럼 가쿠고로는 김윤식, 김홍집을 비롯한 조선의 조야 인사들에게 곧 청일전쟁이 벌어질 것처럼 엄포를 놓았다. 그 자신도 그렇게 믿었다.

가쿠고로는 청일 담판을 면밀하게 주시했다. 하지만 일본에서 들려오는 소식은 그의 기대와는 딴판이었다. 일본 신문에서는 정부가 청나라와 전쟁을 벌일 의사가 없고 배상금조차 요구하지 않는다고 속속 보도했다. 가쿠고로는 더는 팔짱만 끼고 방관할 수 없었다. 지금까지 자신의 공적 발언이 모두 공갈과 식언이 되어버릴 게 뻔했다. 조선에서 자신의 처지가 난처해질 수밖에 없었다.

1885년 3월(양력) 가쿠고로는 황급히 도쿄로 떠났다. 1885년 1월 16일(양력 3월 2일) 독판교섭통상사무 김윤식은 일본대리공사 곤도 마스키에게 "본 아문에서 맞이해온 귀국 사람 이노우에 가쿠고로가 모친을 뵙고자 휴가를 신청하고 잠깐 귀국으로 돌아갑니다."[61]라고 알린 것처럼, 모친을 보러 간다는 것이 휴가의 명목이었다. 하지만 속사정은 달랐다. 청일 담판 소식의 진실을 더 확실히 파악하기 위한 것이었다.

가쿠고로가 도쿄로 돌아온 지 얼마 지나지 않았을 때, 톈진조약이 체결되었다는 소식이 전해졌다. 가쿠고로의『자기연보』에 따르면, 당시 망명 중이던 김옥균과 박영효는 무척 실망했다. 그뿐만 아니라 후쿠자와도 불만족스러워했다. 그는 곧 외무성으로 이노우에 참의를 찾아갔다. 톈진 담판이 평화롭게 끝난 것을 힐난하자 이노우에는 여러 사정 때문에 중국과 화약을 맺을 수밖에 없었다고 털어놓았다.[62] 가쿠고로는 이노우에에게 앞으로 "정치상 될 수 있는 한 당신과 반대 태도를 취할 것이다."[63]라고 선언하고 그와 헤어졌다.

후쿠자와, '탈아입구'를 외치다

갑신정변의 실패와 톈진조약의 체결 등 동아시아 국제정세는 후쿠자와의 대외 인식을 바꾸는 결정적인 계기가 되었다. 그는 1885년 3월 16일 『시사신보』에 그 유명한 「탈아론脫亞論」을 발표했다. 그는 "우리 일본의 국토는 아시아의 동쪽에 있지만, 그 국민의 정신은 이미 아시아의 고루함을 벗어나 서양의 문명으로 옮기었다"라고 자부했다. 이웃 나라인 중국과 조선은 일본에 조금도 도움을 주지 못할 뿐만 아니라, 서양 세력에 맞서서 독립을 유지하지도 못할 것 같다고 깎아내렸다. 이제 일본은 "이웃 나라가 개명하기를 기다려서 아시아가 함께 흥기하기를 기다릴 수 없다. 오히려 그 대오를 벗어나 서양의 문명국과 진퇴를 같이해야 한다. 중국과 조선을 대하는 법도 이웃 나라라고 해서 특별히 사정을 봐줄 수 없다."[64]라고 주장했다.

이 논설은 임오군란 이후 이웃 나라의 '문명화'를 명분으로 한 침략정책이 갑신정변의 실패로 일시 좌절될 수밖에 없었던 상황에서 나온 것이었다. 후쿠자와는 이 논설에서 서양 세력에 맞선 동아시아 삼국의 연대론을 항구적으로 포기할 것을 선언했다. 오히려 일본은 중국과 조선이라는 후진적 세계에서 벗어나 유럽 제국과 연대함으로써 독자적으로 국운을 개척할 것을 천명했다.[65]

후쿠자와가 '아시아를 벗어나 유럽으로 나아가자'는 탈아입구론脱亞入歐論을 제창할 때 가쿠고로는 후쿠자와 집에 머물고 있었다. 그는 이노우에 참의와 정치적으로 적대적인 입장으로 돌아섰다. 다시 조선으로 돌아갈 면목도 없는 낙백한 처지였다. 어느 날 후쿠자와는 가쿠고로를 자신의 거처로 불렀다. "군은 이제부터 어떻게 할 것인가? 오늘은 차분히 상담을 해보지 않겠는가?"라며 말문을 열었다. 후쿠자와는 갑신정변을 화제로 꺼냈다.

> "이번 김[옥균], 박[영효]의 변란은 실패했지만, 우리 일본인에게는 조선을 세력 범위에 두지 않으면 안 된다는 교훈을 주었다. 조선에서는 그 국가의 존립을 인정받는다는 사상을 일으키는 것만으로도 결코 무익한 일은 아니다. 내가 늘 마음속에 간직한 생각을 말하자면, 프랑스와 중국이 관계된 사건이 있었다고 해도 이것(갑신정변 – 인용자)은 김, 박 여러 사람의 경솔한 행동이라고 말하지 않으면 안 된다. 그러나 조선에는 교통편도 충분하지 않았기 때문에 오늘도 결코 그것을 비난하는 것은 아니다. 우리 미래의 국운이란 점에서 생각해보면, 확실히 그 단서를 열었던 것은 잘했다고 말할 수 있다."

후쿠자와는 가쿠고로가 신명을 바쳐 변란에 힘쓰고 김옥균과 박영효에게 후의를 베푼 것을 칭찬했다. 또 그가 조선 정부의 고문을 맡고, 특히 조선에서 최초로 신문을 간행한 일도 격려했다. 후쿠자와는 원래 우시바와 다카하시를 선발해서 게이오의숙의 손으로 조선에서 신문을 발행하려고 했는데, 가쿠고로가 자신의 뜻을 대신 실행해준 것이었다. 그는 제자에게 조선과 과감히 관계를 끊든지 아니면 다시 한번 노력하라고 권했다. 가쿠고로는 스승에게 자신의 뜻을 밝혔다.

"우리나라가 중국과 담판해서 그들에게 한 걸음 양보한 이상, 중국의 세력은 [조선에서] 한층 더 커질 것입니다. 특히 저의 지위는 오래 유지되지 않을지도 모릅니다. 하지만 저는 일본인 이노우에 가쿠고로의 면목을 잃지 않는 한, 선생님이 전에 저에게 부탁하신 것 곧 언문 사용의 일을 실현해보고 싶습니다. 만약 사정이 허락한다면, 조선 내지를 시찰하는 일도 하고, 선생님이 이전에 조사하라고 명하신 그 [조선의] 인민 생활의 일, 지방행정의 일 등을 분명하게 보고 싶습니다."

후쿠자와는 제자의 생각을 듣고 "그것도 좋겠다. 일은 젊은 시절에 있으니 무엇이든 경험이라고 생각하고 해두라."라고 격려했다.[66]

거문도사건과 조선의 치욕

가쿠고로가 다시 조선으로 건너갈 것을 결심하고 준비할 무렵, 조선에서는 거문도사건이 터졌다. 영국은 1885년 3월 1일(양력 4월 15일) 거문도를 불법으로 점령했다. 당시 영국은 러시아의 남하정책에 잔뜩 신경을 곤두세우고 있었다. 만일의 사태가 발생할 경우 러시아의 해군기지 블라디보스토크항을 공격하기 위한 전진기지로 거문도를 선택한 것이었다. 영국 정부는 3월 3일에 청나라와 일본에 거문도 점령 사실을 통고했다. 당사자인 조선 정부는 3월 중순 무렵에야 외신을 듣고 그 사실을 알았다. 어쩔 수 없이 영국 정부의 공식 통고를 기다리기로 결정했다. 영국 제국주의의 오만함과 조선의 외교적 무능이 극명하게 드러난 사건이었다.

가쿠고로는 거문도사건이 벌어진 지 얼마 지나지 않아 조선으로 돌아온 것으로 보인다. 그는 1885년 5월 말(양력)에 외아문으로 복귀했다고 말했는데,[67] 이는 기억의 착오다. 1885년 4월 18일(음력 3월 4일) 후쿠자와는 종형제인 나카무라 이에키치中村英吉에게 편지를 보내는데, 가쿠고로가 곧 인천으로 떠나니 시모노세키에서 그에게 편지 한 통을 전해달라고 부탁했기 때문이다.[68]

청나라는 3월 20일 무렵 북양 수사제독 정여창에게 군함 2척을 거느리고 조선으로 향하게 했다. 거문도사건의 진상 조사가 목적이었다. 북양대신 이홍장은 정여창을 통해 국왕에게 밀서를 보냈다. 그는 조선이 영국의 거문도 점령을 허용하는 것은 "도적을 안내해서 문으로 들어오게 하는 것"이라고 경고했다. "정 제독에게 군함을 주어서 이 섬에 보내 정형情形을 조사하게 하는 동시에 귀 정부와 함께 진지하게 토의하게 하니 잘 생각해서 처리"하라고 권고했다.[69]

영국 정부는 4월 6일(양력 5월 19일)에야 거문도 점령 사실을 조선 정부에 통고했다. 청나라 주재 영국 공사관에서 조선의 통리아문 앞으로 정식 공문을 보낸 것이다. 거문도를 점령한 지 한 달이나 지난 때였다. 통리아문 독판인 김윤식은 공문을 받은 다음 날인 4월 7일 영국 공사관 앞으로 항의 공문을 발송했다. 영국에 즉시 거문도에서 철수하라고 요구했다. 외아문으로 돌아온 가쿠고로는 김윤식과 함께 거문도사건을 어떻게 처리할지 의논했던 것으로 보인다. 김윤식은 민영익에게 보내는 편지에서 다음과 같이 말했다.

"일전에 영국 영사가 문서를 보냈습니다. 북경주재 영국 공사가 비밀리에 조회하도록 한 문서였습니다. 요컨대 [영국이] 우리나라의 거문도를 빌려서 잠시 주둔하려는 것이었습니다. 이미 임금께 아뢰고 여러 대신들에게 두루 알렸습니다. 탁원[가쿠고로]과 상의해서 영국대사관에 허락할 수 없다는 뜻으로 공문서를 보냈습니다."[70]

가쿠고로는 거문도사건을 계기로 외아문에서 사직했다. 이미 정여창을 통해 이홍장이 청나라의 견해를 전달했으므로 일본인이 개입한 것은 청나라의 심기를 건드릴 수도 있었다. 조선 정부로서는 청나라의 권고를 무시할 수 없었다. 가쿠고로는 자신이 김윤식의 처지를 고려해서 스스로 외아문의 고문직을 사직했다고 증언하기도 하고,[71] 중국의 간섭 때문에 조선 정부에서 '파면'되었다고 말하기도 했다.[72]

"순보를 다시 발행하라"

가쿠고로는 외아문 고문직에서 물러난 지 얼마 지나지 않아 박문국을 재건하는 데 관여한 것으로 보인다. 「후쿠자와 선생의 조선 경영과 현대 조선의 문화에 대하여」란 글에 따르면, 자신이 외아문에서 물러난 뒤 김윤식과 함께 『한성순보』를 어떻게 할지 상의했다. 때마침 국왕이 정병하를 파견해서 그가 외아문 고문을 사임하는 것은 어쩔 수 없지만, 빨리 『한성순보』를 재흥하라고 지시했다.

가쿠고로에 따르면, 정병하는 외국 사정에 정통한 인물로서 박문국의 사사에 임명된 적도 있었다. 이 무렵에는 궁중의 신용을 얻어서 '별입시'別入侍로서 궁중의 회계 전권을 장악하고 있었다. 그 때문에 자신이 옛날처럼 박문국을 주재하게 되었다고 말했다.[73] 별입시란 사삿일로 임금을 뵙는 것을 말한다. 황현에 따르면, 명성왕후의 오빠인 민승호가 조정에서 여망이 있는 대신들을 골라 그들을 차례로 궁중에 입직하게 하면서 정무에 참여토록

했는데, 여기서 별입시 제도가 시작되었다고 한다.[74)

정병하는 1883년 5월 3일 통리아문 사관司官이 되었다. 그사이에 어찌된 영문인지는 모르지만, 1884년 4월 22일에 다시 통리아문 사관으로 임명되었다. 1885년 3월 10일(양력 4월 29일)에는 당진현감으로 제수되었고, 1885년 11월 17일 신병을 이유로 부평부사로 관직이 바뀌었다. 1885년 12월 31일 조지국造紙局 감독이 되었다. 1886년 1월 28일에는 통리아문 주사로 임명되었다. 그해 5월 무렵에는 다시 부평부사가 되었다. 1887년 10월 9일에는 광무국 봉판으로 임명되었다.

가쿠고로가 외아문에서 활동할 때, 정병하가 박문국에서 근무한 것은 사실이었다. 가쿠고로의 주장을 그대로 받아들인다면, 정병하가 왜 고종의 명령을 그에게 전했는지는 까닭을 알 수 없다. 또 당시 정병하가 궁정에서 회계를 맡았다는 사실도 입증할 자료가 남아 있지 않다.

작성 날짜를 알 수 없지만, 위에서 인용한 편지에서 김윤식은 민영익에게 "탁원이 외서外署의 뒤 건물에 박문국을 임시로 설치하려 했는데, 이제 막 임금님의 재가를 받았습니다."라고 전했다.[75)

그 무렵 실제로 조정에서는 박문국 재건이 논의되었다. 1885년 3월 28일(양력 5월 12일), 통리아문에서 국왕에게 아뢰었다.

"지난해 변란이 일어났을 때 박문국도 파괴되어 업무가 중지되었습니다. 이제 다시 광인사廣印社로 옮겨 설치하고, 담당 국該局의 관원에게 이전대로 계속 간행하게 하는 것이 어떻겠습니까?" 하니 윤허했다.[76)

이것은 『고종실록』의 기록인데, 다음과 같은 주석이 붙어 있다.

"박문국은 계미년(1883) 7월에 통리교섭통상사무아문에서 처음 설치했다. 부사과 김인식을 주사로 삼고, 유학 장박·오용묵·김기준을 사사로 삼고, 일본인 이노우에 가쿠고로가 그 편수編修를 주관했다. 10월 1일에 처음으로 『한성순보』를 발간했으며, 갑신년 10월 변란 때 폐간되었다가 이때에 와서 다시 복간되었다."

현재 남아 있는 관찬 사료 가운데 유일하게 이 기록에서만 이노우에 가쿠고로가 박문국의 "편수를 주관했다."라고 말했다. 가쿠고로의 역할과 업무를 가장 적극적으로 표현한 것이었다. 『고종실록』은 1927년부터 1935년까지 일제 치하에서 일본인의 엄밀한 검열과 감수를 거친 뒤에 간행되었다는 사실을 기억해야 한다. 모든 원고는 편찬 책임자인 경성제국대학 교수 오다 쇼고小田省吾가 손질했고, 최종적으로 일본인 이왕직 장관이 결재했다.[77] 이 실록의 기사가 당시 주무관청이었던 통리아문의 일기와 책임자였던 김윤식의 기록과 다를 수밖에 없는 까닭이 여기에 있다.

그런데 통리아문에서는 왜 박문국을 민간의 광인사로 옮겨서 설치하자고 건의했을까. 4부 5장에서 자세히 살펴보겠지만, 광인사는 우리나라에서 처음으로 민간에서 세운 서양식 근대 인쇄소이자 출판사다. 광인사의 존재는 『한성순보』 기사에서 확인할 수 있다. 『한성순보』 15호(1884년 2월 21일)에는 "성내에 광인사가 있는데, 각기 [민간에서] 자본을 출자해 별도로 한 회사를 설립하고 앞으로 서적을 판출板出해 이익도 도모하고 문화 창달에 도움을 주기도 할 것이라고 한다."라는 기사가 실려 있어서 광인사의 설립 사실과 그 목적을 알 수 있다.

인쇄기계 값 1천 원

광인사에서 신문을 간행하려던 계획은 실현되지 못했다. 정확한 내막은 알 수 없지만, 조정에서는 지난번과 마찬가지로 박문국을 정식 국가기관으로 다시 설립하자는 의견이 채택되었다. 1885년 4월 20일자(양력 6월 2일) 『통서일기』는 박문국 재건 과정에서 가쿠고로가 어떤 임무를 맡았는지 공식적으로 입증해주는 자료로서 주목할 만하다. 가쿠고로가 외아문 고문을 사직한 지 얼마 지나지 않은 때였다.

> 박문국을 다시 세울 때, 본 아문은 이노우에 가쿠고로에게 다음과 같이 부탁했다.
>
> 1. 일본 기계를 구매하는 것은 인천항이나 일본국 해당 기관에서 편리한 대로 할 것
> 2. 기계를 모두 구매한 뒤, 그 가격이 얼마인지는 장부 목록에 따라 일일이 지불할 것
> 3. 이노우에가 만약 인천항에서 다른 사람에게 부탁하면 구하는 가격 외에 왕복하는 윤선에 들어간 비용도 아울러 지급할 것. 만약 본국에 들어가 구매해오면, 이노우에의 왕복 여비도 예에 비추어 지급할 것
>
> 이것으로 증빙을 삼는다.
>
> 연 월 일
>
> 독판 김[윤식] 서명署名 개인蓋印[78]

통리아문에서는 가쿠고로에게 일본의 인쇄기계를 구입해달라고 부탁했다. 구입 방법은 그가 선택할 수 있었다. 인천항에서 다른 사람에게 부탁하거나 일본에 가서 직접 구입할 수도 있었다. 이는 당시 인천항을 거쳐 일본에서 기선으로 인쇄기를 수입할 수 있었다는 사실을 알려준다.

가쿠고로가 "옛날 박문국이 불타버린 곳에서 기계, 활자를 가져온다고

해도 쓸모 있는 것은 거의 없었다. 곧 그것을 주문하기 위해 나는 또 귀국하게 되었다."[79]라고 말한 것처럼, 그는 인천항에서 구매를 대행하게 한 것이 아니라 자신이 직접 기계와 활자를 구입하기 위해 일본으로 건너갔다. 그가 귀국하려 했을 때, 고종은 그에게 "이번에는 발행하는 신문에 언문을 사용하라."라고 지시했다.[80]

그는 1885년 7월부터 11월(양력)까지 일본에 머물렀다. 그동안 그는 "기계, 기구 가운데 필요한 것을 주문했다. 언문 활자는 [후쿠자와] 선생이 소유한 것을 샀다. 그 가운데 부족한 활자는 새로 제조하게 했다. 그러고 나서 향리[고향 후쿠야마福山]로 돌아왔다. 그때 어머니의 권유에 따라 아내를 얻었다. 수일간 머문 뒤 다시 상경했다."[81]

가쿠고로는 1885년 6월 23일(양력 8월 3일)에 통리아문으로 서신을 보냈다. 그가 곧 도쿄에서 나올 예정이라고 밝혔다.[82] 이어 한 달쯤 지난 7월 23일(양력 9월 1일), 통리아문은 가쿠고로에게 "순보의 기계값 양은洋銀 1천 원元을 부쳐 보냅니다. 약속에 따라 기계를 구입해서 본 아문에 보내야 합니다."[83]라고 전했다. 아마 이 무렵 가쿠고로가 일본에서 주문하거나 구입한 기계와 활자 등의 물품 명세서를 통리아문으로 부쳤고, 통리아문에서 그에 대한 답신으로 보냈을 것이다.

"주자판 99궤를 면세하라"

앞장에서 살펴본 것처럼, 가쿠고로가 수신사 박영효 일행을 따라 처음 조선에 건너왔을 때, 후쿠자와는 한글 활자 64만 9천8백 개, 총액 2,079원 36전을 소유하고 있었다. 가쿠고로의 증언이 사실이라면, 그는 스승이 소유

한 한글 활자를 구입했다. 그런데 통리아문에서 가쿠고로에게 보낸 양은 1
천 원은 물건값으로 충분했을까. 언론학자 김봉진에 따르면, 양은 1천 원은
당시 환율로 계산하면 일본 지폐 2,079원 36전보다 많았을 가능성이 높다.
그는 환율 문제와 상관없이 조선 정부는 가쿠고로가 지참해온 인쇄기나 한
글 활자 대금을 완납했을 것이라고 추정했다.[84]

당시 가쿠고로의 행적은 신문기사에서 대략 짐작해볼 수 있다. 1885년
10월 1일(음력 8월 23일) 『시사신보』는 「이노우에 가쿠고로 씨 다시 조선에 가
다」라는 기사를 실었다. 가쿠고로가 "지난 6월 중 다시 『한성순보』를 간행하
기 위해(변란 이후는 폐간되었다) 기계를 구입하러 도쿄로 돌아왔다. 이제 이미
그 할 일도 다 마쳐서 가까운 날에 다시 조선에 가서 이전처럼 『한성순보』의
일을 맡고 또 외무 업무에 참여한다고 한다."[85]라고 보도했다.

가쿠고로가 일본에서 기계와 활자 구입을 마치고 귀국을 준비할 무렵, 통
리아문에서는 인선 작업에 착수했다. 1885년 9월 12일에 통리아문은 국왕
에게 박문국을 다시 설립하게 되었다면서 소속 인원들로 "전 주사 장박, 사
사 오용묵·김기준, 사과 이명륜·진상목, 진사 이혁의, 유학 권문섭·정만
교·이홍래를 다 함께 본 아문의 동문학 주사로 삼고, 해당 관청으로 하여금
구전으로 임금의 임명을 받아서 그들이 박문국의 사무를 이어받아 처리하
게 하는 것이 어떻겠습니까?" 하고 아뢰었다. 국왕은 이를 윤허했다.[86] 박
문국 총재는 김윤식, 부총재는 정헌시였다. 회계감독은 정병하가 맡았다.

박문국의 진용이 짜이고 얼마 지나지 않아 신문 발간을 위한 기계와 장비
들이 도착했다. 통리아문은 9월 19일 인천감리서에 "박문국에서 공공 목적
으로 사온 활자와 기계를 특히 면세"하라고 지시했다.[87] 9월 29일, 인천항
경찰관은 통리아문으로 "박문국에서 쓰일 주자판鑄字板 99궤槦를 배에 실어

올려 보냈습니다. 여기에 든 비용 60냥을 뒤에 덧붙여 보고합니다."라고 보고했다. 통리아문은 비용을 지급하라고 지시했다.[88] 당시 일본에서 수입해 온 물품의 규모와 수량은 주자판 99궤였음을 알 수 있다.

가쿠고로도 이 무렵 조선으로 돌아왔을 것이다. 그는 1885년 11월(양력)에 새로 만든 기계와 활자를 지니고 도쿄에서 출발했다.[89] 그에 따르면, 박문국은 한성부 중부中部 교동校洞의 궁중 별장[宮中御用邸]으로 이전했는데, 자신은 박문국 관사 안으로 옮겨와 살았다고 한다.[90] 하지만 이때는 박문국 건물이 아직 지어지기 전이었다.

1885년 10월 독일 영사 부들러ト德樂는 독판교섭통상사무 김윤식에게 박문국 건축 공사가 언제 시작되는지 물었다. 김윤식은 "박문국 공사 시작 일시는 아직은 정확하게 말씀드리기 어렵습니다. 대략 12월 초에 아마 공사를 시작할 것입니다."[91]라고 말했다. 일본에서 인쇄기계와 활자가 수입된 이후에 박문국 신축 공사가 시작되었을 것으로 보인다. 박문국 건물이 언제 완성되었는지는 알 수 없다. 가쿠고로는 박문국 건물이 지어지기 전에 임시 관사에서 신문 발행을 준비했고, 박문국 관사가 완성된 뒤에 이곳으로 옮겨왔을 것이다.

가쿠고로의 월급 1천 냥

교동의 박문국이란 정확히 어디를 가리키는 것일까? 『경성부사』에서는 "박문국을 외무아문에서 가까운 조성하의 집으로 옮"겼다면서, 그 주석에 조성하의 집은 "경운동 관립여자사범학교 및 부속여자보통학교"에 있었다고 했다.[92] 『별건곤』 제23호(1929년 9월)에는 박문국이 "경운동 사범학교 여

자연습과 교실 부속 보통학교 사범과 기숙사"에 있었다고 기록되어 있다.[93] 언론학자 오인환은 이를 근거로 박문국이 오늘날 서울노인복지센터(종로구 삼일대로 467(경운동)) 자리에 있었을 것으로 추정한다.[94] 이곳은 일본 공사관이 있던 수운회관 옆자리다.

가쿠고로는 두 번째로 박문국에 임명되었는데, 이번에는 1885년 10월부터 1887년 9월까지 2년간 조선 정부와 정식 계약을 맺었다. 박문국과 가쿠고로의 계약 관계는 다음과 같았다.

> "박문국은 이제 막 다시 설치되었다. 외보를 번역하는 임무는 급히 힘쓰지 않을 수 없다. 이에 임금의 지시를 받들어 일본인 이노우에 가쿠고로를 을유(1885) 10월부터 정해(1887) 9월까지 한해서 고용해 쓴다. 월급으로 동전 1천 냥을 매달 15일에 지급해준다. 본 아문은 마땅히 [가쿠고로를] 예로 대우하고 아울러 보호할 것이다. 해당 인원도 마땅히 부지런히 힘써 종사해야 한다. 본 아문이 명한 일이므로 혹시라도 태만한 일이 없어야 한다. 기한이 다 차면 귀국 여비를 지불하고 따로 은상賞銀을 주어 그 노고를 갚는다. 만일 혹 다시 고용하면, 수고에 대해 돈으로 보답할 것이다. 기한이 되기 전에 해당 국원이 스스로 귀국하기를 원하면, 여비와 보수는 거론하지 않는다. 이 항목을 함께 약정해서 증빙으로 삼는다."[95]

가쿠고로의 월급은 1천 냥으로 책정되었다. 그것은 얼마만큼의 가치가 있었을까. 당시는 당오전이 발행되면서 물가가 크게 널뛰었다. 당오전이 통용되기 전에는 일본 돈 1엔당 조선 화폐의 교환 환율은 2냥 5전이었다. 당오전이 통용된 후에는 8냥으로 뛰어올라 300%나 떨어졌다.[96] 이 환율을 적용해보면 가쿠고로의 월급 1천 냥은 125원에 해당한다.

『경성발달사』에 따르면, 1886년 당시 한인 가옥값은 부지를 합해 기와집 한 채에 100원, 초가집 한 채에 30~40원 정도였다. 보통 토지 가격은 1평당 10~20전이었다.[97] 가쿠고로의 월급은 당시 서울에서 기와집 한 채를 사고도 남을 만큼 거액이었다. 『한성주보』 창간호(1885년 12월 21일)에 실린 물가지수 '시치탐보'를 적용해보면, 당시 미전의 상미上米 한 되(1升)가 1냥 6전이었다. 그의 봉급으로 쌀을 1,666되 살 수 있었다. 북어 1급級(20마리)이 2냥이었으므로 명태를 1만 마리 살 수도 있었다.

가쿠고로는 조선 정부에서 후한 대우를 받으면서 두 번째로 신문 발간 사업에 참여했다. 1885년 12월 21일(양력 1886년 1월 25일) 『한성주보』 창간호가 발행되면서 박문국은 본궤도에 올랐다. 얼마 지나지 않아 가쿠고로는 급히 박문국에 휴가를 신청했다. 어머니가 세상을 떠났다는 소식을 들었던 것이다.

가쿠고로의 모친 스미코スミ子는 1886년 1월 16일(양력 2월 19일) 세상을 떠났다. 그 소식이 경성에 전해진 것은 어느 정도 시간이 지난 뒤였다.[98] 가쿠고로는 1886년 2월 27일(양력 4월 1일) 무렵 일본으로 떠났다. 1886년 2월 28일(양력 4월 2일) 독판교섭통상사무 김윤식이 일본 임시대리공사 다카히라 고고로高平小五郎에게 보낸 공문서에서 이를 확인할 수 있다.

"본국에서 설치한 박문국에서 귀국인 이노우에 가쿠고로를 고용해서 번역繙譯의 일을 맡겼습니다. 이제 모친상의 부음을 듣고 급히 분곡奔哭하려 합니다. 억지로 붙들기 어려운 형편입니다. 본국의 일은 오래 비워둘 수 없습니다. 우리 달력 4월 초8일, 양력 5월 12일에 본국의 업무로 돌아와 일하기로 약속하고 약속증서를 작성해서 발급해 서로 공문서를 갖추었습니다. 청컨대 번거롭지만 귀 대리공사께서 살펴셔서 귀국 정부에 전달하는 것이 좋겠습니다."

이 공문서에는 '이노우에 가쿠고로를 본래의 직책에 다시 임명할 것을 증빙하는 문서'가 첨부되어 있다.

"본 아문에서 박문博文 주보국週報局을 설치해서 일본인 이노우에 가쿠고로를 고용하기를 청해서 외국의 일을 번역繙譯하는 업무를 맡기고 달마다 봉급 [○○○]원을 주어 여비를 보조하고 있다. 현재 주보를 발간한 지 겨우 8호가 지났는데, 이노우에 군이 부모상을 만나 분곡奔哭하려 한다. 그 정리를 생각해서 억지로 머물게 할 수 없다. 본국에서 주보를 간행하는 일도 오래 비워두기 어렵다. 이에 말미를 얻어 귀향하는 것을 허락한다. 분상奔喪한 뒤에 오래 머물지 않고 우리나라 달력 4월 초8일, 양력 5월 12일에 본국으로 빨리 돌아와 앞의 일을 이어 처리해서 본 아문의 바람을 버리지 말 것을 약속한다. 이것을 세워 증거로 삼는다.

위를 일본인 이노우에 가쿠고로에게 준다.

대조선 개국 495년 2월 20일"[99]

위 공문서를 보면, 박문국에서 가쿠고로가 맡은 정식 임무는 번역이었다. 그는 모친상으로 2월 20일부터 4월 8일까지 휴가를 얻었다. 현재 발행일을 확인할 수 없는 『한성주보』의 한 호에는 "본 박문국 주보의 편집원인 일본인 이노우에 가쿠고로가 모친상을 당해 2월 27일 일본으로 귀국해서 분상을 하고 제사와 곡을 마친 후 … (판독 불능) … 24일 본 박문국으로 돌아와 다시 사무를 담당하고 있다."[100]라는 기사가 실려 있다. 위의 기사와 가쿠고로의 기록을 비교해보면, 그는 1886년 4월 24일(양력 5월 27일) 박문국으로 복귀한 것으로 보인다. 신문기사에서는 가쿠고로를 주보의 '편집원'으로 소개했는데, 그는 『한성순보』 시절과 마찬가지로 편집원으로서 외국 신문의 번역 업무를 맡았을 것이다.

"가쿠고로, 음험하고 불량하다"

한편, 조선 임시대리공사 다카히라 고고로는 1886년 2월 26일(양력 3월 31일) 가쿠고로에 대한 조선인의 평판을 담은 보고서를 본국으로 보냈다. 가쿠고로가 모친상을 치르기 위해 조선을 떠날 무렵이었다.

> "이노우에[가쿠고로]도 근래는 조선인 일반 사이에서 평판이 좋지 않습니다. 외무참의 정헌시는 박문국 당상을 겸하는 자인데, 근래 일본 공사관 역관을 만난 자리에서 그의 거동을 음험하고 불량하다고 평하면서 겨우 김윤식의 비호로 박문국에 근무하는 사정을 은밀히 이야기해주었습니다. 그러면 이노우에도 조선에서 영구히 호구糊口하는 일은 있을 수 없을 것입니다. 가능한 한 이번에 [그가] 귀국하는 것을 틈타서 그 처분 방법을 세워주면 두 나라가 교제하는 데 하나의 해를 제거하는 일이 될 것입니다."[101]

당시 박문국에서는 가쿠고로를 둘러싸고 독판 김윤식과 참의 정헌시 사이에 모종의 갈등이 있었던 듯하다. 김윤식이 가쿠고로를 두호한 반면, 정헌시는 그가 '음험하고 불량하다'고 악평할 만큼 싫어했다. 일본 공사관에서는 가쿠고로가 두 나라 외교에 걸림돌이 되는 인물이라고 평가하고 대책을 세워달라고 본국에 요청했다.

박문국 내부의 알력 때문이었을까. 가쿠고로는 모친상을 마치고 돌아와서 얼마 지니지 않아 박문국을 사직하고 조선 시찰 여행을 떠났다. 『이노우에 가쿠고로 선생전』에 따르면, 그가 부모상을 치르기 위해 김윤식에게 귀성할 일을 알리면서, 사직할 결심을 미리 말해두었다. 자신이 다시 조선으로 돌아와도 업무에 복귀하지 않고 조선의 내지를 시찰할 예정이라고 말했다.

가쿠고로는 1886년 5월(양력)에 조선으로 돌아왔다. 얼마 뒤 그는 총재 김윤식과 회계 정병하 두 사람에게 "제가 없어도 부총재 정헌시를 비롯해 유능한 국원이 많습니다. 두 분에게 계속할 의지가 있으면 결코 곤란하지 않을 것입니다."라고 말했다. 두 사람도 납득했다. 그는 안심하고 지방 시찰 여행을 준비했다.[102]

그는 1938년 5월 5일자 『매일신보』에서도 "메이지 19년(1886) 4월에 모친상을 당해 다시 한번 귀국했다. 내가 없는 동안에도 박문국의 형세는 완전히 진행되었다. 나는 감독 직공을 해고하게 하고 박문국의 업무를 주사, 사사에게 분담시켰다. 내가 없어도 발행이 가능함을 알았다. 주보가 몇 호를 거듭하는 것을 보고 나는 내지 여행을 출발했다."라고 말했다.

가쿠고로의 조선 시찰 여행은 그가 첫 번째 조선에 왔을 때부터 계획된 것이었다. 후쿠자와는 그에게 조선을 낱낱이 관찰해서 보고해달라고 부탁했다. "나는 전에 후쿠자와 선생으로부터 명령받아둔 것이 있었다. [조선] 인민의 생활 상태를 명확하게 하고, 행정·조세제도를 살피고, 아울러 토지의 비옥과 척박, 교통의 편리와 불편을 알고 싶었다. 드디어 내무부의 명을 받고 지방의 조세제도를 조사하는 길에 올랐다."[103]라고 말했다. 그의 시찰이 일본 정부의 지령이었는지는 알 수 없다. 조선의 사정을 자세히 관찰하겠다는 그의 첫 번째 목표를 이때서야 이룰 수 있었다.

가쿠고로는 1886년 11월 15일(양력)에 경성을 출발했다. 조선 각지를 여행한 뒤 12월 22일 부산에 도착했다. 그는 부산에서 김윤식에게 사료를 보냈다. 또 김윤식에게 "이제 곧 고향으로 돌아갈 예정입니다. 저의 소견과 시찰의 개요는 고향에서 상신하겠습니다."라고 편지를 보냈다. 그는 1886년 12월 26일(음력 12월 2일) 부산을 떠나 귀국했다.[104] 이때 가쿠고로의 박문국 시절도 마감했다.

가쿠고로가 박문국의 계약기간을 채우지 못하고 일본으로 돌아간 까닭은 명확하지 않다. 언론학자 채백은 "그가 김윤식의 비호를 믿고 오만한 태도를 보여 조선 정부의 평판이 좋지 못했다. 또한 갑신정변 후 청과 맺은 톈진조약을 둘러싸고 이노우에 가오루 외무경과 사이가 벌어져 주한 일본 공사관과도 멀어진 때문인 것으로 보인다."[105]라고 말했다.

가쿠고로는 1887년 1월(양력) 고향에 돌아와 조선을 여행하면서 보고 들은 내용을 정리하기 시작했다. 그의 조사 서류는 두 종류였다. 하나는 조선의 행정·조세제도 조사서와 그 개혁 의견서, 또 하나는 지방산업 개발 조사서였다. 그는 첫 번째 보고서를 모두 한문으로 번역해서 조선 국왕에게 바쳤다. 두 번째 보고서는 김윤식에게 보냈다. 그가 조선을 떠난 지 얼마 정도 시간이 지나자 조선에서 사신이 찾아왔다. 그는 국왕의 뜻을 전하면서 국왕의 편지와 고서화첩, 은병, 연석 등을 선물로 주었다고 한다.[106]

• • • • •

백성들의

눈과 귀가

되다

1885년 12월 21일(양력 1886년 1월 25일) 『한성주보漢城週報』(이하 '주보'로 줄임) 창간호가 세상에 나왔다. 앞뒤 표지를 포함해 모두 20면이었다. 판면은 가로 15㎝×세로 20㎝로, 『한성순보』(이하 '순보'로 줄임) 때보다 줄어들었다. 한 면당 글자 수는 제1호부터 제23호까지는 20행 40자였고, 제24호부터는 16행 40자로 순보보다 크기도 작아지고 기사 분량도 적었다.[1)]

형태면에서 주보가 순보와 다른 점은 크게 네 가지였다. 먼저 순보와 달리 앞뒤 면에 표지를 넣어서 잡지의 형식에 가까워졌다. 표지에는 '漢城週報'와 '第一號'처럼 제호와 간행 호수만을 표기했다. 2면에는 개국기원, 중국 연호, 서력기원 세 가지 형식으로 발행일을 나타냈다. 본문은 3면부터 19면까지 이어지는데, 19면에는 '본국공고'를 실었다. 마지막 20면에는 '중부 경행방 교동 박문국'中部 慶幸坊 校洞 博文局이란 글자만으로 채웠다. 잡지 한 권처럼 형식적 완결성을 지향한 것이었다.

앞뒤 표지 판면의 테두리를 기하학적 문양으로 그려 넣은 것도 변화 가운데 하나였다. 제호의 서체도 달라졌다. 순보의 제호 글자체가 단정하고 형식적인 느낌이 강한 반면, 주보의 그것은 자유분방하면서 멋을 낸 느낌이 살아 있다. 순보와 주보의 글자체를 누가 썼는지, 또는 어디서 따왔는지는 알 수 없다.

한글 기사를 선보이다

주보의 가장 획기적인 변화는 사용 언어였다. 순보가 순한문으로 일관되었다면, 주보에는 한문, 한글, 국한문 혼용 세 가지 언어 형식이 한 호 안에 공존했다. 특히 창간호 15면의 「인군에은혜가빅성을감격케홈이라」는 글과 16면부터 18면까지 이어지는 장문의 「뉵쥬총논」은 한글만으로 쓰여서 단연 이채를 띠었다. 다만 띄어쓰기가 되어 있지 않아서 가독성에는 한계가 있었다.

또 하나 사소하지만 중요한 차이가 있었다. 바로 발행주기다. 발행주기는 이미 '주보'라는 제호에서 잘 드러난다. 10일마다 새 소식을 전하던 데서 7일로 발행주기가 짧아진 것이다. 3일밖에 차이가 나지 않지만 한 달이면 한 호를 더 만들어낼 수 있었다. 주보는 일주일 7일이라는 서양식 시간체계를 국가에서 공식적으로 채택했다는 점에서 큰 의미가 있었다. 다만 요일제는 아직 채택하지 않았다. 일주일 단위로 신문이 발행됨으로써 십간십이지로 표상되는 동양의 전통적인 시간 관습은 이미 조금씩 상대화되고 있었다.

광고가 신문 지면에 등장한 것도 주보의 커다란 특징 가운데 하나였다. 주보 제4호(1886년 1월 19일)에 실린 '덕상세창양행고백'德商世昌洋行告白은 국내 최초의 신문광고로 손꼽힌다. 또 제22호(1886년 5월 27일)에는 일본 오사

「한성주보」 창간호. 「칙유공록勅諭恭錄」의 기사는 국
한문 혼용체로 쓰였다. 재단법인 아단문고 소장.

카에 있는 일본 상인이 염색법과 염액 제조법을 가르쳐주는 광고를 실었다.
광고 문구가 국한문 혼용으로 실려 있고, '광고'廣告라는 말이 이때 처음 선
보였다. 또 제23호와 24호에는 '북해산인'北海散人이란 의원이 자신의 약국
인 '동수관'同壽館의 '고백' 광고를 실었다. 당시 콜레라가 창궐해서 그 유행
병을 예방하고 치료하기 위한 처방을 공개하는 공익성 광고였다.

내용 면에서도 주보가 순보와 달라진 점이 있었다. 주보의 기사 가운데
순보에는 없던 '사의'私議가 추가되었다. 사의는 오늘날 신문의 논설기사와
비슷한 것으로, 신문의 논평과 의견 제시 기능이 덧붙은 것이었다.[2] 단순히
지식과 정보를 전달하는 데 그치는 것이 아니라, 그것에 대한 자세한 해설
과 독자적 판단, 비평 의식을 담아내겠다는 의지를 보여준 것이다. 이는 관
보보다는 민간 신문의 성격에 한 발 더 다가간 것이었다.

주보는 순보와 달리 현재 실물이 남아 있는 것이 그리 많지 않다. 오늘날 전하는 주보는 1호~6호, 13호~14호, 16호~18호, 22호~32호, 47호, 49호~50호, 52호~61호, 64호, 67호~75호, 99호~101호, 106호다. 106호는 1888년 1월 30일(양력 3월 12일)에 발간되었는데, 주보가 폐간된 그해 6월 6일(양력 7월 14일)까지 계속 발간되었다면 123호까지 나왔을 것이다. 폐간 무렵의 어수선한 상황을 고려해도 120호까지는 나왔을 것으로 보인다.[3]

"신문은 백성의 눈과 귀"

주보의 성격과 특징, 지향점을 살펴보자. 주보의 창간호에는 창간사격인 「주보서周報序」가 실려 있다. 이 서문의 앞 대목은 「순보서」와 크게 다르지 않다. 국왕 전하가 여러 나라와 국교를 맺었다. 통리아문의 박문국에 내정을 기록하고 외보를 번역해서 나라 안에 알리게 하는 동시에 온 천하에 두루 반포하게 했다. 안으로는 백성을 교화하고, 밖으로는 외국의 수모를 막고 전쟁을 없애기 위한 것이었다고 한다. 민중 계몽이 당시 언론의 기능이었음을 짐작게 하는 글이다. 뒤이어 신문의 효용과 가치를 언급하는 대목이 나온다.

"상하의 관민官民이 매우 편리하게 여겼더니 갑신정변이 일어나 박문국이 철폐되고 순보旬報가 간행되지 않게 되자 상하 관민이 모두 말하기를 '사람의 정은 보는 바에 따라 옮겨감이 참으로 심한 것이로다. 과거 순보가 간행되지 않았을 적에는 불편한 것을 모르고 지냈더니, 순보가 간행되다가 중단되니 겨우 틔었던 이목이 다시 어두워지는 것 같다'고 하며 모든 사람이 간행을 바라고 폐간을 바라지 않았다."

조선에서 발행된 신문은 군주와 백성의 눈이나 귀와 다름없었다. 인체의 눈과 귀가 외부 세계의 현상을 받아들여 내면에서 해석하고 평가하듯이, 국가의 신체기관인 신문은 더 넓은 세계의 현상과 사물의 질서를 이성적이고 합리적으로 이해하고 깨우치게 할 수 있었다. 이 때문에 국왕은 박문국을 다시 설치하는 것이 어떻겠느냐고 통리아문에 의논했다. 모두 찬성했다. 이에 따라 "그 관원과 법을 전보다 약간 증감하고 국가의 교섭과 관리의 승출陞黜(승진과 파면)부터 여항의 요속謠俗(풍속)과 농상사무農桑事務와 상세商稅, 시가市價의 고하에 이르기까지 빠짐없이 모두 기재하고, 또 관직을 갖지 않은 사람의 투고는 그 내용을 따지지 않고 별본別本으로 출간하기로" 결정했다.

여기서 놓치지 말아야 할 대목이 있다. 관직이 없는 사람에게도 공론의 장을 개방하고 출간 기회까지 보장하겠다고 약속한 점이 그것이다. 박문국이 국가기관이었고 주보가 관보였다는 점을 기억하자. 당시 국가와 국왕 중심의 조선왕조 체제에서는 전례가 없는 일이었다. 그만큼 민의를 수렴해 정책에 반영하겠다는 개혁적 의지를 피력한 것이었다. 순보 서문에서는 찾아볼 수 없던 점이었다.

하지만 진보적 선언이 실천으로 연결되지는 못했다. 관직이 없는 사람의 투고가 실리지도 못했고, 더구나 그것이 선별되어 출판되는 사건도 일어나지 않았다. 길은 열려 있었지만 그 길을 걸어가는 사람은 당시까지 없었던 셈이다. 하지만 전에는 없던 길을 열어두었다는 사실만으로도 근대 민간 언론을 향해 중요한 한 걸음을 내디뎠다고 평가할 만하다.

마지막으로 이 서문은 "위로 성의聖意를 받들고 아래로 여론에 따른 것"임을 밝혔다. 박문국원들에게는 삼가고 부지런히 힘쓰라고 당부했다. 국외

局外의 군자들에게는 국무局務의 부족한 것과 바르지 못한 것을 깨우쳐줄 것을 부탁했다. 이 「주보서」는 「순보서」보다 더 구체적이고 현실적이며 주보 간행의 전후 사정과 그 가치를 훨씬 더 간결하면서도 적절하게 설명했다는 점에서 한층 발전된 글로 읽힌다.

하의상달과 군민일체의 이념

주보는 신문의 발간 의의와 효용성을 몇 차례 지면에 밝히기도 했다. 제 24호(1886년 7월 17일)에 실린 「신보론新報論」이 그 가운데 하나이다. 이 글은 지구의 6대주와 전신을 통해 만국과 문호를 개방해 널리 묻고 널리 자료를 수집해 날로 이목을 새롭게 하는 것은 오직 신보뿐이라고 강조했다. 해외 각국에서는 신보를 발행하는데, 정부에서는 신보를 이용해 정령을 반포한다. 인민들은 신보에 힘입어서 농업과 공업을 일으킨다. 일본이 오늘날 두드러지게 발전한 까닭도 신보를 발행했기 때문이라고 했다.

특히 이 글은 관보와 민보를 나누어서 설명한 점이 주목할 만하다. 관보가 정사를 발표하고 명령을 시행하는 기관이라면, 민보는 풍속을 관찰하고 채집하는 매체였다. 따라서 민간에는 사보私報가 있어서 하정下情을 상달上達하게 할 수 있다. 국가에는 공보公報가 있어서 명령과 교계敎戒가 행해진다. 이 때문에 상형賞刑이 신실하고 명확하게 드러난다고 강조했다.

신보의 효용성은 "백성을 깨우쳐 날마다 발전해 만국의 좋은 것을 듣고 보게 해 총명을 집중시켜 새로운 것을 도모하게 한" 것이었다. 따라서 "우리나라도 저들과 같이 신보를 간행해서, 백성들의 이목을 깨우쳐주면 백성이 날로 부해질 것이며, 국가도 날로 강해져서 장차 천하를 호령하는 수레를 타고 저 서인西人들의 앞에 달릴 수 있게 될 것이다."라며 장밋빛 미래상을 그렸다.

　제30호(1886년 8월 30일)에도 「신문지의 이익을 논함論新聞紙之益」이란 기사가 실렸다. 나라에서 박문국을 창설한 까닭은 "옛날 훈송잠간訓誦箴諫의 법을 본받아 취하고 또한 서양의 예를 모방"한 것이었다. '훈송잠간'이란 요임금이 간쟁하는 북을 매달고 비방하게 하기 위한 나무를 세운 것과 순임금이 사방의 문을 열어 어진 이를 맞이하고 사방의 사정이 막히지 않게 하고 사방의 간언을 귀담아들은 것을 일컫는다. 따라서 "하정下情을 상달上達하게 해 군민이 일체가 되어 특별히 국가의 부강에 대한 계책을 세워 국운이 억만년토록 이어가고 영원히 승평昇平(나라가 태평함)을 구가하게 되기를 바라서" 신문을 창간한 것이었다. 결국 하의상달과 군민일체의 이념이 주보가 지향하는 것이었다.

　「주보서」가 신문의 이념적 좌표였다면, 「본국공고」는 구체적인 실행지침에 해당하는 것이었다. 순보와 마찬가지로 이 「본국공고」도 호마다 실렸는데, 몇 가지 점에서 순보와 차이가 나타난다.

1. [1885년] 12월 21일에 중부中部 경행방慶幸坊에 본국本局을 설립해 모든 내외의 정치·군사·농업·공업·상업 등의 일부터 천하의 대세에 이르기까지 모두 기록해 온 나라 안에 이를 좋아하는 사서士庶에게 이바지하려 합니다. 그러나 우리의 학식이 천박하고 재주가 부족해 명실이 상부하기 어려운 것만이 한스러울 뿐입니다. 본보는 바로 사기私記이니 공평한 의논과 훌륭한 지식으로 세상을 깨우치고 백성을 교화하며 의심스러운 것을 질정하고 잘못을 분변할 국외局外 선생이 계신다면 서슴지 마시고 투고하시어 국원의 몽매함을 깨우쳐주십시오.

1. 농상공과 기타 모든 영업을 하는 사람으로서 자기의 업을 보시普示(널리 알림)하고 자 하면 오셔서 국원에게 자문하십시오. 그러면 상세히 기재해 본보를 구독하는 내외의 사상士商에게 알리겠습니다.

1. 시무時務 군자로서 본보를 구람購覽(구독)할 뜻이 있는 분은, 서울에 사시는 분은 본국에 오셔서 면의面議(대면 상의)하는 것이 좋겠습니다. 시골에 사는 분은 경저 京邸로 서신을 보내신다면 국원이 힘써 사정을 헤아려 부쳐드리겠습니다. 기비寄 費(우송료)로는 본보 1호마다 원가元價가 동전銅錢 50문文입니다.

신문을 민간에 개방하다

공고의 첫 번째 항은 구독자의 질정을 바란다는 내용이었다. 주보의 공고도 이와 비슷하지만 중요한 차이점이 하나 있다. 본보가 '사기'私記라고 밝힌 대목이다. 이는 '개인의 기록, 사사로운 기록'이라는 뜻이므로, 국가가 발행하는 관보의 성격과는 다르다. 박문국 바깥의 현명한 사람들에게 조언이나 의견을 듣겠다는 뜻을 표명한 것일 텐데, 왜 굳이 사기라는 표현을 썼는지 의문이다. 앞에서 말한 것처럼, 주보 시대에 와서 '사의'私議가 추가된 것도 이와 관련이 있지 않을까.

또 하나 눈에 띄는 변화는 두 번째 항목이다. 외부인에게 지면을 개방하겠다는 선언이다. 순보에는 없던 내용이다. 이것이 반영되어 4호 이후부터 처음으로 개업 광고, 상품 광고, 약국의 알림 광고까지 활자화되었다. 신문이 일방적으로 국가의 정책이나 정보를 알리는 데서 나아가, 이를 민간의 영역에 개방함으로써 지면의 다양성을 확보하고 민간의 상업 활동을 지원하겠다는 의지를 표명한 것이다. 다만 알리는 글이나 광고를 실을 때 비용을 받았는지 아닌지, 받았다면 얼마였는지는 알 길이 없다.

세 번째 항목도 달라졌다. 첫 호부터 신문 구독료를 못박아두었다. 순보 제8호(1883년 12월 11일)와 제9호(12월 21일)의 마지막 면에 "매 1권 가전價錢 아동전我銅貨 30문文"이라고 밝힌 것과 달랐다. 구독료가 20전이나 인상되었다. 그동안의 물가 상승을 반영한 것일 테다.

이 본국 공고는 거의 매호 빠지지 않고 실렸는데, 한참 뒤의 어느 시점에 한 항목이 추가되었다. 현재 주보는 76호부터 98호까지가 남아 있지 않은데, 이 무렵에 그것이 추가되었을 것이다. 현재 확인할 수 있는 가장 이른 호수는 99호(1887년 12월 1일, 양력 1888년 1월 23일)이다.

"본보가 지방에 배포되는 것은 고을의 크기에 따르고, 그 관직에는 똑같이 합니다. 이와 달리 지방관리가 신사와 선비에게 알릴 것이 있으면 때를 알고 일에 힘쓰는 여러 군자에게 각각 계속해서 열람하게 하십시오."

지방관들을 독려해서 더 많은 사람이 주보를 읽게 하겠다는 뜻이었다. 지방 행정 업무를 담당하는 관리들이 신문을 적극 활용해서 효율적으로 행정을 펼 수 있도록 하라고 권고한 셈이다. 박문국의 경영이 어려워지고 신문 구독료가 제대로 걷히지 않자 이렇게 공고해서 지방관을 독려했던 것으로 보인다.

신문을 소리 내서 읽다

새로 주보가 발간된 뒤 독자들의 반응은 어땠을까. 전에 없던 새로운 개화의 산물로서 신문이 10일마다 거의 빠짐없이 나오다가 갑자기 종적을 감추어버렸다. 이 때문에 관료층이나 일반 독자들은 그간의 사정이 퍽 궁금했을 것이다. 하지만 당시 독자들의 반응을 확인할 수 있는 국내 기록은 남아 있지 않다. 어쩔 수 없이 당사자였던 가쿠고로의 기록을 들춰볼 수밖에 없다. 그의 극화된 자기과시 증상을 고려하면서 들어보자.

> 『한성주보』 제1호를 세상에 내보내면서 나는 어떻게 받아들여질지 걱정했다. 김씨[김윤식]를 비롯한 박문국원도 마찬가지로 걱정했다. 제1호가 각 관아 또는 각 요소에 게시되었다. 각처에서 수많은 사람이 모여들었다. 그때까지 관의 고시에 사용되지 않았던 언문이 실려 있는 것을 신기하게 여겼다. 그 가운데는 고성으로 읽는 사람도 있었다. 무엇보다 만족한 모양이었다.
> 박문국이 발행하는 것은 전부터 의무 구독자가 정해져 있었다. 『한성순보』는 순전히 이곳에만 배포할 뿐이었다. 『한성주보』는 제1호의 발행 첫날부터 다른 구독자를 얻는 것이 적지 않았다."[4]

가쿠고로의 증언대로라면, 당시 독자들의 반응은 기대 이상이었다. 윗글에서 특히 주목할 만한 대목이 있다. 주보가 각 관아와 중요한 곳에 게시되어 누구나 읽을 수 있었고, 그 가운데 큰 소리로 신문을 읽는 사람도 있었다는 점이다. 당시 신문은 국왕의 '윤음'처럼 각 관청이나 주요한 도로 곳곳에 걸려 있어서 여러 사람이 함께 읽거나 '들을' 수 있었다. 구술문화의 전통으로 신문 내용이 전달될 수 있었다. 가쿠고로는 순보의 독자가 대부분 '의무 구독자'였지만, 주보에서는 자발적인 구독자가 있었다고 했다. 그렇다면 관료층 이외에 일반 독자가 생길 만큼 문체 혁신이 영향을 미쳤을 가능성도 있을 것이다.

가쿠고로는 1938년 5월 5일자 『매일신보』 지면에서도 "이 『한성주보』 1호에는 이전과 같이 순 한문과 순 언문만 사용한 글을 게재했는데, 대개는 한언혼용漢諺混用이었다. 이 때문에 발간 후 세간에서 이것을 어떻게 볼지 걱정했다. 하지만 의외로 일반 인민에게 인기가 좋았으므로 박문국원과 함께 기뻐하면서 특히 축하연을 베풀었다."라고 자랑했다.

가쿠고로는 후쿠자와에게 주보 창간호를 보내면서 조선에서 어떻게 환영받았는지 전했다. 그 뒤 후쿠자와에게서 "비상한 칭찬의 편지를 몇 통이나 받았"[5]다고 말했다. 하지만 언론학자 김봉진에 따르면, 이것은 사실이 아니었다. 주보에서는 후쿠자와 자신이 그렇게 바라던 한글과 국한문 혼용체를 사용했지만, 정작 후쿠자와는 주보에 별다른 관심을 보이지 않았다. 후쿠자와가 발행하던 『시사신보』에는 주보에 관한 기사가 하나도 실려 있지 않았다. '후쿠자와 유키치에게 받은 상찬의 편지 여러 통'은 『후쿠자와 유키치 전집』에도 전혀 남아 있지 않다.[6] 탈아입구의 기치를 높이 내걸었던 후쿠자와에게 아시아의 미개국 조선은 이제 더는 안중에도 없었던 것이다.

취재기자들이 늘어나다

주보를 발행하는 데는 순보에 비해 더 많은 담당 관리가 필요했다. 순보나 주보 모두 존속기간은 2년여 정도이지만, 순보는 36호, 주보는 106호가 남아 있을 만큼 발행호수는 주보가 순보의 거의 3배에 이른다. 순보가 10일 간격으로 간행된 데 비해 주보는 일주일 간격으로 발행되었기 때문이다.

순보의 기사가 외국의 신문이나 잡지, 서적에서 번역한 것을 주로 실은

데 비해, 주보에서는 국내 기사가 늘어났다. 그 때문에 더 많은 취재와 편집 인력이 필요했다. 1885년 11월 15일부터 박문국에는 주사 1원員이 돌아가며 입직했다.[7] 이 때문에 박문국 직원이 고종의 전교를 직접 기록해서 신문에 싣기도 했다. 순보 때 박문국의 인원은 6~7명이었는데, 주보가 창간될 무렵에는 13명 정도로 늘었다. 1년 후인 1887년 1월 무렵에는 16명이 되었다. 이후에도 점차 늘어나 1887년에서 1888년 사이에는 24명 또는 30명이 넘었다.[8] 주보를 발행할 당시 담당 관리들의 변동 사항을 정리하면 다음과 같다.

연월일	임명(주사)	교체(이유)	비고
1885년 9월 12일	장박, 오용묵, 김기준, 이명륜, 진상목, 이혁의, 권문섭, 정만교, 이홍래		9명
10월 17일	유학(幼學) 세환, 현영운		총 11명으로 증가
11월 15일	전 첨정 이근영		추가
1886년 2월 1일	선 첨성 심긍신	이근영(신병)	
3월 15일	전 수문장 오홍묵		추가
8월 24일	유학 추백엽	이혁의	
9월 1일	유학 한철중	권문혁(신병)	
11월 10일	유학 오세창	이명륜(신병)	
12월 16일	전 사과 윤태경		추가
12월 29일	기기국 사사 조병식		
1887년 1월 23일	전 감찰 임영휴		
2월 30일	유학 백남도		추가
3월 25일	김창학	오홍묵(외임外任에 제수)	
4월 28일	심운택	심우택(신병)	
윤4월 6일	유학 박제경		추가
윤4월 15일	윤전, 감역관 김영호		추가
5월 4일	윤영두		
5월 8일	진사 오창섭		추가
5월 16일	유학 박순		추가

6월 16일	사과 김태석, 유학 반석주	김창학과 박세환(벼슬자리를 옮김)	
6월 29일	윤규병		
8월 28일	전 사과 김준영		
9월 14일	오현근	김준영(신병)	
10월 19일	유학 이규정	오현근	
10월 30일	김준구		
11월 10일	유순영		
11월 18일	사과 윤택선		추가
11월 21일	유학 주우남	박제경(신병)	
11월 29일	교섭아문 주사 이교헌	윤택선	서로 바꿈
12월 6일	인의(引儀) 서현보	윤영두	
12월 11일	방시영		추가
1888년 1월 29일	전 첨정 김득련	반석주(신병)	
4월 18일		오창섭(신병)	
5월 20일	유학 조병재		

※ 「승정원일기」를 기준으로 작성함.

이들은 주보의 편집 실무 담당자들이다. 고영철(역관 출신, 영선사로 중국행, 톈진기기국의 동국東局 수사학당水師學堂에서 서양어를 교육받음)과 박제경(김옥균과 함께 일본에 건너감), 현영운(일본 게이오의숙 유학) 등 외국 문물을 일찍 접했던 사람들도 있었고, 장박·고영철·정만교처럼 한학자로서 명성이 뚜렷한 이들도 있었다.

그 밖에 역관 출신인 오세창을 제외하면 신분 출신이 확실하지는 않지만, 이들 박문국 주사는 한학역관 출신들이 많았을 것이다.[9] 언론학자 정진석은 당시 박문국과 역관의 관계를 다음과 같이 말했다.

"『한성순보』와 『한성주보』는 외국 신문을 그대로 전재한 기사가 많았는데 대부분이 중국 신문에 실린 기사였다. 영국, 미국, 프랑스, 러시아 같은 선진 강대국에 관한 기사라도 그 나라에서 발행되는 신문을 직접 번역할 능력을 갖춘 인력이 없었기 때문에 중국 신문의 기사를 중역重譯하는 방법밖에 없었다. 따라서 중국어를 할 수 있는 한학역관이 신문 제작에 많이 참여했다."[10]

국한문체와

민족어의

재발견

주보와 순보를 가르는 가장 큰 차이점은 지면에 쓰인 언어였다. 순한문으로 일관한 순보와 달리 주보에는 한문뿐만 아니라 한글과 국한문 등 세 가지 언어 체계가 공존했다. 특히 한글과 국한문체의 등장은 근대 언론과 언어의 발전 과정에서 획기적인 일이었다. 주보는 국가에서 주관, 발행하는 신문이기 때문에 한글과 국한문이 국가의 공식적인 언어체계로서 승인받았다는 것을 의미했다.

육당 최남선은 순보가 조선에서 '신식 보지報紙의 효시'이고, 주보에서 "김윤식과 이노우에가 상의하여 정음과 한문을 섞어 기사를 만든 것이 신문체의 남상"이라고 평했다.[1] 가쿠고로는 최남선의 이 글을 인용하면서 "내가 조선에서 현대식 신문지의 최초 발행자였고, 또 금일 통용되는 문체 최초의 사용자였던 것이 증명된다."[2]라고 자신을 추어올렸다.

언어학자 이연숙에 따르면, 어떠한 문자로 쓰는가 또는 그 문자로 어떻게 쓰는가 하는 문자의 문제는 단순히 표기법의 기술技術이라는 문제를 훨씬 넘어선다. 언어가 어떤 모습으로 표상되어야 하는가, 언어의 규범적 표상이 어떻게 성립하는가 하는 문제와 깊이 관련되어 있다.[3]

조선시대 사람들의 언어생활은 퍽 기형적이었다. 일찌감치 조선 초기에 우리의 사상과 감정을 아름다우면서도 풍부하게 표현할 수 있는 고유의 문자인 한글(정음, 언문)이 만들어졌다. 하지만 조선시대 내내 한글은 언어생활의 주변부에 머물러야 했다. 규범 언어, 세력어가 아니라 보조 언어, 하층어의 지위밖에 얻지 못한 것이다. 법적·행정적·정치적 차원의 공식적 문자 행위뿐만 아니라, 학문 활동을 비롯한 모든 지적·고차원적 문자생활은 거의 한문이 독점했다. 주로 사적인 영역에서만 그것도 부분적으로 한글이 의사소통의 도구였다. 계층적으로도 조선의 문자생활은 나뉘어 있었다. 상층 지식인은 한문을, 하층의 민중과 여성, 아이들은 주로 한글을 사용했다.[4]

두 계층의 중간 층위, 곧 서리 아전들 사이에서는 이두문이 쓰였다. 이것은 문자언어인 한자와 음성언어인 구어가 기묘하게 결합된 형식의 언어였다. 15세기 이후 국가에서 만들었던 많은 언해본과 가사, 시조, 역학서들은 대부분 한문과 언문을 섞어서 썼는데, 이들을 통틀어 '언한문'諺漢文이라고 불렀다. 특히 조선시대 후기의 문자생활은 크게 세 가지 층위로 구별되었다. 한문과 언문의 두 문체가 상층과 하층의 언어생활을 지배했고, 이두문과 언한문은 그 중간 층위에 자리 잡았다.[5]

조선시대의 국가 공문서와 법률 문서에서는 오로지 한자만이 공식적인 효력을 발휘했다. 한글과 언한문은 철저하게 배제되었다. 1485년(성종 16)

1월부터 시행된 『경국대전』 권3 「예전」의 '용문자식'用文字式에서는 모든 문서를 한자로 작성하도록 규정했다. 따라서 공문서에서 한글을 사용하는 것은 불문율로 금지되었다.

17세기에 들어서면 한글로 작성된 문서가 무효라고 국왕의 명령과 법령에서 명문화되었다. 『수교집록受敎輯錄』 「호전戶典」 '징채'徵債 조목에 따르면, 1675년(숙종 1) 숙종은 채무증서에는 반드시 증인과 집필인을 갖추어야 하고, 언문으로 쓰인 문서와 증인·집필인 없이 작성된 문서는 관청에서 처리하는 것을 허락하지 말라고 지시했다. 1750년 전후에 편찬된 『백헌총요百憲摠要』 「형전문기刑典文記」에서도 언문으로 된 문서와 증인·집필인이 없이 작성된 문서는 무효라고 못 박았다.[6]

전근대적 언어 공간의 균열

국내정치와 다른 문법이 적용되는 외교문서는 어땠을까. 조선은 중화질서 체제에 속해 있었기 때문에 중국의 관례에 따라 공식 외교 언어는 한문으로 기록될 수밖에 없었다. 하지만 19세기 제국주의 열강이 중국으로 몰려들면서 중국 중심의 일극적 외교체제는 파산을 맞이할 수밖에 없었다. 중국은 제2차 아편전쟁 중에 미국, 러시아, 영국, 프랑스와 각각 톈진조약을 체결했는데, 이 조약에서 특히 눈길을 끄는 것은 외교문서에 사용되는 언어 문제였다. 1858년 5월 16일(양력 6월 26일) 조인된 '중영톈진조약'의 제50, 51조는 다음과 같다.

제50조 이후 영국과 주고받는 문서는 모두 영문으로 작성한다. 중국에 번역할 수

있는 인재가 있기 전까지는 잠시 한문을 병용해서 사용한다. 이후로 문서상의 변론이 생길 경우, 영문을 정본으로 한다.

제51조 이후 각 공문서는 수도 안과 밖을 따지지 않고 대영국의 관민에 대해 '이'夷 자를 쓸 수 없다.

역사학자 윤영도는 이 조약으로 동아시아의 전근대적 언어 공간에 균열이 생겼다고 분석했다. 중국은 그동안 다른 민족의 언어를 언어적 타자로서 거의 인정해오지 않았는데, 이 조약이 중국의 언어적 전제주의를 깨뜨려버렸다. 중국의 언어적 세계 질서 속에서 이제 서구의 언어가 하나의 언어적 타자로서 중국어와 동등한 지위를 인정받은 것이었다.

"1860년에 비준된 톈진조약은 중국의 고문古文을 보편언어로 해왔던 전근대적 언어 공간에 균열이 생기면서, 점차 서구 언어를 기준으로 하는 근대적 언어 공간으로 편입해 들어가는 계기를 마련한 상징적인 사건이었다. 또한 실질적으로도 그로 인해 사후에 진행되었던 적지 않은 변화들은, 전근대적 언어 공간의 중심으로서 헤게모니를 유지해왔던 중국으로부터 그러한 변화가 비롯되었다는 점에서, 중국만이 아니라 일본, 한국을 포함하는 동아시아의 언어 공간 전체에 변화를 가져온 중요한 사건이었다."[7]

조선의 경우는 중국보다 더 완고했다. 1876년 2월 2일(양력 2월 26일) 조인된 조일수호조규의 제3조에서는 "이후 양국 간에 오가는 공문公文에서는 일본은 자기 나라 글을 쓰되 지금부터 10년 동안은 한문으로 번역한 것 1본本을 별도로 구비한다. 조선은 한문眞文을 쓴다."[8]라고 명시되어 있다. 아직까지도 조선의 외교문서에는 한문이 확고하게 자리 잡고 있었다.

1882년 4월 6일(양력 5월 22일) 조선이 최초로 서양과 맺은 '한미수호조약'에서도 공문은 한문이었다. 제13조에는 "이번에 양국이 체결한 조약과 이후에 교환할 공문에 대해서 조선은 중국문華文을 전용하고 미국도 한문을 사용하거나 영문英文을 사용하되 반드시 중국문으로 주석을 달아 착오가 없게 한다. 본 조약 체결 후 양국 간 왕복문서는 조선국은 한문을 사용하며 혹 영문을 사용할 때는 한문을 첨부, 오해를 피하도록 한다."[6]라고 명시되었다.

암클과 언문교서 그리고 언한문

조선왕조의 국가 행정에서 한글이 완전히 배제된 것은 아니었다. 하급 행정 실무 담당자들은 한글로 시험을 치르기도 했다. 『경국대전』「이전吏典」'취재'取才 조항에 따르면, 경아전의 일종인 녹사錄事는 매년 정월과 7월에 시험을 치르는데, 시험 과목 가운데 해서楷書, 언문諺文, 행산行算이 들어 있었다.

『경국대전』「예전禮典」'장권'獎勸에는 "삼강행실을 언문으로 번역해 서울과 지방 사족의 가장·부로父老 혹은 교수·훈도 등에게 부녀자·어린이들을 가르쳐 이해하게 한다. 만약 대의大義에 능통하고 몸가짐과 행실이 뛰어난 자가 있으면 서울은 한성부가, 지방은 관찰사가 왕에게 보고해 상을 준다."라고 규정되어 있다.

한글은 왕실에서 사용되기도 했다. 비빈이 왕에게 계청啓請하거나 왕비가 수렴청정을 하면서 조정에 교서를 내리게 될 경우에는 문서가 한글로 작성되었다. 특히 후자의 경우는 '언문교서'諺文敎書라는 명칭까지 생겨났다.

조선시대에 한글은 여인의 문자라는 뜻으로 '암클'이라고 불리기도 했는데, 이런 정황과 무관하지 않을 것이다. 영·정조 시대 이후에는 국왕의 교서를 한글로 언해해서 널리 전파하기도 했다.

15세기에 한글이 창제된 후 한글 문헌은 중앙에서 간행되었다. 지방판은 16세기부터 시작되었다. 16세기 후반에 이르면 한글은 시골에 이르기까지 광범하게 보급되었다. 이때는 여성이 쓰거나 여성에게 보내는 한글 편지가 성행했다. 오늘날까지 전해오는 고문서 가운데는 한글로 쓰인 부녀자의 소지所志 등이 포함되어 있다. 이들은 모두 17세기 이후의 것들이다.[10]

언한문 또는 국한문체는 개화기에 독창적으로 창안된 것이 아니었다. 조선시대 초기부터 지속적으로 사용된 문자 표기법 가운데 하나였다. 다만 그것은 일부 경서의 언해문이나 아전들의 실용 문장에서 사용되었을 뿐이다. 지배적인 문자생활에서는 변방의 지위를 벗어나지 못했다. 하지만 1880년 대에 국영 신문에서 국한문 혼용체가 등장한 것은 획기적인 일이었다. 다만 그것은 그전부터 지속적으로 사용되어온 것을 새로운 시대의 문법에 맞게 고치고 기워서 만들어낸 것이었다.

국한문 혼용체가 주보에 실리게 된 과정을 조금 더 자세히 살펴보자. 국한문 혼용체는 조선의 언어 전통에서 이미 존재했다. 하지만 이것이 1880 년대에 근대 매체에서 등장한 것은 조선의 개화파 지식인과 중도적 관료층, 일본 계몽사상가의 협력에 따른 결과였다. 특히 일본의 후쿠자와 유키치와 이노우에 가쿠고로, 후쿠자와의 게이오의숙에서 교육받은 유길준 등이 그 과정에서 중요한 역할을 맡았다.

후쿠자와가 조선의 문체 개혁에 주목한 까닭은 무엇일까? 그는 일찍부터 한자가 아니라 속문俗文으로 국민의 언어생활을 바꿀 것을 꿈꾸었다. 처녀

작 『서양사정』에서 "문장의 체재를 꾸미지 않고 애써 속어를 사용"해서 "무엇보다도 다른 사람에게 전달이 잘되는" 문장을 쓰자고 제안했다.

에도시대에 일본 국민은 언어적으로 분열되어 있었다. 상급 무사, 하급 무사, 상인, 농민은 의식주의 습관부터 사소한 행동거지에 이르기까지 제 각각이었다. 일상에서 사용하는 말투까지도 달라서, 그것을 조금만 들어도 말하는 사람이 어떤 신분에 속하는지 금방 알 수 있었다. 이처럼 언어에 따른 분열을 넘어서 국민을 하나의 언어공동체로 묶어야 했다. 그 대안이 '세속 통용의 속문'이었다. 국민 누구나 이해할 수 있는 어휘나 문체로 새로운 표현 형식을 만들어내고자 했던 것이 후쿠자와가 근대 일본에서 추구한 일이었다.[11]

후쿠자와가 조선의 언어 문제에 주목하게 된 데는 계기가 있었다. 그가 운영하던 게이오의숙에 조선인 유학생들이 찾아오면서부터였다. 후쿠자와는 조선에도 일본의 가나문과 비슷한 언어 체계가 있다는 사실을 알았을 것이다. 유길준을 비롯한 조선인 유학생들에게 일본어를 교육하는 과정에서 자연스레 깨달은 것이었다. 『후쿠자와 유키치전』의 한 대목이 이것을 증언한다.

"선생은 일찍부터 조선인을 교육하는 데 그 문장을 평이하게 하기 위해서 그 나라의 언문諺文 곧 가나문자假名文字를 한자와 혼합해서 사용하는 것에 착안하셨다. 유길준이 미타三田의 자택에서 머물 때, 유[길준]에게 명해서 『문자지교文字之教』의 문장을 한언漢諺 혼용의 가나假名 혼합문으로 번역하게 하고, 문장은 이렇게 하지 않으면 안 된다고 말씀하셨다."[12]

『문자지교』는 후쿠자와가 쓴 일본어 학습서로 1873년에 간행되어 나왔다. 한자와 일본어 가나를 섞어서 어린이들에게 일본어 문장을 익히게 한 책이다.[13] 후쿠자와가 조선 유학생 유길준에게 이 교재를 조선어로 번역하게 한 것은 아마도 두 나라 언어의 공통점과 차이점을 알고 싶었기 때문이었을 것이다.

강위, 가쿠고로의 언문 스승이 되다

가쿠고로에 따르면, 후쿠자와는 "중국에는 우리나라처럼 한자와 가나仮名를 섞어 쓴 문장과 같은 보통의 문체가 없기 때문에 하층 사회를 교육할 수가 없어 문명으로 이끄는 것이 쉽지 않다고 일찍이 말씀하셨습니다. 그러나 조선에는 언문이 있는데, 이것이 마치 일본의 '이로하'いろは와 같이 사용되는 것을 아셨습니다. 선생님은 이것만 있으면 조선도 개화의 동료가 될 수 있다며 기뻐하셨습니다."[14]

'이로하'いろは(伊呂波)란 일본의 히라가나ひらかな 문자를 가리키는 말이다. 알파벳의 'ABC'나 한글의 '가나다'에 해당한다. 히라가나 문자 48자를 한 자도 겹치지 않고 의미 있게 조합한 7·5조 노래로 만들어 아이들에게 널리 부르게 했다고 한다.

후쿠자와는 조선의 언문이 일본의 이로하처럼 한자와 함께 쓰이면 지식인 계층 이외에도 문명을 공유할 가능성이 생긴다는 점을 깨달았던 것 같다. 이를 조선에서 실험할 수 있게 되기를 기대했다. 그는 수신사 박영효 일행이 찾아왔을 때, 신문 발간을 권하면서 아울러 신문에 한글이나 국한문 혼용의 문체를 사용하라고 권했던 것으로 보인다.

순보가 창간된 후 가쿠고로는 창간호를 후쿠자와에게 보냈다. 후쿠자와는 그것을 읽고 나서 "조선의 가나문자로 쉬운 이학理學, 의학의 도리를 알리거나 재미있고 멋진 문장을 써도 좋을 것입니다. 아무튼 빨리 가나를 쓰게 되기를 바랍니다."라고 답했다.[15] 가쿠고로는 후쿠자와가 보낸 편지를 받고 나서 언문 연구에 매진하기로 결심했다. 그는 당대에 명성이 높았던 한학자 강위를 가정교사로 모시고 함께 언문을 연구했다. 유대치와 그 밖에 두세 사람이 강위를 추천해주었다고 한다.[16]

강위는 가쿠고로에게 "궁중에서 왕비가 한문에 정음 곧 지금의 언문을 섞어서 문서를 쓴 일이 있다. 그 밖에 실제로 이 한언혼합의 문체가 세상에 쓰이는 것을 듣지는 못했지만, 만약 실행된다면 편리할 것이라고 생각한다."라고 말했다.

언문 연구가 어느 정도 진전된 뒤였다. 가쿠고로는 김윤식과 박문국 직원들에게 신문에 한언복합 문체를 쓰면 편리할 것이라고 제안했다. 아무도 이견은 없었다. 하지만 수백 년 동안 언문이 천시되어왔기 때문에 이것을 신문에 쓴다면 널리 보급되지 못할 것이라는 의견이 다수를 차지했다.[17]

기록에 따라 시기는 조금씩 차이가 있지만, 강위가 가쿠고로의 언문 스승이었던 것만은 사실인 듯하다. 유대치를 비롯한 개화파 인사들은 왜 강위를 가쿠고로의 스승으로 천거했을까? 강위는 추사 김정희를 사사한 고증학자, 실학자이자 박규수·김옥균 등의 지식인과 친밀한 관계를 맺었던 개화파였다. 더 나아가 언어학자이기도 했다. 그는 1869년 『동문자모분해東文字母分解』(필사본)를 저술했는데, 한글의 자음과 모음 35자를 체계적으로 분류하고 그 명칭과 성격을 분석, 고찰한 글이다.

국어학자 김민수에 따르면, 강위의 언어학설은 조선시대 말기 실학자들의 정음연구에서 크게 벗어나기는 어렵다. 다만 초성의 상형설象形說, 설단음舌頭音과 설상음舌上音의 구별, ㄷ과 ㅅ의 구별 등은 특이하거나 타당한 견해라고 평가한다.[18]

"언문을 신문에 사용하자"

가쿠고로가 순보 필화사건 때문에 박문국을 사직하고 일본으로 돌아가 있을 때였다. 후쿠자와는 그에게 순보에서 "언문을 사용하는 일은 어떤가. 할 수 있다고 생각하는가."라고 물었다. 가쿠고로는 "가나를 섞는 것 같은 문장을 만드는 것은 결코 곤란하다고는 생각하지 않습니다. 다만 조선 상류사회의 중국 숭배 사상을 타파하지 않는 한은 그것을 사회에 보급할 수는 없습니다. 저는 그것을 타파하는 것이 저의 사명이라고 생각합니다. 만약 [조선으로] 다시 건너가게 되면, 그때는 먼저 이 사상부터 타파해버릴 작정입니다."라고 대답했다.[19]

가쿠고로는 갑신정변 뒤 일본으로 피신했다가 다시 조선으로 돌아와 외아문 고문으로 일했다. 그때 궁중의 내관 두 사람이 매일 그를 찾아왔다. 가쿠고로는 일본 신문에서 발췌한 문장에 언문을 덧붙인 것을 그들에게 전해주었다. 그는 텐진 담판 소식을 알기 위해 다시 일본으로 출발하기 전에 문장 한 편을 지었다. 그것을 김윤식에게 부탁해서 궁중에 보내게 했다. 그 글의 대요는 다음과 같다.

"교화의 도는 학교를 열고 신보新報를 설치하는 것입니다. 도덕은 우리의 장점입니다 다만 이것을 더욱 기르지 않을 수 없습니다. 식산殖産은 우리의 단점이므로 이를 속히 뛰어나게 하지 않을 수 없습니다. 이 모든 것이 교화의 도에 기대해야만 할 것입니다. 교화의 도가 어찌 급한 업무가 아니겠습니까.

그런데 한문은 이해하기 어렵고 배우기가 쉽지 않습니다. 다행히 언문이 있어서 일본의 '이로하'いろは, 태서의 'ABC'와 비슷해서 무척 편리합니다. 이것으로 신보를 기록하면, 인민은 널리 내외의 사정을 알게 되고 스스로 발분흥기發奮興起하게 됩니다. 이것으로 아동을 교육하게 하면 나라 안에 글자를 모르는 이가 없을 것입니다. 이에 오늘날 국가 영원의 토대를 세우고 세종대왕이 정음을 제정한 성의盛意를 받들게 되기를 바랍니다."[20]

가쿠고로의 발언은 김윤식의 증언과 어느 정도 일치한다. 김윤식에 따르면, 가쿠고로는 늘 "지금 조선의 급선무 가운데 널리 학교를 열어 인재를 기르는 것만 한 게 없다."라고 강조했다. "사람마다 이러한 견문을 지니고 이러한 지혜와 사리를 갖춘다면 [조선은] 장차 성대하게 일어나 기세 좋게 나아갈 것이다. 그러면 위에서 일으켜 권면하지 않아도 자연히 부강해질 것이다."[21]라고 말했다.

가쿠고로는 순보를 재간행하기 위해 기계와 활자를 구입하러 일본으로 떠났다. 그전에 고종은 그에게 "이번에는 언문을 사용해서 신문을 발행하라."라고 지시했다.[22] 1885년 11월(양력) 가쿠고로는 일본에서 기계를 구입한 뒤 경성에 도착했다. 그는 곧 조선의 국민교육을 진작하기 위한 격문을 공개했다. 이 격문은 앞서 김윤식을 통해 국왕에게 바쳤던 취지를 부연 설명한 것이었다.[23]

을유년(1885) 9월(음력)에 작성된 '한성순보재간행취의서'漢城旬報再刊行趣意書는 현재 서울대 도서관에 소장되어 있다. 이 글은 당시 세계의 대세를 분석하는 것으로 시작한다. 당시 세계는 아주亞洲가 구주歐洲에 굴복한 상황이었다. 아주가 구주에 미치지 못하는 까닭은 무엇인가. 식산 기술이 미개하고 백가지 물건의 쓰임이 넓지 못하기 때문이었다. 땅에는 아직 이익이 남아 있고, 백성들에게는 아직 힘이 남아 있고, 토지는 아직 다 개간되지 않고, 놀고먹는 백성이 아직 직업에 나아가지 못했기 때문이다.

> "국왕 전하께서 통리아문에 『한성순보』를 간행해서 내외에 반포하라고 명령하셨고, 저에게 그 편수編修를 주관하라고 지시했습니다. 저는 본래부터 품은 뜻을 보답하려고 부지런히 일해서 게을리하지 않았습니다. 매월 3권을 간행하고 더욱 성대하게 하려 했는데, 우연히 갑신 10월의 변이 일어나 순보의 본국도 파괴되었고 가옥은 다시 쓸 수 없었습니다. 마침내 정간해서 금일에 이르렀습니다. (…)
>
> 변란이 이미 평정되어 임금께서 백성을 다스리는 마음이 특히 전날보다 배나 되니 저의 기쁨을 알 수 있습니다. 이 때문에 다시 통리아문의 명을 받들어 잠시 일본으로 돌아가 기계를 구입해서 앞으로 다시 순보를 간행할 것입니다. 마땅히 가까운 시기에 여러분에게 다시 저의 뜻이 있는 바를 알게 할 것입니다. 국가 교화의 일은 장차 더욱 힘을 쓸 것입니다."[24]

가쿠고로는 지금 조선에서 급히 힘써야 할 일로 학교 교육과 신문 발행을 꼽았다.

> "신보는 위로는 정치상의 법도와 규칙을 펼치는 도구가 됩니다. 아래로는 농업과 공업을 흥하게 하는 매개가 됩니다. 지혜로운 자는 이것으로써 교화를 시행하고, 어리석은 자는 이것으로써 지식을 나아가게 합니다. 그 효용은 본디 학교보다 못하지 않

습니다. 신보는 국가의 눈과 귀라고 하는 서양 사람의 말이 있습니다. 이것이 제가 앞으로 순보에 힘을 다하려 하는 것입니다. 여러분은 잘 아시기 바랍니다.

조선에는 예로부터 방문邦文(한글)이 있습니다. 간단하고 배우기 쉬워 모든 사민士民이 통하지 않은 것이 없습니다. 지금부터 그것을 순보에 기록하면, 어리석은 백성도 인의의 도리와 식산의 기술을 알게 될 것입니다. 그들에게 그것을 알게 하는 길은 학교를 일으키고 신보를 베푸는 데 있을 따름입니다."[25]

문체의 독점이 깨지다

가쿠고로는 자신이 후쿠자와의 가르침을 받아서 조선에서 최초로 한언혼합문체漢諺混合文體를 '창시'했다고 과시했다. 하지만 이런 명예로운 호칭은 그의 몫이 아니다. 멀리는 조선시대의 경서 언해본이나 한글소설, 편지 등에도 국한문 혼용체가 사용되어왔다. 가깝게는 이미 제1차 수신사 김기수의 기행문 가운데 「괘위조목詿違罪目 28조」가 국한문으로 쓰여 있다. 수신사 박영효도 엔료칸延遼館 축하연의 축사와 메이지 천황을 배례할 때 읊은 송사에서 국한문 혼용체를 사용했다.

대일본 외교문서에서도 국한문체가 쓰였다. 1798년 11월에 조선의 역관들이 대마도 통사通詞 오다 이쿠고로小田幾五郞에게 보냈던 비밀서한 8통을 비롯해서 편지 100여 통이 남아 있는데, 이 편지는 모두 국한문체로 기록되어 있다. 국한문체가 일상의 문자생활에서 오래전부터 사용되었음을 알 수 있다.[26]

국한문체가 신문의 언어로 쓰인 것도 가쿠고로만의 공은 아니었다. 그의 한글교사였던 한학자 강위, 그의 의견을 귀담아듣고 실현하는 데 도움을 주었던 합리적 관료 김윤식, 최종적으로는 그 문체를 신문에 사용하도록 승인한 국왕 고종 등이 협력한 결과였다.

근대 언론에서 국문체와 국한문체가 공식 언어로 등장했다는 것은 중대한 의미가 있었다. 국가가 주도한 신문에서 공식적이고 제도적이며 법률적인 언어, 곧 지배층과 명령의 언어였던 한문 옆에 그때까지 피지배층, 여성과 아이들의 언어로 대우받던 국문과 국한문체가 나란히 배치됨으로써 언어의 규범으로서 한문의 절대적 권위는 흔들렸다. 새로운 시대에 맞는 새 문체의 자유 경쟁이 비로소 태동하게 되었다.

역사학자 강재언은 주보에서 국한문 혼합문체가 채용됨으로써 "개화파와 서민과의 사상적 교류를 차단하고 있던 문자의 장벽을 어느 정도 제거하여 보다 광범한 대중 속에 침투하게 되었다."라고 평가했다.[27]

주보에는 언문 사용에 대한 가쿠고로의 생각이 반영되었음직한 기사가 실려 있다. 제3호(1886년 1월 12일)에 실린 「논학정 제3論學政第三」이 그것이다. 이 글은 유럽의 학제를 자세히 설명하면서 조선에서도 학교를 세우고 외국의 책들을 번역하는 데 힘써야 한다고 강조했다. 유럽의 글자는 26자가 있는데, 이 글자로 초학자들을 2~3개월만 가르치면 즉시 책도 읽고 글도 지을 수 있다면서 이 글자가 조선의 언문과 비슷하다고 지적했다.

"우리나라에서도 학교를 설립해 마땅히 언문으로 학생들을 교습시켜야 한다. 공맹孔孟 성현의 책부터 유럽인의 식화술殖貨術에 이르기까지 모두 언문으로 번역해 가르쳐야 한다. (…) 요직에 있는 제공諸公들께서는 정부차원에서 의논해 특별히 번역하는 기관을 설치해 각종 학과의 기술을 모두 언문으로 읽게 해주기 바란다. 그리하여 번역된 것을 책자로 만들어 국내에 반포해 사민들에게 이것이 편리하다는 것을 주지하게 해야 한다. 그리고 정부에서 학비를 보조해 격려 권장한다면 학문이 머지 않아서 대대적으로 확장될 것이다."

언어적 '일선융화'를 노리다

후쿠자와와 가쿠고로는 왜 조선에서 문자 개량 내지 문체 실험에 유달리 관심을 기울였을까? 과연 조선인의 계몽과 개화를 바란다는 지극히 순수하고 아름다운 뜻만 있었을까. 가쿠고로의 말을 들어보자.

> "[후쿠자와] 선생님께서는 조선 인민의 생활과 교육 등에 대해 관심을 기울이셨다. 특히 조선의 언문으로 우리의 가나假名 섞인 글과 같은 문체를 만들고, 이것을 널리 조선 인민에게 사용하게 해서 양국을 동일문체同一文體의 상태로 만들어서 이것에 따라 문명의 지식을 심어주어 구래의 사상을 일변시키려고 꾀하셨다. 그것에 무척 열심히 노력하신 것은 오늘날 오히려 세상에 알려지지 않았다."[28]

후쿠자와는 조선에서 문명의 발전을 가로막는 것은 중국의 완고한 유교 사상이고 이것은 한자에 뿌리박고 있다고 판단했다. 조선도 문체개혁으로 중국의 사상에서 벗어난다면, 일본처럼 문명과 개명의 사회로 나아가게 될 것이라고 기대했다. 후쿠자와와 가쿠고로가 조선에서 한글 또는 국한문을 사용하게 하려 한 것은 중국 숭배의 전통을 타파하고 일본의 가나 혼용과 같은 문체를 조선에 보급하려는 의도였다.[29]

후쿠자와와 가쿠고로가 주보로 실험했던 문체는 두 나라의 언어적 친화력을 심어주는 것을 목표로 했다. 이것은 궁극적으로는 일본과 조선의 '융화'라는 제국주의적 야심으로까지 비약할 수 있는 논리이기도 했다. 후쿠자와는 갑신정변 전까지는 조선의 개화파와 친밀한 관계를 유지해가면서 조선의 개화를 후원하려 했다. 하지만 갑신정변이 실패로 돌아간 뒤에는 '탈아주의'脫亞主義를 선언하며 공격적인 제국주의자로 탈바꿈한다.

조선에 있던 외국인들에게도 주보의 문체 실험은 관심의 대상이었다. 가쿠고로에 따르면, 주보가 발간되자 중국인은 별다른 의미를 부여하지 않는 듯했다. 하지만 일본인은 크게 기뻐하는 분위기였다. "이것으로 [두 나라 말의] 음성은 달라도 조선이 일본과 동일한 말이고 또 동일한 문체이다, 서로 알기 쉽고 통하기 쉽게 되었다."라면서 그의 공로를 고마워했다고 한다.[30]

가쿠고로는 뒷날 자신의 문체 실험에 더욱더 적극적인 가치와 의미를 부여했다. "요컨대 조선에서 한언복합의 신문체가 중화숭배의 사상으로 하여금 어떠한 변화를 초래했는지 또한 오늘[1934]에 이르러서는 일선융화日鮮融和의 매개로서 얼마나 유용했는지는 잘 알려지고 있다."[31]라고 말했다. 이는 조선과 일본이 민족적·언어적으로 서로 깊이 연결되어 있고 더 나아가면 이 때문에 제국주의적 지배의 정당성이 확보된다는 논리로 건너뛸 수 있는 것이었다.

교육학자 이나바 쓰기오는 이 점을 정확하게 간파했다. 그에 따르면, 후쿠자와와 가쿠고로는 일본의 한자·가나가 섞인 글과 동일한 문체인 한자·한글 혼합문으로 궁극적으로는 일본과 조선의 융화를 노렸다. 따라서 "후쿠자와, 이노우에와 조선 개화파는 한자·한글 혼합문을 둘러싸고 많은 부분에서 이해를 같이하면서도 결국은 동상이몽의 관계였다고 말할 수 있다."라고 평했다.[32]

문체 실험이 실패하다

주보는 신문 지면에서 처음으로 세 가지 문체를 실험했다. 하지만 이 실험이 끝까지 지속되지는 못했다. 현재 실물이 남아 있는 주보로 판단하면, 29호(1886년 8월 23일)부터는 국한문체가 더 나타나지 않고, 32호(1886년 9월 7일)까지만 한글 기사가 나타난다. 국한문 혼용체 기사는 1호, 2호, 16호, 22~28호에만 보인다. 한글 기사는 1~24호, 31호, 32호에만 쓰였다. 국한문 혼용체 기사가 먼저 사라지고, 국문 기사는 더 지속되다가 47호(1887년 1월 1일) 이후부터는 오로지 한문 기사만 남게 되었다.

주보가 국한문체와 국문체 신문에서 한문체 신문으로 후퇴하게 된 까닭은 무엇일까. 국문학자 김영민은 독자층의 성격과 문체 자체의 한계를 그 이유로 꼽았다. 주보는 관청을 중심으로 배포되었고, 독자는 대부분 관리 등 한문 향유층이었다. 그 때문에 보수 지식인 사회에서 저항한 결과 문체 실험이 좌절한 것으로 해석할 수 있다고 한다.

새로운 언어 형식에 걸맞은 참신한 주제와 내용을 발굴하지 못한 것도 패인 가운데 하나였다. 주보에서는 과감히 한글 기사를 도입했지만, 그 문체에 적합한 기사를 찾기는 어려웠다. 예컨대 주보 창간호에는 한글 전용 기사인 「뉵쥬총논」이 실렸는데, 외래 지명들이 한글로 번역되었다. 주보의 주 독자층인 한문 향유층들에게는 오히려 한문보다 이해하는 데 더 어려웠다.[33]

국어학자 이기문의 해석도 김영민의 그것과 크게 다르지 않다. 회를 거듭할수록 주보에서 한글 기사가 줄어든 가장 중요한 이유는 한글 기사의 뜻을 파악하기가 무척 어렵기 때문이었다. 띄어쓰기를 하지 않은 것이 가독성의 가장 큰 걸림돌이었다. 나중에『독립신문』이 한글 구절을 띄어서 표기한 것

은 매우 현명한 전략이었다.[34]

김영민은 "한성주보의 한글 문체 실험 실패는 이후 지식인들의 문체 선택에 적지 않은 영향을 미친 것으로 보인다."라고 말했다.[35] 주보 이후 『독립신문』과 『제국신문』 등 일부 한글 신문을 제외하고는 대부분 국한문 혼용체가 신문의 지배적인 문체였다. 국문체는 신문학에서 소설의 문체로 정착되었다. 기독교계에서는 한글로 성경을 번역했다. 이 때문에 기독교 신앙과 사상은 하층 민중세계로 빠르게 퍼져갈 수 있었다.

개화기에 국한문체가 대표적인 언론 문체로 자리 잡은 까닭은 무엇일까. 이기문은 국문체의 역량 부족을 꼽는다. 국문체는 그때까지 문자생활에서 서민과 하층의 영역을 담당해왔다. 그러다가 갑자기 상층 지식인까지를 포함해 문자생활의 전 영역을 감당해내기 어려웠다. 더구나 국문체는 낯선 물질문명과 새로운 사상과 관념을 담아내야 한다는 시대의 요구를 충족하는 데는 한계가 있었다. 오히려 확장성과 적응성 면에서 국한문체가 더 적합한 것으로 받아들여졌을 것이다. 이것은 순수한 국문체에 한문의 요소를 가미한 하나의 절충적 선택이었다.[36]

주보에서는 처음에는 한글과 국한문이 사용되었지만, 1년여 만에 중단되고 다시 전통적인 순한문 기사만 남게 되었다. 이후 정부의 공식 문서에서는 예전처럼 여전히 한문만 사용되었다. 주보 이후 정부 공문서에서 한글이 사용되기 시작한 것은 1890년대 갑오개혁 때부터였다.

1894년 11월 21일, 고종은 새로운 공문식제公文式制를 반포하고 종전의 공문 반포 규례는 그날부터 폐지한다고 선언했다. 공문식 제14조는 "법률·칙령은 모두 국문을 기본으로 하고 한문으로 번역을 붙이거나 국한문을 혼용한다."[37]라고 규정했다. 훈민정음 창제 이후 처음으로 한글이 문자생활의 주역으로서 법적인 뒷받침을 받은 것이다.

이보다 앞선 1894년 6월 28일에는 의정부 이하 각 아문의 관제가 개정되었다. 국내 교육, 학무學務 등에 관한 행정을 맡아보는 학무아문學務衙門의 편집국에서는 "국문 철자, 외국문 번역과 교과서 편집 등의 일을 맡아본다."라고 규정했다. 이때 비로소 '한글'이 '국문'이란 이름으로 불리기 시작했다.[38]

1894년 7월 8일 군국기무처에서 올린 의안議案에는 "일체 국내외 공적인 문서와 사적인 문서에 외국의 국명, 지명, 인명이 구라파 글로 쓰여 있으면 모두 국문으로 번역해서 시행한다."[39]라고 했다. 7월 12일에는 각 부府, 아문의 선발 시험에서 "국문, 한문, 글자쓰기, 산술, 국내 정사, 외국 사정, 국내 사정, 외무 관계 문제를 모두 시험 문제로 낸다."[40]라고 명시했다.

새로 반포된 공문식의 규정은 곧 실현되었다.『관보』(1894년 6월 29일 창간) 1894년 12월 10일자에 처음으로 국한문 기사를 수록했다. 12월 12일자 관보에는「대군주전알종묘서고문大君主展謁宗廟誓告文」을 발표했는데, 각각 순한문, 순한글, 국한문 혼용체 세 가지 문체로 실렸다. 이런 기사 형태는 12월 13일까지 계속된다. 하지만 이후 관보는 다시 원래대로 순한문 표기로 환원되었다. 이따금만 국한문 표기가 활용되었다.[41]

조선의 문자 언어생활에 획기적인 이정표를 세운 것은 갑오개혁이었다. 갑오개혁에 참여한 인사들 가운데는 국문에 관심이 있는 이들이 많았다. 개화파의 핵심 인물이면서 갑오개혁에 참여한 인물은 박영효와 유길준이다. 이 두 사람은 일찍이 국한문을 사용해본 경험이 있었다. 모든 공문서는 국문으로써 본을 삼는다는 칙령 1호 14조가 나오게 된 데에는 이들의 작용이 컸을 것으로 추정된다.[42]

'진언'이 사라지다

1894년 갑오경장 때부터 공사문서에서도 국한문은 점차 일반화되었다. 하지만 1908년까지도 공용문의 문자 표기법은 여전히 혼란스러웠다. 융희 2년(1908) 2월 6일자 『관보』(제3990호)에 실린 「관청 사항」에는 "각 관청의 공문서류는 일제히 국한문을 교용交用하고 순한문이나 이두나 외국문자의 혼용함을 부득不得함. 외국 관청으로 접수한 공문에 관하야만 원문으로 정식 처변處辨을 경經하되 역본譯本을 첨부하야 존당存檔케 홈"이라고 적혀 있다.

개화기에 표기법의 변천을 황현 같은 전통적 지식인은 비판적인 시각으로 바라보았다.

> "이때 서울의 관보, 각도의 이문移文(관청 사이의 공문서)을 국한문으로 섞어 문장을 만들었다. 그것은 일본의 문법을 본받은 것이다. 우리나라의 방언에서는 옛날부터 한문을 진서眞書라고 하고, 훈민정음을 언문이라고 했다. 이를 통칭 진언眞諺이라고 했다. 갑오경장 이후로 신시대의 업무에 종사한 사람들은 언문을 국문으로 칭하고, 진서는 한문으로 칭했다. 이에 국한문 3자가 방언으로 되면서 진언이란 명칭은 사라지고 말았다. 이때 경솔한 사람들은 한문을 폐지해야 한다는 여론을 일으켰다. 그러나 그들의 세력이 저지되어 그 여론은 중지되었다."[43]

한글과 국어는 갑오개혁으로 혁명을 맞이했지만, 영광의 시기는 그리 길지 않았다. 식민지시대를 맞이하면서 다시 한번 운명은 뒤틀렸다. 1910년 8월 경술국치 이후 특히 그해 10월 1일 조선총독부 설치 이후 '국어'는 일본어를 가리켰다. 이때부터 우리의 말과 글을 뜻하는 '국어'란 말을 책이름에 쓸 수 없었다. 해방 이후에야 다시금 '국어'란 말을 되찾을 수 있었다.[44]

4부

지식과 상품이

모이고 퍼지다

상품과 광고,

자본을

전파하다

주보가 순보의 세계에서 한 걸음 더 나아간 지점이 있었다. 주보에서 비로소 상품 화폐경제의 상징으로서 광고가 처음 선보인 것이다. 주보 제 4호(1886년 1월 19일)에는 '덕상세창양행고백'德商世昌洋行告白이 실렸다.

"알립니다. 본 양행本行에서는 이번에 조선에서 호랑이, 수달, 담비, 쥐, 소, 말, 여우, 개 등 각종 가죽 제품과 사람 머리카락, 소꼬리, 말꼬리, 돼지털, 참외, 조개와 소라, 담배, 종이, 오배자五棓子(붉나무), 옛날 동전 등 물건을 사들입니다. 귀한 손님, 상인이 가지고 있는 이런 물건은 그 수량이 많고 적음을 따지지 않고 모두 사들이고 있습니다. 이런 물건을 가지고 본행에 와서 공평하게 교역하기를 바랍니다. 그러므로 특별히 기록해 알립니다. (…)
알립니다. 독일 상사 세창양행에서 조선에 상사를 개설하고 외국에서 자명종自鳴鐘表, 서양 풍경 사진洋景, 오르골八音琴, 호박琥珀, 유리玻璃, 각

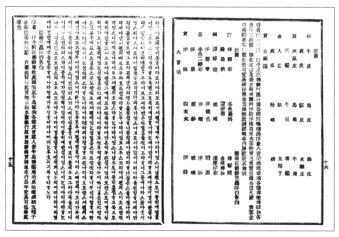

「한성주보」 4호에 실려 있는 세창양행 광고. 한국언론진흥재단 소장 이미지.

종 남포등洋燈, 서양 단추洋鈕扣, 서양에서 만든 여러 빛깔의 비단, 목면
洋標布疋부터 의복의 염료와 선명한 안료, 서양에서 만든 바늘洋針, 서양
에서 만든 실洋線, 성냥自來火 등 각종 물품을 수입해 물품의 구색을 맞
추어 공정한 가격으로 팔고 있으니, 모든 귀한 손님과 상인이 찾아오신
다면 염가로 팔 것입니다. 값銀洋은 시세에 맞게 계산해 아이나 노인이
온다 해도 속이지 않을 것입니다. 아울러 바라건대 본행의 간판牌을 확
인하시면 거의 잘못이 없을 것입니다."

세창양행, 바늘과 염료를 팔다

현재 남아 있는 주보를 살펴보면, 이 광고는 이후 6호, 13호, 17호, 18호,
22호, 23호에 걸쳐 실려 있다. 세창양행 광고는 17호(1886년 4월 21일)부터
조금 변화가 있었다. 기존의 광고 뒤에 '희화상선내왕각구'希化商船來往各口
광고를 덧붙인 것이다.

"본행에서 지난해 희화선希化船을 고용해 1월 이내에 도착하도록 되어 있습니다. 이 배가 도착하면 상하이와 인천 사이의 각 항구를 왕래할 것입니다. 선편船便의 운임을 적당하게 받고 또 승선한 여객에게는 특별히 봉사할 것입니다. 귀한 손님께서 생각이 있으시다면 본행으로 찾아와서 상의하시기 바랍니다. 서력 3월 초 1일 독일 상사 조선 주재 세창양행에서 아룁니다."

세창양행(Edward Meyer & Co.)은 독일 함부르크 출신의 상인 마이어 (Heinrich Constantine Edward Meyer, 한자명 麥爾 또는 咪吔)가 제물포에 세운 무역회사였다. 마이어는 1873년 톈진에 마이어상사(E. Meyer & Co.)를 세우고 1881년에는 동생과 공동명의로 홍콩에 미야양행咪吔洋行(Meyer & Co.)을 설립했다.

마이어가 조선에 세창양행을 설립하게 된 것은 조선에 부임하는 묄렌도르프의 권유 때문이었다. 마이어는 동업자인 볼터(Carl Andreas Wolter, 華爾德)를 지사장으로 파견, 세창양행을 경영하게 했다. 볼터는 1884년 5월 상하이에서 영국기선 난징호(Nanzing)를 타고 제물포로 향했다.[1] 미국 선교사 알렌에 따르면, 볼터는 1886년 6월 6일(양력, 음력 5월 5일) 지테(Sites)와 함께 제물포에 와서 마이어상사의 인천지사를 설립했다.[2]

세창양행은 처음 조선에 왔을 때 주로 물물교환 방식으로 무역 활동을 시작했다. 당시 조선에서는 달러가 희귀했고, 조선 화폐는 조선 내에서만 가치가 있었기 때문이다. 세창양행은 서양에서 만든 소규모 공산품을 들여다 팔았다. 독일에서는 주로 바늘과 염료를, 영국에서는 맨체스터산 면제품을 수입·판매했다. 조선에서는 소가죽, 곡식, 쌀, 콩 등 1차 산물을 거둬들였다. 시간이 지나면서 판매 물품이 늘어났다. 바늘, 염료 외에도 쇠와 강철,

약품, 기계류 등을 추가로 수입해서 팔았다.[3]

주보에 실린 세창양행 광고는 세창양행 초기의 물물교환 단계를 증언한다. 당시만 해도 세창양행은 소규모 행상에 지나지 않았다. 제물포에 도착한 수입 공산품을 인부를 고용해서 작은 배에 싣고 수로를 따라 서울로 올라와서 팔았다. 1890년대 이후부터는 회사의 규모와 자본력, 조직력이 크게 성장했다. 일반인에게도 일상용품으로서 세창양행의 물품이 널리 알려졌다. 신문이 본격적으로 발전하자 광고란에 물품을 홍보하면서 대규모 도매상으로 발돋움해갔다.[4]

정직과 신뢰를 광고하다

세창양행은 조선에서 시작은 미약했지만 끝은 창대해졌다. 초기에는 원시적인 교역으로 첫발을 내디뎠지만, 곧 거대 이윤 집단으로 급성장해갔다. 그 비결은 인맥과 조직력이었다. 조선 정부의 재정 고문으로서 막대한 영향력을 행사하던 묄렌도르프와 독일 영사관이 세창양행의 막강한 후원 세력이었다. 이를 배경으로 정부의 세곡미 운송을 위한 증기선 대여, 거액의 대조선 차관 대여, 전환국의 조폐기계 도입과 기술자 고용 알선, 대포 등의 무기 조달, 강원도 금성의 당현금광 채굴권 획득 등 손대는 곳마다 막대한 이윤을 거둬들였다.[5]

세창양행이 조선에서 성공할 수 있었던 데에는 독일 상인들의 특성도 한몫했다. 독일 상인들은 해외시장을 개척할 때 결코 서둘러서 일을 그르치는 어리석음을 범하지 않았다. 조금씩 차근차근 상업적 발판을 다져나갔다. 영국 회사들이 무가치하다고 눈길을 돌려버릴 만큼 작은 이윤에도 결코 포기하지 않고 성실했다. 그들은 구매 고객이나 잠재 구매 고객을 철저히 연구했다. 이를 바탕으로 구매자에게 적합한 상품과 거래 조건을 제시했다. 또 구매자의 언어와 문화를 이해하는 영업사원을 파견하는 것도 마다하지 않았다.[6]

이런 상업 전략은 세창양행의 광고문에도 잘 나타난다. 세창양행은 당장 눈에 보이는 이익보다는 신뢰와 정직성 같은 무형의 자산과 가치가 사람들에게 더 크게 더 오래 호소하는 힘이 있다는 사실을 잘 깨닫고 있었던 듯하다. '공평하게 교역'하고, '공정한 가격으로 팔고' 아이와 노인에게도 결코 '속이지 않을 것'이라는 점을 강조함으로써 낯선 나라 사람들에게 공정하고 신뢰할 만한 곳이라는 인상을 심어주려 했다.

세창양행은 일찌감치 광고 효과와 잠재력에 주목한 상인 집단 가운데 하나였다. 1890년대에『독립신문』을 비롯한 여러 신문이 창간되자 이들 신문에도 지속적으로 광고를 내보냈다. 세창양행 광고는 식민지시대까지도 찾아볼 수 있다.『동아일보』에는 1920년 7월 31일부터 8월 8일까지,『조선일보』에는 1920년 8월 2일부터 8월 13일 사이에 똑같은 내용의 '세창표 바늘' 광고가 실렸다. 그 이후 우리나라 신문에서 세창양행 광고는 더 찾아보기 어렵게 되었다.[7]

조선 근대사에서 세창양행은 단순한 무역상을 넘어서는 존재였다. 서양 상인 가운데 처음으로 신문에 광고를 내보냄으로써 조선인과 안면을 텄다. 공식적으로는 서양 상품을 국내에 소개하는 첫 번째 외국인 무역상이 되었다. 하지만 세창양행은 그 이상이었다. 개화기를 넘어 식민지시대까지 조선인의 기억 속에서 특정한 상품과 이미지, 서양의 상징으로 각인된 특별한 존재였다.

공익광고도 선보이다

주보의 상품 광고는 세창양행뿐만 아니었다. 제22호(1886년 5월 27일)에는 세창양행 광고 바로 앞에 또 다른 광고가 게재되었다. 모두 일본 상인들이 낸 것이었다. 그 하나는 「감색 배색 기타 각색 염액 제조 급 염양법 전수 광고紺色緋色其他各色染液製造及染揚法傳受廣告」라는 기다란 제목의 광고였다. 광고주는 일본 오사카에 사는 야마자키 가쓰지로山崎勝次郎였다. 그는 누구나 염색법을 알기 쉽고 배우기 쉽게 하기 위해 책을 지었다. 감색 등의 염색법을 배울 사람은 종이값 2원을, 배색 등의 염색법을 배울 사람은 종이값 1원 50전을, 두 가지 염색 방법과 염양법을 배울 사람은 종이값 1원 50전을 자기에게 보내라고 권유했다. 다음은 인천항·부산항·원산항의 하마다 상점濱田商店이 내건 「일상광고日商廣告」였다. 양목洋木, 양사洋紗 등의 섬유류와 쌀, 조 등 곡물류를 도매, 산매한다는 내용이었다.

주보 23호(1886년 6월 4일)와 24호(1886년 7월 17일)에는 또 다른 광고가 등장했다. 의약학 광고의 성격을 띤 「동수관고백同壽館告白」이었다. 세창양행과 일본 상인들의 광고가 상품 광고였다면, 이것은 상업적인 이익이 아니라 공익성을 추구했다. 오늘날 '공익광고'의 원조쯤 되는 셈이다. 이 광고를 낸 사람은 동수관의 주인으로 추정되는 '북해산인'北海散人이었다. 그는 당시 한창 유행하던 괴질(호열자, 콜레라)을 낫게 할 수 있는 경험원방經驗原方을 널리 알리기 위해 광고한 것이었다. 순 한문으로 쓰인 이 광고 말미에서는 목유사육탕木萸四肉湯의 재료와 복용방법을 친절하게 가르쳐주었다.

이 광고문에 따르면, 본관 주인은 "희문希文의 뜻을 사모하고 장상의 학長桑之學을 강구"했다. 희문은 중국 북송의 정치가이자 교육자, 문학가인 범중엄范仲淹(989~1052)의 자이다. 그는 출세한 뒤에도 지독할 정도로 검소하게 생활하면서 자나깨나 백성만을 생각했다고 알려진 인물이다. 장상은 중국 전국시대 때 월越나라 사람인 장상군長桑君을 가리키는데, 의술의 달인으로 전해오는 신화적 인물이다. 그는 명의의 대명사로 알려진 편작이 범상치 않음을 보고 신약神藥을 먹인 뒤 금방禁方을 모두 전해주고 나서 홀연히 사라졌다고 한다. 북해산인이 이들 두 인물을 본받았다고 한 데서 광고주의 공익 정신을 짐작할 수 있게 한다.

이 광고는 당시 사회상을 반영하고 있었다. 1886년 5월 중순부터 경상도와 전라도를 중심으로 전염병이 창궐한다는 지방관의 장계가 속속 조정에 보고되었다. 6월 23일 고종은 "괴이한 전염병이 더욱 성해져서 죽는 사람이 계속 나오고 있다고 한다. 백성들의 정상을 생각하면 참으로 딱하고 걱정스럽다. 별여제別厲祭(나라에 전염병이 돌 때에 지내던 특별한 제사)를 지낼 날을 잡을 것 없이 다시 정성스럽게 지내라고 해당 관청에 분부하라."[8]라고 전교했다. 고종은 6월 29일에도 전염병을 구제하는 일에 각별히 힘쓰라고 지시했다.

"서울의 경우에는 성 밖의 빈 땅에 여막을 짓고 약과 죽을 많이 마련해놓아라. 그다음 들과 도로를 살펴서 만약 들에서 지내는 사람이나 도로에 엎어져 있는 사람이 있으면 일일이 들것으로 날라다가 각별히 치료해주어 꼭 소생시키도록 하라. 혹 구원하지 못한 경우에는 즉시 묻어주어 미처 구원받지 못하고 죽은 시체가 낭자하게 널브러져 있는 일이 없게 하라. 백성을 평안하고 화목하게 할 방책에 대해서는 해당 당상이 조정에 나아가 논의해서 적당히 조치를 취하도록 하라. 지방의 경우에는 각 고을의 수령이 경내를 두루 살펴 구원하고 시체를 거두어 묻어주는 방도를 일체 서울의 경우와 같게 하라. 반드시 성의와 힘을 다해서 병든 사람은 소생시키고 죽은 사람은 유감이 없게 하라. 소용된 물품 같은 것은 사실대로 감영에 보고한 뒤에 회감會減 (서로 주고받을 것을 셈 쳐보고 남은 것을 셈함)하라.''[9]

박문국에도 전염병이 침투하다

선교의 알렌은 1886년 6월 11일(양력 7월 12일), 조선에 콜레라 전염병이 창궐했다고 기록했다.[10] 조선 총세무사 메릴(Henry Ferdinand Merrill, 墨賢理) 의 보고서(「Report on the Foreign Trade of Corea for the year 1886」, 양력 1887년 2월 16일)에 따르면, 콜레라는 1886년 6월 1일(양력)부터 부산에서 만연하기 시 작했다. 7월 초에는 경성에서 창궐했다. 7월 26일에 극성을 부려 도성 안에 서만 사망자가 460명에 이르렀다. 그 이후 사망자는 감소하기 시작했다. 9 월 1일에는 경성에서 콜레라가 없어졌다. 1886년 7월 15일부터 9월 1일까 지 경성의 사망자는 총 7,092명이었는데, 이 가운데 약 6,500명이 콜레라 로 인한 사망으로 추정되었다.[11]

이 전염병은 박문국의 편집기자들도 피해가지 않았다. 주보 24호에는 「본국특시本局特示」가 실렸는데, 이는 오늘날 사고社告에 해당한다.

"본보本報는 7일마다 1호씩을 간행하므로 기사가 지나간 낡은 소식일 염려가 있기 때문에 항상 공정工程이 빠르지 못함을 걱정했습니다. 그러다 여름철을 맞아 전염 병이 유행해 국원 중에 전염병에 걸린 사람이 있고, 직공들 중에도 병에 걸린 사람이 많습니다. 그 때문에 수십일 동안 일을 하지 못해 결호가 생겼습니다. 시사가時事家 들의 열람에 중단을 끼쳐드렸으니 송구함을 금치 못하겠습니다. 그러나 이는 실로 천시天時의 불행에서 연유한 것이었습니다. 이제부터는 본보를 매 면 16행으로 줄이는 동시에 업무에 명석明皙을 기하겠습니다. 면수는 기사가 많을 때는 적당히 증가해서 반드시 내용이 충실치 못함이 없게 해 보시기에 편리하도록 할 것임을 간절히 아룁니다."

당시 박문국의 국원과 직공들 중에도 전염병에 걸린 사람이 많았다. 어쩔 수 없이 결호를 낼 수밖에 없었다. 당분간 지면을 축소할 수밖에 없으니 독자들이 널리 헤아려주시기 바란다고 알렸다. 40여 일 동안이나 신문 발행이 중단될 정도로 전염병의 위세는 대단했다. 이처럼 주보의 광고는 당시 사회상을 되짚어보는 데도 쓸모 있는 정보를 제공한다.

오늘날 남아 있는 주보에는 세창양행, 일본 상인들, 동수관 등에서 낸 광고만 찾아볼 수 있다. 이들의 광고에 대해서 박문국에서 광고료를 받았는지, 받았다면 얼마였는지는 현재로서는 알 길이 없다.

주보에 실린 광고들은 조선이 세계사적 차원의 상품 화폐경제 체제로 접어들었다는 것을 상징적으로 보여주는 표시였다. 아직은 상품 종류도 한정되어 있고 그 품질도 조악했다. 하지만 일부 상업도시와 개항도시를 제외하면 자급자족적인 경제 체제에 머물던 상황에서 외국산 상품이 본격적으로 조선에 상륙하고 있다는 사실을 당시 신문에서 확인할 수 있다.

지식의

생산과 소비를

조직하다

신문사는 방대한 지식과 정보가 흘러들어왔다가 흘러나가는 저수지와 같다. 순보와 주보는 관보 성격이 짙어서 조정의 명령이나 법률, 지방관의 장계, 인사 발령, 국내 정세도 조사해 기록했지만, 나라 바깥의 사정이나 문명개화의 실상을 소개하는 읽을거리 기사들도 실어야 했다. 당시로서는 해외 주재 기자나 특파원을 뽑을 수 없었다. 나라 밖 소식은 어쩔 수 없이 자료를 토대로 소개할 수밖에 없었다. 그것도 주로 번역, 번안, 축약, 축자역 등 여러 가지 방식으로 제공하지 않을 수 없었다. 따라서 당시 편집 실무를 맡았던 인사들은 주로 역관들이거나 한학에 조예가 깊었다.

순보 창간호에서 밝힌 것처럼, 천하의 정세와 형편은 오직 각국의 신문지와 고금 도서에 의존해서 알 수밖에 없었다. 그렇다면 이들이 참고했던 신문과 도서들은 주로 무엇이었고, 이런 자료를 어디서 어떻게 얻었던 것일까.

세창양행, 신문을 기증하다

먼저 신문과 잡지부터 살펴보자. 신문과 잡지는 정기간행물로서 가장 최신의 정보나 중요 사안에 대한 의견이나 비평을 접할 수 있는 정보성 자료들로, 박문국에서 가장 일차적으로 필요한 자료였다.

순보나 주보에서 해외의 일을 기사로 다룰 때, 예컨대 '상하이보'上海報 '일본신문', '영경보'英京報처럼 구체적 간행물 이름 대신 지명이나 국명으로 외국 자료를 참고했다고 밝히는 경우도 많다. 때로는 『시사신보』, 『신보申報』처럼 구체적 자료 이름을 알리기도 했다. 순보에 인용된 신문, 잡지 이름은 꽤 많은 편이다.

이들 가운데 중국과 일본의 신문, 잡지가 주로 인용되는 것은 당연한 일이었다. 중국의 간행물로는 『상하이신보上海新報』, 『신보申報』, 『자림호보字林滬報』, 『홍콩서자보香港西字報』, 『홍콩중외신문香港中外新聞』, 『홍콩유신보香港維新報』, 『화자일보華字日報』, 『상하이화도신보上海畵圖新報』, 『만국공보萬國公報』, 『홍콩순환보香港循環報』 등이 자주 거론된다.

일본의 경우는 『시사신보時事新報』, 『도쿄니치니치신문東京日日新聞』, 『일본유빈호치신문日本郵便報知新聞』 등이 눈에 띈다. 그 밖에 영국의 『윤돈기립신보倫敦忌笠新報』, 『윤돈시사신보倫敦時事新報』, 미국의 『뉴약신문紐約新聞』 등도 보인다. 그 밖에 독일, 프랑스, 러시아, 인도, 페르시아 등지에서 발행한 신문까지 인용되었다.[1] 당시 꽤 광범위한 해외 신문들을 참고하거나 입수했을 가능성도 없지 않다.

박문국이 참고했던 해외 신문들은 어떻게 입수했을까. 구체적인 정황을 알려주는 기록은 남아 있지 않다. 추측건대 중국과는 전통적인 외교관계가 있기 때문에 중국 영사관에서 정기적으로 신문 등 정기간행물을 입수할 수 있었을 것이다. 일본 간행물은 일본 영사관을 통하거나 가쿠고로를 매개로 자료를 입수했을 가능성이 크다. 그 밖의 경우는 단편적인 기록으로 짐작해 볼 수밖에 없다.

당시 조선에 있던 일부 외국 영사관에서는 박문국으로 신문 자료를 보내 주거나 빌려주었다. 1885년 7월 6일 독일 부영사 부들러(Hermann Budler, 卜德樂)는 독판교섭통상사무 김윤식에게 "신보 19장을 다 보내드리니 열람하십시오. 후일에 오시면 또 드리겠습니다."라고 서신을 보냈다. 이튿날 김윤식은 "신문을 보내주셔서 진실로 감사합니다. 보면 곧 돌려드리겠습니다. 또 이어서 빌려볼 수 있기를 바랍니다."라고 답신을 보냈다.[2] 독일 영사관에서는 1885년 8월 14일 『신보申報』 13지紙를 보내왔다. 8월 17일 통리아문에서는 가까운 시일 안에 돌려보내겠다고 답신했다.[3]

독일 세창양행의 주인인 볼터도 1886년 3월 19일 박문국에 도서와 신문, 잡지 등을 기증하기도 했다. 그가 박문국에 기증한 자료 가운데 정기간행물은 다음과 같다.

『익문록益聞錄』 518호부터 542호까지 25장

『신보申報』 11월부터 2월까지 11일 94장

『호보滬報』 동상同上 94장

『화보畵報』 54호부터 69호까지 16본本

『화도신보畵圖新報』 2본[4]

조선에서 고용한 총세무사 메릴도 박문국에 책과 신문을 보냈다. 그는 1885년 9월 7일 묄렌도르프 후임으로 총세무사에 임명되었고 9월 13일에 정식으로 취임했다. 『통서일기』에 따르면, 그는 1886년 11월 16일 톈진신문지天津新聞紙를 보내왔다. 이듬해 1887년 4월 3일에는 진문잡지津門襍誌 5편을, 윤4월 13일에는 시보時報 2포包를 통리아문으로 보냈다.[5]

서양 과학기술서를 인용하다

정기간행물은 정보의 유통기간이 무한하지 않다. 발행한 뒤 어느 정도 시간이 지나면 정보 가치는 현격하게 떨어지게 마련이다. 채소나 과일처럼 바로 구입해서 섭취하지 않으면 부패한다. 정기간행물에 비해 단행본은 상대적으로 시간의 제약에서 자유롭다. 오랜 시간 가다듬어오고 시간의 시련을 겪어온 지식과 정보들을 질서 있게 조직화한 것이기 때문이다.

박문국에서는 정기간행물 못지않게 단행본도 기사의 글감이나 논설의 참고문헌으로서 갖추어두어야 했다. 당시 조선에서 신문을 간행하기 위해 필요했던 책들은 주로 서양의 앞선 과학기술을 소개한 것들이나 동양과는 다른 정치체제와 역사를 담은 지식이었을 것이다. 박문국에서는 이런 단행본들을 중심으로 외부 기관으로부터 기증받거나 따로 구입하기도 했다.

현재 남아 있는 신문기사를 살펴보면, 서양의 선진적인 과학기술을 소개할 때 참고문헌으로서 단행본이 소개되는 대목이 눈에 띈다. 순보 22호(1884년 5월 1일)에 실린 「논양기論養氣」, 「논경기論輕氣」, 「논담기論淡氣」와 23호(1884년 5월 11일)에 수록된 「논탄기論炭氣」, 「논록기論綠氣」란 기사에는 모두 『화학감원化學鑑原』이란 책이 인용되거나 언급되었다. 22호의 「논양기」에는 "『화학감원』에 따르면 영국의 수학자 포리사덕리布里司德里라는 사람이 양기養氣의 성질을 고찰해서 알았으며"라고 나온다. 포리사덕리는 프리스틀리(Joseph Priestley)를 가리킨다.

『화학감원』(서울대 규장각 소장, 奎中2713)은 화학 개론서인데, 화학 원소의 명칭, 특성과 질량, 성분, 추출방법, 형성 과정 등을 글과 그림으로 서술했다. 6권 4책이고 1871년 상하이의 강남제조총국江南製造總局에서 발행했다. 영국의 화학자 웰즈(David Ames Wells, 韋而司, 1828~1898)가 쓴 『Wells's Principles and Applications of Chemistry』(1858)를 영국인 프라이어(John Fryer, 傅蘭雅, 1839~1928)가 구역口譯했고, 그것을 중국인 서수徐壽(1818~1884)가 한문으로 기록, 정리해서 펴낸 것이다. 프라이어는 서구의 과학기술을 중국에 소개하는 데 혁혁한 공을 세운 인물이다. 한학에 조예가 깊어 143여 종에 이르는 영문 원서들을 번역했다. 1868년 강남제조국 편역編驛으로 부임한 이후 28년 동안이나 근무했다.[6]

서수는 서양의 화학을 중국에 체계적으로 소개한 인물이다. 그는 1862년 과학자 화형방華蘅芳과 함께 중국에서 최초로 증기기관을 제조했다. 1867년에는 강남제조국 번역관이 되어 『화학감원』, 『화학감원 속편』, 『화학고질化學考質』, 『화학구수化學求數』 등을 번역했다. 그의 업적 가운데 하나는 원소 부호와 원소 주기율표를 중국화한 것이다. 그는 화학 원소명을 번역할 때 서양의 첫째 음절을 따서 새로운 문자를 만드는 방법으로 창조적 역량을 발휘했다. 그가 만든 칼륨鉀, 납鈉 등의 원소 명칭들은 현재도 그대로 사용되고 있다.[7]

톈진기기국, 한역 과학서를 보내다

서양의 과학기술책을 중국에서 우리나라로 들여온 인물은 김윤식이다.

그는 1881년 11월 톈진기기국天津機器局[8)]에 도착했다. 영선사로서 중국의 선진 군사 기계 기술을 배우기 위해 학생과 공장工匠 38명을 이끌고 간 것이었다. 그가 톈진에 머물던 1882년 4월 26일 톈진기기국에서는 우리나라에 여러 가지 책을 기증했는데, 그 가운데『화학감원』이 들어 있었다. 순보의 기사에 인용된 것은 바로 이 책이었을 가능성이 크다. 당시 김윤식이 기증받은 책들은 다음과 같다.

운규약지運規約指 1부部(제1본本), **지학천석**地學淺釋 1부(제8본), **제화약법**製火藥法 1부(제1본), **금석식별**金石識別 1부(제6본), **기기발인**汽機發軔 1부(제4본), **화학감원** 1부(제4본), **기기신제**汽機新制 1부(제2본), **화학분원**化學分原 1부(제2본), **기기필이**汽機必以 1부(제6본), **어풍요술**御風要術 1부(제6본), **개매요법**開煤要法 1부(제2본), **항해간법**航海簡法 1부(제2본), **방해신편**防海新編 1부(제6본), **서예지신속각**西藝知新續刻 1부(제6본), **기상현진**器象顯眞 1부(제3본), **영성게요**營城揭要 1부(제6본), **극로백조법**克虜伯操法 1부(제2본), **영루도설**營壘圖說 1부(제1본), **극로백조법**克虜伯造法 1부(제3본), **측후총담**測候叢談 1부(제2본), **수사조련**水師操鍊 1부(제3본), **평원지구도**平圓地球圖 1부(제16장), **대수술**代數術 1부(제6본), **서국근사소회**西國近事巢彙 1부(제16본), **행군측회**行軍測繪 1부(제2본), **열국세계정요**列國歲計政要 1부(제6본), **성학**聲學 1부(제2본), **삼각수리**三角數理 1부(제6본), **야금록**冶金錄 1부(제2본), **정광공정**井礦工程 (제2본), **해당집요**海塘輯要 1부(제2본), **격치계몽**格致啓蒙 1부(제4본), **사예편년표**四裔編年表 1부(제4본), **수학리**數學理 1부(제4본), **해도도설**海道圖說 1부(제10본), **수사장정**水師章程 1부(제16본), **폭약기요**爆藥紀要 1부(제1본), **동방립유서**董方立遺書 1부(제1본), **전학**電學 1부(제6본), **구수외록**九數外錄 1부(제1본), **담천**談天 1부(제4본), **구고육술**句股六術 1부(제1본), **동방교섭기**東方交涉記 1부(제2본), **개방표**開方表 1부

(계1본), **삼재기요**三才紀要 1부(계1본), **대수표**對數表 1부(계1본), **산법통종**算法統宗 1부(계4본), **현절대수표**弦切對數表 1부(계1본), **팔선간표**八綫簡表 1부(계1본), **항성도표**恒星圖表 1부(계1본), **산학계몽**算學啓蒙 1부(계2본), **팔선대수간표**八綫對數簡表 1부(계1본), **윤선포진**輪船布陳 1부(계2본)[9]

김윤식은 임오군란이 일어나자 일부 학생들을 데리고 귀국길에 올랐다. 1882년 7월 3일 상하이 윤선초상국의 상선 일신호日新號 편으로 톈진을 출발, 7월 7일 경기도 남양부에 도착했다. 이때 초상국 상선에는 위의 기증서들이 실려 있었을 것이다. 이들 책은 대부분 서양의 자연과학, 기술과학 도서들을 번역한 것이지만, 『서국근사소휘』, 『격치계몽』, 『동방교섭기』 등 인문 사회과학 서적들도 포함되어 있었다. 톈진기기국으로 유학을 갔던 학생들 가운데 이희민은 화학창化學廠에서 화학을 공부했는데 『화학감원』, 『화학분원』, 『화학속감원化學續鑑原』 등이 교재로 쓰였다고 한다.[10]

김윤식은 같은 해 10월 6일 다시 톈진으로 갔는데, 10월 14일 톈진기기국에서 다시 다음의 책들을 기증받았다.

수사장정 16본, **어풍**御風 2본, **기기필이** 6본, **항해간법** 3본, **화학감원** 4본, **성학**聲學 3본, **기기신제** 2본, **기상현진**器象顯眞 3본, **화학속편**化學續編 6본, **조화약법**造火藥法 1본, **윤선포진** 2본, **매약기**煤藥記 1본, **화학분원** 2본, **서예**西藝 6본, **회지법원**繪地法原 1본, **방해신편** 6본, **극로백포탄합법**克虜伯礮彈合法 5본, **개매요법** 2본, **수사조련** 3본, 합계 19종 74본[11]

삼청동에 기기국을 설립하다

김윤식은 10월 27일에 상하이 윤선초상국 윤선 흥감선興感船을 타고 중국을 떠나 인천으로 향했다. 이 배에는 위의 기증도서 19종뿐만 아니라 근대적 공장을 설치하기 위해 필요한 각종 제조 기계와 화학 실험 기구, 전기 기구 등 62종도 실려 있었다. 이들 물품을 토대로 1883년 4월에 경성 삼청동 북창에 기기국機器局이 설립되었다. 이에 대해서는 순보 창간호(1883년 10월 1일)에 자세히 소개되어 있다.

"동월(1883년 10월) 28일 협판교섭통상사무 목인덕穆麟德(묄렌도르프)이 상지上늡를 받들어 11마력 화륜기기火輪機器 한 대를 상해에서 구입해 조만간 도착하게 되었다. 우리나라가 그전에는 별다른 병비兵備가 없었는데, 통상을 시작하고부터는 상上이 군대 양성에 지대한 관심을 가지셨다. 우선 병기兵器부터 정예하게 할 것을 생각하셨다. 신사년 가을 영서사 김윤식, 종사관 윤태준을 파견해 학도와 공장工匠 등을 인솔하고 중국 천진의 기기창에 가서 기술을 익혀 꼭 졸업시키기를 기약했다. 그러나 임오년 6월 본국의 군변軍變 때문에 김윤식이 낭패해 환국했으므로 기술을 익히던 일도 폐지되고 말았다. 그해 9월 김윤식과 종사 김명균이 다시 천진에 들어가 학도들을 데리고 돌아올 적에 북양北洋(이홍장)에 청해 손으로 작동하는 작은 기기機器를 구매해 와서 본국에 기기창을 설치하고 제조를 시작했다. 그것은 이전상李傳相(이홍장)이 천진의 남국총판南局總辦 왕덕균王德均을 시켜 영국 사람 사미덕斯米德에게 부탁해 대신 구입하게 한 것이다.

계미년 3월 김명균이 천진의 공장工匠인 원영찬袁榮燦 등 네 명을 고용해 데려와서 5월에 경성의 삼청동 북창에 기기국을 설치했다. 김윤식·박정양·윤태준·이조연을 총판에, 구덕희·백락륜·안정옥·김명균을 판辦에 각각 임명해 함께 그 일을 감독하게 했다. 8월에 김명균이 연대烟臺에 갔다가 상해 험취소驗取所까지 가서 기기를 구입해 윤선에 싣고 왔다. 그때까지 창사廠舍가 준공되지 않았으므로 공도工徒들을 독려해 벽돌과 돌을 쌓게 했다. 세워진 창사에는 모래 뒤치는 곳, 쇠붙이 불리는 곳, 목양木樣 만드는 곳, 동창銅昌 만드는 곳, 고방庫房이 있다. 얼마 지나지 않아 중국 공장工匠 10여 명이 우리나라의 공장들을 교습시켰는데, 이들은 고용해온 사람들이다. 지금 목인덕이 사온 기기도 바로 그 창사에서 쓸 것이다.

국을 설치한 초기라서 모든 일이 정돈되지 않아 비록 빠른 효과를 바라기는 어렵지만 이것을 계기로 사전 대비가 진행된다면 백성들도 마음 든든해할 것이다. 이 일을 자기 일처럼 끝까지 주선한 사람은 진해津海의 도대道臺 주복周馥이었다."

중국에서 번역되어 우리나라에 들어온 책들 가운데 일부는 일본에도 전해졌다. 스미스(W. W. Smith)의 『A Rudimentary Treatise on Coal and Coal Making』(1872)을 옮긴 『개매요법』, 메인과 브라운(T. J. Main and T. Brown)의 『The Marine Steam Engine』(1865)을 원본으로 한 『기기발인』, 노리(J. W. Norie)가 지은 『Complete Epitome of Practical Navigation』(1868)의 번역서인 『항해간법』 등이 대표적이다. 이 책들은 서양의 자연과학을 소개하고 일본의 지식인들을 계몽하는 데 크게 기여했다고 한다.[12]

김윤식이 톈진에서 기증받은 책들은 삼청동의 기기국에서 활용되었을 것이다. 또 그가 책임을 맡고 있던 박문국에서도 참고자료로 쓰였을 가능성이 크다. 하지만 이 책들을 주체적으로 수용하기에는 한계가 많았다. 서양의 과학기술 용어나 개념, 이론을 한문으로 이해하는 데는 어려움이 많았다. 당시 조선에서는 그런 개념이나 기술을 받아들일 만한 과학적 토대가 거의 없었다. 그것을 소화할 만한 역량을 갖춘 인재도 드물었다.

"한성에 서원을 설립하자"

박문국에서는 여러 도서를 기증받기도 했지만, 때로는 적극적으로 구입하기도 했다. 1884년 8월 28일에 박문국에서는 인천항으로 공문서를 보냈다. "먹 한 통과 농서 16책은 박문국에서 쓸 공물公物이므로 특별히 면세하라."라고 지시했다.[13] 당시 박문국에서 인천항을 통해 농서 16책을 구입해온 사실을 알 수 있다.

박문국에서 기증받거나 구입한 자료들은 해외의 정세와 정보를 알리거나 소개, 분석하는 기사를 쓰는 데 참고가 되었을 것이다. 하지만 갑신정변때 박문국이 불타버리면서 이들 자료들도 잿더미로 변했다.

갑신정변 뒤 박문국은 재건되었다. 편집진용도 다시 짜였다. 잃어버린자료를 복구하거나 확충하는 것도 박문국의 절실한 과제 가운데 하나였다. 김윤식을 비롯한 정부 인사들은 자료들을 수집하거나 구입하는 데 발 벗고나섰다. 당시 김윤식은 도서 구입 문제를 독일 영사관과 긴밀하게 협의했다. 주로 세창양행이 도서 구입을 담당했다. 독일 외교관들은 도서를 수집하는 데 도움을 주었을 뿐만 아니라 근대적 도서관의 설치까지 제안했다.

1885년 9월 24일, 독일 부영사 부들러는 독판교섭통상사무 김윤식에게다음의 공문서를 보냈다.

"지난날 각하와 함께 한성에 서원書院을 설립하자고 이야기하던 일은 이미 승낙했습니다. 그것을 세울 집을 찾고 있습니다. 상하이에서 구입한 도서 전적은 대부분이미 도착했습니다. 나머지 책도 뒤에 머지않아 이를 것이라고 서한을 받았습니다.곧 방房 한곳을 찾는 일을 잘 타일러서 뜻있는 사람이 널리 읽을 수 있게 하시기 바랍니다."[14]

김윤식과 부들러는 언젠가 '한성에 서원을 설립하자'고 의논했던 모양이다. 이 서원은 장서와 열람 기능을 갖춘 근대적 도시관을 가리킨다. 1885년 10월 25일 부들러는 김윤식에게 상하이에서 구매한 서적의 명단을 보내니 짐을 점검해서 받으라고 전했다. 그 책들은 박문국에서 장서藏書해야 하는데, 반드시 간수하는 사람이 있어야 잃어버릴 염려가 없다고 조언했다. 박문국을 어느 날 개설할지 알려달라고 덧붙였다.[15)

박문국에 와서 책을 열람하시오

김윤식은 같은 날 바로 답신을 보냈다. 서적과 화장畵障(그림이 있는 병풍)은 살펴서 잘 받았다. 박문국 공사 시작 일시는 아직은 정확하게 말하기 어렵다. 대략 12월 초에 공사를 시작할 것이라고 말했다.[16)] 1885년 12월 1일 부들러는 다시 김윤식에게 공문을 보냈다.

> "상하이에서 구입한 서적은 이미 부쳐드렸습니다. 베이징 동문관에서 구입한 책은 아직 도착하지 않았습니다. 제가 처음에 서원을 설립하자고 한 뜻은 귀국의 왕경에 있는 관리와 지식인들에게 책을 읽어서 익히게 하려는 것이었습니다. 그래서 번화한 곳에서 한 집을 찾아달라고 부탁했고, 아울러 집사執事 한 사람을 파견해달라고 요청했습니다. 이미 도착한 책은 지금 박문국에 놓여 있는데, 그곳의 사람들도 들어갈 수 없고 머뭇거리며 관망한다고 들었습니다. 바라건대 각하께서는 법을 세우고 알려주십시오. 곧 뒤에 도착한 서적도 아울러 올려보내겠습니다."[17)]

두 사람이 주고받은 문서를 보면 서원 곧 도서관 설치를 제안한 사람은 부들러였다. 그는 박문국이 아니라 별도 공간을 찾아서 도서관을 설립하고 담당자도 한 명 고용할 것을 요청했다. 하지만 그때까지 상하이에서 구입한 책들은 박문국에 남아 있었다. 박문국 직원들조차 그 자료를 자유롭게 열람할 수 없었다. 부들러가 박문국에 구입 도서를 보낸 일은 기사로 소개되었다. 주보 제3호(1886년 1월 12일)에는 「신래서적新來書籍」이란 기사가 실렸다.

> "독일의 영사 복덕락ト德樂은 평소 세상사에 남다른 관심이 있는 사람이다. 스스로 비용을 들여 중국 상해에서 새로 번역된 서양 서적을 구입해 외아문으로 보내서 본국에 보내온 것이 모두 2백여 권이나 된다. 이 책은 모두 천문, 지리, 의약, 산수, 만국사기, 각방화약各邦和約에서부터 조수鳥獸, 금속, 전기電, 석탄煤, 야금술冶, 포砲, 기기汽機, 수륙 병정, 항해, 측후, 화학, 동물을 비롯해 여러 나라의 예산 증감과 오대주의 시국 추이에 이르기까지 분명히 싣지 않은 것이 없었다. 이는 실로 우리나라로서는 처음 가지는 서적이고, 지금의 이용후생을 위한 방책이기도 한 것이다. 진실로 경제에 뜻이 있는 사람이면 일차 본국에 와서 한번 열람해보면 실용에 도움이 없지는 않을 것이다."

부들러는 상하이에서 자비로 2백여 권을 구입해 박문국으로 보냈다. 이 책을 열람하고 싶은 사람은 박문국에 오라고 소개했다. 이것을 보면 그때까지도 따로 도서실은 설치되지 않았던 듯하다. 1886년 3월 19일 부들러는 김윤식에게 세창양행의 주인 볼터가 도서를 기증한다고 알렸다.

> "박문국 안에 서원을 설치하는 일은 여러 차례 귀 독판과 상의했습니다. 봄에 집에 비치해서 뜻있는 사람이 가서 볼 수 있게 하자고 허락하셨습니다. 지난달 세창양행

화군華君(볼터)과 함께 이야기하다가 이 일에 이르자 그도 서적과 그림을 보태고 싶어 했습니다. 그가 이미 부쳐왔기에 귀 독판께 드립니다. 목록에 비추어 검사해 받으시고 박문국 안의 서원으로 보내는 것이 좋겠습니다."

증정하는 서적 계 청단淸單 1지紙

격치석기格致釋器 상하 1부, 만국통감 1부, 서학정략西學政略 1부, 보장흥언寶藏興焉 1부, 전학電學 1부, 화학초계化學初階 1부, 화학고질化學考質 1부, 화학감원 1부, 화학분원 1부, 수뢰비요水雷秘要 1부, 포준심법礮準心法 1부, 공수포법攻守砲法 1부, 제화약법製火藥法 1부, 폭약기요爆葯紀要 1부, 극로백포설克虜伯礮說 1부, 포탄조법礮彈造法 1부, 기효신서紀效新書 1부, 연병실기練兵實記 1부, 담영록談瀛錄 1부, 발몽익혜發蒙益慧 1부, 익문록益聞錄 518호부터 542호까지 25장, 신보申報 11월부터 2월 11일까지 94장, 호보滬報 동상同上 94장, 화보畵報 54호부터 69호까지 16본, 화도신보畵圖新報 2본[18]

김윤식은 볼터가 보낸 서적 20부를 목록과 함께 수령했다. 이 책들을 "박문국에 옮겨 보내 우리나라 유지자가 열람하게 했습니다. 화군이 우리나라를 위해 이처럼 힘써주시니 깊이 감격했습니다. 대신해서 감사드립니다."[19] 라고 전했다.

박문국은 국내 최초의 도서관?

김윤식과 부들러가 주고받은 문서를 보면, 처음에는 따로 서원을 설립하려 하다가 나중에는 박문국 안에 설치하는 것으로 결정된 듯하다. 이 문서 이후 도서실 설치에 대한 건은 자료에서 더 찾아볼 수 없다.

이와 관련해서 한 가지 사정을 짐작해볼 만한 실마리가 남아 있다. 1887년 4월 27일에 작성된 「통리교섭통상사무아문장정」의 '속장정' 제9조는 '기록사'記錄司의 업무를 규정하고 있다. 이곳에는 통리아문의 문서, 조약서, 국서, 외교 왕복문서, 재외 공사와 영사의 보고서 등 정부문서뿐만 아니라 국내외 참고도서도 소장, 보관했다. 그 가운데 제5항은 "본서本署(통리아문)에서 간직하고 있는 내외의 도서와 서적은 따로 목록을 만들어서 조사와 열람을 위해 갖추어두고, 서적을 내가거나 들여올 때는 규정을 만들어 잃어버리는 것을 막는다."라고 기록되어 있다.

역사학자 이광린은 이 조항을 근거로 박문국이 중건될 무렵 부속도서실이 세워졌을 것이라고 추정했다. 박문국이 통리아문의 소속기관이기 때문에 기록사의 업무가 바로 박문국 도서실에 관한 규정일 것이라고 주장했다.[20] 이것이 사실이라면, 박문국은 일반인을 위해 세워진 국내 최초의 도서관이기도 했다.

• • •

국립출판사

박문국의

빛나는 시절

박문국은 당시로서는 국내 최대 규모의 국립 인쇄출판 기관이었다. 박문국에서는 주력 사업으로 신문을 발간했을 뿐만 아니라 인쇄 시설을 가동해서 단행본도 출판했다.

박문국에서 단행본을 출판하기 시작한 것은 주보를 발행하던 시절부터였을 것으로 보인다. 순보 간행 단계에서는 신문 발간도 만만한 일이 아니었기 때문에 다른 사업에 눈을 돌릴 만한 여유가 없었다. 담당 직원들도 손에 일이 익숙하지 못했을 것이다. 박문국이 재건된 뒤 인쇄 설비도 새로이 갖추어졌고 인력도 보강되었다. 순보를 간행한 경험도 쌓였기 때문에 여유가 생겼을 것이다. 더구나 새로운 인쇄 설비 가운데는 한글 활자도 갖추어져 있었다. 이 때문에 다양한 간행물을 생산할 수 있는 길이 열렸다.

한언복합문체를 실험하다

1886년에 박문국에서는 단행본 『내각열전內閣列傳』을 펴냈다. 가쿠고로 가 엮고 당시 박문국 주사였던 현영운이 번역한 책이다. 당시 이 책을 지은 경위를 가쿠고로는 다음과 같이 회고했다.

"[갑신정변이 일어난 지] 얼마 뒤 나는 다시 조선으로 건너가 한언漢諺혼합의 문체를 처음으로 만들어보았다. 즉 일본 내각대신의 열전, 북미합중국 노예폐지의 역사와 같은 상당히 지수紙數가 두꺼운 것을 출판했다. 이 책들은 국왕전하께서 열람을 하셨다. 더욱이 전하는 지나支那(중국), 일본 기타 해외의 사정을 기꺼이 아시려고 하셔서 매일과도 같이 내관이 내 처소로 왔다. 나는 도쿄와 기타 신문의 요점을 발췌해 일본 가나仮名 옆에다가 언문을 덧붙여 진상했다. 이것이 퍽 귀중한 것으로 취급받았다."[1]

가쿠고로는 국한문체를 실험하기 위해 『내각열전』을 지었다고 했는데, 이 책은 국한문체로 나온 최초의 단행본들 가운데 하나이다. 이 책의 저본 은 이케다 추고로池田忠五郎가 편집한 『신내각대신열전新內閣大臣列傳』(金玉堂, 1886년 4월 출간)이었다. 이 책에는 '내대신內大臣 산조 사네토미 공전三朝實美 公傳' 등 메이지시대 초기의 내각대신 12명의 전기가 실려 있다.

박문국에서 펴낸 『내각열전』에는 문부대신을 제외하고 내각총리대신 이 토 히로부미, 외무대신 이노우에 가오루, 내무대신 야마가타 아리토모山縣 有朋 등 11명의 전기가 국한문체로 번역되어 있다. 예를 들면 '산조 사네토 미전'의 첫 문장은 "公은贈右大臣實滿에子요母는山內氏니生而穎悟ᄒ고 坐實滿이ᄯᆞ지勤王허메간절헌고로德性을薰陶ᄒ미젹지아니헌지라…"라고 표기되어 있다.[2] 가쿠고로는 '메이지 19년(1886) 양력 6월 3일'에 『일본내각열전』의 서문을 지었다.

> "나는 상자에서 책 한 권을 얻었다. 바로 『일본내각열전』이다. [이 책은 일본의] 현직 대신의 출생과 이력을 기록한 것으로, 비록 자세하지는 않지만 [그들의 생애와 업적의] 일부는 볼 수 있다. 본국의 주사 현영운은 일본을 두루 여행하면서 우리나라[일본]의 글에 통달했는데, 몸소 번역해서 뜻을 함께하는 사람들에게 나누어줄 것을 청했다. 나는 그것을 승낙하고 또한 최근의 일을 대략 서술해서 아울러 서문으로 삼는다."

『신내각대신열전』은 일본에서 1886년 4월에 출간되었는데, 가쿠고로의 서문은 그해 6월에 쓰였다. 당시 일본과 조선 사이에 서적과 정보 입수 속도가 꽤 빨랐음을 알 수 있다. 『내각열전』 뒤에는 번역자 현영운의 발문이 실려 있다.

> "나는 열다섯 살부터 일본으로 여행하고 3년 동안 학교에 드나들면서 그 나라의 말을 대략 깨우쳤다. (…) [나는] 을유년[1885]에 이노우에井上[가쿠고로] 씨와 함께 배를 타고 우리나라로 돌아왔다. 이해 9월에 우리 정부는 성상聖上의 명을 받들어 박문국을 다시 세우고 이노우에 씨와 의논했는데, 재주 없는 나는 황송하게도 관리가 되었다. 공적인 여가를 만날 때마다 일본의 책을 사서 읽었다.
> 이노우에 씨는 여러 상자에서 책 한 권을 보여주면서 '이것은 우리나라에서 새로운 내각에 참여하는 여러 공의 전기를 만든 것입니다. 그들의 평생에 걸친 이력과 출처가 대단히 치밀하고 성대해서 살펴볼 만합니다. 그대는 어찌 그것을 번역해서 [두 나라가] 함께 잘 지내는 데 이바지하지 않습니까?'라고 말했다. 나는 '여러 공은 내가

일찍이 우러러보던 사람인데, 어찌 감히 문장이 부족하다고 여겨서 사양하겠습니까?'라고 말하고 이에 몸소 번역해서 출판에 붙이고 수십일 동안 교감해서 일을 끝마쳤다."

가쿠고로는 일본에서 막 나온 『신내각대신열전』을 사서 읽었다. 그는 일본어에 능통한 박문국원 현영운에게 일독과 번역을 권했다. 현영운이 그것을 받아들여 국한문으로 번역해 박문국에서 간행한 것이 『내각열전』이다.

현영운은 선대 때부터 송도에서 통역관을 지내온 역관 집안 출신이었다.[3] 그는 1883년 8월 16일에 게이오의숙에 입학해서 1885년 8월 15일에 졸업했다. 귀국한 뒤 얼마 지나지 않은 1885년 9월 1일에는 박문국 주사로 임명되었다. 그는 다양한 관직을 거친 뒤 1904년에는 주일공사로 발탁되었다.

세계 여러 나라의 정세를 읽다

가쿠고로는 1886년에 단행본 『만국정표萬國政表』도 박문국에서 펴냈다. 『이노우에 가쿠고로 선생전』에서는 이 책을 간행하게 된 사정을 다음과 같이 전해준다.

"메이지 19년(1886) 2월 무렵 선생은 영국에서 발행한 『세계연감』을 발췌 한역漢譯해서 『열국정표列國政表』라는 제목으로 간행했다. 그 일부는 순보, 주보 등에 실렸다. 여러 나라의 역사와 현상을 죽 훑어보는 데 그치지 않고, 조선의 정치에 참고가 될 만한 부분은 특히 빠짐없이 번역했다. 이것 또한 조선 최초의 문화 사업으로서 김윤식이 붓을 휘날려 그 서문을 썼다. 이것도 주보와 마찬가지로 각 관아와 관리에게 배포되었다. 그 밖에도 많은 구독자가 있었다."[4]

위에서 말한 '열국정표'는 '만국정표'를 가리킨다. 『만국정표』는 '만국정 표'란 표제 다음에 '박문국 편찬編撰'이라고 발행소를 밝혔다. 4권 4책으로 묶였고 순 한문으로 표기되었다. 세계 51개국의 역사, 정치, 토지, 인구, 재 정, 병제, 통상, 공업, 화폐 등을 간략히 설명했다. 이 책에는 통리아문 독판 김윤식, 참의 정헌시의 서문이 실려 있다. 김윤식이 쓴 「만국정표서」(1886년 12월)는 『운양집雲養集』 권10에는 「열국정표서列國政表序」(1886년 11월)란 제 목으로 실려 있다.

"근래 영국연보英國年譜 가운데서 열국정표를 얻어서 이노우에 군에게 이것을 번역 하게 하고 우리나라의 전례를 뽑아 합해서 책을 만들었는데, 나라가 모두 51개국이 된다. 그 목록에는 역사, 정치, 종교, 학교, 토지, 인구, 재정, 병제, 통상, 공업, 화폐 등의 표가 있다. 간략하고 요령이 있어 역사서를 조사하고 제도와 법률을 고찰하지 않아도 한 나라 안의 정령의 득실, 빈부와 강약의 세를 환하게 밝힐 수 있다. 마침내 인쇄에 부쳐 세상에 공개한다. 바라건대 이것을 보는 자는 분발하고 생각을 가지런 히 해서 정치와 교육에 도움이 되지 않으면 안 될 것이다."[5]

이 책의 범례에 따르면, 『만국정표』를 편찬할 때 "조선과 중국은 두 나라 의 전고典故와 문헌에 근거하고, 일본 이하의 각국은 모두 서양력 1886년 영국에서 간행한 정치연감을 위주로 해서 대체로 그 책에서 뽑아 번역했 다." 『만국정표』의 권1은 '아세아주'인데, 첫 번째 국가가 조선이다. 조선의 역대, 정치, 종교, 학교, 재정, 병제, 토지와 인구, 통상, 공업, 전폐錢幣 등의 항목이 서술되어 있다.

이 책에는 양면에 걸쳐서 동반구와 서반구로 나뉜 지구전도가 실려 있다. 이 지구전도는 주보 제2호(1886년 2월 1일)에도 그대로 수록되어 있다. 다만 크지 않는 나라의 이름은 생략하고 한자 국명을 한글로 바꾸었다. 예를 들어 구라歐羅는 '유로부'로, 아비리가阿非利加는 '아흐리가'로 바뀌었다.

연감을 번역한 '정표'

만국정표는 다른 기록에서는 '열국정표', '정치연감' 등으로 나온다. 이 책의 원본은 1864년 1월부터 현재까지 영국 런던의 맥밀런사(Macmillan)에서 계속 발행되고 있는 『The Statesman's Yearbook』이다. 영국의 역사가이자 에세이스트인 칼라일(Thomas Carlyle)의 제안과 정치가 글래드스턴(William Gladstone)의 후원으로 발행되기 시작했는데, 각국의 정치, 외교, 국제 사건 등에 관련된 모든 정보를 담고 있는 권위 있고 이해하기 쉬운 참고도서로서 세계적인 명성을 떨쳐왔다.[6] 박문국에서 발행한 『만국정표』는 『The Statesman's Yearbook』의 1886년판을 발췌, 번역, 편집한 것이다.

일본에서는 『The Statesman's Yearbook』이 세 번에 걸쳐 번역되었다. 대장성 통계료統計寮에서는 1877년에, 대장성 통계과에서는 1880년에 『만국연감万国年鑑』이란 이름으로 번역했다. 1889년에는 오기하라 다미키치荻原民吉 편역編訳으로 대성관大成館에서 『만국정치연감万国政治年鑑 1889년』으로 발행되었다.

원래 '만국정표'란 말은 후쿠자와가 처음으로 일본에 소개한 통계표를 가리켰다. 후쿠자와는 네덜란드어로 작성된, 1840부터 1854년까지의 세계 국세 일람표를 처음으로 일본어로 번역하기 시작했다. 그가 번역 작업을 완성하지 못하자 오카모토 히로케岡本博卿가 이어받아 원고를 완성해서 1860년에 발행했다.[7] 박문국에서 간행된 『만국정표』란 제목에도 후쿠자와의 그림자가 어른거린다.

국한문 「농정촬요」를 펴내다

『내각열전』과 『만국정표』는 모두 국내외의 정치 문제를 다룬 외국이나 외국인의 저술을 번역하거나 편집한 책이었다. 박문국에서는 국내 저자의 책도 간행했다. 정병하鄭秉夏(1849~1896)가 짓고 이건초李建初가 수정訂한 근대적 농서 『농정촬요農政撮要』(3권 1책)가 그것이다. 정병하가 1886년 5월 1일歲在丙戌夏五月初吉日에 서문을 지었으므로 이 책은 그 이후에 출간되었을 것이다.

이 책은 판권장이 없어서 간행정보를 정확하게 확정지을 수 없다. 하지만 이 책의 한글과 한문 활자가 주보의 그것과 동일하고, 저자가 통리아문과 박문국에서 근무한 경험이 있기 때문에 박문국에서 간행된 것으로 추정할 수 있다.

이 책에는 참고하거나 인용한 책의 목록이 없는데, 본문의 맨 끝에 "허다취식지절許多取植之節은 배양비록培養備錄을 상고詳考ᄒ미 가可ᄒ니라"라고 쓰여 있다. 서명인 '배양비록'培養備錄에서 비備는 비秘의 오기이다. 『배양비록培養秘錄』은 일본 에도시대 중기의 농정학자農政學者인 사토 노부스에佐藤信季(1724~1784)가 구술하고 사토 노부히로佐藤信淵가 기술한 책으로, 1873

년에 4책으로 출간되었다.

『농정촬요』에는 '양맥교혼법'兩麥交婚法이 실려 있다. 이것은 서양 농법 가운데 하나인데, 그 내용이 『배양비록』에는 실려 있지 않다. 이것은 안종수의 『농정신편』이나 쓰다 센의 『농업삼사』를 참고했을 가능성이 크다.[8]

이 책은 『내각열전』과 함께 국내 최초로 국한문 혼용체로 지은 단행본이었다. 제1장의 첫 번째 문장은 "물읏 농업지대의農業之大義눈 천지화육지리天地化育之理를 바다 인생人生 필수지자必修之資를 공급ᄒᆞᄂ 긴요緊要라"라는 국한문 문장이 띄어쓰기하지 않은 채 이어져 있다.

조선의 전적 문화에 조예가 깊었던 일본의 서지학자 마에마 교사쿠前間恭作(1868~1942)는 이 책의 의미를 다음과 같이 설명했다.

"이것은 저자가 서양의 이론과 일본의 농작법을 기초해서 한국에서 행해야 할 실제 농법을 자세하게 언문을 섞어 쓴 책이다. (…) 이 책을 여기 든 것은 조선 말기의 농서로서 외국 지식을 넓히려는 것도 있었다는 것을 나타내는 동시에 또한 조선조 말기의 책이 외국 인쇄술 때문에 점점 그 기반을 잃게 되는 말기의 한 표본으로 뚜렷한 것이라 생각됐기 때문이다. 이 책은 활자로 연활자를 사용했을 뿐이고, 조선지에 인쇄하고 한장韓裝으로 제본했다. 연활자판鉛活字板이 조선지朝鮮紙에 인쇄되고 제책製冊도 전연 조화를 이루지 못해서 곧 양지양장洋紙洋裝으로 넘어가야 했음을 알게 한다."[9]

마에마는 『농정촬요』에서 근대 인쇄술인 연활자를 채용했지만, 종이와 장정은 여전히 전통적인 방식을 고집함으로써 내용과 형식이 부조화되었다고 지적했다. 마에마의 글을 번역한 서지학자 안춘근은 『농정촬요』의 활자와 사용 언어에 주목했다. 그는 "저자는 당시 박문국 회계주임이었기 때문에 이 책은 박문국 활자로 인쇄되었을 뿐만 아니라, 우리나라에서 일본내각열전과 함께 가장 일찍 국한문 혼용문체로 저술된 책이 된다."[10]라고 말했다.

안춘근은 또한 다른 글에서 『농정촬요』가 "국한문 혼용문체로서, 우리나라에서 언해諺解식 반 번역문체가 아닌 국한문 혼용문체로는 가장 초기의 책"이라면서, "『일본내각열전』도 같은 국한문 혼용체이기는 해도 거의 번역인 데 반해서 『농정촬요』는 그렇지 않다. 이것은 초기의 우리나라 문체 연구에서도 귀중한 문헌이 될 수 있다."[11]라고 평했다.

정부간행물을 인쇄하다

박문국에서는 정부간행물의 인쇄출판도 맡았다. 1886년 3월 5일 조선 총세무사인 묵현리墨賢理(Henry Ferdinand Merrill)가 책임지고 있던 조선해관에서는 통리아문에 다음과 같은 공문을 보냈다.

> "삼항三港(부산항, 인천항, 원산항)에서 서력 10월부터 12월까지 『양무역총책洋貿易總册』 2본本을 보내왔습니다. 이는 해외무역洋商과 크게 관계關涉가 있어서 영문으로 번역되었습니다. 지난해의 무역총책貿易總册은 모두 한문과 영어洋 두 언어文로 번역되어 머지않아 인쇄를 마칠 예정입니다. 이것을 한성주보에서 인쇄하고 여러 사람이 볼 수 있게 하는 것이 마땅할 것입니다."[12]

위에서 나오는 『양무역총책』이란 1885년 중국 상하이의 대청통상해관조

책처大淸通商海關造冊處에서 편집한『광서 11년 조선통상삼관무역책光緒十一年朝鮮通商三關貿易冊』(奎20199)을 가리킨다. 1885년 11월 8일 묵관墨館(조선해관)의 서한에 따르면,『무역정형貿易情形』이란 책을 중국출판사中國造冊處에 요청해서 간행하려 했다.[13] 조선해관에서는 이 책을 박문국에서 인쇄하고 싶다고 요청해온 것이다.

해관의 요청에 대해서 통리아문은 "『무역총책』을 받았다"면서, "역문이 새기기를 기다려 박문국에서 간출刊出하기 위해 보낼 것이다. 다만 양문洋文은 연자鉛字(연활자)가 없으므로 한문으로 역간譯刊하는 것이 마땅할 것"이라고 답했다. 박문국에는 영문 활자가 없으므로 영문을 한문으로 번역한 것만을 인쇄할 수밖에 없다고 답한 것이다. 묵관에서는 "삼항 무역총책이 한문으로 번역되기를 기다려 본서(묵관)에서 박문국으로 이송해서 주보에서 간행할 것"이라고 말했다.[14]

이렇게 조선해관의 요청을 받고 박문국에서 출간한 책이『조선통상구안무역정형론朝鮮通商口岸貿易情形論』(奎7558)으로 추측된다. 이것은 1887년 인천, 부산, 원산 등 개항장의 무역 정세와 상황을 논술한 책이다. 당시 조선 총세무사 묵현리, 인천항 세무사 사납기史納機(J.F. Schoenicke), 부산항 세무사 백려帛黎(T. Piry), 원산항 세무사 격류格類(E. Fitzgerald Creagh) 등이 작성한 것이었다. 원래 이 책은 상하이에 있는 대청통상해관조책서에서 발행한 영문 서적을 한문으로 번역한『통상각구화양무역총책通商各口華洋貿易總冊』에 부록으로 들어 있었다.[15]

이듬해 1888년에도 묵관은『무역정형론』을 출판해달라고 박문국에 요청했다. 그해 7월 8일 묵관에서는 통리아문으로 서한을 보냈다.

"요즘 『무역정형론』을 편찬한 것이 있습니다. 귀 독판께서 박문국 쇄자刷字의 장인에게 잘 타일러서 우리의 무역에 관한 고본稿本을 활자판으로 100본을 인쇄해서 각 상인과 각 해관에 나누어 보내서 보게 해주시기 바랍니다. 그 인쇄 지묵紙墨 공료工料의 각 비용이 들 것이므로 마땅히 지불해드릴 것입니다. 가부 여하를 알려주시기 바랍니다."[16]

통리아문에서는 "보내온 편지를 받들어 보니, 『무역정형론』과 아울러 모두 다 하나같이 옳습니다. 마땅히 우리 원국原局(박문국) 쇄자의 장공匠工에게 잘 타일러서 마땅히 귀처(묵관)에서 보내신 고본에 따라 간인刊印해서 귀하가 부탁하신 것을 돕겠습니다."[17]라고 답했다.

이 서한에는 『무역정형론』의 인쇄부수와 배포 대상, 인쇄비 지불 관청 등이 명시되어 있어 주목할 만하다. 당시 정부 인쇄소로서 박문국의 기능과 역할을 대략 짐작해볼 수 있다. 그런데 이 서한이 오고간 시점을 살펴보면, 주보는 1888년 6월 6일에 이미 폐간된 뒤였다. 주보는 사라졌지만, 박문국에 남아 있던 인쇄시설을 활용해서 정부간행물을 출판했다는 사실을 알 수 있다.

『각국약장합편』을 30냥에 팔다

박문국에서는 1887년에 '전사자체'全史字體 활자로 『중조약장합편中朝約章合編』(43장)과 『각국약장합편各國約章合編』(45장)을 발행했다. 『중조약장합편』은 개항 이후 조선과 중국 사이에 체결된 조약문을 모아 편집한 것이다. 『각국약장합편』은 이듬해인 1888년에 연활자(73장)로 다시 찍어냈다. 이 책

은 조선이 1876년 일본과 병자수호조약을 체결한 이후 통리교섭통상사무
아문에서 여러 나라와 체결한 조약문을 모아서 간행한 것이다. 권두에 실린
독판교섭통상사무 조병식의 서문에 따르면, 조선은 1882년에는 미국·영
국·독일, 1884년에는 러시아, 1886년에는 프랑스와 각각 조약을 맺었다.
조약의 문서형식과 내용은 다양하고 세밀했다. 해당 업무에 종사하는 관리
들에게 조약의 내용과 형식을 정확하게 이해시켜 업무에 숙달할 수 있도록
하려고 이 책을 편찬했다.

이 책에는 각국조약연표各國條約年表, 각국조약동이합편各國條約同異合編,
각약부속통상장정各約附屬通商章程, 세칙, 세칙장정稅則章程, 선후속조善後續
條, 인천제물포각국조계장정仁川濟物浦各國租界章程, 한미조약朝美條約, 조아
육로통상조약朝俄陸路通商條約 등이 수록되어 있다.[18)]

『각국약장합편』은 1질당 30냥에 판매되었다. 1888년 6월 10일 금영錦營
(충청도감영)에서 의정부로 보낸 공문에 따르면, "『각국장정』이 박문국에서
판인判印되었기에 내려보냅니다. 각 읍과 진鎭으로 돌려서 잘 타일러 한 질
값 30냥을 지불한 뒤 해당 관청에 두어 참고하도록 할 것을 지시하라는 공
문이 내려왔습니다."라고 보고했다.[19)] 의정부에서 각 지방 관청으로 공문서
를 보내서 『각국장정』을 구입해서 산하 관청에 배포하라고 지시했다는 사
실을 알 수 있다.

'전사자'는 순조 16년(1816)에 돈암敦巖 박종경이 청나라 취진판聚珍板(청
나라 건륭제 때 찍은 사고전서판을 가리킴) 전사全史(중국 역사서 21史)의 글자를 바
탕으로 20만 자를 주조해 만든 인서체印書體 동활자를 말한다. 박종경은 순
조의 생모 수빈박씨의 오빠다. 그가 사사로이 만든 인서체 활자였기 때문
에 그의 호를 따서 '돈암인서체자'라고 부르기도 한다. 이 활자로 『금석집錦

石集』,『반남박씨오세유고潘南朴氏五世遺稿』,『근재집近齋集』 등 박씨 가문의 문집을 주로 인쇄했다. 그 뒤 철종 연간에는 이 활자를 이곳저곳으로 가지고 다니면서 민간의 책을 찍어주었다. 대한제국 말기까지 주로 개인의 편저서, 불교서, 도교서 등이 이 활자로 만들어졌다. 특히 인서체의 활자 모양이 신연활자와 같이 균일, 단정하고 크기도 적당하고 주조가 정교해서 민간에서 널리 애용되었다.[20]

『각국약장합편』은 1890년 5월에 증보편 1책이 편집, 발간되었다. 초판본이 연활자로 인쇄된 것과 달리, 이 증보판은 『중조약장합편』과 마찬가지로 전사자체 활자로 제작되었다. 이 책에는 조병식의 서문에 이어 민종묵의 증보판 서문이 실려 있다.

박문국에서는 비슷한 시기에 비슷한 종류의 책을 전통적인 동활자와 신식의 연활자로 각각 찍어냈는데, 박문국에서는 이전부터 정부에서 소장하고 있던 목활자와 금속활자를 필요에 따라서 정부간행물을 찍어내는 데 활용했던 것으로 보인다.

그 밖에 정부간행물로서 1886년 6월 4일에 체결된 조선과 프랑스 사이의 조약문을 인쇄한 『대조선법국조약大朝鮮法國條約』(18장, 1886), 통리아문에서 편집한 『조아육로통상장정朝俄陸路通商章程』(10장, 1888), 전보국에서 지은 『전보장정電報章程』(1888) 등이 나왔는데, 이 책들도 박문국에서 인쇄했을 가능성이 크다.

박문국에서는 민간의 인쇄물도 찍었다. 신라김씨종중新羅金氏宗中에서 엮은 『신라김씨선원록新羅金氏璿源錄』(20장)의 간기刊記에는 '성상24년정해양월하간聖上二十四年丁亥陽月下澣 박문국개간博文局改刊'이라고 인쇄되어 있다. '1887년 10월 하순 박문국에서 다시 간행함'이라는 뜻이다. 초판이 나온 뒤

박문국에서 목활자로 찍은 「신라김씨선원록」의 표지와 간기. 국립중앙도서관 소장.

에 박문국의 활자로 다시 찍어낸 듯하다. 그런데 이 책은 연활자가 아니라 목활자로 인쇄했다. 왜 목활자로 찍은 민간의 족보가 박문국에서 발행되었는지 그 까닭은 알 수 없다.

서지학자 안춘근은 고서점에서 김씨에 관한 기록인 『천금록千金錄』을 발견했는데, '허름한 한지韓紙에 대활자로 찍은 40여 페이지의 책'이었다면서, 이것이 '1887년 박문국에서 활자로 인쇄'되었다고 말했다. [21] 『신라김씨선원록』과 『천금록』은 동일한 책이다. 국립중앙도서관 소장본 『신라김씨선원록』과 엄동섭 소장본 『천금록』[22]을 대조해보면, 표제만 다를 뿐 내용은 동일하다. 『천금록』에는 '박문국간판'博文局刊板이라고 기재되어 있다.

한글 활자를 빌려주다

박문국에서는 외부에 활자를 빌려준 일도 있다. 1886년 10월 13일 영국 공사관의 번역관 살윤격薩允格(James Scott, 1850~1920)이 독판교섭통상사무 김윤식에게 "박문국 언문 주자鑄字를 잠깐 빌려서 『조영자전朝英字典』을 인쇄하고 곧 돌려주겠다."라고 요청해왔다.[23] 반 달쯤 지난 그해 11월 2일 살윤격은 다시 김윤식에게 다음의 공문을 보냈다.

"지난번에 말씀드린 대로 이미 『조영자전』 한 책을 다 지었습니다. 묵군墨君(조선해관의 총세무사 묵현리)에게 연활자鉛字를 대신 사게 하고, 작은 연활자로 인쇄하는 것은 박문국에서 차용하려 한다는 등의 말을 직접 말씀드렸습니다. 제가 몸소 그 국(박문국)에 가서 보니 작은 글자 약 오륙백 매가 있었습니다. 각하(김윤식)께서 박문국에 편지를 보내 [활자를] 빌려달라고 해주십시오. 저는 박문국에 편지를 보내 한번 [활자를] 사용한 뒤에 곧 이 오륙백 자를 숫자에 맞춰 돌려주어서 결코 잘못이 없게 할 것입니다. 간절히 바라니 이 일을 물리치지 마십시오. 삼가 편안하시기 바랍니다."[24]

살윤격의 요청을 받고 박문국에서는 그에게 활자를 "빌려주었다. 저녁에 [살윤격이] 다시 돌려보냈다. 다시 편지를 보내 조금 큰 것을 빌려달라고 했다. [박문국에서는 큰 활자와 함께] 양식樣式 한 글자를 보냈다. 날이 어두워 답신하지 못했다."[25]라고 기록했다.

영국 공사관의 번역관 스코트는 『한영사전』을 만들기 위해 한글 활자를 빌려달라고 박문국에 요청했다. 박문국에서는 이를 받아들였다. 스코트는 1884년 4월 16일 영국 총영사 애스턴을 따라 조선에 왔다. 그는 한때 인천 부영사仁川副領事를 맡기도 했고, 1892년 7월 16일부터 9월 10일까지 영국

총영사 직무를 대리하기도 했다.[26]

스코트가 박문국에서 한글 활자를 빌려서 펴낸 책은 『언문말칙EN-MOUN MAL CHAIK A COREAN MANUAL OR PHRASE BOOK; WITH INTRODUCTORY GRAMMAR』(217면)였다. 이 책은 1887년 상하이의 Statistical Department of the Inspectorate General of Customs大淸通商海關造冊處에서 발행되었다. 『언문말칙』과 주보에 쓰인 한글 활자가 동일하다.

이 책의 표지에 저자는 'JAMES SCOTT, M.A., H.B.M.'s Consular Service'로 표기되었다. H.B.M.은 His(Her) Britannic Majesty의 약자로 '영국국왕(여왕) 폐하'를 뜻한다. '(조선 주재) 영국 영사관에서 근무하는 문학 석사(Master of Arts) 제임스 스코트'라는 뜻이다.

이 책은 2부로 되어 있는데, 제1부는 문법부이고 제2부는 회화부이다. 문법부는 한글 자모로 시작해 명사, 형용사, 대명사, 동사, 부사, 후치사, 접속사의 순서로 국어문법 전반을 총괄하고 있다. 회화부는 총 66과, 과마다 16개 문장으로 이루어져 있다.[27] 이 책에 쓰인 한글 자모는 모두 698자종字種이다. 활자 수는 기초면 76면 4,012자, 연습편 132면 10,222자 도합 14,234자였다.[28]

스코트는 1887년 3월에 쓴 서문의 끝에서 다음과 같이 말했다.

"조선에 있는 외방전교회(Mission des Etrangères) 신부님들의 노고와 뉴촹(Newchwang)의 Ross 씨 – [조선] 언어 연구의 개척자들 – 에게 내가 크게 빚지고 있다는 것을 기록하고 싶다. 그리고 현재 나의 목적은 그들이 훌륭하게 시작한 작업을 수행하고 발전시키는 것이다."[29]

뉴챵(Newchwang)은 로스 목사가 선교 활동을 벌이던 중국의 우장(牛莊, Niu·zhuang, 오늘날 랴오닝성遼寧 省의 잉커우營口, Ying·kou)을 가리킨다. 스코트는 1880년 파리외방전교회 조선선교사들이 편찬한『한불ᄌᆞ뎐韓佛字典』(일본 요코하마, C. Lévy)과 로스 목사가 지은 조선어 교재『Corean Primer』(1877년 상하이 미화서관 발행) 등을 참고했다. 서지학자 노고수는 이 책을 다음과 같이 소개했다.

> "이 책은 주한 영국 공사관원 제임스 스코트가 한국어 초보서에 간이 문법을 붙인 일종의 숙어집이었다. 이 책은 일상용어, 연습에 편리하도록 만들어진 책이다. 이 책의 저자 스코트는 존 로스의 한국어 연구의 기품氣品을 이어받아 당시 외국인들에게 크게 도움을 준 사람이다. 일부에서는 이 책은 불란서 선교사들의 저서를 전적으로 모방했다는 평도 없지 않으나 초기 우리말 문법 연구의 개척자인 동시에 1891년에는 영한사전을 출판한 일도 있어 한국어 문법 연구에 크게 이바지한 사람이다."[30]

『언문말칙』은 1893년에 서울(SEOUL)의 영국성공회출판사(English Church Mission Press)에서 제2판이 발행되기도 했다. 제2판은 262면으로 초판보다 더 늘어났고 서문도 다시 썼다. 표지에는 '언문말칙ENMOUN MAL CHAIK'이 삭제되어 있다. 1893년 5월에 쓴 제2판 서문의 끝은 다음과 같다.

> "마지막으로 조선에 있는 영국 성공회의 M. N. 트롤로프(Trollope) 신부님께 감사하다는 말을 기록하는 것은 저의 즐거운 의무입니다. 신부님은 교정지를 개정하는 데 크고 가치 있는 도움을 주셨고, 중요한 오류를 많이 바로잡는 데 도와주셨고, 이 책

을 인쇄하는 데 많은 제안을 해주셨습니다. 코프(Corfe) 주교님께도 제 뜻대로 이번 판을 출판할 수 있는 특별한 인쇄 시설을 베풀어주신 데 대해 깊이 감사드립니다."[31]

영국성공회에 인쇄소가 설치되다

스코트는 1891년에는 같은 출판사에서 『English Corean Dictionary: being a vocabulary of Corean colloquial words in common use』를 펴냈다. 노고수는 "이 사전은 2호 활자에 국대판으로 특이한 일면을 보여준 사전이다. 이 사전의 서문에는 장편의 논문이 실려 있는 것이 특징이다. 이 논문 중에는 자음, 모음, 이중모음에 관한 것과 「조선어법 요강朝鮮語法 要綱」이라는 제하에 동사, 형용사, 대명사, 명사 등에 대한 저자의 의견을 말하고 있다."[32]라고 설명했다. 스코트는 이 책의 서문을 다음과 같은 말로 마쳤다.

"마지막으로 이 책의 출판을 위해 인쇄소를 자유롭게 사용할 수 있도록 해주신 영국 국교회 선교단의 코프 주교님의 은혜에 감사드린다. 이 책은 선교단의 이름으로 발행하는 첫 번째 책이지만, 결코 마지막 책이 되지 않기를 바란다. 또한 직접 조판과 인쇄를 담당한 선교단 동료 B.J. 피크(Peake) 씨와 이에 도움을 준 와이어스(Wyers) 씨에게도 깊이 감사드린다. 많은 시간과 노고를 요하는 이 작업을 두 분은 너그러운 태도로 기꺼이 맡아주셨다."[33]

영국성공회의 조선 선교는 1890년 9월 29일 제물포항에 신부들이 도착하면서 시작되었다. 1890년 12월 25일에는 서울에서 첫 번째 미사를 행했다. 1891년 5월 17일 낙동駱洞(오늘날 서울시 중구 소공로 70 서울중앙우체국)에 성공회성당을 지었고, 이듬해 1892년 12월 27일 정동성당이 완성되었다. 1891년 4월 13일에는 영국 해군이 현대식 인쇄기를 기증해서 인쇄소를 설치했다.[34] 이 인쇄소는 한글, 한자, 영어의 세 가지 활자를 갖추고 있었다. 인쇄소 기술 책임자는 영국에서 파견된 하지(John Weekly Hodge)였다.[35] 스코트의 『영한사전』은 저자의 말처럼 성공회출판사에서 간행한 최초의 인쇄물이었다.

타이포그래피 사학자 류현국에 따르면, 스코트의 『언문말칙』과 『영한사전』에 쓰인 한글 3호 활자(7.3㎜)와 5호 활자(3.68㎜)는 동일한 활자 서체다. 두 종류 활자는 모두 도쿄쓰키치활판제조소가 발행한 『활판견본』(1903)에 실려 있다. 1885년 11월부터 1886년 9월까지 10개월에 걸쳐 약 4,781개 활자가 개발되었다. 이후 일본에서는 한글 2호 활자가 한글 학습을 위한 회화서와 학습서 등에 폭넓게 사용되었다고 한다.[36]

박문국의 활자는 국가나 공공기관의 인쇄, 출판뿐만 아니라 민간의 인쇄 부문에도 사용됨으로써 우리나라 근대 활판인쇄술의 발전에 기여했다.

문명개화의

서글픈

종말

조선에서 문명개화의 첨병 기관으로서 다시 등장했던 통리아문 산하 박문국과 순보의 발전적 계승이자 소통의 도구였던 주보는 오래 지속되지 못했다. 주보는 창간된 지 2년 6개월쯤 지났을 때 쓸쓸하게 간판을 내려야 했다. 1888년 6월 6일 우부승지 남규희가 내무부의 의견을 정리해서 고종에게 아뢰었다.

"박문국을 설치한 지 몇 해가 되었습니다. 빚을 갚기 위해 외읍外邑에서 [구독료를] 징수하는 것은 비록 일의 형편 때문에 그렇게 된 것이지만, 폐단을 끼칠 뿐만 아니라 실효도 없습니다. 해국該局(박문국)을 교섭아문에 소속하게 해서 교섭아문에서 적절히 처리하게 하십시오. 주사 가운데 이조에서 임명한 자리는 해조該曹(이조)가 처리하게 하고, 해국에서 임명한 자리는 임시로 사과司果에 붙여 차차 6품직으로 벼슬자리를 옮기도록 분부하는 것이 어떻겠습니까?"[1]

고종은 내무부의 요청을 받아들였다. 국내 최초로 근대 신문을 발행하던 국가기관은 이때 해체되고 말았다. 언론의 깃발을 끌어내린 것은 국내의 폭력적 혁명 때문도, 권력의 탄압 때문도, 외국의 부당한 간섭 때문도 아니었다. 만성적인 적자 경영을 견디다 못해 스스로 투항하고 만 것이다.

세금과 구독료로 운영하다

설립 초기에 박문국은 의욕적으로 신문을 발간했다. 문제는 그다음부터였다. 박문국은 국영기업이기 때문에 모든 예산은 정부의 곳간에서 나올 수밖에 없었다. 직원들의 월급, 인쇄 시설 운영 자금 등에 막대한 비용이 들어갔다. 하지만 당시 조선의 재정 상황은 늘 비상이었다. 항시적인 재정위기 때문에 청나라나 일본에서 차관을 들여와야 했다. 때로는 새롭게 세금을 매겨서 거두고, 해관에서 나오는 수입으로 재정 경비를 충당할 수밖에 없는 처지였다.

박문국 운영 자금은 크게 두 군데에서 나왔던 것으로 보인다. 세금과 구독료 징수가 그것이다. 정부에서는 세금을 거둘 수 있는 권한을 박문국에 부여했다. 박문국이 설립된 것은 1883년 7월 15일인데, 두 달쯤 지난 9월 10일 통리아문에서 완영完營(전라감영)에 공문서를 보냈다. 화순의 전 감역監役 김봉근이 박문국에 세금을 납부할 일이 있는데, 그 가운데 토색하는 경주인京人 안영원과 최재연을 금단해달라고 요청했다.[2] 10월 9일 완영에서는 안영원과 최재연을 감옥에 가둬 엄금했다고 통리아문에 보고했다.[3] 순보가 발간되기 전부터 박문국이 지방에서 세금을 거두어들였음을 알 수 있다.

몇몇 학자는 박문국이 순보 발행 초기에 인천 해관에서 해관세를 빌려 썼

다고 주장했는데,[4] 이는 착오이다. 『통서일기』에 기록된 '박문국래차인본해
관세칙이거'博文局來借印本海關稅則而去[5](박문국에서 찾아와서 인쇄본 『해관세칙』을
빌려갔다)란 문장을 잘못 해석한 것이다.

갑신정변 때 박문국이 파괴된 뒤 다시 설립하려 했을 때도 지방에서 세금
을 거둬 박문국 운영 경비로 썼다. 통리아문은 1885년 11월 8일 전라감영
에 공문을 보냈다. 박문국을 다시 세우게 되었는데, 날마다 쓰는 비용을 지
급하지 못하고 있다. 전주 경내에서 생산된, 소금으로 절이거나 말린 생선,
어물, 김, 담배 등에서 거둔 세금을 박문국에 속하게 할 것이다. 금전 출납
을 맡은 관리인 장덕찬에게 업무를 맡겨 내려보내겠다고 알렸다.[6] 이듬해
1886년 1월 22일에는 금구현金溝縣 원평院坪의 무쇠 세금을 거두어 박문국
경비로 쓰게 했다.[7]

박문국은 경비를 마련하기 위해 지방의 거간꾼이나 상인에게 상납을 받
기도 했다. 1886년 2월 11일에는 금산에서 거둔 상납금 2천2백 냥과 5천5
백 냥을 박문국에서 쓰게 했고,[8] 그해 5월 17일에는 연천에서 공금 5천5백
냥을 거두어 썼다.[9] 또 1887년 2월 19일에는 평양에서 담배 거래를 맡은 여
각주인에게 구전 1천5백 냥을 박문국으로 상납하게 했다.[10]

박문국의 두 번째 수입원은 신문 구독료였다. 신문 구독료는 순보가 30
문, 주보가 50문이었다. 가쿠고로가 "매월 3회 발간한 이 신문은 정부의 소
식과 해외의 사정을 실어 부, 현, 주, 군, 진, 만호에 배포했다."[11]라고 말했
듯이, 순보와 주보는 중앙의 관청과 관리뿐만 아니라 지방 말단의 행정구역
까지 배포되었다. 1883년 11월 23일 박문국에서는 3도道 4도都에 공문서
를 보내 순보를 반포하게 했다. 그달 26일에는 경기감사, 28일에는 개성유
수, 29일에는 강화유수가 순보를 나누어주었다는 보고서가 올라왔다.[12]

통리아문의 단편적 기록과 달리 박문국의 경영 실태를 보여주는 희귀한 자료가 서울대 규장각에 남아 있다. 1886년 4월부터 6월까지 박문국의 수입과 지출 현황을 보여주는『국용상하책局用上下冊』(奎20416, 奎26113)이 그것인데, 순보의 구독료 수입 현황과 인건비, 물품 비용 등이 날마다 세밀하게 기록되어 있다. 그해 5월 1일에 가쿠고로의 월급으로 505냥, 6월 2일에는 343냥이 지급되었다. 5월 1일에 '400냥 율림栗林 월급'이라고 기록되어 있는데, 율림은 당시 일본인 인쇄기술자의 이름인 구리바야시를 가리키는 것이 아니었을까.

당시 박문국에서 일하던 장인들의 종류와 인건비도 알 수 있다. 인쇄판면을 짜는 균자장均字匠은 40냥, 종이를 공급하는 삽지장揷紙匠은 40냥, 문선공에 해당하는 채자장採字匠은 35냥, 활자 제작 장인인 주자장鑄字匠은 30냥, 제책 기술자인 책장冊匠은 30냥, 인쇄된 종이를 정리하는 장인으로 보이는 염지拈紙는 30냥, 인쇄기계를 돌리는 기술자로 추정되는 회륜回輪은 30냥이었다. 조선인 기술자 가운데 '채자장 김경재'란 인물이 유일하게 실명으로 나와 있다. 자세한 내역은 부록편에 실려 있다. 다음은『국용상하책』의 내역을 정리한 것인데, 주보를 발행하던 초기 경영 상태를 보여준다.

연월일	수입	지출	남은 돈
1886년 4월			821냥 4전 5푼
1886년 5월	4,782냥 9전 5푼	4,282냥 6전	500냥 3전 5푼
1886년 6월	5,681냥 3전 5푼	5,227냥 4전	453냥 9전 5푼

경주인이 신문 구독료를 납부하다

각 지방 관청에서 신문 구독료를 거둬 박문국에 납부하는 일을 맡은 사람은 경주인京主人들이었다. 경주인은 중앙 관청과 지방민의 중간에서 여러 가지 업무를 대행하는 사람을 말한다. '경저리'京邸吏 또는 '저인'邸人이라고도 불렀다. 이들의 임무는 크게 네 가지였다. 먼저 경성에 일종의 여관을 차려놓고 지방에서 올라오는 향리나 노복들에게 숙식을 제공하고 때로는 잡비까지 빌려주기도 했다. 둘째, 수령들이 임명되면 지방으로 연락해서 수령을 영접하도록 하고, 수령이 공사의 잡다한 일을 부탁하면 해결해주기도 했다. 셋째, 시간을 다투지 않는 공문서를 전달하는 일도 경주인의 업무 가운데 하나였다. 넷째, 군현에서 중앙으로 상납하는 세금과 공물을 대신 납부하는 역할도 맡았다.

박문국에서 신문 구독료 납부 책임자로 경주인을 내세운 것은 자연스러운 일이었다. 당시만 해도 근대적 우편제도가 성립되지 않았기 때문에 지방으로 신문을 배포하려면 역참이나 파발 또는 인편을 이용할 수밖에 없었다. 역참이나 파발은 시급을 다투는 공문서, 곧 국왕의 전교나 군사 명령 등을 급하게 전달하는 데 쓰였기 때문에 신문의 유통 경로로는 적합하지 않았다. 중앙과 지방의 연락 사무를 전업으로 삼고 있는 경주인을 활용해서 신문을 지방에 전달하고, 지방의 구독료를 거두어 바치게 했다.

일찍이 조선 중기에도 경주인은 지방에 조보를 내려보내는 역할을 맡고 있었다는 기록이 남아 있다. 1553년 1월 9일 명종이 "나라에서 군현을 설치하고 경사京師(서울)에 각각 저원邸院을 설치한 것은 조보朝報를 통하고 손님을 맞기 위한 까닭"[13]이라고 말한 것이 이를 보여준다.

문제는 신문 구독료를 걷기가 쉽지 않았다는 것이었다. 지방에서 구독료 납부를 계속 미룸으로써 빚이 점차 불어나면서 경주인이 어려움에 빠지거나, 경주인과 지방 관리가 중간에 농간을 부리면서 적지 않은 폐단이 일어났다.

다음은 순보, 주보채 납부와 관련해서 관청에서 서로 주고받은 공문서를 시간 순서로 정리한 것이다.

순보, 주보의 구독료 납부에 관한 공문서 기록

발신자	수신자	발수신일	내용	출전
안주병영 (安州兵營)	통리교섭 통상사무아문	1884년 9월 22일	박문국의 순보채 8개월분을 납부하라는 뜻으로 청북(淸北) 22읍과 각 진, 역에 잘 타일렀다. 본영의 영저리에서 경저리에게 보낸 사사로운 기록을 보니, 윤달부터 순보에 보내줄 때 장방(長房, 각 관아에서 서리(書吏)가 쓰던 방)의 예송전(例送錢, 정례와 관례에 따라 보내는 돈) 10냥, 아방(亞房, 관아에서 사령(使令)이 있던 곳)의 예송전 6냥을 경저리에 책임지고 납부하라고 했다고 한다. 비록 사소한 일이지만, 형세로 보건대 장차 각 읍, 진, 역이 납부한 것보다 추가로 더 납부해야 할지도 모른다.	統署日記 1, 고종 21년 9월 22일
충청도 관찰사	통리교섭 통상사무아문	1884년 9월 28일	충청도관찰사 겸 순찰사 박모가 박문국 순보채의 독촉에 따라 해당 책정액을 보내면서 올린 첩정	忠淸道觀察使牒呈
통리아문	북도안무사 (北道按撫使)	1885년 3월 25일	박문국 순보채로 1883년 10월부터 1884년 6월까지 김이홍이 있는 곳에서 우선 박문국에 바쳤기에 본영에서 63냥을 보내주고, 7월부터 8월분은 정인실이 있는 곳에 보내 상납하게 했다.	八道四都三港口 日記
의정부	전라도감영	1886년 5월 23일	박문국의 빚을 갚기 위해 본도에서 모두 거두어 납부해 공용으로 보충하도록 공문서를 보냈는데, 거행되지 않아 다시 문서를 발송한다. 각 해당 읍, 진, 역에 엄하게 타일러서 지체되지 않도록 하라.	全羅道關草 (奎18068)

통리교섭 통상사무아문	안주병영	1887년 2월 17일	박문국 주보채 가운데 1월부터 6월분까지를 청북(淸北) 각 읍에서 모아 저리 김영호에게 보내주라고 이미 공문서를 보냈는데, 평양감영에서는 당오전으로 바로 납부하겠다고 했다. 김영호가 있는 곳에서는 이미 먼저 납부했으니 청북의 여러 읍에 알려주어 수에 맞추어 모두 거두어 빨리 지급하게 하라.	平安道關草 (奎18072)
통리교섭 통상사무아문	평양감영	1887년 2월 20일	평양부에서 잎담배를 사고팔 때 지금부터 도고를 설치하려고 한다. 각 여각(旅閣)으로 들어오는 엽초에 매태(每馱) 구전 2냥씩을 예에 따라 모두 거두어 본아문 박문국으로 상납하게 한다. 아울러 따로 감독할 관리 나영진을 내려보내니 방해가 없게 하라.	平安道關草 (奎18072)
통리교섭 통상사무아문	평안감영	1887년 3월 16일	박문국 주보채 1월부터 6월분까지를 청북 각 읍에서 모아 안주 저리 김영호에게 지급하라고 이미 공문을 발송했으니 지체하지 말고 작년의 예에 따라 지불하라.	平安道關草 (奎18072)
통리교섭 통상사무아문	평안감영	1887년 3월 24일	박문국 주보채 청남(淸南) 1월부터 13개월분 5,434냥, 청북 7월부터 12월까지 6개월분 2,568냥을 거두기 위해 서울에서 박영수를 파송했으니 공금에서 먼저 지급하고 곧 상납하라.	平安道關草 (奎18072)
의정부	전라감영	1887년 3월 28일	본 아문의 박문국 주보채 1887년 7개월분은 시급한 공용으로 종이를 거래하기 위해 본 아문의 직원 이영균을 뽑아 보내니 도착 즉시 공금 중에서 먼저 숫자대로 주어 종이를 사서 수송하는 데 늦지 않도록 하며 형편을 보고하라.	全羅道關草 (奎18068)
통리교섭 통상사무아문	평안병영	1887년 4월 22일	박문국 주보채 1월부터 6월분까지를 청북 각 읍에서 모아 안주 저리 김영호에게 지급하라고 이미 공문서를 보냈는데, 각 읍에서 직접 납부하겠다고 한 지 수개월이 지났음에도 한 곳도 와서 납부하지 않았으니 즉시 지급하게 하라.	平安道關草 (奎18072)
통리교섭 통상사무아문	안주병영	1887년 4월 27일	박문국 주보채를 안주 저리 김영호에게 지급하라고 수차례 공문을 보냈는데도 따르지 않으니 어떻게 된 일인지 모르겠다.	平安道關草 (奎18072)

해주감영	통리교섭 통상사무아문	1887년 5월 15일	박문국 주보채 4개월분 280냥을 어떤 돈 가운데 올려보내라는 공문을 받았다.	黃海道關草 (奎18071)
전라감영	의정부	1887년 9월 12일	박문국 주보채를 위해 종이 거래에 세금을 거두라는 공문을 받았다.	全羅道關草 (奎18068)
의정부	전라감영	1887년 12월 11일	박문국 주보채 1886년 1월부터 6월에 이르는 미수금을 거두어 바치라고 이미 공문을 보냈는데, 해당 영리(營吏) 장우선이 자의로 걷어 모두 법을 어겼다고 한다. 그를 잡아 가두고 엄하게 벌하고 뒤에 기록한 수대로 독촉해 거두어들여서 이 문서를 들고 가는 사람에게 지급해 상납하도록 하라.	全羅道關草 (奎18068)
의정부	전라감영	1888년 1월 17일	박문국 주보채의 미수금을 해당 영리 장우선이 중간에서 빼앗아 가진 것으로 죄인을 가두고 엄하게 처형하라고 했는데, 아직 보고가 없다. 다시 공문을 보내니 지체 없이 빚을 모두 거두어 바치라.	全羅道關草 (奎18068)
전라감영	의정부	1888년 1월 28일	박문국 주보채 가운데 1887년의 하반기 6개월분을 거두기 위해 서울에서 파견한 사람 박계영이 지급할 것을 몹시 귀찮게 한다는 공문을 받았다.	全羅道關草 (奎18068)
강원감영	통리교섭 통상사무아문	1888년 4월 26일	통리교섭통상사무아문 박문국 주보채를 거두기 위해 서울에서 김원조를 파견해 내려보낸다는 공문이 도착해 즉시 각 읍에 번갈아 타이르고 연유를 보고한다.	江原道關草 (奎18074)
이천 경주인 유한명	미상	1888년 11월 4일	유한명은 이천의 상납을 맡고 있었는데, 박문국 주보채를 매권에 5전씩 정해진 법에 따라 매달 엽전 16냥씩 미리 상납했다. 지난겨울 외상값을 거두러 본 읍에 내려가 책값 732냥 82푼을 받아내려 했는데, 130냥 56푼밖에 받아내지 못했으므로 나머지 602냥 26푼을 내달라고 호소했다.	각사등록 근대편 所志謄錄
전라도 도취차인 (都聚差人) 박계영	미상	1889년 1월 7일	1887년의 가을과 겨울 6개월의 박문국 주보채를 상납했는데, 그 가운데 제주와 그 속의 313냥 8전을 아직 받지 못했으므로 지불해달라.	각사등록 근대편 所志謄錄

종이값 외상을 값아달라

이처럼 순보와 주보의 구독료가 제대로 거두어지지 않고 지방민들에게 폐만 끼치게 되자 주보는 국왕의 명령으로 폐간되고 말았다. 박문국의 폐쇄가 결정된 날은 1888년 6월 6일이었다. 그 이후에도 주보의 구독료 납부 문제는 계속되었다. 신문은 폐간되었지만, 발행되던 때에 납부하지 못한 구독료는 계속 거둬들어야 했기 때문이다.

통리아문에서는 1888년 7월 1일 이후 각 지방에 공문서를 보내 1888년 "6월 6일 지방의 읍에서 박문국의 주보채 납부 요구를 철회했다. 6월 6일 이후는 마땅히 지방 읍에서 거둘 것을 요구하지 않도록 시행하라. 6일 이전의 미납된 주보채는 이전의 공문서에 따라 경차인京差人에게 지급하라."[14] 라고 지시했다.

주보가 폐간되면서 억울한 경우도 생겨났다. 1888년 6월 18일 지전상인 紙廛市民 이태형의 진정서에 따르면, 그는 백지白紙 10뭉치 정가 750냥을 외상으로 박문국에 보냈다. 갑자기 박문국이 철폐되어 외아문에 소속하게 한다고 하니 종이값 외상분을 지불해달라고 애원했다.[15]

전前 박문국 관서 주보채 경차인 최명하도 1888년 11월 8일 통리아문에 진정서를 냈다. 그는 다음과 같이 딱한 사정을 알렸다.

"관서 지역의 주보채 6개월분 5,499냥을 서울에서 본국에 선납한 뒤 평양감영에 내려가 받아내려 했지만, 3,200냥밖에 거두지 못했습니다. 감영 아래서 기다리는 동안 잡다한 비용도 많이 들고 낭패한 정황을 이루 말할 수 없습니다. 게다가 박문국이 혁파되었다는 것을 핑계로 지급해줄 기약이 없습니다. 또한 주보 책자는 이미 1888년 3월호를 내려보냈는데, 만일 찾아서 내어주면 마땅히 3월 이전을 헤아려주고 나머지 다른 것은 말할 것이 없다고 합니다. 저는 선납한 재산이 적지 않고 추심할 길이 없으니 감히 사실을 들어 우러러 울부짖으니 잘 살펴주기 바랍니다. 박문국이 비록 혁파되었지만 이제 본 아문에 붙여 있고 또 그 선납한 것이 장부에 명백히 실려 있고 관용으로 쓰인 것이 분명합니다. 그에 따라서 지급해주라는 뜻으로 해당 감영에 공문을 보내주셔서 저 같은 가엾은 사람이 원통함이 없도록 해주시길 천만 바랍니다."[16)

박문국이 문을 닫자 거기에 소속된 직원들의 처리 문제도 남았다. 1888년 6월 11일 박문국의 서리書吏와 사령使令들이 진정서를 냈다. "저희는 박문국이 설치된 이래 마음가짐과 몸가짐을 조심하면서 일하다가 본국이 갑자기 혁파되면서 갈 바를 모르게 되었습니다. 특별히 각 아문에서 일하게 해주시기 바랍니다."라고 호소했다. 그에 대한 처분으로는 "불쌍하고 가엾지만 변통할 수 없다."라는 매정한 답변을 들을 수밖에 없었다.[17)

박문국 장인들이 활자와 기계를 팔아먹다

주보가 폐간되고 난 뒤 신문을 인쇄하던 활자와 기계들은 어떻게 되었을까. 그것은 박문국의 최후보다 더 고약한 운명을 맞아야 했다. 박문국이 문을 닫으면서 방치되다가 결국 일본 상인에게 몰래 팔려갔던 것이다.

박문국이 문을 닫은 지 3개월쯤 지난 1888년 10월 3일, 서리독판교섭통상사무 조병직은 일본 대리공사 곤도 마스키近藤眞鋤에게 서한을 보냈다.

"조사한 바에 따르면, 박문국의 공장工匠 정원성, 윤종석, 이명현 등이 우리 박문국의 활자 기기機器 1부部를 몰래 훔쳐서 귀국 상민 미야타宮田에게 팔았다고 합니다. 본서本署에서 뒤늦게 기미를 눈치채고 그 공장 정원성, 윤종석을 잡아 따져 물었습니다. 그 공장 등이 아뢴 말에 따르면, 전 박문국 활자 기기 1부, 정가 300냥을 과연 이미 일본 상인 미야타 등에게 판 정황이 있습니다. 이것은 본 아문의 공용 물건이므로 이에 근거해서 알려드립니다. 청컨대 귀 공사께서 이것을 한경漢京에 주재하는 귀 영사에게 잘 알려서 그 상인 미야타에게 그가 구입한 박문국 활자 기기 1부를 신속히 원래대로 되돌리게 하고 그 공장에게 지불한 값을 되찾아오게 하면 실로 공평한 일이 될 것입니다. 이를 잘 아시기 바랍니다."[18]

불미스러운 일로 공문서에 이름을 올렸지만, 박문국에서 신문 제작에 참여했던 일부 공장들의 명단을 여기서 확인할 수 있다. 그들은 박문국이 폐쇄된 뒤 자신들의 작업도구였던 활자와 인쇄기를 일본 상인에게 팔아넘겼다. 당시 관청의 관리 감독이 얼마나 소홀했는지 한심하지만 공인들의 윤리 의식도 비난받을 만하다. 가쿠고로가 조선 신문을 제작하기 위해 일본에서 구입해온 활자와 인쇄기가 다시 일본 상인들에게 팔려갔으니 그것의 팔자도 퍽 기구했다.

조병직의 공문을 받은 곤도는 10월 13일에 "귀국 정부는 사리로 따져볼 때 마땅히 귀국의 전임 관원을 단단히 타일러서 서로 살피고 판별해야 합니다. 귀 독판께서는 통례에 비추어 한성부윤에게 전해서 우리 영사관에 문서를 보내 타결 짓게 하시기 바랍니다."[19]라고 답신을 보내왔다.

곤도는 박문국 기기의 절도 문제를 통리아문과 한성부윤에 떠넘겼다. 그 뒤 박문국의 활자와 기계가 어떻게 되었는지 알 수 있는 자료는 남아 있지 않다. 김옥균, 박영효, 유길준 등 개화파 지식인들의 문명개화를 향한 강렬한 계몽의지를 표상했던 기관과 기기의 몰락은 쓸쓸한 것이었다.

주보가 폐간되자 세상은 더욱더 적막해진 것처럼 보였다. 조정의 소식과 나라 밖의 신기한 일들, 새로운 생각 등을 전해들을 공식적 기회도 사라져 버렸다. 일주일마다 신문을 읽던 사람들에게는 눈과 귀가 사라진 것이나 마찬가지였다. 다시 신문이라는 새로운 문명개화의 산물을 만나려면『독립신문』(1896년 창간)을 기다려야 했다. 신문이 없던 조용한 시절의 한 단면을 외국인의 기록에서 찾아볼 수 있다. 프랑스 정부에서 파견한 민속학자이자 탐험가였던 샤를 루이 바라의『조선 종단기 1888~1889』라는 기록 가운데 한 대목은 다음과 같다.

> "한양에서 매일 발간되는 관보가 하나 있는데, 꽤 오랫동안 인쇄되어오던 것이 요즘에는 수사본手寫本으로밖에 발행되고 있지 않다. 1888년 10월 6일자로 발행된 제5호 일부를 여기 소개하면 다음과 같다.
> '고문헌 학술원의 부식자공 민청식이 처음으로 직무를 유기하자, 임금이 그를 해고했다.(…)'
> 이런 식으로 매일 저녁 나는 공사관 친구들이 전해주는 정보들을 정리함으로써 하루 일과를 마무리했다."[20]

서양 민속학자 바라가 입수한 수사본 관보 제5호가 무엇인지는 정확히 알 수 없는데, 아마도 조선시대부터 전통적으로 승정원에서 작성해오던 조보였을 가능성이 크다. '고문헌 학술원'은 규장각이나 규장각에 소속된 교서관이었을 것으로 추정되는데, '부식자공 민청식'이 누구인지는 알 수 없다.

• • • • •

광인사와

근대 출판의

길

박문국에서 서양식 인쇄 시설을 갖추고 『한성순보』를 발행한 뒤 얼마 지나지 않아 민간에서도 서양식 연활자 인쇄소가 나타났다. 그것이 바로 광인사였다. 광인사가 처음으로 소개된 것은 『한성순보』 제15호(1884년 2월 21일)였다. 신문은 "성내에 또 광인사廣印社가 있는데, 각자 재산을 모아 따로 한 회사를 세우고 앞으로 서적을 판출板出해 이익을 꾀하고 문화 창달에 도움을 주기도 할 것이라 한다."라고 전한다. 이 기사에 따르면, 늦어도 1884년 2월 무렵에는 민간자본으로 광인사가 설립되었다는 것을 알 수 있다.

장통사, 연무국 등 회사가 생기다

『한성순보』 15호에는 박문국뿐만 아니라, '본국회사'本國會社와 촬영국撮影局, 장춘사長春社 설립 기사도 함께 실려 있어 눈길을 끈다. 「본국회사」 기사는 다음과 같다.

"서울 안에 지난번부터 장통사長通社, 연무국烟務局이 있었는데, 다 날로 발전하는 모습이 보였다. 요즘에는 보영사保嬰社라는 게 있어 종두種痘를 전업으로 한다. 또 부상負商과 보상褓商이 공동 설립한 혜상국惠商局이 있다고 들었다. 회원에게 도움을 줄 뿐만 아니라 결국은 민民에게 도움을 주는 것을 주안점으로 하고 최종 목표는 국가를 부강하게 만드는 데 두었다니 오늘날 힘써 해야 하는 일이 아닐 수 없다. 그러나 이상 여러 회사는 다 부귀貴富한 집에서 합자合資로 설립한 것들이다. 빈인貧人 역부役夫들에게도 그들 자신이 공제共濟할 수 있는 길을 마련해야 옳을 것이다. 하지만 그 소식은 끝내 듣지 못해 안타깝다."

장통사는 '장통상회'長通商會를 가리키는 것으로 보인다. 김윤식에 따르면, 서울에 사는 중촌인中村人이 장통방長通坊 준천사濬川司에 상회를 세웠는데, 장통상회라고 이름 붙이고 내아문의 관청에서 그것을 보호했다.[1] 장통방 준천사는 조선시대에 도성 안의 청계천을 관리하고 서울 주변 산의 나무를 보호하는 일을 맡은 관청이다. 1882년 폐지되어 한성부로 업무가 이관되었다. 준천사는 오늘날 종로구 관수동 125, 126번지 부근에 자리 잡고 있었다.[2] 장통상회는 민간인이 세운 회사를 정부에서 보호·감독하는 것으로, 어떤 상품을 거래·판매했는지는 기록이 없어 알 수 없다.

연무국은 권연초의 제조와 판매를 목적으로 설립된 '연화연무국'蓮花烟務局을 가리킨다. 1876년 개항 뒤에 외국 연초의 수입이 증가하자 조선 상인들이 이에 맞서 연초 판매에 특권을 행사하기 위해 만든 상인 단체로, 서울 동부東部 연화방蓮花坊에 있었다. 「연화연무국장정蓮花烟務局章程」(규장각 소장, 經古380.16·Y43)에 따르면, 상인들이 각각 상평전 20냥을 내고 그 가운데 세를 징수한 뒤 통리아문의 감독 아래에 영업하도록 규정했다. 연화연무국에서 제조한 권연초는 통리아문의 빙표를 지닌 자들만 판매할 수 있게 했다. 전형적인 관독상판형官督商辦型 기업이었는데, 자본 조달, 물품 판매 등 실질적인 영업 활동은 상인들이 담당하고 공장工匠 고용과 업무 감독은 통리아문에서 책임졌다.[3]

보영사는 '어린아이를 보호한다'는 회사 이름처럼 어린이들에게 종두 접종을 실시했던 의료기관의 일종이었던 것 같다. 이 회사도 자세한 내용은 알 수 없다. 혜상국은 정부가 주도적으로 설립에 관여한 상인조합인 '혜상공국'惠商公局을 말한다. 개항 이후 외국 상인들이 침입하면서 위협을 받게 된 보부상을 보호하기 위해 설립되었다. 혜상공국은 전국의 보부상을 모두 아우르는 정부기관으로서 군국아문軍國衙門의 관할 아래 두었다.

김용원이 촬영국을 열다

『한성순보』15호에는 '촬영국'撮影局도 소개하고 있다. 이 기사에 따르면, 지난해(1883)에 전 우후 김용원이 일본인 혼다 슈노스케本多修之輔를 초빙해서 저동에 촬영국을 개설했고, 올해 봄에는 또 전 주사 지운영이 일본에서 촬영 기술을 배워 와서 마동麻洞에 촬영국을 열었는데, 그 기술이 정교했다고 한다.

우리나라에서 첫 번째로 촬영국을 연 김용원은 두 차례에 걸쳐 일본에 다녀왔다. 제1차 수신사 김기수를 파견할 때에는 화원畵員 자격으로 참가했다.[4] 그의 공식 직분은 화원이었지만 실제로는 일본의 농업기구와 군사시설을 조사했다. 그는 "운용수雲龍水, 용토수龍吐水를 제작하게 하고 -경시청 소속 신식 즉통唧筒의 참관을 사절하고- 또 땜납, 연鉛, 소소수燒小手 등의 용구를 구입"했다고 한다.[5]

김용원은 1881년에는 조사시찰단 일원으로 일본에 건너갔다. 그는 이동인과 마찬가지로 고종시대에 궁궐 호위를 전담하던 무위소 소속이었다. 이동인이 실종된 이후 그를 대신해 조사시찰단에 합류한 것으로 추측된다. 그는 경비도 별도로 지급받았다. 공식적으로는 '기선 운항'을 조사하는 것이었는데, 다른 조사들이 귀국한 뒤에도 계속 일본에 머물면서 화학을 배웠다고 한다.[6] 그가 무슨 까닭으로 촬영국을 설립했는지 자세한 내막은 알 수 없다.

위 기사에서 전 주사 지운영이 마동에 촬영국을 세웠다고 했는데, 마동은 오늘날 종로구 권농동 185~190번지 일대를 가리킨다.[7] 지운영은 지석영의 친형으로 강위 문하에서 시문을 배우고 육교시사의 동인으로 활약하기도 했다. 그는 1883년 1월 20일 고영철, 유길준, 정만조 등과 함께 통리아문의 주사로 임명되었다.[8] 1886년에는 김옥균을 암살하기 위해 일본으로 건너갔다가 실패한 뒤 고국으로 송환되어 유배형을 받았다.

조정에서는 1884년 12월 24일부터 이듬해 2월 19일까지 갑신정변의 뒷수습을 위해 정사 서상우, 부사 묄렌도르프, 종사관 박대양 등을 '흠차전권'으로 일본에 파견했는데, 그때 박대양이 남긴 기록 『동사만록東槎漫錄』 1885년 2월 10일자에는 지운영의 일본 행적이 나타나 있다.

"주사 지운영이 찾아왔다. 운영은 작년 가을에 사진 기계를 구매하기 위해 들어왔다가 병이 들어 돌아가지 못하고 있었다. 약값과 식비를 청산할 길이 없어서 바야흐로

곤란한 처지에 있다고 했다. 추당장秋堂丈(정사 서상우)이 빙표憑票를 주어 빚을 갚게 하고 함께 돌아갈 것을 허락했다."[9]

지운영은 1884년 가을에 사진 기계를 구입하러 일본에 왔다가 1885년 2월에야 고국으로 돌아왔다. 아마 이때 귀국해서 곧 촬영국을 열었을 것으로 보인다.

"회사는 부강의 기초"

촬영국을 소개한 글 다음에는 「장춘사長春社」란 기사가 나온다.

"성내에 몇몇 사람이 각기 돈을 출자해서 좋은 술을 빚어 내외에 판매하면서 새로 조례 1책을 간행했다. 규도規度가 엄정해 팔기 시작한 지 오래지 않아 이미 수백 병이 나갔다고 한다."

'장춘사'는 술 빚는 회사를 가리킨다. 김윤식은 평안도 사람들이 설립한 상회인 '대동상회'와 '장통상회'를 거론한 뒤 "기타 권련국捲煙局, 양춘국釀春局, 두병국豆餅局 등이 점차 설립되기 시작했다."[10]라고 말했다. 위 세 상회는 담배, 술, 떡 등을 각각 제조하거나 유통하는 상업 집단을 가리키는 것으로 보인다. 장춘사는 양춘국과 같은 회사일지도 모른다.

『한성순보』제3호(1883년 10월 21일)에는 「회사설會社說」이 실려 있다. 이것은 회사 설립의 필요성과 의의, 설립 절차를 논한 것인데, 유길준이 1882년에 소개한 '회사규칙'과 함께 서양의 근대적 회사제도를 소개한 최초의 논설

이었다.[11]

"회사란 여러 사람이 자본을 합해 농공상의 사무를 잘 아는 여러 사람에게 맡겨 운영하는 것이다. 공상工商의 사무가 한둘이 아니기 때문에 상회의 종류 역시 많다. 철도회사는 국내의 수운을 편리하게 하고, 선박회사는 외국 왕래를 통하게 한다. 일상용품을 제조하는 회사가 있고, 오직 토지 개간을 전문으로 하는 회사도 있으며, 그 밖에 다른 사업을 하는 회사도 있는데, 모두 결사해 결정한다. (…)

지금 서양 여러 나라에는 바다에 화륜선이 달리고, 육지에는 화거火車가 달리며, 전선을 설치하고 가로등을 켜 그 조화를 무엇이라 말할 수가 없다. 그 대요는 사해에 출병시켜 만국과 통상을 해서 천하에 부강을 떨치고 이웃 나라에 위엄을 보이는 것이니 고금 이래로 없던 일이다. 이런 일은 모두 회사가 설립된 이후부터 있게 되었다."

이처럼 신문에서는 새롭게 탄생한 근대 회사를 적극적으로 소개하고, 정부에서는 기기창과 박문국처럼 관영 제조업체를 설치했으며, 민간에서는 몇몇 상업회사를 설립함으로써 조선에는 새로운 분위기가 싹트고 있었다. 고종은 1884년 9월 12일에 식산흥업을 강조하는 전교를 내림으로써 상공업 진흥을 위한 국가의 의지를 밝혔다.

"농상農桑과 직조織造하는 일, 도자기와 벽돌을 굽는 일, 목축, 종이 만들고 차 만드는 일은 모두 경상비용에 관계되어 나라를 부유하게 하고 백성을 이롭게 할 수 있다. 이 때문에 이미 장내사掌內司에서 어느 정도 경영하고 있다. 하지만 일을 주관하고 처리하는 소속 관원이 없을 수 없다. 국을 설치하고 관원을 두는 것과 여러 가지 조처를 군국아문으로 하여금 절목을 마련해 들이게 하고, 이외에 다시 백성을 가르치고 사업을 일으키는 일은 장내사에서 규례에 따라 보고해서 처리하게 하라."[12]

정부에서 경영을 관리 감독하다

국왕의 전교는 근대 초기 산업 근대화 정책을 위한 중요한 밑거름이 되었
다. 이를 계기로 각종 관영 공장과 그를 관장하는 기관 그리고 관청과 민간

관영, 관민합영의 산업 시설(1883~1894)[13]

연도	명칭	업종	자금원
1883	잠상공사(蠶桑公司)[14]	양잠, 생사제조	해관세
	기기창(機器廠)	무기 제조	청나라 차관
	삼호파리국(三浩玻璃局)	유리 제조	불명
	연화연무국	연초 제조	민자
	박문국	인쇄, 출판	신세(新稅) 창설
	광인사	인쇄, 출판	민자
	혜상공국	상업	내탕금(內帑金)
	전운국(轉運局)	운수업	신세 창설
	전환국	화폐 주조	청나라 차관
1884	농무목축시험장(農務牧畜試驗場)	농업, 축산업	불명
	광무국(礦務局)	광업	청나라 차관
	기선회사	운수업	외자
1885	교하농상사(交河農桑社)	농업	민자
	직조국	직조업	해관세
	조지국	제지업	불명
1886	전보국	전보통신	청나라 차관, 신세
1887	제약소(製藥所)	화약	불명
1889	제분소(製粉所)	제분업	불명
1893	이운사(利運社)	운수업	민자
1894	경성농상회사(京城農桑會社)	농업	민자
	포삼공사(包蔘公司)	인삼무역업	불명

이 합동 운영하는 회사들이 속속 등장했다. 당시 설립된 제조장이나 회사는 대개 관영이나 관독상판형官督商辦型으로 운영되었다. 관영 제조장은 정부가 재원을 모두 조달하고 외국(주로 청나라) 기술자와 내국인 직공을 고용해 직접 운영하는 것이었다. 관독상판형 기업은 상인들이 일부 자본을 부담하되 경영은 정부에서 관리 감독하는 방식이었다.[15]

연화연무국처럼 일부 민간기업이 있기도 했지만, 이마저도 일종의 특권 단체였다. 경제사학자 조기준에 따르면, 민간이 발의해서 조직된 회사라도 모두가 관허회사였고 여기에는 일종의 특권이 부여되어 있었다. 특권에는 영업 독점권을 받거나 때로는 정부의 세금징수권을 청부 위임받은 경우도 있었다고 한다.[16] 육당 최남선도 "이때에 있는 공사나 회사는 다 민간 합자의 상사가 아니라, 실상 상사적商事的 관설기관에 불외不外한 것이었다."[17]라고 설명했다. 당시 민간의 자본력이 부족하고 기술력이 유치했기 때문에 어떤 형식으로든 국가나 관청의 도움을 기대할 수밖에 없었다.

일본 상인에게 한글 활자값을 지불하다

이처럼 1883년 이후 일부 민간에서는 자본을 모아서 회사를 조직하기 시작했다. 광인사도 그 가운데 하나였다. 『한성순보』 기사처럼, 광인사는 민간에서 자금을 모아 설립한 인쇄, 출판사였다. 광인사에 누가 자금을 대고 어떻게 운영했는지는 자세히 알 수 없다.

광인사는 늦어도 1884년 2월 무렵에는 설립되었다. 그런데 얼마 지나지 않은 그해 3월 28일 통리아문에서는 "작년 변란(갑신정변)이 있을 때 박문국 역시 파괴되어 그대로 업무가 중지되었습니다. 지금 다시 광인사에 옮겨 설치하고, 박문국 관원이 이전대로 계속 간행하게 하는 것이 어떻겠습니까?"[18]라고 보고해서 고종에게 승인을 받았다.

정부에서 광인사를 통해 신문을 간행하려고 계획했다면, 광인사의 규모나 시설이 그에 적합하다고 판단했을 것이다. 당시 광인사는 신문을 찍어낼 만큼 제법 규모를 갖추었을 것이다. 하지만 광인사에서 신문을 내려던 계획은 결국 실행되지 못했다. 1885년 9월에 박문국이 다시 정식으로 세워졌기 때문이다.

광인사의 실체를 짐작할 수 있는 실마리가 하나 있다. 『통서일기』 1885년 3월 9일자에는 인천 감리서에서 보낸 첩보문이 실려 있다.

> "일본 영사관에서 보낸 공문서에서 말하길, 부산항 일본상법회의소 위원 화전오랑 和田五郎이 귀국의 한성 광인사에서 조선 음문音文 활자값을 거두어들여야 하는데, 정기적으로 9원 60전을 거두어서 본서로 보내라고 운운했습니다."[19]

부산항의 일본상법회의소 위원 와다 고로가 광인사에서 한글 활자값 9원 60전을 정기적으로 징수하고 있다는 사실을 알 수 있다. 광인사에서 설립 초기부터 한글 활자를 갖추고 있었다면, 박문국보다 앞서서 광인사가 한글 활자를 소유한 셈이 된다. 가쿠고로가 1885년 9월에야 일본에서 활판인쇄기와 한글 활자들을 구입해서 인천항에 도착했기 때문이다.

광인사에서는 왜 한글 활자값을 한꺼번에 지불하지 않고 정기적으로 납부했을까? 자세한 내막은 알 수 없지만, 한꺼번에 값을 지불하고 구입할 만큼 자본이 충분하지 않았기 때문은 아니었을까. 광인사는 박문국과 달리 민간에서 자본을 모아 설립한 회사이기 때문에 대규모 자본을 동원하기는 어려웠을 것이다.

광인사는 어디에서 활자를 구입했을까. 1부 3장에서 살펴보았듯이, 부산항 상법회의소에서는 1881년 7월부터 『조선신보』를 간행했다. 『조선신보』 7호(1882년 3월 5일)에 이미 한글 활자가 쓰였다. 1881년과 1883년 부산에서 발행한 조선어학 교재 『교린수지』에도 이와 동일한 활자가 사용되었다. 당시 부산에서는 한글 활자를 인쇄할 수 있는 기계 시설과 한글 활자가 있었다는 말이 된다. 광인사에서 일본까지 건너가서 인쇄기와 활자를 구입하는 대신 부산에서 이를 구입하거나 빌려서 썼을 가능성도 있다. 그것이 아니라면 와다 고로를 통해 일본에서 인쇄기와 활자를 구입하고, 그에게 일정한 비용을 정기적으로 지불했을 수도 있다.

연활자로 찍은 「충효경집주합벽」

광인사는 정부에서 설립한 관영 인쇄소 박문국과 함께 1880년대에 서양식 연활자로 인쇄했던 인쇄소 가운데 하나였다. 광인사에서는 어떤 책들을 펴냈을까. 그것은 박문국에서 펴낸 책들과 어떻게 달랐을까.

1885년 10월 29일에 통리아문에서는 완백完伯(전라감사) 윤영신에게 공문을 보냈다.

"광인국廣印局에서 간출刊出한 충효경忠孝經 8백 권, 농서 4백 부(매부 8권)를 보낸다. 책들이 도착하면 영읍營邑 가운데 사기를 바라는 곳에 나누어 보내서 값을 받아 모두 모아 파견한 사람이 있는 곳에 내줄 것. 충효경 1권 2냥(당오는 2냥, 엽전은 1냥), 농서 1부 8냥씩(엽전 반감半減)을 각각 거두어들일 것"[20]

위의 문서에서 '광인국'은 광인사를 뜻하고, '충효경'은『충효경집주합벽忠孝經集註合璧』[21]을 가리킨다. 이는 '여러 사람의 주석註釋을 한데 모은『충경집주忠經集註』와『효경집주孝經集註』를 마치 집을 지을 때 두 벽을 마주 붙이는 것처럼 한 책으로 합친 것'을 뜻한다.

『효경집주』는 시대와 학자와 형식이 여러 겹 합쳐진 중층적 텍스트였다. 『효경』은 공자가 그의 제자 증삼과 함께 문답한 것 가운데 효도를 주제로 삼은 대화를 가려 뽑은 책이다. 송나라 주희가『효경』가운데 틀린 글자 따위를 깎아내어 바로잡아『효경간오孝經刊誤』를 지었다. 다시 송나라 학자 동정董鼎이『효경간오』에 주석을 달고 풀이한 책이 바로『효경집주』다.『효경집주』에는 1305년(대덕 9)에 원나라 학자 웅화熊禾가 쓴 서문과 1486년(성화 22)에 명나라 학자 서관徐貫이 지은 발문이 들어 있다.

조선시대에『효경』은 여러 차례 국가와 지방에서 간행되었다. 일찍이 1423년(세종 5) 6월 23일 예조에서 세종에게 어학서인『노걸대老乞大』·『박통사朴通事』, 역사서인『전후한前後漢』과 함께 경전『직해효경直解孝經』을 주자소에서 간행하게 하자고 요청해서 받아들여졌다.[22] 이것이 경자자庚子字 금속활자로 찍은『효경』인데, 경자자본은 오늘날 남아 있지 않다. 그 밖에도 1475년(성종 6)에는 전주부에서, 1530년(중종 25)에는 남원부에서 중간했다. 1589년(선조 22)에는 유성룡의 발문을 실은 목활자본을 인쇄해서 널리 유포했다.[23]

광인사본『효경집주』끝에는 유성룡의 발문「효경대의발孝經大義跋」이 수록되어 있다. 발문 끝에는 '조선개국4백9십3년갑신7월 일 광인사 중간'朝鮮開國四百九十三年甲申七月 日 廣印社 重刊이란 간기가 실려 있다. 그 뒤에는 한나라 마융이『효경』을 재편하고 여기에 정현이 주해를 덧붙인『충경집주』가

합철合綴되어 있다. 표지는 옅은 치잣물을 들인 한지에 만자문卍字 무늬의 능화판菱花板을 사용했다. 제첨題簽은 '충효경합벽'忠孝經合璧이다. 전통 한적에 쓰이는 선장線裝으로 장정되었고, 실을 다섯 번 꿰매는 전통적인 오침안정법五針眼釘法과 달리 파란 실로 네 곳에 구멍을 뚫어 마감한 사침안정법四針眼釘法을 썼다. 중국, 일본에서는 제책할 때 주로 사침안정법을 사용했는데, 조선에서는 책의 크기가 상대적으로 컸기 때문에 일반적으로 오침안정법을 썼다. 개화기에는 전통과 신식의 출판방식이 혼합되어 책의 크기가 대부분 작았기 때문에 사침안정법이 더 많이 사용되었다.[24] 본문은 한지로 인쇄되었다.

새로운 그릇에 전통을 담아내다

앞표지를 넘기면 표제지가 보인다. 3단으로 나누어 간략한 판권 사항을 실었다. 오른쪽 상단에는 '개국4백9십3년'開國四百九十三年으로 간행연도인 1884년을 조선 개국 기원으로 표기했다. 가운데는 '충효경집주합벽'忠孝經集註合璧이란 서명이 있고, 왼쪽에는 '광인사공소간행'廣印社公所刊行이라고 적혀 있다. 본문은 순 한문으로 경문經文은 1호 명조체 활자, 주석문은 4호 명조체 활자이다. 『한성순보』의 본문 활자체인 3호와 크기만 다를 뿐 활자체는 동일하다. 위의 명조체 활자는 모두 도쿄쓰키치활판제조소의 『활판견본活版見本』(1903)에 실려 있다.

이 책의 간기에 왜 '중간'重刊이란 표현을 썼을까. 중간은 원래 '이미 발행한 책을 거듭 간행함'을 뜻한다. 아마 그 이전부터 활자본이나 목판본으로 충효경이 간행되었기 때문에 처음으로 간행한 것이 아니라 새롭게 편집해서 찍어냈다는 뜻으로 중간이란 말을 사용한 것은 아니었을까.

이 책에는 책값이 나와 있지 않다. 위의 『통서일기』에 '충효경 1권 2냥(당오는 2냥, 엽전은 1냥)'이라고 적혀 있어 눈길을 끈다. 이 책은 1884년 7월에 간행되었는데, 1885년 10월, 그러니까 1년 뒤에 지방으로 내려보내면서 책값을 기록했다.

『한성주보』 창간호(1885년 12월 21일) 「시치탐보」에 따르면, 당시 어물전에서 북어 1급(20마리)이 2냥 8전이었고, 싸전米廛에서 상미上米 1승升(약 1.8리터)은 1냥 6전, 중미 1승은 1냥 3전, 하미 1승은 1냥이었다. 당시 상급미 약 2리터 정도가 『충효경』 1권 값과 맞먹었다. 『충효경』이 관청으로 보내졌기 때문에 그것이 시장가격이었는지, 관청 공급가격이었는지도 확인하기가 어렵다. 당시만 해도 단행본이 유통될 만한 공식적인 서점이 없었는데, 관청 이외에는 어떤 경로로 판매되었는지 알 수 없다.

광인사에서 『충효경』보다 먼저 인쇄된 책이 있었는지는 알 수 없다. 광인사가 1884년 2월 무렵 세워지고, 『충효경』이 1884년 7월에 간행되었으므로, 시간 간격으로 보았을 때 『충효경』이 첫 번째 책이었을 가능성이 크다. 『충효경』은 민간에서 서양식 연활자로 인쇄한 최초의 단행본이라고 평가받고 있다.

광인사에서 첫 번째로 간행한 책이 왜 하필이면 전통시대의 가치관을 담은 『충효경』이었을까. 전통적 가치관이 당시까지도 견고하게 호소력이 있었다는 사실을 알려주는 것일 수도 있다. 상대적으로 대량 판매가 가능한 전략 상품으로 전통적인 세계관을 담은 책을 선택한 것일 수도 있다. 아니면 관청의 주문에 따라서 생산한 것일 수도 있다. 어쨌든 광인사는 서양식 연활자라는 새로운 그릇에 전통적인 내용과 형식을 선택했다.

위의 『통서일기』에서 말한 '농서 4백 부(매 부 8권)'는 무엇을 말할까. 이것은 1885년에 광인사에서 간행한 안종수의 『농정신편』을 말하는 것인지, 아니면 지금은 남아 있지 않은 다른 농서를 가리키는 것인지 알 수 없다. 안종수의 『농정신편』은 4권 4책으로 간행되었는데, 『통서일기』에서는 매 부 8권이라고 했기 때문이다. 농서의 1부 가격은 8냥(엽전 반감)이라고 했다.

"신령이 도와서 세상에 공개된다면…"

안종수는 1881년 조사시찰단이었던 조병직의 수행원으로 일본에 건너가 일본의 대표적 선진 농업학자 쓰다 센과 관료들에게서 근대 농학에 관한 지식을 배운 뒤 조선으로 돌아왔다. 1881년 12월에 『농정신편農政新編』(元亨利貞 4권 4책)[25]을 지었고, 1885년에 광인사에서 펴냈다.

쓰다 센(1837~1908)은 젊은 시절 난학과 영학英學을 배웠다. 1867년에는 후쿠자와 등과 함께 미국에 건너가 서양 농법에 감명을 받고 돌아왔다. 1873년 6월에는 오스트리아 빈에서 열린 만국박람회에 참가해서 네덜란드의 농학자 호이브렌크(Daniel Hooibrenk)를 만나 유럽의 농학을 배우고 돌아왔다. 이듬해 1874년에 『농학삼사』라는 농서를 두 권 썼다. 1875년에는 기독교 계통의 농업학교인 농학사學農社(1876~1891)를 설립, 운영했다. 같은 해에는 『농업잡지農業雜誌』(1876~1920)도 창간했다.[26]

『농정신편』은 『충효경집주합벽』과 거의 동일한 형태로 제작되었다. 표지와 장정 형식(사침안정법의 선장), 활자 서체와 크기, 종이가 모두 같다. 『충효경집주합벽』이 가로 16㎝, 세로 25.5㎝인 데 비해 『농정신편』은 가로 14.5㎝, 세로 21㎝로 책 크기가 작아졌을 뿐이다. 『농정신편』의 책 크기는 오늘

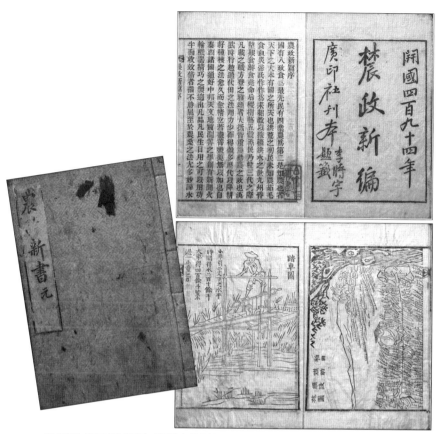

「농정신편」의 표제와 내제지, 목판화가 실려 있는 면. 목판화는 모내기할 때 못자리의 간격을 맞추기 위해 끈을 설치하는 장면과 물을 끌어들이기 위해 수레를 밟는 장면을 그렸다. 재단법인 아단문고 소장.

날 일반적인 단행본 규격(신국판 가로 15.4㎝, 세로 22.4㎝)에 가장 가깝다.

이 책의 제첨은 '농정신서'農政新書로 표기되었다. 표제지에는 오른쪽에 '개국4백9십4년'開國四百九十四年, 가운데에는 '농정신편'農政新編, 그리고 왼쪽에는 '광인사간본 이시우 제첨'廣印社刊本 李時宇 題籤이라고 적혀 있다. 표제지 다음에는 신사년辛巳年(1881)에 통훈대부通訓大夫 시강원문학侍講院文學 동양東陽 신기선申箕善이 쓴 「농정신편서農政新編序」가 실려 있다.

"안기정安起亭, 宗洙은 (…) 올해 봄에 일본에 가서 중서中西의 농서 약간 편을 구해 돌아와서 한문으로 번역했다. 그 복잡하고 필요 없는 것은 깎고 나눠 조목을 모으고 편編을 나누어서 4권으로 삼고 이를 농정신편이라고 이름 붙였다. 여러 뜻있는 사람들이 농사일에 경험이 많은 사람에게 전한다면 그 뜻이 참으로 간절할 것이다. 이 책이 널리 행해진다면 농민들에는 곡식이 남을 것이고 여인들에게는 베가 남을 것이며 백성들은 굶지 않고 추위에 떨지 않을 것이다."

안종수는 1881년 12월 하순에 쓴 발문에서 자신이 일본에서 본 농서 가운데 개요만을 뽑아서 '농정신편'이라고 이름 붙였다면서 "혹시라도 신령이 도와서 이 책이 세상에 공개되기라도 한다면, 나는 태평성세의 노인들과 함께 논밭 사이에서 인을 노래하고 의를 칭송할 것이다."라고 말했다. 제첨을 쓴 이시우의 형 이명우는 발문에서 "이 책은 배양의 합당함을 다 설명하고 농기계의 편리함을 세밀히 의논하고 있어서 힘을 적게 들이고도 수확을 많이 거둘 수 있고 백성을 보호하는 데 큰 도움이 되는 뛰어난 계책이 들어 있다."라고 상찬했다.[27)]

『농정신편』에 목판화를 싣다

『농정신편』은 우리나라에서 처음으로 서양의 농법을 소개한 근대적 농서다. 안종수는 1884년 8월 23일 우정총국 사사가 되었고, 이어 1885년 7월 12일에는 통리아문 주사로 임명되었다. 『농정신편』을 펴냈을 때 그는 통리아문에서 주사로 근무했다. 아마도 광인사와 통리아문이 긴밀한 관계가 있었기 때문에 이 책이 광인사에서 발행되었을 것으로 보인다.

『농정신편』은 1885년 광인사에서 간행된 데 이어, 1905년 10월 박문사博文社에서 4권 1책으로 다시 찍어냈다. 이 재판본은 김일제金一濟의 출연금으로 만들어져서 농상공부를 통해 전국 13도에 널리 보급되었다. 1931년 5월 조선총독부에서는 식량증식계획의 일환으로 이 책을 한글로 번역해서 반포하기도 했다.[28] 그만큼 근대적 농서로서 이 책의 가치가 높이 평가되었다.

광인사의 초판본 『농정신편』에서 주목할 만한 것이 있다. 본문 앞에 약 22면에 걸쳐 목판화가 실려 있다. 이 판화는 이후 나오는 다른 판본에는 모두 사라지고 없다. 이 목판은 안종수가 참고했던 자료를 토대로 그려진 것으로 보이는데, 시각적인 교육 효과를 고려해서 채택했을 것이다. 이 판화에는 각 식물의 명칭뿐만 아니라 농기구 사용법 등도 그려져 있어서 당시 독자들에게 큰 도움을 주었을 것이다. 이 삽화를 누가 어떻게 그렸는지는 알 수 없다.

이 책이 간행되기도 전에 그 가치에 주목하고 정부에 이를 알린 사람도 있었다. 1882년 8월 23일 유학 지석영의 상소에서는 '우매함을 깨우쳐 시무時務를 환히 알 수 있게 하는 책들' 가운데 하나로 '진사 안종수가 번역한 『농정신편』'을 꼽았다.[29] 이 책이 광인사에서 간행되기 전에 지석영을 비롯한 개명한 지식인 사이에서 읽혔던 사실을 확인할 수 있다.

이 책은 우리나라 최초의 근대식 학교인 원산학사의 교재로 사용되기도 했다. 원산학사는 1883년 8월 28일 이전에 함경도 덕원부 원산에 설립되었는데, 덕원의 읍민들과 정현석, 어윤중, 정헌시 등을 비롯한 개화파 관료들이 주축이 되었다. 특수과목으로 문예반은 경전의 뜻을, 무예반은 병서를 가르치도록 했다. 문무의 공통과목으로는 시무에 긴요한 과목으로서 산수, 격물格物(물리)로부터 각종의 기기機器와 농업, 양잠, 광산채굴 등에 이르기까지 실용 학문을 가르치게 했다. 이 학교의 교재로 처음 사용하고 비치한 도서는『영지瀛志』6권,『연방지聯邦志』2권,『기기도설奇器圖說』2권,『일본외국어학日本外國語學』1권,『법리문法理文』1권,『대학예비문大學豫備門』1권,『영환지략瀛寰志略』10권,『만국공법』6권,『심사心史』1권 등과 함께『농정신편』2권 등이 포함되어 있었다.[30]

여기서『농정신편』은 2권으로 나오는데,『농정신편』이 광인사에서 연활자로 간행되기 전에 그 일부를 교재로 썼는지는 알 수 없다. 어쨌든『농정신편』은 출판 자체도 의미가 있었을 뿐만 아니라 지석영의 상소, 원산학사의 교재 등으로 당시 널리 읽히고 퍼졌던 책들 가운데 하나였다.

강위의 문집을 펴내다

광인사에서는 경전과 농서뿐만 아니라 개인 문집도 간행했다.『충효경』이 전통적인 가치관을 담은 책이고,『농정신편』이 서양식 근대 농법을 소개하는 책자였다면, 개인 문집은 광인사의 인적 연결고리를 확인해볼 수 있는 하나의 실마리가 된다.

광인사에서 펴낸 개인 저작은 강위의 시문집『고환당수초古歡堂收艸』와 변종운의『소재집歗齋集』이다. 강위와 변종운은 모두 중인 계층 출신이란 점에서 공통점을 찾을 수 있다. 강위는 육교시사의 좌장이자 가쿠고로의 언문 교사로서 박문국과 인연을 맺었는데, 강위와 교류한 지식인들 다수가 박문국에서『한성순보』와『한성주보』를 만드는 데 깊이 참여했다. 다시 한번 광인사와 박문국의 긴밀한 연관관계를 확인할 수 있다.

강위의 문집은 그의 사후 여러 차례에 걸쳐 간행되었다. 1884년 3월 10

일 강위가 세상을 떠나자 이듬해 1885년에 그의 아들 강요선이 방치요 등과 함께 시고詩稿를 모아 광인사에서 『고환당수초』 17권 3책을 활자로 간행했다. 문인 이건창의 교정과 정만조의 편집을 거친 다음 김윤식의 서문을 받았다.

이 책은 속표지에 표제 '고환당수초'古歡堂收艸 옆에 '광인사신전'廣印社新鐫이라고 되어 있다. '신전'은 중간重刊의 뜻이지만 광인사가 1884년에 설립되었고, 실제 1885년 이전에 문집이 간행된 사실이 없다는 점에서 '신전'은 초간初刊을 의미할 것이다. 권수제卷首題 아래에 '천수 강위 자기 저, 완산 이건창 영재 교, 동래 정만조 무정 편'天水 姜瑋 慈屺 著, 完山 李建昌 寧齋 校, 東萊 鄭萬朝 懋亭 編 등 저자, 교정자, 편자를 밝혔다.

초판이 간행된 지 4년 뒤인 1889년에는 다시 아들 강요선이 『고환당수초』의 문고文稿를 모아 이건창의 교정을 거친 다음 김홍집의 서문을 받아 광인사에서 4권 2책으로 간행했다. 광인사본 『고환당수초』는 1915년에 같은 곳에서 재판되었다. 정학교丁鶴喬가 쓴 속표지에 '광인사신전'廣印社新鐫이라고 쓰여 있고, 여규형이 쓴 권1의 『연상집聯床集』 표지에 '을묘신전'乙卯新鐫이라고 표기되어 있다. 신전은 재판이란 뜻이고 을묘년은 1915년이다.[31] 여기에 강위의 초상화가 실려 있어 눈길을 끈다. 그 뒤 1935년에는 강위의 증손 강범식이 광인사본 『고환당수초』에 실리지 못한 저자의 시문을 모아 기존 간행본과 합쳐 재편집해서 2책으로 필사했다.[32]

그런데 한 가지 이상한 점이 있다. 곧 살펴보겠지만, 광인사는 1895년 3월에 교동의 관립일어학교로 귀속되어 사라졌다. 1915년에 나온 광인사본의 정체는 무엇일까. 초판본을 다시 찍을 때 출판사 이름을 그대로 썼는지, 아니면 이름만 같을 뿐 다른 출판사가 있었는지 알 수 없다.

강위의 문집이 세 차례에 걸쳐 광인사에서 간행되었다는 것은 그만큼 강위가 광인사와 긴밀하게 연관되어 있었다는 것을 암시한다. 국문학자 김영민은 "강위의 저작물들이 모두 여기에서 간행되었다는 점 때문에, 광인사가 강위를 중심으로 설치된 인쇄소였을 가능성도 제기되고 있다."라고 했는데,[33] 자료가 남아 있지 않아 확증하기 어렵다.

광인사, 텅 비고 못 쓰게 되다

광인사에서는 강위의 문집 다음으로 조선 후기에 활약했던 역관 출신 문인 소재歡齋 변종운卞鍾運(1790~1866)의 시문집 『소재집歡齋集』을 1890년에 간행했다. 이 책은 손자 변춘식이 변종운의 시초詩鈔 4권 1책, 문초文鈔 3권 1책을 모아 모두 7권 2책으로 엮은 것이다. 권두에는 이유원, 홍현보, 이재원, 변원규가 지은 서문이 실려 있다. 한경중은 발문에서 "마침 선생의 손자 춘식이 유고를 광인사에서 간행한다는 말을 듣고 마침내 벌떡 일어나 나아가서 시문을 받들어 읽었다."라고 밝혔다.

변종운은 당송 시에 정통해서 칠언절구인 「양자진揚子津」이 널리 애송되었다. 산문에서는 풍수설의 허황함을 공격하기도 하고, 기독교의 천당과 지옥설이 우매한 중생을 잘못된 길로 이끄는 것이라고 비판했다. 「각저소년전角觝少年傳」, 「유담전柳曇傳」 등의 전傳은 이야기체 소설에 가깝다.[34]

광인사는 최초의 민간 출판사로 출현하고 몇 차례 뜻 깊은 책들을 출판하기는 했지만 오래 지속되지는 못했다. 변종운의 『소재집』을 간행한 이후 별다른 출판 활동 기록이 남아 있지 않다. 아마 경영이 악화되어서 1890년대 중반쯤에 활동을 접었을 것으로 보인다. 1895년 정부에서는 광인사를 교동

학교로 귀속시킬 것을 결정했다. 1895년 3월 4일 학무아문에서는 한성부 경무청 앞으로 공문서를 보냈다.

"관립일어학교를 교동의 전前 제용감으로 옮겨 세웠는데, 건물과 터전을 넓게 차지 하지 않을 수 없습니다. 학생들의 활동을 편리하게 하는 게 타당하기에 이에 공문서 를 보냅니다. 청컨대 귀 대신께서는 번거로우시겠지만 잘 살펴셔서 전前 광인사를 해당 학교에 부속附屬하게 하도록 허락해주시기 바랍니다."[35]

이 자료를 보면 당시 한성부에서 광인사에 대한 관리 감독 권한을 맡고 있었음을 알 수 있다. 또한 '전'이라고 과거를 나타낸 것도 눈길을 끄는데, 이 무렵쯤이면 광인사가 활동을 중단했다는 이야기다. 한성부 경무청에서 는 공문서를 받은 다음 날인 3월 5일에 학무아문으로 답신을 보냈다.

"오늘 귀 아문에서 보낸 공문서를 살펴보니 교동으로 학교의 건물과 터전을 옮겨 세 우고 광인사를 넓혀 열 것을 허락해달라고 요청하셨습니다. 이것에 의거해서 조사 해보았습니다. 해당 회사는 지금 텅 비고 못 쓰게 되었지만 인쇄물 재료가 아직도 많 이 남아 있습니다. 귀 아문에서 일꾼을 보내서 우리 관청과 함께 일해서 [광인사에서] 소유하던 물건과 재료를 숫자에 비추어 조사해서 운반하고 해당 회사를 비워 넘겨 준 뒤 공사를 일으키는 데 편리하게 하는 것이 좋겠습니다."[36]

위 기록에서 우리는 광인사의 최후와 그 위치를 추정할 실마리를 찾을 수 있다. 한성부 경무청의 조사 결과 1895년 3월 5일 현재 광인사는 문을 닫고 버려진 상태였다. 인쇄물 재료만 남아 있을 뿐이었다. 광인사의 건물과 터전은 관립일어학교로 흡수되어 역사 속으로 사라지게 되었다.

박문국과 광인사, 기이한 일치

광인사는 당시 교동의 전 제용감 근처에 자리 잡고 있었다. 제용감은 조선시대에 궁중에 바치는 여러 가지 직물과 의복 등을 관장하는 관청이었다. 1830년 무렵 만들어진 『한경지략』에 따르면, 제용감은 "중부 수진방에 있다. 개국 초기에 고려 때 제도대로 설치하고 궐내에 바치는 포목, 인삼과 왕이 대신이나 유공자에게 하사하는 의복이며, 사라紗羅, 능단綾緞, 포화布貨를 채색 염색하고 직조하는 등의 일을 맡았다. 대대로 전해지기를 정도전의 집이 수진방壽進坊에 있었는데, 지금 중학中學이 자리 잡은 서당 터는 정도전가의 서당 자리요, 지금 제용감이 자리 잡은 터는 안채 자리이며 사복시는 마궐자리이다."[37]라고 했다.

『서울육백년사』에 따르면, 제용감은 조선 초기에 설립되었다가 1894년 폐지되었다. 1904년에는 제용사濟用司란 이름으로 부활했지만, 이듬해인 1905년에 다시 폐지되었다. 제용감 터는 당시 '중구 수송동 숙명여자중고등학교 북쪽'이라고 했다.[38] 언론학자 오인환은 옛날 제용감 터에 관리서, 황성신문 세 번째 사옥, 농상공학교 등이 각각 들어섰는데, 이곳이 오늘날 종로구 종로5길 86(수송동)에 있는 서울지방국세청 자리라고 추정했다.[39]

그런데 제용감 터와 관립일어학교 터는 일치하지 않는다. 관립일어학교는 일본 공사의 권고를 받아들여 1891년 음력 5월에 주자동에 세워졌다. 역사학자 이광린은 이 학교가 "뒤에 교동, 정확히 말해서 운현궁 맞은편 오늘의 경제기획원 통계국 자리에 건물을 짓고 이전했다."[40]라고 말했다. 통계국은 통계청의 전신으로, 오늘날의 서울 종로구 삼일대로 467에 있는 서울 노인복지센터에 있었다.

이처럼 광인사의 옛터를 추적하면서 기이한 사실을 하나 발견할 수 있다. 현재의 서울노인복지센터 자리가 언론학자 오인환이 추측한 것처럼 『한성주보』가 발행되던 박문국 자리와 일치한다는 점이다. 만일 이것이 사실이라면, 박문국과 광인사는 같은 건물을 썼거나 아니면 바로 옆에 있었다는 이야기가 된다.

박문국과 광인사는 모두 교동에 자리 잡고 있었다는 점, 강위·안종수·정병하 등 주요 저자가 통리아문이나 박문국과 긴밀한 연계가 있었던 점, 일본에서 인쇄기와 활자를 수입해왔다는 점, 두 기관 모두 한성부와 인연이 있었다는 점 등을 보았을 때, 두 기관 사이의 긴밀한 관계를 추정해볼 수 있다.

광인사는 민간 인쇄소로 출발했지만, 결국 10여 년 만에 문을 닫고 말았다. 지금까지 살펴본 것처럼 광인사는 완전한 의미의 민간회사는 아니었던 것으로 보인다. 그 조직이나 인사, 영업 등은 알 수 없지만, 광인사에서 간행한 서적을 지방 관청에 내려보내 구입하게 한 점, 『한성순보』를 광인사에서 간행하려 시도한 점 등에서 어느 정도 정부나 한성부의 지원을 받고 운영했을 것으로 추측할 수 있다. 맹아적 형태의 민간 출판사였지만, 독립적이고 자율적인 상황에서 출판사, 인쇄소를 운영하기에는 한계가 있었을 것이다.

박문국이 관영 출판사이자 인쇄소였다면, 광인사는 관독상판형 기업의 성격을 띠었을 것이다. 광인사가 오래 지속되지 못했던 것은 당시 관독상판형 기업의 운명과 비슷하지 않았을까. 역사학자 전우용은 "당시 관료나 상인들이 근대적 기업 경영에 미숙했던 점, 상품경제의 발전이 뒤처져 있어 생산물의 판로를 확보하기 어려웠던 점"과 함께 "기업을 운영할 재원을 확보하지 못한" 것이 근본 원인이었다고 지적했다. 당시 조선 정부는 만성적인 재정난을 해결하기 위해 해관세를 신설하거나 해관세를 담보로 차관을 들여올 수밖에 없었다. 하지만 해관세의 수입 가운데 상당 부분이 차관 상환금이었기 때문에 안정적인 수입과 운영은 어려울 수밖에 없었다.[41]

5부

기원과

신화

•

활자와

근대

인쇄술은 인간의 형이상학적 정신이 낳은 가장 우아한 테크놀로지였다. 존재의 소멸이라는 운명적 공포 앞에 시달리는 인간에게 기억을 영속화할 수 있는 수단인 인쇄만큼 불멸의 기념비가 어디 있을까. 한때 살아 있던 정신이 죽어 있는 사물의 형태로 외화外化된 문자와 책은 제작자가 사멸하더라도 그보다 더 오래 살아남아 시간과 타인의 기억 속에 거처한다. 인쇄술은 한 개인을 뛰어넘어 한 시대와 사회가 시각적이고 문화적인 기호와 상징, 개념 장치로 자아와 공동체, 세계를 성찰하고 해석하고 상상할 수 있는 기술이었다. 인간의 보편적 정신문화는 인쇄라는 수단으로 집대성되고 전승되어 인류 공동의 유산으로 입적되었다.

인쇄는 보편성의 영역이기도 하지만, 개별성의 산물이기도 하다. 유럽의 알프스가 스위스, 프랑스, 이탈리아, 오스트리아의 지리와 언어, 기후를 뚜렷하게 나누듯이, 각 민족은 독특한 인쇄 문화의 양식을 발견하고 표현해왔다. 그 양식은 제각기 삶의 의미를 구성하고 진리를 탐구하며,

사상을 공유하고 신념을 전파하는 격자 같은 것이었다. 지리의 범위를 더 넓히면 동양과 서양의 문명권은 언어의 발상과 사유의 구성 방식에서 저마다 고유한 개성을 빚어왔다. 수세기 동안 서로 존재를 의식하지 않은 채 독자적인 길을 걸어온 두 문명권이 마침내 19세기에 이르러 하나로 통합되었다.

재현 기술의 불안한 실험장

서양에서는 15세기 이후 인쇄를 둘러싼 기술적 수단을 끊임없이 혁신하고 개선해왔다. 19세기에는 산업혁명의 원리와 성과들이 인쇄 영역에도 파급되었다. 활자주조기가 시험(1822)되고 지형이 발명(1829)되었다. 동력인쇄기가 개발(1814)되는가 하면 펄프 제지법(1843)도 나타났다. 제본과 장정이 일체화되고 제본작업도 기계화되었다.[1] 산업혁명의 기계제 생산 방식에 토대를 둔 서양의 인쇄술이 19세기 초에 먼저 중국 남해안 지대로 파고들었고, 이후 열렬한 초심자 일본을 거쳐 마침내 조선에도 이르렀다.

1880년대 조선에서 신기술이었던 연활자 인쇄술은 언어와 지식을 대량 복제하기 위한 생산 조직이었다. 활자로 몸을 바꾼 생각과 주장이 합리적으로 조직되고 무제한으로 배포될 가능성이 열렸다. 가능성이 현실 공간에서 실현되려면 생산 수단을 남김없이 활용하고 지배할 수 있는 의도와 역량을 갖추어야 한다. 표현하려는 내용과 표현되는 매체의 조화로운 결합은 기술 수단이 지닌 잠재력의 범위와 한계를 결정할 것이다.

신식 활자문화의 기원을 이루는 시공간으로서 1880년대 조선은 새로운 재현 기술의 불안한 실험장이었고, 외래의 낯선 규칙과 전통의 관습이 뒤섞이고 부딪치는 시련의 용광로 같았다. 몇몇 개화파가 작성했던 계몽의 기획은 거친 초안으로서 현실에서는 대폭적으로 수정되지 않을 수 없었다. 의사소통의 혁신적 수단이었던 신문에는 전통의 윤리와 진보적 세계관이 어지럽게 섞여 있었다. 일직선의 진보가 아니라 망설이고 비틀거리고 넘어지면서 조금씩 진전을 거듭해온 것이 당시 조선의 윤곽이었다.

기원의 시공간은 정체를 짐작하기 어려운 신화적 모호성으로 가득하다. 겨우 남아 있는 기록은 딴청을 부리거나 질문을 회피하기 일쑤다. 소수 증언은 서로 모순으로 가득 차 있거나 독단의 목청을 높인다. 그럼에도 기원의 시공간에는 미래에 펼쳐질 모든 가능성의 맹아가 감춰져 있다.

언어의 대량생산 양식과 처음 만났을 때, 조선에서 유장한 활자문화의 전통과 책의 운명은 달라졌을까. 의미의 재현 기술은 당시 사람들의 일상적 경험과 정신의 지형을 바꾸었을까. 책을 읽고 신문을 보는 독자들의 내면에는 의미심장한 변화가 일어났을까. 연활자는 조선의 근대를 형성하는 데 기여했을까. 유보적이고 잠정적인 가설과 추정일 수밖에 없지만, 답변의 실마리를 찾아보자.

새로운 변화의 양상은 무엇이었을까. 문자 생산 과정에서 전통과 근대를 가르는 지점 가운데 하나는 활자 재료와 주조 방식이다. 조선시대의 금속활자는 청동이 주재료였다. 1434년에 만들어진 갑인자는 청동 84%, 주석 7%, 아연 1%의 비율로 합금되어 있었다. 1455년에 제작된 을해자의 화학조성은 청동 79.4%, 주석 13.2%, 아연 2.3%였다. 여기에 철(1.88%)과 납(1.66%), 망간(0.44%) 등이 섞여 있었다.[2]

서양식 연활자의 주성분은 납이었다. 이상적인 연활자의 합금 비율은 납 70%, 안티몬 25%, 주석 5%였다.[3] 우리나라에서는 1436년(세종 18)에 세계 최초로 연활자를 주조했다. 진양대군(세조)이 쓴 큰 글자(가로 2.3cm×세로 3.4cm)는 연활자(납 73~84%, 주석 2~5%)로, 작은 글자(가로 0.8cm×세로 1.4cm)는 갑인자로『사정전훈의 자치통감 강목』(1438년 발행)을 완성했다.[4]

납은 활자주조에 최적의 재료였다. 녹는점이 낮고(327.4℃) 유동성이 뛰어나다. 응고가 빠르고 수축이 적다. 액체가 잘 스며들어서 먹이나 잉크가 잘 묻기 때문에 인쇄의 선명도를 높인다. 주석은 금속의 녹는점을 낮추고 산화를 막는다. 납과 안티몬의 융합을 돕고 합금 분자를 세밀하게 한다. 안티몬은 납과 주석보다 경도가 5~6배나 높다. 응고할 때는 수축을 적게 하고, 거푸집에서 잘 분리된다.[5]

금속활자 제조 방법에서 조선과 유럽은 전혀 다른 길을 개척했다. 조선의 장인들은 자연에서 손쉽게 얻을 수 있는 재료에서 발명의 영감을 얻었다. 이것을 지식 생산 기술에 적합하게 변형하고 가공함으로써 탁월한 기술을 창안해냈다. 구텐베르크를 비롯한 유럽의 활자기술자들은 기계적인 방식으로 인공 재료를 관찰하고 실험을 거듭함으로써 마침내 활자주조의 원리에 도달했다.

모래 거푸집의 창안

조선의 금속활자주조 방법은 성현의『용재총화』(1525년 초판)에 기록되어 있다.

"먼저 황양목黃楊木을 써서 글자를 새긴다. 해포海浦의 부드러운 진흙을 평평하게 인판印版에 폈다가 목각자木刻字를 진흙 속에 찍으면 찍힌 곳이 파여 글자가 된다.

이때에 두 인판을 합하고 녹은 구리를 한 구멍으로 쏟아 부어 흐르는 구리 액이 파인 곳에 들어가서 하나하나 글자가 되면 이를 깎고 또 깎아서 정제한다. (…) 처음에는 글자를 벌려놓는 법을 몰라서 밀랍蠟을 판에 녹여서 글자를 붙였다. 이런 까닭으로 경자자는 끝이 모두 송곳 같았다. 그 뒤에 비로소 대나무로 빈 데를 메우는 재주를 써서 밀랍을 녹이는 비용을 없앴으니, 마침내 사람의 재주 부리는 것이 무궁함을 알았다.”[6]

과학사학자 전상운은 위의 기록이 “모래 거푸집鑄型에 대한 가장 오래되고 정확한 기사”라면서 “청동 활자를 주조해내는 모래 거푸집의 개발은 인쇄술의 혁신을 가져온 기술의 바탕이 되었다.”라고 평가했다.[7] 조선의 활자 인쇄술은 모래 거푸집에서 태어났다고 할 만큼 그것은 획기적인 창안이었다. 인쇄사학자 카터(T. F. Carter)도 조선 인쇄술의 의의는 주형, 곧 거푸집의 발명과 개발에 있다고 말했다.[8]

하지만 서양 인쇄기의 역사를 쓴 모란(James Moran)은 활판인쇄술이 ‘15세기 중엽 유럽의 발명’이라고 못 박았다. “한국인들은 이러한 형식의 인쇄술을 발전시키는 데 가장 가까이 다가갔다. 하지만 자신들의 글자를 모래로 주조하는(sand-casting) 원시적인 방법을 넘어서 진보시키지 못했는데, 그들은 이것[인쇄술]을 대량 복제 기술에 적합하게 만들지 못했다.”[9] 조선의 모래 거푸집은 내구성이 강한 구텐베르크의 금속 주형과 달리 일시적이고 잠정적인 틀이었다. 활자의 대량생산 기술로 진화하는 데는 한계가 있었다.

한 사회의 기술 발전 단계와 수준은 그 사회의 필요와 욕구의 범위를 뛰어넘지 못한다. 조선에서는 활자 인쇄술로 대량 생산을 의도하지도 않았고 그럴 만한 동기도 없었다. 그것은 책에 대한 욕구가 소규모 독자에게 한정된 사회경제적 조건에 적합한 인쇄 양식이었기 때문이었다.[10] 긴급한 내용을 빠른 시간 안에 전파해야 하거나 다양한 주세를 다룬 책이 필요할 때는 금속활자로 인쇄했고, 많은 양이 필요할 때는 목판으로 새겨서 출판했다.[11]

대량생산의 발상

구텐베르크로 상징되는 서양의 인쇄술은 조선과 전혀 다른 의도와 동기의 산물이었다. 이념적으로는 인간의 영혼을 구제하기 위한 신앙의 열정과 이윤의 무한 증식을 갈망하는 상업의 정신에 바탕을 두고 있었다. 기술적으로는 획일화, 균일화, 규격화에 토대를 둔 대량생산 체제였다. 다시 말하면 활자 자체를 복제하기 위한 '불변적인 형型' 곧 모형母型으로 활자를 제작하는 방식이었다. 이것은 "고정화라는 방법을 전제로 해서 보편적인 '형'으로 '다수'의 '균일한 것'을 산출하는 근대적인 대량생산의 발상"에서 나온 것이었다.[12] 인쇄사학자 하야카와 히로시早川浩는 판版과 형이 활자 근대화를 위한 핵심 조건이었다고 말했다.

> "균일하게 인쇄하려면 동일한 사물을 만들 필요가 있다. 그 '판'이라는 존재와 '형'이라는 대량생산의 의식이야말로 활자와 근대의 관계를 고찰하는 데 중요한 열쇠이고, 사회적인 의미에서 동양식 활자와 서양식 활자 인쇄술의 차이는 거기서 찾을 수 있다."[13]

구텐베르크가 발명한 것은 펀치 모형 제조법이었다. 이것은 강철을 깎아서 볼록凸 모양의 문자父型를 만들고, 이것을 해머로 연한 강철에 박아 넣어서 오목凹 모양의 모형을 만드는 방식이었다. 물리적인 관찰과 실험에 기반을 두고 창안한 기술인데, 비상하게 정확성을 요구하는 작업이었다. 하지만 단시간에 복수의 모형을 제작함으로써 반영구적으로 제한 없이 활자를 대량으로 생산할 수 있는 효율적인 방식이었다.

펀치 제조법은 표음문자인 알파벳에 최적화된 활자 기술이었다. 알파벳은 수량도 제한되어 있고 획수도 많지 않을 뿐만 아니라 형태도 복잡하지 않다. 이런 문자 자체의 특성 때문에 알파벳 활자는 한 문자 한 문자가 하나의 '단위'(unit)로서 독립될 수 있고 획일적이고 통일적이며 규격화된 상품으로 조립될 수 있다. 언어학자 월터 옹(Walter J. Ong)은 서양의 활판인쇄술과 근대적 생산 과정의 관계에 주목했다.

> **"각 문자가 따로따로 떨어진 금속조각 또는 활자로 만들어져 있는 알파벳의 활판인쇄는 (…) 말 자체를 제조 과정 속에 깊이 짜 넣고 말을 일종의 상품으로 만들었다. 환치 가능한 부분으로 이루어진 동일한 복합적인 제품을 일련의 조립 공정을 통해서 생산해가는 제조 기술, 즉 조립 라인의 최초의 것은 스토브나 신발이나 무기가 아니고 인쇄본을 생산하는 라인이었다."[14]**

또 하나 동서양 인쇄술의 결정적인 차이는 인쇄기의 발명과 활용이었다. 동양의 전통적인 목판과 금속활자 인쇄술에서는 수공업적 방식으로 작업해왔다. 먹을 묻힌 판면에 종이를 올려놓고 사람이 손으로 '문질러' 찍어냈다. 이에 비해 서양에서는 손잡이와 나사라는 물리적인 장치로 '눌러서' 찍었다. 인쇄기는 종이에 활자를 찍는 과정을 합리화하는 장치로서 생산 속도를 높였을 뿐만 아니라 노동력을 절약하고 선명하게 인쇄할 수 있었다. 기계적으로 정밀하고 균질하게 찍는 과정을 반복함으로써 산업적인 대량 생산 방식을 구현한 것이 구텐베르크 인쇄술이었다.

언어의 표준화와 민족주의의 기초

서양에서 활자 인쇄술의 발명이 중세에서 근대로 넘어가는 거대한 사회적·문화적·종교적 변혁의 계기가 되었다는 것은 잘 알려져 있다. 서양에서 인쇄기가 낳은 첫 번째 결과물은 종교개혁이다. 보편성을 주장하는 로마 가톨릭 교회의 영향력은 현저하게 약화되었다. 인쇄기는 교육받은 식자층의 수를 증가시켰고, 최초로 여론을 형성하게 했다.[15]

인쇄는 유럽의 자본주의를 발전하게 하는 데도 크게 기여했다. 실험에 토대를 둔 근대 과학을 융성하게 했고, 전 세계로 지리적 탐험에 나서도록 자극했다.[16] 인쇄술과 언어의 관계도 주목할 만했다. 인쇄술은 유럽 주요 지역의 언어를 표준화하고 고유어 사용을 촉진함으로써 민족주의의 기초를 쌓았다.[17] 활자 인쇄는 말의 사적 소유라는 새로운 감각을 만들어냈다.[18]

대량 복제 기술의 산물인 책은 사람의 신념을 눈에 보이는 실체로 만들어주었다. 특정 사상이 반영되어 있는 책을 소유함으로써 그 사람의 생각은 물리적으로 구체화된다. 책은 이미 확신을 가지고 있는 자들에게 논거를 제공해주었고, 이들이 스스로 확신과 신념을 더욱 심화하고 구체화할 수 있게 도와주었다. 그뿐만 아니라 책에는 망설이던 사람들까지도 함께 엮어 가담하게 하는 힘이 있었다.[19]

인쇄술은 동일한 텍스트의 출판, 다시 말해 획일적인 출판을 가능하게 했다. 기계적 복제는 책의 세계에 신뢰감을 가져다주었다.[20] 인쇄술은 정확성을 추구함으로써 기존의 관념을 비판적으로 사고하고 평가할 수 있게 했다. 하지만 출판물에 고정성을 부여함으로써 오랜 편견이나 매력적인 오류마저 더욱 고착화할 위험성도 가지고 있었다.[21] 인쇄업자와 출판업자들의 전문적이고 기술적인 관행은 저자들의 글쓰기에도 영향을 미쳤다.

> "인쇄업자가 자신이 해야 한다고 믿었던 언어적인 교정, 특히 철자법, 문법, 텍스트 문체에 대한 개입은 가끔 타당한 경우가 있어서 장기적으로는 저자에게도 영향을 주었다. 그에 따라 저자들은 점차 새로운 여건에 적응하게 되었으며, 텍스트의 언어를 표현할 때 벌써 인쇄업자의 습관을 예상하여 그들이 교정할 때 보았던 대로 글을 썼다. 이로써 저자들은 매체가 요구하는 새로운 언어 형식, 즉 구어와 문어와는 다른 인쇄 언어의 형성에 일정 부분 기여하였다."[22]

인쇄술은 동서양의 미적 감각에도 제각기 개성적인 형식을 부여했다. 표음문자인 알파벳과 표의문자인 한자의 전혀 다른 특성은 글꼴의 형태와 미학, 예술성을 결정지었다. 수만 개에 이르는 한자, 복잡한 형태와 획수는 활자의 제작뿐만 아니라 인쇄 과정에서도 여러 가지 어려움을 낳았다. 인쇄할 때 극히 세밀한 획의 선이 깨지거나 문드러지기도 하고, 획 사이나 문자 사이가 먼지나 오물로 막히는 일도 일어난다. 서예가나 달필가가 쓴 행서체와 초서체 등의 글자체에는 그것을 쓴 사람의 개성과 인격이 녹아 있었다. 따라서 획일적이고 규격화된 사각형의 틀 안에 그것을 가두는 것은 널리 환영받지 못했다.

동서양에서 쓰는 필기구 차이도 서체의 예술화, 상업화에 지울 수 없는 자취를 남겼다. 동양의 붓은 크기나 속도, 방향, 쥐는 힘에 따라서 다양한 형태를 표현할 수 있다. 또 먹을 엷게 하거나 짙게 함으로써 번짐의 정도와 붓 자국의 자취를 다채롭게 나타낼 수 있다. 필력이나 필치로 유유자적, 비균일非均一, 웅혼한 기상 같은 미적 표현이 가능하게 된다. 붓에 비해서 서양의 펜은 펜의 폭에 따라서 글자 선에 통일성을 부여해준다. 펜의 동작에 따라서 획일적인 글자 표현도 가능하다.

구텐베르크가 등장하기 전에 유럽은 사본의 시대였고 고딕체의 전성기였다. 고딕체는 중세 수도원의 사본실寫本室에서 탄생했다. 사자생寫字生들은 사본을 완성하는 데 드는 시간과 노력을 줄이기 위해 빨리 쓸 수 있고, 누가 써도 동일하게 보이며, 분업에 적합한 서체를 개발했다. 그것이 고딕체였다. 고딕체는 활자처럼 직사각형 안에 수용하기 쉬운 형태를 갖추고 있었다. 문자를 분해하고 부품화해서 '부분' 곧 '사물'로서 인식하고 유형화하기에도 적합한 서체였다.

서양의 선교사들이나 활자 제작자들이 한자라는 낯선 문자체계를 만났을 때, 그들은 한자를 알파벳처럼 하나의 부품으로 만들어 결합하는 방식으로 접근했다. 표의문자를 표음문자와 동일하게 처리하려고 한 것이다. 거기서 탄생한 것이 생경한 형태의 '분합分合 활자'였다. 복잡한 한자를 형부形符와 성부聲符로 분리해서 각각 독립적으로 제작한 다음 결합한 것이다. 그들에게 한자는 모국어가 아니다. 그 때문에 한자를 알파벳처럼 하나의 부품으로 만들어서 인식하기 쉽게 '장치'와 '도구'로서 처리하려 했는지도 모른다.[23]

분합 활자로 만들어진 한자는 동양의 서예 미학적 전통에서는 받아들이기 힘든 기이한 글자에 지나지 않았다. 한자라는 글자의 고유한 개성과 특징을 잘 살리면서도 글자를 대량생산하려고 고안한 것이 바로 납형전태법이다. 전기 분해의 원리를 응용해서 전기 도금 방식으로 활자판과 활자 모형을 생산하는 방식이다. 한자처럼 획수가 많고 형태가 복잡한 문자와 루비처럼 크기가 작은 글자를 복제하기에 적합한 기술이다. 1845년 무렵 미국의 활자 제조공인 스타(Edwin Starr)가 원리를 개발했고, 윌리엄 갬블이 상하이에서 획기적으로 개선했다.

'공예'에서 '공업'으로

1880년대에 박래품이었던 연활자 인쇄술은 당시 조선 사회의 의미 구성 방식을 어떻게 바꾸었을까. 무엇보다 지식과 정보의 생산 양식이 달라졌다. 활자주조와 인쇄 공정이 다품종 소량생산에 토대를 둔 수공업적 '공예'의 영역에서 대량생산과 유통, 소비를 위한 기계제 '공업'으로 이행해갔다. 풍문으로 들리던 산업혁명의 문화적 산물이 그제야 뒤늦게 조선에 도착한 것이다.

연활자 인쇄술로 한 지면에 담을 수 있는 정보량이 크게 늘어났다. 당시 신문과 단행본의 본문에 사용된 4호 활자는 전통적인 금속활자 인쇄술에 쓰인 활자보다 훨씬 작았고 글자와 글자 사이의 공간도 조밀했다. 행간의 간격도 밀도가 높았다. 따라서 동일한 지면에 담을 수 있는 활자의 양은 크게 늘어났다. 『한성순보』 창간호는 한 면(23.5×17.5㎝)에 17행 47자(3호부터는 23행 47자)를 담고 있었는데, 같은 해 1883년에 목활자본으로 간행된 고산鼓山 임헌회任憲晦의 문집 『고산선생문집鼓山先生文集』(13책, 서울대 규장각, 국립중앙도서관 소장)은 한 면(21.3×14.7㎝)에 10행 20자를 수록했다. 전통 방식으로 제작된 책에서는 연활자 인쇄물에 비해서 거의 절반에 가까운 글자밖에 싣지 못한 것이다.

또 다른 결과는 생산 속도가 빨라지고 인쇄 부수가 비약적으로 늘어났다는 점이다. 조선시대에 금속활자로 찍어낼 수 있는 생산량은 대부분 수십 부에서 200부 정도에 지나지 않았다. 『한성순보』는 호마다 3천 부가 넘게 찍었다. 실증 자료는 남아 있지 않지만, 동일한 양을 생산했을 때의 생산 속도도 이전보다 월등하게 향상되었을 것이다. 족답 인쇄기라는 기계식 생산 방식을 채택했기 때문이다.

인쇄도 훨씬 선명해졌다. 수성의 먹이 아니라 인쇄용 유성 잉크로 판면을 묻혔고, 솔로 종이 위를 문지르던 데서 벗어나 기계적 압력을 가하는 방식으로 변했기 때문이다. 종이를 누르는 압력의 차이 때문에 연활자로 찍은 지면에서는 요철의 입체적 느낌이 잘 살아 있었다.

도전받는 성리학의 절대주의

활자체도 전통과는 단절되었다. 조선에서 활자를 만들 때 글자본은 주로 학문과 예술적 경지가 뛰어난 왕족이나 상층 양반 사대부들이 썼다. 이 때문에 각자의 개성과 예술적 성취가 글꼴에 그대로 살아 있었다. 하지만 도쿄쓰키치활판제조소(또는 상하이의 미화서관)에서 만든 한자와 한글 글꼴은 이와는 전혀 다른 배경에서 나온 것이었다. 특히 도쿄에서 만들어진 한글 글꼴은 주로 하층의 기독교 신자들이 쓴 글씨를 전범으로 삼은 것이었다. 그것이 국가의 공식 언론 매체와 간행물의 글꼴로 쓰였다는 것은 변화된 시대를 반영한다.

활자로 간행된 책들의 주제와 소재, 종류와 성격도 달라졌다. 신문이라는 근대적인 커뮤니케이션 형식이 처음으로 선보였다. 서양의 정치 체제와 사회 제도, 물리학과 화학, 농학과 공학, 지리 정보 등이 번역 소개됨으로써 세계에 대한 지식과 이해가 확대 심화되어갔다. 외국의 언어를 배우기 위한 어학서와 사전도 활자화됨으로써 언어의 상대성과 다원성에 대한 감각이 생겨났다. 비록 나라 바깥에서 인쇄되었지만 성경이 한글로 번역, 인쇄되어 국내에 들어옴으로써 기독교 신앙에 대한 이단과 금기의 장벽도 허물어져갔다.

지식 사회를 둘러싼 이 같은 사태는 두 가지 의미심장한 변화를 상징적으로 보여준다. 조선시대 내내 흔들림이 없었던 성리학의 절대주의가 도전받기 시작했다는 것이 그 하나다. 성리학의 이념은 왕조의 체제교학으로서 일상생활과 사회질서, 무의식을 지배해왔다. 하지만 외래의 이질적인 사유와 관념, 지식체계에 맞서서 더는 독점적인 자기주장을 할 수 없는 시대를 맞이하게 되었다. 도전받지 않던 지식과 사상이 이제는 비교와 검토, 회의와 논쟁의 대상이 되어갔다.

또 하나는 지식과 정보의 수입 경로가 복수화되어갔다는 점이다. 조선시대에 거의 모든 지식의 원천이자 권위의 근거는 중국에서 생산되고 집적된 학문과 저작이었다. 조선시대 중국 외교사절의 주요 임무 가운데 하나는 선진적인 사상과 학술을 담은 저술의 목록을 파악하고 그것을 구입해오는 것이었다. 개항 이후 지식 형성 과정에서 중국의 독점적 지위는 무너졌다. 그 자리에 일본과 서양의 담론이 경쟁적으로 몰려들었다. 1880년대에 박문국에서 펴낸 단행본 가운데 중국의 사유와 전통을 담은 것이 단 하나도 없었다는 것은 암시하는 바가 크다.

판식과 장정 양식의 지속

거의 모든 것이 변화 앞에서 동요할 때, 거기에 저항하는 힘들은 있게 마련이다. 연활자 도입 초창기에 활자의 크기와 모양, 주조 원리, 종이에 박는 방식 등은 크게 달라졌지만, 활자를 둘러싼 페이지의 윤곽과 형태는 전통에서 그다지 벗어나지 않았다. 광곽匡廓, 어미魚尾, 계선界線, 판심版心 등 판식版式은 한적의 판박이였다. 구두법과 가로쓰기, 띄어쓰기도 아직 등장하지 않았다. 제본과 장정 양식도 마찬가지였다. 거의 대부분 능화판을 새긴 표지에 제첨題籤을 붙였고, 책등에 구멍을 다섯 개 뚫어 실로 꿰매는 오침안정五針眼釘의 선장線裝으로 만들어졌다.

당시는 전통에서 근대로 넘어가는 활자문화의 이행기이자 과도기였다. 새로운 인쇄기술은 당시 사람들에게 하나의 도전이었다. 판식과 제책 방식은 아직 실험 단계를 벗어나지 못했다. 낯선 외래 기술에 어울리는 내용과 형식은 개발되지 않았다. 전통적인 미적 관습을 따르는 것이 당시로서는 현명한 선택이 아니었을까. 게다가 독자들의 취향도 여전히 과거 형식에서 벗어나지 않았을 것이다.

책의 유통도 아직 변화 속도를 따라잡지 못했다. 활자와 텍스트의 생산 속도는 크게 발전했지만, 활자화된 지식을 널리 배포하는 일은 그다지 나아지지 않았다. 근대적인 우편제도나 교통수단이 아직 등장하지 않았기 때문이다. 『한성순보』나 『농정촬요』 같은 신문과 단행본은 전통적인 행정조직, 곧 공문서 전달과 공공 물자의 수송을 맡았던 역참, 경주인과 영주인 같은 인적 조직망을 그대로 활용할 수밖에 없었다. 갑오개혁(1895) 이후 우편제도, 철도, 전신 등 근대적 교통 통신수단이 등장했을 때 비로소 활자문화의 전파 속도도 혁명적 상황을 맞이했다.

1880년대는 전통과 근대의 양상이 어지럽게 뒤섞여 있었다. 박문국과 광인사에서 기술적으로 연활자를 실험하고 사회 개혁을 위한 문화 투쟁을 벌였다면, 민간에서는 여전히 목판과 목활자로 유학자들의 개인 문집을 찍어내고 가문의 족보를 간행했다. 말하기와 쓰기, 듣기와 읽기의 문화 공동체에서도 전통적인 신화와 주술의 세계가 외래적인 과학과 이성의 사유와 공존했다.

하지만 머지않아 근대가 전통을 압도하게 될 것이었다. 갑오개혁 이후 『독립신문』(1896년 창간)을 필두로 민간의 자율적이고 독립적인 언론기관이 나타났고, 고제홍서포(회동서관), 주한영서포(중앙서관), 김상만 책사(광학서포)를 비롯한 서점과 출판사, 보성관·휘문관·신문관 같은 활판인쇄소가 등장함으로써 연활자 인쇄술을 기반으로 한 출판 인쇄문화가 성숙해갔다.

1880년대 박문국과 광인사는 1890년대 이후 활자문화의 근대화를 예고했다. 대략이나마 다가올 시대의 윤곽을 그려보자.

"개념의 시각적 상징"이자 "생각을 거친 주장들의 시각적 표현"[24]인 페이지의 형태와 텍스트의 배치 방식이 합리적인 질서로 변한다. 각 행은 지은이의 생각과 사고와 주장에 따라 하나로 묶여서 단락이 된다. 각 단락들은 장과 절의 질서 아래 분할된다. 책 전체를 일목요연하게 보여주는 목차, 지은이가 자신의 주장을 어떻게 논리적으로 구축해가는지 설명하는 서문, 그것의 구체적 전개 양상인 본문, 저자와 책에 대한 가치 평가와 찬사가 담겨 있는 발문 등이 쪽 번호 순서에 따라 유기적으로 결합된다. 주석과 색인 같은 참조체계도 갖추어진다. 표제도 제목뿐만 아니라 부제, 총서명, 전집명, 원서명 등으로 세분화되고 계열화된다.

근대의 책에는 정가가 표기된다. 이는 시장의 유통을 전제로 한다. 저작자와 발행자의 법적 권리를 명시하는 장치로서 판권도 인쇄된다. 내용과 주제를 반영하는 감각적 장치로서 개성 있는 표지가 등장한다. 인쇄용지도 손으로 뜬 한지 대신 기계로 대량생산된 양지가 보편화한다. 제책 형식에서도 오침안정의 선장에서 서양식 양장본과 반양장본으로 바뀌어간다. 이처럼 책의 구성 방식은 전통적인 한적의 판식, 장정과 제본 양식과는 현저하게 달라졌다.

근대적 시각 장치들이 일관되게 추구했던 것은 '읽기 쉬움'의 개선 곧 가독성의 확보였다. 특히 읽기 쉬운 텍스트를 만드는 데 가장 크게 공헌한 것은 구두법(쉼표, 마침표, 의문부호, 감탄사 등)과 띄어쓰기, 가로쓰기였다. 언어 표기법과 문체 변화도 눈에 띄었다. 언문일치 운동은 언어의 근대화에 크게 기여했는데, 국한문과 국문체 표기를 바탕으로 쓰는 말과 적는 글의 이질성을 극복하려 한 것이었다.

연활자 인쇄술로 텍스트의 대량생산이 가능해졌다. 원산학사, 배재학당, 이화학당 등 민간에서 신식 교육기관이 설립되고 교과서가 제작, 보급되면서 문자해독 능력은 급격히 높아져갔다. 책마다 읽기 쉬운 시각 장치가 도입되면서 독서의 속도가 빨라졌다. 독서량도 급속하게 늘어갔다.

성스러운 대상에서 '상품'으로

글과 책을 둘러싼 기술적·사회적 변화는 당시 사람들에게 어떤 영향을 미쳤을까. 일본 근대문학 연구자인 고노 겐스케紅野謙介가 말한 것처럼, 서양식 활자 인쇄술의 도입은 "읽고/쓰기의 문화적 실천, 곧 신체화된 전前 의식적인 관습 행위에 커다란 역사적 단절"을 가져왔다.[25]

책이 대량으로 생산되고 보급된다는 것은 책의 희소성이 감소하는 것을 뜻한다. 이에 따라 책에 대한 인식도 바뀔 수밖에 없게 된다. 전통적으로 동양 사회에서 책은 성현의 탁월한 지혜를 담고 있는 '성전'聖典이었다. 성현의 가르침에 대한 절대적 숭배가 동양을 지배한 정신 가운데 하나였다. 조선 후기 민화에 등장하는 '책가도' 병풍은 책을 경배하던 사람들의 마음을 잘 보여준다. 또 책에는 일종의 마술적 힘이 담겨 있다고 믿어왔다. 국립민속박물관에 소장되어 있는 「관성제군무신도」에는 황색포를 입은 관성제군(관우)이 책과 붓을 들고 있는데, 민간신앙에서 책이 주술 대상이기도 했다는 것을 알려준다.

하지만 이제 책은 더는 희귀하지도 않고 성스러운 대상도 아니었다. 성현의 훌륭한 말씀도 언제 어디서나 화폐와 교환될 수 있는 '상품'으로 바뀌었다. 소수 귀족계급이 독점적으로 향유하던 지식 문화의 산물이 익명의 일반 대중도 자유 시장에서 값을 지불하고 소유할 수 있는 거래의 대상이 되었다. 글자로 쓰이고 책으로 엮인 것에 대한 숭배와 외경은 큰 수정을 받을 수밖에 없었다. 신분이나 지위라는 위계질서 대신 경제력이라는 평등의 원리가 등장한 것이다. 이제 누구나 소비자로서 책이라는 상품 앞에서 동등한 권리를 누릴 수 있었다.

책의 형태와 구성요소가 바뀌고 대량생산과 대중 소비 시대가 열리면서 사람들의 책읽기 방식에도 눈에 띄는 변화 양상이 나타났다. 일본의 근대적 독서 현상을 연구한 존 클락은 일본에서 독서습관이 어떻게 달라졌는지 보여준다.

"소리(글자의 음절적인 가나음보다 그 글자의 중국식 발음으로) **내어 읽는 옛 독서법의 전통**

속에서 유창해질 때까지 반복해서 교과서들을 읽던 세계에, 새로운 독서법은 잡지 책을 받아들이는 완전히 새로운 방법이었다. 이는 반복에 의해 온몸을 통한 구술로 적은 양의 정보를 받아들이던 단계로부터, 시각적으로 그리고 동시적으로 많은 양의 지식을 받아들이는 보다 근대적인 독서습관의 단계로 이동했음을 의미했다."[26]

클락은 책 읽는 사람들의 신체기관에 일어난 변화를 읽어냈다. 조선시대의 전통에서도 나타나듯이, 과거의 독서 방식은 낭독과 암송 위주였다. 낭독은 입뿐만 아니라 신체적 리듬이 함께 작용함으로써 더욱더 효율적으로 이루어질 수 있었다. 암송은 무한 반복의 훈련을 바탕으로 한다. 다량의 정보보다는 소량의 지식을 집요하게 성찰하고 오랜 시간 반복함으로써 신체와 기억에 각인되는 효과를 얻을 수 있었다. 이와 달리 근대적인 독서는 대량 정보를 눈으로 일회적으로 소비하는 방식이었다. 여기에서 신체기관은 상대적으로 수동적 역할만 맡았을 뿐이다.

시각화된 '내면'의 탄생

일본의 출판문화 연구자인 나가미네 시게토시永嶺重敏는 좀 더 분석적이고 종합적인 관점에서 독서의 근대적 특징을 보여준다. 그는 일본에서 메이지 30년대(1890년대 중후반)를 전후로 반복 숙독적熟讀的인 '독서백편'의 습관이 쇠퇴하고 소비적 독서법으로 변해갔다고 분석했다. 본래 소비적 성격이 강한 '일간신문'과 '잡지'라는 새로운 미디어가 출현한 것이 중요한 요인이었다. 또 음독에서 묵독으로 이행하면서 사람들의 정신구조에도 변화가 일어났다. 독서가 개인화함으로써 내성화의 경향이 나타난 것이다.[27]

페이지의 시각적 장치들은 근대인의 '내면'을 구성하는 데 필수불가결한 요소였다. 일본문학 연구자인 가메이 히데오亀井秀雄는 후타바테이 시메이 二葉亭四迷의『뜬구름浮雲』(1887~1889)에 주목하면서 책의 판면 구조와 독자 내면의 변화를 탐구했다. 『뜬구름』은 최초의 언문일치체 장편소설로서 일본 근대소설의 선구로 꼽힌다.

후타바테이는 '―'(대시)나 '…'(말줄임표) 같은 문장기호를 사용해서 "누군가가 말하려다 말고 우물거릴 때, 생각이 정리되지 않거나 의식이 끊기거나 할 때, 그러한 마음의 움직임을 인상 깊게 표현하는 데 성공"했다. 이 과정에서 주인공 우쓰미 분조內海文三의 내면이 시각적으로 만들어졌다. 내적인 의식의 흐름이라고 말할 수 있는 '내면'은 이러한 문장기호 없이는 생겨날 수 없었던 것이다.[28]

일본의 독서계에서 일어난 근대적 양상이 우리의 근대에도 그대로 적용될 수 있을까. 섣불리 판단하기는 어렵다. 하지만 지식 생산의 물질적 구조 변화는 그것을 수용하는 사회와 독서공동체의 구성원들에게 어떤 방식으로든 영향을 미칠 수밖에 없다. 그것을 우리의 역사적 맥락 속에서 실증적으로 탐구하고 다른 나라의 경험과는 다른 특성을 찾아내서 개념화하고 이론화하는 작업이 우리 앞에 놓여 있는 과제이다.

• •

신문과

근대

  1883년 10월 1일, 『한성순보』 제1호가 인쇄기에서 뽑아져 나왔다. 신문이라는 근대적 언론이 이 땅에 처음 태어난 날이었다. 이것은 특정한 의도를 가진 조직이나 집단이 사실과 의견을 수집, 편집, 인쇄해서 정기적으로 대중에게 널리 퍼뜨리는 것을 원리로 삼는 새로운 의사소통 방식이었다. 국가에서 발행하는 관보이고 발행주기도 10일로 길었지만, 전통 시대와는 차원이 다른 정보의 전달 양식을 선보였다는 점에서 획기적인 사건이었다.

  『한성순보』는 불행한 시대 탓에 단명하고 말았지만, 1890년대 이후 애국계몽기 언론의 백가쟁명을 예비하고 있었다. 신문과 잡지 같은 정기간행물은 사회의 풍속과 담론의 공간을 변형시킨 원동력이었다. 역사학자 로제 샤르티에가 말한 것처럼, 그것은 사적인 개인이 자신의 이성을 공적으로 사용하는 제도 가운데 하나였다. 정기간행물을 바탕으로 과거의 규범과 권위를 비판적으로 검토하는 공중이 탄생했다. 경합하는 관점의 충

돌에서 공동의 견해가 형성되었다. 의견의 교환에 바탕을 둔 평가를 위한 시장도 만들어졌다.[1]

승정원에서 반포한 '조보'

『한성순보』가 발행되기 전부터 우리나라에서는 전근대 언론인 '조보'朝報가 나오고 있었다.[2] 조보는 긔별, 긔별지, 기별지奇別紙, 조지朝紙, 저보邸報, 저지邸紙, 저장邸狀, 난보爛報, 한경보漢京報 등 여러 가지 이름으로 불렸다.

일찍이 고려시대부터 신문과 비슷한 기록물이 출현했다. 『고려사절요』에 따르면, 1275년(충렬왕 1) 6월에 승선承宣이 왕의 뜻을 받들어 기록한 문서를 여러 도의 안찰사나 수령에게 내려보내도록 했는데, 이를 '선전소식'宣傳消息이라고 불렀다.[3] 이 소식은 임금의 명령과 지시를 문서화해서 지방으로 내려보낸 것으로 왕조 언론의 원시적 형태였다.

조선시대에는 초기부터 조보가 나왔다. 1392년 예문춘추관에서는 정부의 명령, 지시, 정령을 서울과 지방의 각급 관청에 통보하게 했다. 황희는 1432년 7월 20일자 편지에서 "지금 남쪽에서 돌아와 막 안부를 물으려고 하던 차에 마침 저보 가운데서 충주고을 원으로 임명되었다는 것을 알게 되었습니다."[4]라고 썼는데, 그가 보았다는 저보가 곧 조보를 가리킨다.

조보는 초기에는 예문춘추관에서 담당하다가 16세기 이후에는 승정원에서 주관했다. 승정원에서는 각 관청에서 제공받은 자료와 승정원 자체가 발표할 필요를 느끼는 자료들을 취사선택해서 실무관인 주서注書(정7품)와 사변가주서事變假注書가 작성하고 이를 승지承旨(정3품)가 감독했다. 이렇게 작성된 기록을 매일 아침 조보소朝報所(기별청이라고도 했다)에 넘기면 중앙의 각

급 관청들에서 파견한 기별서리들이 일일이 필사해갔다. 육조와 그에 딸린 관청들에는 기별서리와 기별군사들이 있었다. 기별서리는 조보를 필사하고 기별군사는 그것을 다른 관청에 배포했다. 기별서리들은 승정원에서 원본을 베꼈다가 집안의 부녀자들에게 다시 필사시키기도 했다. 여러 장을 빨리 복사하기 위해서였다.

조보의 배포 대상은 고위관료들과 퇴직 양반들이었다. 삼정승과 판서, 참판, 기타 중앙 관서의 장, 한성부윤, 관찰사, 병마절도사, 군수급 등이 조보의 핵심 독자층이었다. 유배 중인 전임 고관들에게도 조보가 배포되었다. 이항복과 유희춘이 북청에서 유배형을 살 때 모두 조보를 받아보았다.

조보를 배포하는 방법은 크게 두 가지로 나뉘었다. 수도 안에서는 각 관청의 기별군사가 직접 가지고 가서 나누어주었다. 지방의 경우는 서울연락사무소에 해당하는 기관에서 그 일을 맡았다. 규모가 큰 도道급은 계수주인界首主人이, 군郡급은 경주인京主人이 각기 자기가 위임받고 있는 도나 군에 보냈는데, 주로 파발을 이용했다. 비밀을 보장하기 위해 밀봉해서 보내는 것이 통례였다. 조보의 피봉은 앞면에는 '모관개탁, 승정원공사'某官(예, 정주목사)開坼, 承政院公事라 쓰고 뒷면에는 '모년모월모일이모일지'某年某月某日以某日至라고 표기했다. 지방에는 대개 5일분을 묶어서 보냈다. 10일치를 보내기도 했는데, 일반적인 경우는 아니었다.

조보에는 국왕의 명령 지시, 국가의 중요 결정 사항, 관리 임명 기사들, 나라 안에 생긴 기이한 소식과 이상한 일들, 천재지변, 외국과 관련된 소식, 전란과 관계된 기사들이 실렸다. 1617년 2월의 조보에는 "발과 날개가 네 개씩 달린 병아리가 나왔다."라는 소식을 알렸고, "왕궁 문에 붙은 격문을 보고 청나라 군사가 명나라 본토에 침범한 것을 알았다."(1618년 5월 7일자)

라는 기사도 실려 있었다.

최근 경북 영천의 용화사에서 조선시대 조보가 발견되었다. 1577년 11월 6, 15, 19, 23, 24일 등 5일 분량이었다. 그 가운데는 '한성부 소식'란에 "경성 안에 소가 병에 걸려서 그 전파되는 모습이 심각하다. (…) 소들이 길을 가다가도 넘어져 죽는 경우가 있다. 그 수가 600마리 정도 된다."(1577년 11월 15일)라는 기록도 들어 있다고 한다.[5]

조보에는 제호가 붙어 있지 않았다. 기사 제목도 없었다. 발행일자는 호마다 맨 첫머리에 붙어 있었다. 보통 폭이 35~40㎝인 종이에 필사되었다. 조보에는 '조보체' 또는 '기별글씨'라고 불리는 특수한 초서체가 쓰였다. 한문식 표현 외에 아전과 서리들이 쓰는 이문吏文과 이두를 섞어서 썼다. 매천 황현은 초서로 된 저보의 '기별초'奇別草가 매우 거칠고 어지러워서 "오랫동안 읽어본 사람이 아니면 알아볼 수 없었다."[6]라고 말했다. 특히 정주처럼 북방에 있는 지방관에게 보내는 조보는 거의 판독이 불가능할 정도로 독특한 서체로 적혀 있었다. 짧은 시간에 많은 양을 베껴 써야 했기 때문이다. 조정의 소식(비밀)이 중국으로 유출되는 것을 막기 위해서도 판독하기 어렵게 쓴 듯하다.

조보 인쇄는 '나라의 악을 드러내는 것'

선조 때는 조보가 잠깐 인쇄된 적이 있는데, 이것은 당시 정계에 큰 파문을 몰고 온 사건이었다. 1577년 8월 무렵 서울에서 직업 없는 사람들이 모여서 의논했다. 중국에서 관보를 간행한다는 소식을 듣고 그것을 본받아 생계를 삼으려고 한 것이었다. 그들은 의정부에 글을 올려서 "조정의 관보를 각 관청에 내고 그 값을 받아 생활의 밑천을 삼겠다."라고 알렸다. 의정부와 사헌부에서는 히락했다.

민간인들은 활자를 만들어 조정의 조보를 인쇄했다. 서울의 각 관청과 외방 관청의 서울주재 사무소 관리, 사대부들에게 그것을 팔았다. 받아 보는 사람들이 모두 편리하다고 생각했다. 두어 달 뒤에 우연히 인쇄된 조보가 선조의 눈에 띄었다. 선조는 깜짝 놀라서 "이것은 우리나라에서는 없던 변고"라면서 "관보를 간행하는 것은 개인적으로 사국史局을 설치하는 것과 다른 것이 무엇인가. 만일 다른 나라에 전해지면 나라의 악을 드러내게 되는 것이다."라고 진노했다. 조보 간행에 관여한 사람 30여 명을 잡아다 고문하고 마침내 유배형으로 다스렸다.[7]

이처럼 조보는 정부에서 엄격하게 통제하고 관리했다. 하지만 조선 후기의 일부 학자들은 중국처럼 관보를 인쇄하자고 주장하기도 했다. 박제가는 저보를 인쇄하면 "사초史草를 고람攷覽할 때 편리하며 각 관청 서리書吏의 수효를 수십 명이나 줄일 수 있으며, 허비하는 종이를 3, 4배나 줄일 수 있다."라고 지적했다.[8]

개화기 무렵에는 조보가 사람들에게 팔리기도 했던 듯하다. 1890년대 초에 프랑스 공사관에서 근무했던 서지학자 모리스 쿠랑은 당시 조보가 외교관이나 일부 개인에게 판매되었다고 증언했다.

> "승지에 의해 만들어진 부수들은 배달인에게 넘어가 그것을 계속적으로 구독하는 여러 관리들과 돈 1냥 반의 비용을 지불하는 개인들에게 전달된다. 다른 부수들은 월말에 모아져 지방의 행정관과 양반들에게 보내진다. 공사관이나 영사관에서는 실질적으로 판매된다."[9]

현재 남아 있는 자료로 볼 때 조보는 1905년까지 발행되었다. 서울대 규장각에 소장되어 있는 조보의 마지막 발행일은 1905년 10월 13일이다. 1894년 8월에 내각의 관보과에서 『관보』가 창간된 뒤에도 조보가 10여 년 동안 별도로 간행되었다는 말이다. 『한성주보』가 간행되던 1887년 6월과 7월의 조보도 남아 있다.

전통시대의 조보는 국왕과 통치자 계층 사이의 소식 전달 제도로서 폐쇄적인 언론 기능을 맡고 있었다. 소수의 통치자 계층을 넘어서 모든 백성을 대상으로 국왕의 목소리를 전달하는 방법도 있었다. '윤음'綸音이 그것이다. '척사斥邪 윤음', '권농勸農 윤음', '탕평蕩平 윤음'처럼 국왕이 모든 백성에게 자신의 생각과 의지를 널리 알리기 위해서 반포하는 것이다. 특히 일반 백성을 대상으로 할 경우 한문과 함께 언해로 풀이한 글을 덧붙이기도 했다. 필사로 전달되던 조보와 달리 윤음은 활자와 목판으로 인쇄되었다.

윤음은 반포 대상이 폭넓기 때문에 많은 부수를 인쇄할 필요가 있었다. 먼저 중앙 정부에서 활자본으로 책을 찍어낸 다음 지방 관청으로 내려보냈다. 지방에서는 하루나 이틀 사이에 관청의 각수 등을 불러 모아 목판으로 인쇄했다. 1783년 10월 25일 전라감사 조시위의 장계에 따르면, 윤음 7,966건을 찍어서 전라도의 각 읍면리에 보냈다.[10] 다른 지방까지 헤아려본다면 윤음의 간행 수량이 얼마나 많았을지 짐작할 수 있다.

지방관은 중앙에서 내려보낸 윤음을 백성들에게 읽어주고 풀이해주기도 했다. 다산 정약용은 『목민심서』에서 윤음이 고을에 도착하면 백성들을 불러 모아 몸소 읽고 설명해서 임금의 은덕을 알게 해야 한다고 강조했다.

"윤음이란 것은 백성의 어버이 된 임금이 백성들을 자녀에게 타이르듯 하는 것이다.

어리석은 백성은 문자를 해득하지 못하니 귀에 대고 말하거나 면대해 가르치지 않으면 타이르지 않는 것과 같다. 윤음이 한번 내릴 때마다 수령은 마땅히 패전牌殿(임금을 상징하는 '殿' 자를 새겨 각 고을의 객사에 세운 나무패. 공무로 간 관리나 그 고을 원이 절을 하고 예를 표시했다)의 문밖에서 몸소 읽고 설명해서 조정의 은덕을 널리 알려서 백성들로 하여금 은혜를 품게 해야 한다."[11]

참요, 유언비어로 민중의 의사 표현

조선시대의 조보와 윤음은 왕조의 통치제도 가운데 하나로 일부 언론 기능을 맡았다. 하지만 엄밀한 의미에서 언론이라고 말하기는 어려웠다. 정보의 발신자와 수신자 사이의 관계가 일방적이고 비대칭적이었다. 중요한 의사결정이나 정치행위는 주로 지배계층 내에서 집권세력의 필요에 따라서 이루어졌다. 정보 생산자는 전적으로 국왕이나 통치 지배계급에 국한되어 있었다. 일반 양인이나 상인 같은 피지배계층은 수동적 통치대상으로만 간주되었고, 자신의 의견을 공표할 제도적이고 합법적인 통로가 거의 없었다. 신문고나 복합伏閤, 등장等狀처럼 자신의 뜻을 전달하는 제도가 일부 있었지만, 실제로는 효과가 거의 없는 형식적 장치에 지나지 않았다.

민중은 비제도적 언로로 자신의 뜻을 전달할 수밖에 없었다. 민요나 동요, 민담이나 가면극 등 구비문학적 전통에는 그들의 소망과 기원이 담겨 있었다. 소문이나 유언비어, 참요讖謠 같은 민중적 형식으로 자신의 정치경제적 불만을 전달하는가 하면 익명서, 벽서, 괘서掛書처럼 날카롭고 선동적인 방식으로 국왕의 폭정에 항의하거나 지배층의 비행을 폭로하기도 했다. 때로는 대담하게 살주계, 검계와 같은 비밀지하조직을 결성해서 정치적 전

복이나 암살을 꾀하기도 했다.[12]

지배계층과 민중세계 사이를 날카롭게 가르던 의사전달 구조는 근대적 언론 매체가 등장함으로써 어느 정도 극복되었다. 일방적인 정보 독점과 언론 통제는 사라지고 하의상달과 군민일체의 이념이 표방되었다. 이념적으로 피지배계층은 수동적인 통치 대상이 아니라, 군주에게 자신의 생각을 자유롭게 펼칠 수 있었다. 군주와 백성은 뜻과 힘을 합해서 나라의 미래를 걱정하고 함께 꿈꿀 수 있게 되었다. 경계와 의심의 대상이 되었던 나라 바깥의 지리, 정치, 법령, 기술 등은 이제 객관적인 정보로 가공되어 관찰과 사유의 대상이 될 수 있었다.

하지만 전통시대의 조보와 근대의 순보, 주보는 여러 가지 면에서 달랐다. 가장 큰 차이는 제작 방식이었다. 손으로 필사하는 것이 아니라 기계식 연활자로 인쇄되었다. 조보의 필사는 비밀주의, 폐쇄주의, 독점주의의 산물이었다. 특히 조보체는 독자를 한정했다. 시간적 제약에 따른 것이지만 판독할 수 있는 대상은 소수일 수밖에 없었다.

정조가 조보를 활자로 인쇄하는 문제를 신하들과 의논했을 때, 승지 유당은 "임금과 신하가 모여 정사를 의논하는 자리에서 나온 말은 진실로 마땅히 엄격하게 비밀로 해야 한다."[13]라고 답했다. 국왕이나 국가의 통치행위는 엄격하게 통제되어야 하고 자격을 갖춘 소수에게만 전달되어야 한다는 것이 조보의 생산과 배포에 담긴 정신이었다. 조선시대에 정치세계의 안과 밖 사이에는 뚜렷한 경계가 그어져 있었다.

공유와 개방의 이념

순보는 조보와 달리 공유와 개방주의를 지향했다. 급진개화파에게 신문은 문명개화의 전파 수단이었다. 소수 지배계층에 독점되어 있던 정치의 영역도 공개하고 논리적으로 설득하며 이성적으로 토론할 수 있다는 것이 순보의 이념이었다.

순보의 개방주의를 상징하는 것은 구매 가능성이다. 선조 때 민간인들이 조보를 인쇄했다가 국왕의 진노를 사서 철퇴를 맞았던 데서 알 수 있듯이 왕조 국가에서 국왕의 명령과 통치행위, 인사 정책, 행정 절차 등을 담은 문자와 언어는 신성하고 존엄했다. 그것은 외경의 대상이지 무엄하게도 동전을 쩔렁이며 사고팔 수 있는 것은 결코 될 수 없었다. 상업을 말업末業이라고 천시했던 성리학의 나라 조선에서 이는 어쩌면 당연한 귀결이었다.

순보는 30문, 주보는 50문으로 가격이 매겨졌다. 이것은 국왕과 국가의 지엄한 통치행위뿐만 아니라 세상의 모든 지식과 정보를 언제든 화폐로 교환할 수 있는 시대가 되었다는 것을 상징한다. 양반이든 천민이든 신분과 지위 고하를 막론하고 누구나 돈을 지불하면 국가의 중대사와 바깥나라의 신기한 소식을 언제든 소유할 수 있게 되었다. 인격의 수양과 덕치주의를 추앙했던 성리학의 고결한 이상주의는 금이 가고 있었다.

국가의 정기간행물에서 국문체, 국한문체, 한문체가 동시에 출현했다는 것도 의미심장한 대목이다. 조선시대 지식 교양층의 사유와 의식, 상상력을 지배해온 한문체의 절대성이 무너지고 상대화되었다. 하층민이나 여성의 속된 언어로 천대받았던 한글이 공식 언어의 지위로 올라섰다. 언어가한 민족의 정체성과 무의식을 결정한다면, 교양언어와 민중언어의 경계가허물어지면서 민족적 차원에서 표현 가능성의 영역이 확장되었다.

순보와 주보가 대량으로 제작되었다는 것도 눈여겨볼 만하다. 일본에서 발행된 『시사신보』는 순보를 3천5백여 부나 찍었다고 보도했다. 당시 인구 규모와 문자해독 비율, 경제 수준 등에 비추어보면 엄청난 부수였다. 기계적인 인쇄 수단을 동원했기에 가능한 수량이었다. 그만큼 넓은 독자 대상층을 염두에 두었다는 것을 뜻하기도 한다. 실제로 그만큼 모두 배포되고 판매될 수 있었는지는 알 수 없다.

순보의 시대에 이르러 기자, 편집자, 번역자라는 새로운 직업군이 탄생했다. 조보를 생산했던 승정원 관리들은 국왕의 비서로서 왕명을 출납하는 업무를 맡았다. 국왕의 명령과 지시를 전달하는 것이 핵심 임무였다. 사관처럼 그것을 논평하거나 반박하거나 편집할 권한까지 갖춘 것은 아니었다.

순보 생산자들은 이와 달랐다. 기자와 편집자, 번역자로서 직업의 전문성을 갖추었다. 출처가 다양한 자료를 비판적으로 검토하고 일정한 편집 방향과 목적의식, 기획의도, 가치판단에 따라서 그것을 평가하고 선별하고 지면에 배치하는 고도의 권한을 가지고 있었다. 그들의 손에서 처음으로 '기사'라는 새로운 글쓰기 양식도 출현했다.

박문국의 기자와 편집자, 번역자들은 목적의식적으로 기사를 선별하고 배치했다. 이것은 조선에서 근대 언론이 탄생했음을 보여준다. 이와 함께 신문의 본질적 속성인 당파성 개입이라는 문제가 표면으로 떠오른다. 편집 진의 기사 선택은 필연적으로 다른 것의 배제를 전제할 수밖에 없다. 기사의 선별과 배제라는 신문 제작 원리는 그 매체의 지향점과 정체성을 드러낸다. 중국군 병사가 저지른 비행을 폭로한 기사가 조선과 중국 사이의 외교 문제로 비화된 사건은 언론의 당파성 시비에서 벌어진 것이었다.

순보와 주보의 당파성은 무엇이었는가. 그것은 순보를 창간하려 했던 개화파 지식인, 그것을 실천에 옮긴 개혁적 보수주의자들과 최종 의사결정권자인 국왕의 기획과 의도가 합쳐진 것이었다. 한마디로 점진적으로 개화와 개혁 정책을 추진함으로써 국가를 개조하려 한 것이 순보의 당파성이었다.

문자문화와 구술문화의 공존

순보의 언론 계몽 활동은 1880년대의 독자와 사회에 어떻게 수용되었을까. 당시 신문이 독자에게 어떻게 읽혔는지 알려주는 유일한 증언자는 이노우에 가쿠고로다. 그는 『한성주보』 제1호가 각 관아나 각 요소에 게시되자 "각처에서 수많은 사람들이 모여들었다. 그때까지 관의 고시에 사용되지 않았던 언문이 실려 있는 것을 신기하게 여겼다. 그 가운데는 고성으로 읽는 사람도 있었다."[14]라고 기록해놓았다.

가쿠고로의 증언대로 당시 신문이 관아나 중요한 거리에 붙여져서 여러 사람이 읽거나 남에게 들을 수 있었던 듯하다. 1890년대 이후 상황에서도 이를 짐작해볼 수 있다. 『코리안 레포지터리』 1897년 12월호에 따르면, 신문 한 부를 적어도 85명이 읽었다고 한다. 서재필도 200여 명이 『독립신문』 한 부를 돌려봤다고 회상했다.[15]

한 개인이 다른 사람에게 신문기사를 들려주는 일도 있었다. 인천 제물포에 사는 상인 안중근은 오고 가는 사람에게 신문 한 편을 들어 연설하기도 했다.[16] 사람들이 모이는 장시에서도 신문기사를 들려주는 사례가 있었다. 강원도 양구군의 군수는 우망리장에서 연설을 하고 "국문과 한문 번력 잘 ᄒᆞᄂᆞᆫ 사ᄅᆞᆷ으로 ᄒᆞ야금 소ᄅᆡ를 크게 질너 독립신문을 닑히니 오ᄂᆞᆫ 사ᄅᆞᆷ과 가는 손이며 쟝소 ᄒᆞᄂᆞᆫ 사람과 촌 ᄇᆡᆨ셩들이 억기를 비비고 몰여서셔 자미를 붓쳐 흠의 듯고 모도 챠탄"했다. 그다음부터는『독립신문』을 '들으러' 백성들이 다투어 시장에 모여들었다고 한다.[17]

근대 초기의 신문들은 윤음처럼 과거의 구술문화 전통 안으로 포섭되어서 낭독되거나 구술되었다. 당시만 해도 활자에 토대를 둔 지식층의 문자문화와 민중적 차원의 소리(청각) 문화가 인쇄매체인 신문 안에서 공존했다. 이것은 일본의 경우도 마찬가지였다. 메이지시대 초기에 "신문은 음독되어 문자를 읽을 수 없는 사람은 그 읽는 소리를 들었다. 또 신문은 대체로 구석에서 구석까지 숙독되고 이웃과 동료들 사이에 회람되고 서적처럼 철해져 보존되었다."[18]라고 했다.

과거의 구술문화 전통은 활자문화와 함께 존재했을 뿐만 아니라, 때로는 그것을 변형시키기도 했다. 활자문화의 산물인 신문기사가 낭독과 음독에 적합하도록 과거의 문체를 모방하거나 채용하기도 했다. 새로운 기술이 관습적인 전통과 일상적인 실천 양식과 교섭하면서 전통적인 커뮤니케이션과 절충하거나 때로는 그것을 강화하는 사례이다.[19] 예를 들어『한성주보』창간호(1885년 12월 21일) 15면에 실린 한글 기사「인군에 은혜가 빅성을 감격케 홈이라」를 읽어보자.

"이다리 국왕 안베르도 졔일셰가 일즉 인자흔 일홈이 잇셔 내외 신민이 다 어진 인군이라 칭ᄒ더니 작년에 그 나라 례브르란 고을에 호열ᄌ라 ᄒᄂ 병이 젼염ᄒ여 빅성 죽는 직 심히 만은지라 국왕이 그 고을에 틴림ᄒ야 그 질고를 위문ᄒ엿더니 금년에 ᄯ 바레르모 고을에 흐열ᄌ가 잇셔 젼염ᄒᄆᆡ 파다ᄒ거ᄂᆞᆯ 국왕이 사신을 보내여 그 졍상을 톰문ᄒ니 그 고을 빅셩이 군은을 감사ᄒ며 사신을 극진이 후ᄃᆡᄒ나 국왕이 오히려 우민ᄒ야 팔월 십칠일에 육군과 ᄉᆞ법 두 상셔로 더부러 ᄒᆞ가지로 바레르

모 고을에 민정을 친찰ᄒ니 빅셩이 감복지 안니헐지 업더라 이는 십월 이일 일본 록

아도 신보에 긔지 혼 빅라"(띄어쓰기함)

위 기사는 끊어질 듯 이어지는 긴 호흡의 만연체 문장으로 되어 있다. 고
전소설의 이야기와 판소리의 사설, 경서의 언해문체를 신문의 기사문체로
창조적으로 모방한 것이다. 당대인에게 멀고도 낯선 이탈리아의 인명과 지
명이 한글과 접촉하면서 묘한 생경함을 느끼게 한다. 이는 전통과 근대가
절충하고 경합하면서 새로운 언어 공간을 빚어낸 것인데, 커뮤니케이션학
자 제이 볼터는 이런 과정을 '재매개'(remediation)라고 규정했다. "새로운 매
체들이 앞선 매체를 대체하면서 그 매체의 글쓰기 특징들을 빌려와서 재조
직하며, 그것들의 문화적 공간을 새롭게 형성한다."라는 것이다.[20] 새로운
기술과 매체는 과거의 전통을 단번에 대체하거나 소멸시키는 것이 아니라,
상호작용을 거듭하면서 서로 진화해간다는 것을 알 수 있다.

새로운 의사소통의 기술은 당시 독자와 사회에 얼마만큼 영향을 미쳤을
까. 당시 신문에 실린 기사와 사설을 바탕으로 순보와 주보가 중화주의적 세
계질서를 비판하고, 민족어를 매개로 민족통합을 강조함으로써 민족정체
성의 형성에 기여했다는 주장이 나왔다.[21] 순보와 주보가 개화정책의 방향
과 주안점을 요약적으로 제시하고 광범위한 여론을 형성함으로써 1880년
대 언론 계몽활동에서 독보적인 위상을 차지하고 있었다는 평가도 제출되
었다.[22] 하지만 그것을 입증할 만한 실증적인 자료를 우리는 알지 못한다.

이야기의 유장함, 정보의 덧없음

당시 신문의 영향력을 평가하기는 어렵지만, 순보와 주보에서 근대 언론의 보편적 특징을 읽어낼 수 있다.

먼저 과거의 구술문화 전통에서 태어나 자란 '소식'과 '이야기'는 이제 '정보'로 대체된다. 문예비평가 발터 벤야민은 이야기가 정보로 바뀌어가면서 일어나는 사태를 날카롭게 분석했다. 소식은 공간적으로 낯선 지방이나 머나먼 나라들에서 온다. 시간적으로는 먼 과거에서 전해오는 이야기다. 기적에서 즐겨 이야기를 끌어오는 게 소식인데, 검증되지 않더라도 그것에 타당성을 부여해주는 권위를 지니고 있었다. 이야기는 그것을 들려주는 보고자의 삶 속으로 사건을 침투시킨다. 그 사건을 듣는 청중에게 자신의 경험과 함께 전해주기 위해서다. 도자기에 도공陶工의 손자국이 남아 있는 것과 마찬가지로 이야기에는 그 사람의 흔적이 남아 있게 마련이다.

근대에 들어와 새로운 의사소통의 형식으로 등장한 것이 정보다. 정보는 일어난 사건의 순수한 내용 자체를 전달하려고 한다. 소식과 달리 즉각 검증될 수 있어야 한다고 요구받는다. 또 그 정보가 그 자체로 이해 가능하고 그럴듯해야 한다. 하지만 새로웠던 순간이 지나면 그 가치는 사라진다. 그 순간에만 살아 있고 그 순간에만 자신의 전체를 내맡겨야 한다. 한시도 잃어버리지 않고 자신을 그 순간에 설명하지 않으면 안 된다.

덧없이 사라지고 마는 정보에 비해 이야기는 쉽게 소진되지 않는다. 그것은 자신의 힘을 모아서 간직하고 있다. 오랜 시간이 지난 뒤에도 다시 펼쳐질 수 있는 능력을 지니고 있다.[23] 이야기는 본질적으로 기억에 의존한다. 이야기의 줄거리를 기억되도록 하고 '기억할 만한' 것으로 보이게 만드는 것은 그 줄거리를 듣는 사람의 개인적 경험에 융합시키는 수단이다.[24]

신문에 담긴 정보는 '새로움'과 '신기함'의 강렬한 체험을 욕망한다. 한정된 신문 공간 안에서 흔해빠지고 평범하고 진부한 사람이나 일상생활은 설 자리가 없다. 저 멀리 지엄하고 신비로운 공간으로 상상되었던 조정의 소식과 듣지도 알지도 못하던 낯선 나라들에서 일어나는 여러 가지 신기한 사건이 선명한 활자체와 질서정연한 시각적 형태 안에서 자리 잡고 있는 모습을 본 독자들이 어떤 반응을 보였을지는 짐작하기 어렵지 않다.

새로운 것과 신기한 것의 반대편에 놓여 있는 가치는 오래된 것과 낡은 것이다. 새롭고 신기한 것이 사람들의 인상과 감각을 강렬하게 자극하면 할수록 그만큼 그 반대편에 있는 것들의 자취는 초라해지고 뒷전으로 밀려날 수밖에 없게 된다. 신문이라는 새로운 문명과 만나면서 그전에는 생각하지 못했던 새로운 시간 감각이 사람들의 의식에 떠오르기 시작한 것이다.

역사학자 엘리자베스 아이젠슈타인이 말한 것처럼, 신문이 새로운 것에 관심을 가진다는 것은 전통적인 것의 권위가 상실된다는 것을 뜻한다.[25] 새로운 것이 좋은 것이라는 논리를 더욱 선명하게 부각하려면 낡은 것의 비합리성, 타락성, 어리석음이 더 강조될 수밖에 없다. 순보에는 새로운 것과 오래된 것이라는 이항대립이 감추어져 있었고, 그것이 개화파의 정치논리와 만나면서 더욱더 증폭되어갔다. 개화기의 정신적 풍토로 자리 잡게 되는, 전통적 가치에 대한 비판적이고 부정적인 심성은 여기에서 기원한다.

신문은 지금까지 보아왔던 글과 책과는 전혀 다른 문법의 새로운 텍스트 공간과 독서 경험을 제공했다. 전통적인 책은 선형적인 방식으로 구조화되었다. 책의 지면은 "논리적으로 생각하는 사람들을 위해 시각적으로 조직된 텍스트"로서 "정신의 의지에 따르는 순서를 보여주는 스크린"이 되고, "치밀하게 생각한 근거들의 윤곽"을 보여주었다.[26] 거기에 쓰인 글자와 문장들은 서로 사슬처럼 이어져 있고, 독자들이 따라갈 수 있도록 한 글자 한 글자씩 계속 경로를 규정해주었다.

선형적 글쓰기의 반대쪽 극단에 서 있는 것이 신문이었다. 신문은 독자들에게 수많은 경로를 제공하는데, 여기서는 "여러 가지 이야기들이 한 페이지에 펼쳐지며, 따라서 독자들의 시선을 잡기 위해 서로 경쟁한다."[27]

신문과 '상상의 공동체'

이것은 신문의 전형적인 문필 관행에서 비롯했다. 예를 들어 『한성순보』 창간호(1883년 10월 1일) 제3면에는 다음의 세 가지 기사가 동시에 실려 있다. 사용司勇 이건영이 포항의 장기長鬐 지방에 탄광을 열기 위해 일본 기사를 초빙해서 광맥을 찾아다니다가 길에서 비적이 수십 명 나타나 일본 사람을 구타하고 돈과 시계를 빼앗아 달아났다. 수년 전부터 영국 옥스퍼드阿佛多대학교에서 한학과漢學科를 특별히 설치하고 학생들을 가르치고 있다. 훈춘琿春의 흑정자黑頂子란 곳을 둘러싸고 중국과 러시아 당국자 사이에 국경 분쟁이 일어나서 소란스럽다.

위의 세 사건 사이에는 아무런 논리적 연관성이 없다. 전혀 다른 공간과 별도 맥락에서 독자적으로 일어난 크고 작은 일들을 하나의 지면에 나란히 배치했을 따름이다. 다른 날짜 신문에는 이 세 사건이 일제히 지면에서 사라지거나 별도 사건과 나란히 다른 모습으로 다시 등장할 수 있다. 발터 벤야민은 신문의 본질적인 요소로서 "새로움, 간결성, 이해하기 쉬울 것"과 함께 "각각의 소식들 사이에 연관성이 없다는 점"을 꼽았다.[28]

신문의 편집진은 왜 서로 동떨어진 세 사건을 하필이면 바로 그날 동시에 한 지면에 실어야 했는가. 신문에는 그 어떤 타당하고 합리적인 설명도 나오지 않는다. 독자들은 다만 상상으로 세 사건을 서로 연결하고 통합해야만 한다. 또 독자적인 사건의 기록이기 때문에 어느 것이 더 중요하고 어떤 순서로 읽어야 하는지는 독자의 선택과 판단에 따를 수밖에 없다.

순보와 주보는 10일과 7일로 간행주기가 긴 편이었지만, 신문은 대개 매일 발행되었다. 독자의 수도 단행본보다 압도적으로 많았다. 소비 주기도 발행일의 주기와 거의 일치했다. 일간신문은 '하루짜리 베스트셀러'라고 불릴 만큼 그다음 날이면 신문과 기사들은 잊히거나 버려진다. 신문의 정기성과 반복성은 독특한 '대중의례'를 창조한다. 수천수만 명이 하루 한나절 간격으로 끊임없이 반복해서 동일한 사건과 기사를 소비하는 것이다.

프랑스의 소설가 마르셀 프루스트는 매일 아침 배달되는 신문이 "얼마든지 수효를 늘릴 수 있는 기적의 빵. 하나이면서 1만이기도 하여, 모든 집에 수없이 들어가지만, 각자에게 같은 것인 이것"[29]이라고 통찰했다. 일본의 민속학자 야나기타 구니오柳田國男도 "신문에 실린 사실은 수십만 명이 일제히 알고 흥미를 느꼈던 기록이다. 마치 관찰용 표본을 현미경 하나로 동시에 들여다보는 듯한 공동의 인식을 얻을 수 있었다."[30]라고 말했다.

정치학자 베네딕트 앤더슨은 이와 같은 신문의 고유한 글쓰기 실천과 소비 양상이 '상상의 공동체'로서 민족주의의 형성에 기여한다고 주장했다. 소설과 신문은 민족과 같은 상상의 공동체를 '재현'하는 기술적 수단을 제공했다. 신문을 읽는 이들은 날마다 일어나는 대중의례를 수천수만의 사람이 동시에 반복한다는 것을 잘 안다. 하지만 그 사람들이 구체적으로 누구인지는 알 수 없다. 신문 독자는 자신이 보는 신문과 동일한 복제품을 전철이나 이발소, 시장에서 자기 이웃들이 읽고 있는 것을 본다. 상상된 세계가 허구가 아니며 자기가 다른 사람들과 연결되어 있다고 느낀다. 이런 과정을 거쳐서 민족 구성원 사이에 심오한 동료의식과 동질감, 공동체 의식과 형제애가 성립되어간다.[31]

앤더슨의 분석과 통찰을 과연 1880년대 조선의 현실에도 그대로 적용할 수 있을까. 판단하기 어려운 문제다. 당시만 해도 근대적 국민국가에 어울리는 전국 공통의 커뮤니케이션 장은 아직 본격적으로 열리지 않았다. 타자에 대한 적개심과 민족적 자아를 지키고자 하는 애국심이 강렬하게 불타오르지도 않았다. 여러 왕실과 민족으로 분리되어 있었고 가톨릭과 프로테스탄트 사이의 종교적 분열이 극심했던 유럽과 조선의 상황은 근본적으로 달랐다. 조선에서는 아직도 단일 왕조의 유구한 전통이 살아 있었고 군신상하 간의 성리학적 질서 윤리가 철저하게 도전받지도 않았다.

순보와 주보는 근대 언론으로서는 한계가 많았다. 무엇보다 민간에서 자율적이고 독립적으로 만든 것이 아니었다. 국가의 전략과 기획, 예산으로 조직, 운영되었다. 더구나 특정한 정치적 의도를 전파하기 위한 계몽과 선전의 기관이자 매체였다. 순보의 특정 기사가 청나라의 항의를 불러온 사례에서 보는 것처럼 정치적 외압에서 자유롭지 못했다. 언론의 자유가 완전히 보장되거나 철저하게 권력을 비판하기를 기대하기는 어려웠다.

독자의 확장성 면에서도 한계가 뚜렷했다. 순보의 독자 대상은 주로 관료와 지식인층으로 한정될 수밖에 없었다. 관리들과 공공기관은 의무적으로 구독해야 했다. 강제성과 타율성은 독서의 효과를 현저하게 약화시키는 요인이었다. 일반 독자도 구독할 수 있었지만, 문자해독력과 구매력이라는 장벽을 넘어야만 했다.

신문의 유통망도 제대로 갖추어지지 않았다. 순보는 전통적인 행정망을 통해서 배포되어야 했다. 우편제도와 철도 등 근대적 대량 유통망은 1890년대에야 본격적으로 작동하기 시작했다. 10일과 7일이란 간행 주기도 언론기능의 제약으로 작용했다. 정보의 절대량이 부족했고 기사의 신선도도 떨어질 수밖에 없었다. 『독립신문』을 필두로 민간의 일간지가 대두한 뒤에야 신문은 계몽주의의 기획자이자 실천자로서 창조적 역량을 발휘하게 될 것이었다.

의미의 탐구는
멈추지 않는다

"지난 5백 년 동안 책이라는 물건의 형태에는 이런저런 변화가 있었을지 모르지만, 그 기능과 구성 체계에는 변함이 없었습니다. 책은 수저나 망치나 바퀴 또는 가위 같은 것입니다. 일단 한번 발명되고 나면 더 나은 것을 발명할 수 없는 그런 물건 말이에요. 수저보다 더 나은 수저는 발명할 수 없습니다."[1]

움베르토 에코

서양의 활자기술자 윌리엄 갬블은 1858년 10월 뉴욕을 떠나 닝보에 도착했다. 그때 그는 자신이 동아시아 세 나라에서 근대적 지식의 형성 과정에 거대한 변혁을 일으키리라고는 전혀 생각하지 못했을 것이다. 하지만 자신의 의지와 무관하게 그는 근대 초기 한자문화권의 활자와 인쇄, 출판의 문법을 바꾸어버렸다.

한자 문명에 파고든 규칙과 논리

갬블의 창안과 혁신으로 완성된 근대 연활자 인쇄술이 동아시아에 도입됨으로써 지식의 생산 방식에 커다란 변화가 일어났다. 유연한 제작 기술에 따라 크기와 형태가 다양한 연활자가 무한대로 생산될 수 있었다. 한 면당, 한 책당 텍스트의 절대량은 비약적으로 증가했다. 이에 따라 신문, 잡지, 단행본 등 매스미디어가 활성화되었고, 텍스트의 대량생산과 대량소비의 길이 열렸다. 새로운 지식은 사회의 모든 곳으로 파급되어갔다. 언어와 감성이 점차 통일되어감으로써 민족의식이 일깨워졌다.

중국과 일본은 오랜 시간 각자 독자적으로 목판인쇄 문화의 전통을 갈고 닦아왔는데, 갬블의 기술적 혁신을 수용함으로써 금속활자문화로 방향을 틀었다. 금속활자 인쇄술에서 선두를 달려왔던 조선도 민간의 종교적 열정과 몇몇 엘리트의 문화적 기획에 따라 연활자 인쇄술을 채택함으로써 지식의 대량생산 시대로 접어들었다.

중국에서 고도의 예술적 경지에 이르렀던 서예 미학의 전통은 갬블이 완성한 명조체의 규격화되고 정형화된 활자에 길을 내주었다. 서예의 개성적인 아름다움을 잃는 대신 무한한 자기복제 가능성과 형태적 안정성을 얻었다. 또 한자만의 고유한 특성에서 비롯하는 막대한 수량과 형태적 복잡성 그리고 쓰임새의 극심한 차이 등은 갬블의 활자서가 개량을 거쳐 일정한 규칙과 논리의 짜임새를 갖출 수 있게 되었다.

일본에서 갬블의 영향은 더욱 혁명적이었다. 에도시대 일본은 계급에 따라서 읽는 문자의 서체와 서풍書風이 달랐다. 서민들이 날마다 읽고 쓰는 문자는 행서체와 초서체였다. 무사와 승려 등 지식계급을 대상으로 한 인쇄물은 해서체였다. 하지만 연활자 인쇄술이 도입되고 '읽는 문자'에서 명조체가 주류로 자리 잡으면서 계급에 따른 차이는 사라졌다.[2] 또 붓글씨로 행서, 초서, 히라가나를 서로 이어서 쓰는 연면체連綿体 대신에 문자는 단체單體로 만들어지고 문장은 단체의 연속으로 표기되어갔다.[3] 더 나아가 수입산 명조체의 완성도를 높여서 도리어 문자와 활자의 종주국 중국과 조선으로 역수출했다.

조선의 운명은 기이했다. 일찍이 동아시아 삼국 가운데 고려시대부터 금속활자문화를 꽃피워온 것은 조선이 유일했다. 임진왜란 때는 일본군이 조선에서 금속활자를 약탈해감으로써 조선은 피동적이기는 하지만 일본에 활자 인쇄문화를 전해주기도 했다.

근대로 접어들면서 관계는 역전되었다. 조선은 일본에서 활자문화를 수입하는 처지로 전락했다. 가톨릭 선교사들은 요코하마와 나가사키에서, 프로테스탄트 선교사들은 요코하마와 도쿄에서 그리고 조선 정부는 도쿄에서, 일본의 민간 제작소인 쓰키치활판제조소가 만든 한문, 한글 활자를 사용하거나 수입해서 성경을 만들고, 신문을 제작하고, 단행본을 펴냈다.

우리나라의 인쇄출판 역사에서 1880년대는 전통시대에서 근대로 넘어가는 문턱이었다. 유럽의 선진 인쇄출판 기술을 재빠르게 흡수한 일본을 거쳐서 서양의 연활자와 인쇄기가 조선으로 수입되었다. 조선에서 근대 출판과 근대 언론이 동시에 출발했다는 것은 주목할 만했다.

전통시대에도 맹아적 언론 형태로서 '조보'가 있었다. 조보는 국왕과 전·

현직 양반 관료 등 특수한 신분계층 사이에서만 배타적으로 유통되었다. 근대 신문으로서 순보와 주보는 새로운 소식과 지식이 원칙적으로 만인이 구입 가능한 하나의 '상품'으로 등장하는 계기가 되었다. 이들 신문은 1890년대 이후 근대 언론의 백가쟁명 시대를 예고하는 것이었다.

순보와 주보는 관보로서 비판적 언론 활동의 제약과 이윤 동기의 부족, 독자층의 제한 등 근본적인 한계를 안고 있었다. 하지만 나라 바깥의 거대한 세계에 대한 지식을 선택적으로 소개·가공·해석함으로써 지식의 개방성을 촉진했다. 또 권력의 하향적 침투라는 전통적 방식을 지양하고 민의상달의 이념을 지면에 구현하려 했다.

민족어로 창조되었지만 일부 부녀자와 하층계급 사이에서만 쓰이던 한글이 정부의 공식 언론 매체에 등장하게 된 것은 뜻깊은 일이었다. 한글과 국한문을 신문 문체로 채택함으로써 지배언어로서 한문의 특권을 상대화하고 한글이 공적 언어로 유통될 가능성을 열었다. 한글과 국한문, 한문이 하나의 지면에 나란히 배치됨으로써 각 문체의 개성이 드러나고 실험되는 장이 마련되었다. 이런 문체 실험이 1890년대 신문 지면에서 세련된 형식으로 실현되면서 민족어의 가능성이 새롭게 발견되어갔다.

의사소통 양식의 문명사적 전환기

박문국의 신문 발행과 민간 출판사 광인사의 단행본 출판 사업은 오래 지속되지 못하고 말았다. 관청 주도라는 한계와 대중적인 독자 수요의 부재 때문이었다. 하지만 이들 두 언론출판 기구는 1890년대 이후 애국계몽기의 근대 언론과 민족주의 출판이 꽃필 수 있는 토대를 마련해주었다는 점에서 의미가 있었다.

우리나라에서 근대 출판이 시작된 지 100여 년이 지난 이후 출판의 역사는 새로운 국면으로 접어들었다. 책의 생산과 유통, 소비 과정을 근본적으로 혁신하는 새로운 기술과 미디어들이 잇달아 등장했다.

1990년대에는 출판 산업에 컴퓨터와 인터넷에 기반을 둔 디지털 기술이 사용되기 시작했다. 2000년대 이후에는 종이책과 전자책이 공존하는 시대를 맞이했다. 모바일 기기가 등장한 이후에는 책의 환경을 둘러싼 변화의 속도가 날로 빨라지고 있다. 책의 문명이 앞으로 어떻게 될지 학자와 비평가들마다 전망이 엇갈린다.

오늘날 우리는 의사소통 양식의 문명사적 전환기를 살아가고 있다. 지식의 생산과 유통, 소비를 매개하고 구현하는 기술은 혁명적으로 변화하고 있다. 철학자 이반 일리치는 "공간을 생성하는 공리의 근거가 알파벳 표기법을 통한 말소리의 기호화에 있지 않고 '정보'의 바이트로 저장하고 조직하는 능력에 있는 새로운 정신 공간의 등장"[4]이라고 표현했다. 그 정신 공간과 의사소통의 회로에 참여하는 주체들의 모습도 상상할 수 없을 만큼 달라질 것이다. 세계에 의미를 부여하고 상징을 해석하며 지혜를 설파하던 과거의 문화적 유산이 여전히 사람들에게 보이고 들리고 기억될 수 있을지 알 수 없다.

하지만 우리를 둘러싼 사물의 형태가 바뀌더라도 바깥 세계와 자신의 내면에서 의미를 발견하고 가치를 탐구하려는 인간의 노력은 결코 멈추지 않고 계속될 것이다. 그 중심에는, 그것이 어떤 형태로 바뀌든 여전히 책과 활자가 남아 있을 것이다.

그리고 철학자 한스-게오르크 가다머가 말했듯이, 과거의 삶이 남긴 것들, 남아 있는 건축물, 무덤들의 내부는 그 위로 휘몰아치는 시간의 폭풍에

풍화될지라도, 문자로 기록된 전승을 읽어갈 때 비밀스러운 기술처럼 일종의 마술처럼 '죽은 글자'가 '살아 있는 정신'으로 되살아나 우리를 묶고 풀 것이라는 사실을 우리는 여전히 믿는다.[5]

박문국의

『국용상하책局用上下冊』

1886년 5월(奎26113) 1冊(11張), 博文局(朝鮮) 編, 博文局關印, 책 크기 25.2×21.6㎝, 규장각 소장

1886년 6월(奎20416) 1冊(10張), 博文局(朝鮮) 編, 책 크기 26.8×21㎝, 규장각 소장

날짜		수입	지출	남은 돈
연도	월	수입액	지출액	
1886	4			821냥 4전 5푼
	5	4,782냥 9전 5푼	4,282냥 6전	500냥 3전 5푼
	6	5,681냥 3전 5푼	5,227냥 4전	453냥 9전 5푼

1886년 5월 전입기(錢入記)

연월	일	수입	내역	비고
1886년 5월		821냥 4전 5푼	1886년 4월 시(時) 재문(在文)	在文: 셈하고 남은 돈
	1	2,464냥	충청도 주보채(周報債) 2,765냥 중 선입(先入)	
		200냥	황주(黃州) 주보채 819냥 중 선입	
		51냥	경기 주보채 1,794냥 중 선입	
	2	22냥	황주 주보채 819냥 중 선입 봉산(鳳山) 조(條)	
	4	80냥	황주 주보채 819냥 중 선입	
	6	35냥	은율(殷栗) 주보채 12월 반(半) 병술(丙戌) 정월~4월 회일(晦日) 조(條) 입(入)	
		47냥	황주 주보채 819냥 중 선입	
	10	72냥	문화(文化) 주보채 12월 반 병술 정월~4월 회일 조 입	
	12	72냥	신주(信州) 주보채 12월 반 병술 정월~4월 회일 조 입	
		72냥	백천(白川) 주보채 12월 반 병술 정월~4월 회일 조 입	
	13	72냥	연안 주보채 12월 반 병술 정월~4월 회일 조 입	
		45냥	장연(長淵) 주보채 12월 반 병술 정월~4월 회일 조 입	
		36냥	백령(白翎) 주보채 12월 반 병술 정월~4월 회일 조 입	
	14	45냥	송화(松禾) 주보채 12월 반 병술 정월~4월 회일 조 입	
		35냥	장연(長連) 주보채 12월 반 병술 정월~3월 회일 조 입	
	15	72냥	풍천(豊川) 주보채 12월 반 병술 정월~4월 회일 조 입	
		36냥	초도(椒島) 주보채 12월 반 병술 정월~4월 회일 조 입	
	16	210냥	경기 주보채 4월 조 입	
	28	62냥	고성(高城) 주보채 4월~6월 회일 조 입 가계병(加計幷)	加計幷: 함께 더하여 셈함
		129냥	광주 주보채 12월 반 병술 정월~3월 회일 조 입	
	29	104냥	수원 주보채 129냥 중 선입	
합계		4,782냥 9전 5푼		

연월	일	지출	내역	비고
1886년 5월	1	2전 5푼	사지가(仕紙價)	仕紙價: 종이 뜨는 값
		240냥	즉위(卽位) 12원(員) 구채(驅債)	驅債: 벼슬아치에게 녹봉 이외에 사사로 부리는 하인의 급료로 더 주던 돈이나 물건
		255냥	식당직급(食堂直給)	식당 담당자 봉급
		80냥	균자(均字) 2명 삭하(朔下)	均字: 식자(植字)할 때 활자와 활자 사이에 나무나 판지를 끼워 활자가 놀지 않게 해 글자를 바르고 고르게 하던 공장(工匠). 朔下: 하급 벼슬아치나 밑에 부리던 사람에게 주던 급료
		140냥	채자(採字) 4명 삭하	採字: 인쇄소에서 원고대로 활자를 골라 뽑는 사람
		120냥	책방(册房) 4명 삭하	册房: 고을 원의 비서 일을 맡아보던 사람
		90냥	회륜(回輪) 3명 삭하	回輪: 인쇄기계의 손잡이를 돌리는 사람으로 추정됨
		40냥	삽지(揷紙) 1명 삭하	揷紙: 인쇄기에 종이를 끼우는 사람
		30냥	주자(鑄字) 1명 삭하	鑄字: 활자주조 담당자
		100냥	사령(使令) 5명 삭하	使令: 각 관아에서 심부름하던 사람
		80냥	군사 4명 삭하	
		60냥	방직(房直) 3명 삭하	房直: 관아의 심부름꾼
		75냥	대청직(大廳直) 3인 삭하	大廳直: 대청지기
		400냥	율림(栗林) 월급	구리바야시(栗林)는 일본인 인쇄 기술자로 추정됨
		20냥	정상(井上) 처소(處所) 도배지가(塗褙紙價)	이노우에 가쿠고로의 거처에 바른 도배지 값
		10냥	관안지(官案紙) 책가(册價)	벼슬아치의 이름과 벼슬의 이름을 적은 책 값
		24냥	사령 군사 1삭(朔) 요차(饒次)	饒次: 수고료로 추정됨
		15냥	사령방(使令房) 시유가(柴油價) 1삭	柴油價: 땔나무와 기름 값
		10냥	대청직방 시유가 1삭	
		10냥	방직방(房直房) 시유가 1삭	
		505냥	정상(井上) 월급 선급	
	합문	2,340냥 2전 5푼		
	2	20냥	기별채(奇別債)	승정원에서 반포하는 조보(기별)를 돌리던 사람에게 지불하는 비용으로 추정됨

		8냥	책방 도자(刀子) 2병(柄) 신조(新造) 공가(工價)	책방에서 쓰던 작은 칼 두 자루의 제조 비용
		1냥 8전	책방 도자 2병 연마공전(鍊磨工錢)	
		1냥 5전	책방 책판(册板) 경삭공전(更削工錢)	책판을 깎는 공인의 작업 비용
	2	536냥	백지(白紙)	닥나무 껍질로 만든 흰 종이 구입비
		129냥 5전	주자소용(鑄字所用) 연(鉛) 18근 반 가(價)	활자를 만드는 데 필요한 납값
		630냥	백지(白紙) 7괴(塊) 가	백지 7뭉치 값
		15냥	기계소아교전소용(機械所阿膠煎所用) 백청(白淸) 1기(器) 반(半) 가(價)	기계를 위해 아교를 끓이는 데 쓰는 흰꿀 한 그릇 반 값
	합문	1,341냥 8전		
1886년 5월	3	1냥 5전	관안용(官案用) 의홍사조찰호(衣紅絲弔札糊) 가	관안 제작에 쓰는 실, 풀 등의 값
		1냥 5전	책방 도마(搗磨) 3개 개공(改工)	
		2냥	기계소용 진유(眞油) 2복주(卜周) 가	참기름 두 그릇 값
		1냥 8전	기계소용 석유 2기(器) 가	
		5전	관방(官房) 육촉(肉燭) 가	관방(벼슬아치가 일을 보거나 숙직하던 방)에서 쓰는 쇠기름으로 만든 초 값
	합문	7냥 3전		
	4	5냥	관방 석유등 1좌(坐) 가	
		2냥 8전	기계소용 석유 2기(器) 가	
		2냥	기계소용 진유 2복주 가	
		5냥 7전	관안 책방 의(衣) 38주(紬) 2척 2촌 가	
		2전 5푼	관방 육촉 가	
	합문	14냥 7전 5푼		
	5	2전 5푼	관방 육촉 가	
	6	9전	기계소용 석유 1기 가	
		1냥	기계소용 진유 1복주 가	
		2전 5푼	관방 육촉 가	
	합문	2냥 1전 5푼		
	7	2전	공사(公事) 사령(使令) 급(給)	
		2냥	기계소용 진유 2복주 가	
		1냥 8전	기계소용 석유 2기 가	

	7	2전 5푼	관방 육촉 가	
	합문	4냥 2전 5푼		
	8	15냥	기계소 아교전소용 백청 1기 반 가	
		2냥	기계소용 진유 2복주 가	
		9전	기계소용 석유 1기 가	
		5냥	기계 세건(洗巾) 백목(白木) 20척 가	기계를 닦는 데 쓰는 무명 20자 값
		2전 5푼	관방 육촉 가	
	합문	23냥 1전 5푼		
	9	2냥	기계소용 진유 2복주 가	
		9전	기계소용 석유 1기 가	
		3냥	기계소 자박지(子朴只) 3개 옹박지(甕朴只) 2개가	자배기(子朴只): 둥글넓적하고 아가리가 넓게 벌어진 질그릇 옹배기(甕朴只): 주둥이보다 배부분이 넓고 둥글며 바닥이 좁은 질그릇
1886년 5월		2전 5푼	관방 육촉 가	
	합문	6냥 1전 5푼		
	10	30냥	각수(刻手) 1명 삭하	
		1냥 5전	기계소용 진유 1복주 반 가	
		9전	기계소용 석유 1기 가	
		2전 5푼	관방 육촉 가	
	합문	32냥 6전 5푼		
	11	75냥 5전	토색장이(土墻匠伊) 공전(工錢)	흙 담장을 쌓는 사람의 삯
		1냥	기계 소용 진유 1복주 가	
		9전	기계소용 석유 1기 가	
		2전 5푼	관방 육촉 가	
	합문	77냥 6전 5푼		
	12	40냥	필(筆) 10동(同) 가	붓 10통 값
		1냥	기계소용 진유 1복주 가	
		2냥	주자소용 도간이(都干伊) 2개 가	都干伊: 도가니
		2전 5푼	관방 육촉 가	
	합문	43냥 2전 5푼		
	13	2냥	기계소용 진유 2복주 가	
		1냥 8전	기계소용 석유 2기가	

	13	6전	기계소용 도자 2병(柄) 연마공(鍊磨工)	
		2냥	정사(政事) 군사 분발군(分撥軍) 2명 선자(扇子) 2병(柄) 대전(代錢)	군사 2명을 위한 부채 두 자루 대신으로 주는 돈
		2전 5푼	관방 육촉 가	
	합문	5냥 6전 5푼		
	14	1냥 5전	기계소용 진유 1복주 반 가	
		9전	기계소용 석유 1기 가	
		90냥	즉위(卽位) 교정(校正)	교정을 보는 사람에게 주는 값
		5전	관방 육촉 가	
	합문	92냥 9전		
	15	49냥	주자소용 연(鉛) 9근(斤) 가 매 근 5냥	
		1냥 5전	기계소용 진유 1복주 반 가	
		1냥 8전	기계 소용 석유 2기 가	
		2전 5푼	관방 육촉 가	
	합문	52냥 5전 5푼		
1886년 5월	16	7전	궤(簣) 1개 가	삼태기 1개 값
		9전	갈내(乫乃) 광이(光伊) 2병 세(貰)	가래와 괭이 두 자루 빌린 값
		2냥	기계소용 진유 2복주 가	
		9전	기계소용 석유 1기 가	
		10냥	기계소 아교전소용 백청 1기 가	
		2전 5푼	관방 육촉 가	
	합문	14냥 7전 5푼		
	17	12냥	국중(局中) 토장장이 공전	
		1냥	관자(關者) 지갑(紙甲) 공전(工錢)	관문을 지키는 사람을 위한 종이 갑옷 제작비
		1냥 5전	기계 소용 진유 1복주 반 가	
		9전	기계 소용 석유 1기가	
		3냥	균자소(均字所) 포사(布絲) 6냥 중가(重價)	重價: 비싼 값
		2냥	균자소용 황밀(黃蜜) 4냥 중가(重價)	
		4전 5푼	관방 육촉 가	
	합문	20냥 8전 5푼		
	18	20냥	주자소용 연(鉛) 가 중 선급(先給) 7근	

	18	3냥	대청직방 추(秋) 죽렴(竹簾) 2건(件) 가	竹簾: 대로 엮은 발
		1냥 5전	책방 도자 2병 연마공	
		9전	기계 소용 석유 1기 가	
		5전	관방 육촉 가	
	합문	25냥 9전		
	19	2냥	기계 홍두개(洪斗介) 소용 양목(洋木) 1척(尺) 8촌(寸) 가	洪斗介: 홍두깨
		1냥 5전	기계소용 진유 1복주 반 가	
		9전	기계 소용 석유 1기 가	
		4전	관방 육촉 가	
	합문	4냥 8전		
	20	1냥	기계소용 진유 1복주 가	
		1냥	기별서리 기별군사 2명 선자 2병 대전	
		2전 5푼	관방 육촉 가	
	합문	2냥 2전 5푼		
1886년 5월	21	7냥 5전	정상 처소 측간 이치(移置) 모군(募軍) 3명 고가(雇價)	이노우에 처소의 화장실을 옮겨 짓기 위해 모집한 일꾼 3명의 경비
		4전	갈내(乫內) 1병(柄) 세(貰)	
		3전	광이(光耳) 1병 세	
		1냥 4전 5푼	담군(擔軍) 9명 고가	擔軍: 짐꾼
		1냥	기계 소용 진유 1복주 가	
		9전	기계 소용 석유 1기 가	
		2전 5푼	관방 육촉 가	
	합문	11냥 8전		
	22	1냥 8전	기계소용 석유 1기 가	
		49냥	주자소용 연 7근 가	
		5냥	각자소용(刻字所用) 공목(空木) 50개 가	空木: 활자를 조판할 때 인쇄할 필요가 없는 자간이나 행간을 메우기 위한 나무
		10냥	각자소용 공목 100개 가	
		4전	전고가(錢雇價)	
		5전	관방 육촉 가	
	합문	66냥 7전		
	23	10냥	기계소 아교전소용 백청 1기 가	
		3냥 2전	관방 초방석(草方席) 45가	草方席: 풀로 엮어 만든 방석
		4냥	기계소 도자 1병 신조(新造) 가	

	23	2냥	기계소용 진유 2복주 가	
		9전	기계소용 석유 1기 가	
		2전 5푼	관방 육촉 가	
	합문	20냥 3전 5푼		
	24		1냥 기계소용 진유 1복주 가	
			9전 기계 소용 석유 1기 가	
			2전 5푼 관방 육촉 가	
	합문	2냥 1전 5푼		
	25	1냥	기계 소용 진유 1복주 가	
		9전	기계 소용 석유 1기 가	
		2전 5푼	관방 육촉 가	
	합문	2냥 1전 5푼		
	26	9전	기계소용 석유 1기 가	
		1냥	균자소용 포사(布絲) 2냥 중가	
		2전 5푼	관방 육촉 가	
	합문	2냥 1전 5푼		
1886년 5월	27	6냥	주자소 줄(鑢) 2개 조의공전(雕衣工錢)	雕衣는 미상
		1냥	주자소 소줄(小鑢) 1개 조의공전	
		2냥	주자소 대도간이(大都干伊) 2개 가	大都干伊: 큰 도가니
		1냥 5전	주자소 소도간이 3개 가	
		1냥	주자소 구지(鉤只) 2개 가	鉤只: 갈고리
		3냥	1삭 호여염비루석유황 (糊與鹽飛陋石硫黃) 가	풀, 소금, 유황 등의 1개월분 구입비. 飛陋石은 미상
		1냥	기계소용 진유 1복주 가	
		9전	기계소용 석유 1기 가	
		2전 5푼	관방 육촉 가	
	합문	16냥 6전 5푼		
	28	20냥	필(筆) 십동(十同) 가	
		1냥 5전	기계소용 진유 1복주 반 가	
		9전	기계 소용 석유 1기 가	
		2전 5푼	관방 육촉 가	
	합문	22냥 6전 5푼		
	29	15냥	기계소 아교전 소용 백청 1기 가	
		2냥	산죽(算竹) 1백개 가	算竹: 바구니

1886년 5월	29	4전	광이(光耳) 1병 세	
		5냥 4전	행랑(行廊) 훼철(毁撤) 모군(募軍) 2명 고가(雇價)	
		1냥 5전	기계소용 진유 1복주 반 가	
		2전	공사 사령 급(給)	
		2전 5푼	관방 육촉 가	
	합문	24냥 7전 5푼		
이상 동 합문		4282냥 6전		
시재문(時在文)		500냥 3전 5푼		1개월 총경비를 제외하고 현재 남은 돈

1886년 6월 전입기(錢入記)

연월	일	수입	내역	비고
1886년 6월	1	5백 냥 3전 5푼	5월 시(時) 재문(在文)	
		3,901냥	강원도 4월조 가계병입(加計幷入)	
		38냥	강화 4월조	
		125냥	경기 4월조	
	2	25냥	연원(連原) 을유 12월 반 병술 12삭조(朔條) 입(入)	
		25냥	이인(利仁) 을유 12월 반 병술 12삭조 입	
	4	99냥	충청수사 을유 12월 반 병술 정월부터 4월까지 조 입	
		109냥	경기 4월조 입	
		14냥	공주 영장주인처(營將主人處) 12월 병술 정월부터 3월조까지 입	
		22냥	평신(平薪) 을유 12월 병술 정월부터 5월조까지 입	
	5	18냥	충주 영장주인처 을유 12월 반 병술 정월부터 4월까지	
		38냥	광주 4월조 입	
		87냥 5전	강원도 영동 8읍 을유 12월 반부터 병술 정월까지, 3월까지 가계조(加計條) 입	
	6	50냥	황주 3월조 선입	
		2,160냥	함경 관남(關南) 병술 대삭(大朔) 반(半)조 입 을유 12월 반	
		20냥	덕적첨사(德積僉使) 을유 12월 반 병술 정월부터 5월까지조 입	
		25냥	금정찰방(金井察訪) 을유 12월 반 병술 12월 삭조 입	
	9	13냥	성환(成歡) 찰방 을유 12월 반 병술 6월조 입	
	10	30냥	경기도 4월조 입	
		99냥	충청병사 을유 12월 반부터 병술 4월까지조 입	
		25냥	수원 3월조 필입(畢入)	
	13	26냥	충수(忠水) 우후(虞侯) 을유 12월 반 병술 6월조 입	
	16	63냥	강원도 영동 8읍 가계조(加計條) 필입(畢入)	
		270냥	해주(海州) 주인처 3월조 선입	
	17	65냥	강령(康翎) 을유 12월 반 병술 6월조 입	
	19	38냥 5전	개성부 3월조 선입	
	20	10냥	송화(松禾) 5월조 입	
	21	16냥	백천(白川) 5월조 입	
	22	16냥	신천(信川) 5월조 입	
	23	22냥	경기 4월 재조(在條) 필입(畢入)	
	23	150냥	경기 5월조 선입	

	24	24냥	제산(祭山) 첨사 을유 12월 반 병술 6월조 입	
1886년 6월		100냥	농상조(農商條) 입	
	27	16냥	황주 3월조 필입(畢入)	
		2냥	제산(祭山) 6월 재조(在條) 입	
	29	494냥	충청도 4월 5월조 선입	
		95냥	해주 주인처 3월 조 선입	
		310냥	강원도 5월조 선입	
		50냥	송도조 선입 3월조	
이상 입(入) 합문		5,681냥 3전 5푼 내(內)		

연월	일	지출	내역	비고
1886년 6월	1	7냥	행랑(行廊) 훼철시(毀撤時) 모군(募軍) 2명 고가(雇價)	
		6냥 5전	관자시(關者紙) 10장 가	關子紙는 관청에서 발급하던 허가서용 종이로 추정됨
		24냥	국중 토색장이(土墻匠伊) 고가	
		6전	초(鍬) 세(貰)	가래 빌리는 값
		3전	광이(光耳) 세(貰)	
		7전	주자소용 유단(油丹) 1장(張) 가	
	합문	39냥 1전		
	2	343냥	정상(井上) 급(給)	
		40냥	각수 1명 삭하	
		240냥	즉위 12원 구채(驅債)	
		75냥	대청직(大廳直) 3명 삭하	
		10냥	대정직방 시유(柴油) 가	
		150냥	채자 5명 삭하	
		70냥	균자 2명 삭하	
		40냥	삽지 1명 삭하	
		120냥	책장(冊匠) 4명 삭하	
		120냥	사령 6명 삭하	
		303냥	식당직 상(床) 가	
		30냥	주자장 1명 삭하	
		64냥	군사 3명 삭하	
		10냥	방직방(房直房) 시유(柴油) 가	
		15냥	사령방 시유 가	
		35냥	채자 1명 삭하 김경재(金景在)	
		30냥	염지(捻紙) 1명 삭하	
		1냥	정상 처소 축장시(築墻時) 초(鍬) 광이(光耳) 세(貰)	
	합문	1,752냥		
	3	5냥	정상처 축장 니장이(泥匠伊) 1명 고가	泥匠伊: 흙 바르는 일꾼
		9냥	모군 3명 고가 정상(井上) 처소	
		1냥 5전	정상 처소 초 광이 세	

1886년 6월	3	7전	방구리(方九里) 1개 가	方九里: 주로 물을 긷거나 술을 담는 데 쓰는 질그릇
		1냥 9전 5푼	정상 처소 축장시 초삭(草索) 급(及) 초 광이 세 가 유소자(杻掃子) 병입(并入)	草索: 새끼 杻掃子: 사철나무로 만든 빗자루로 추정됨
	합문	18냥 1전 5푼		
	4	5냥	정상 처소 축장 니장이(泥匠伊) 공전(工錢)	
		9냥	정상 처소 모군 3명 고가	
		3냥 3전	장성 처소 축장시 초삭 급 초 광이 세가	
	5	90냥	3위(位) 교정(校正) 조	
		193냥	연안지만이(鉛安芝滿伊) 27근 12냥 중가	鉛安芝滿伊: 미상
		5냥	정상 처소 축장 니장이 공전	
		2냥 8전	정상 처소 초삭 급 초 광이 세가	
	합문	199냥 8전		
	6	7전	표자(瓢子) 1개 가	瓢子: 표주박
		5전	전(錢) 2백냥 고가(雇價)	
		5냥	정상 처소 축장 니장이 공전	
		12냥	정상 처소 모군 4명 고가	
		2냥 1전	정상 처소 초삭 급 통광이(桶光耳) 세가	
	합문	20냥 3전		
	7	3냥 7전	관가 개와장이(盖瓦匠伊)	盖瓦匠伊: 기와장이
		3냥 9전	관가 개와 모군 반일 고가 3명	
		2냥	관가 개와 시 수통(水桶) 급 초 광이 세	
		2,000냥	백지(白紙) 가 중 박홍상(朴弘祥) 선급(先給)	
	합문	2,009냥 6전		
	8	18냥	주자소용 석철(錫鐵) 2개 가	
		20냥	기별채(奇別債)	
		10냥	각자소용 공목(空木) 1백 개 가	
	합문	48냥		
	9	2냥	균자소용 포사(布絲) 4냥 중가	
	10	9냥	기계소 아교전소용 백청(白淸) 1광(光) 가	
	11	5냥	정상 처소 축장 니장이 공전 1명	
		9냥	정상 처소 모군 3명 고가	
		1냥 3전	정상 처소 수통 급 초 세	
	합문	15냥 3전		

	12	31냥	각공(刻工) 여(與) 각자소용 공목 가 병급(幷給)	
		2전	공사 사령 급(給)	
	합문	31냥 2전		
	13	50냥	권주사댁(權主事宅) 부의전(賻儀錢)	
		6냥	황등(黃燈) 4쌍(雙) 가	
		24냥	사령 군사 1삭 요차(饒次)	
	합문	80냥		
	14	3냥	묵(墨) 5정(丁) 가	
	16	4냥	기계 세건(洗巾) 백목(白木) 16척(尺) 가	
	17	3냥	책방 도자(刀子) 2병(柄) 연마공 금월(今月) 거월(去月)	
	18	51냥	관방 화문등(花紋登) 매 4립(立) 가	
	19	5냥	관방적(關防槍) 1좌(坐) 값	
	23	29냥	주자소용 안지만이(安芝滿耳) 7근 가 필급(畢給)	
		10냥	기계소 아교전소용 백청 1광(光) 가	
1886년 6월	합문	39냥		
	24	2냥	균자소용 마렵(馬鬣) 가	馬鬣: 말갈기
		3냥	국중(局中) 잡용 호(糊) 가 급(及) 양석양비루염(洋石楊飛陋鹽) 가	
		4냥	기계소 주자소 줄 3개 탁공전(啄工錢)	
	합문	10냥		
	25	6냥	주점소용(朱点所用) 북홍(北紅) 1병(甁) 가	北紅: 매우 짙게 붉은 물감
		1냥 5전	전(錢) 5백 냥 고가(雇價)	
	합문	7냥 5전		
	26	6냥	전 2천 냥 고가	
	27	6전 5푼	관방 와선(瓦扇) 1병(柄) 가	
	28	1냥	관방 제초(除草) 시 요차	
		400냥	백지 가 중 박홍상(朴弘祥) 선급	
		303냥	식당직 7월조 선급	
		9냥	기계 아교전소용 백청 1기(器) 가	
		35냥	기계소용 진유 석유 1삭용(朔用)	
		8냥 5전	관방 1삭 육촉 가	
	합문	755냥 5전		
용(用) 합문		5,227냥 4전		
시 재문		453냥 9전 5푼		

들어가는 말

1) 마르셀 프루스트, 김창석 옮김, 『잃어버린 시간을 찾아서 10 - 사라진 알베르틴』, 국일미디어, 2007, 194쪽.

2) 프랜시스 베이컨, 진석용 옮김, 『신기관』, 한길사, 2001, 137쪽.

3) Beth Mckillop, "The History of the Book in Korea", *The Book-A gloval History*, edited by Michael F. Suarez, S. J. & H. R. Woodhuysen, Oxford University Press, 2013, pp. 601~602.

4) David Finkelstein & Alistair McCleery, *An Introduction to Book History*, New York, Routledge, 2005, p. 24.

1부 동아시아 근대의 활자문화 공간
1부 1장 _ 윌리엄 갬블과 동아시아 활자문화

1) 빅토르 위고, 정기수 옮김, 『파리의 노트르담 1』, 민음사, 2005, 348쪽.

2) 張秀民, 韓琦 增訂, 『中國人刷史』, 浙江古籍出版社, 2006, 447~452쪽.

3) Ching Su, *The Printing Presses of the London Missionary Society among the Chinese*, University College London, 1996, pp. 248~258.

4) 小宮山博史, 「明朝體, 日本への傳播と改刻」, 印刷史研究會 編, 『本と活字の歴史事典』, 栢書房, 2000, 236쪽.

5) 史梅岑, 『中國印刷發展史』, 商務印書館, 1966, 175쪽.

6) 小宮山博史, 「明朝体が上海からやってきた」, 小宮山博史, 『日本語活字ものがたり』, 誠文堂新光社, 2009, 34쪽.

7) Andrea Janku, "The Uses of Genres in the Chinese Press from the Late Qing to the Early Republican Period", Edited by Cynthia Brokaw and Christopher A. Reed, *From Woodblocks to the Internet-Chinese Publishing and Print Culture in Transition, circa 1800 to 2008*, Koninklijke Brill NV, Leiden, The Netherlands, 2010, p. 132.

8) 小宮山博史, 「明朝體, 日本への傳播と改刻」, 印刷史研究會編, 앞의 책, 267쪽.

9) 張樹棟 等著,『中華印刷通史』, 財團法人印刷傳播興才文教基金會, 臺北, 2004, 501~502쪽.

10) 小宮山博史,「明朝体が上海からやってきた」, 小宮山博史, 앞의 책, 27~37쪽.

11) 張秀民, 韓琦 增訂, 앞의 책, 457쪽.

12) 小宮山博史,「明朝体が上海からやってきた」, 小宮山博史, 앞의 책, 24~25쪽.

13) 府川充男,『印刷史/タイポグラフィの視軸』, 實踐社, 2005, 65쪽.

14) 鈴木廣光,「ヨーロッパ人による漢字活字の開發-その歷史と背景」, 印刷史研究會 編, 앞의 책, 222~223쪽.

15) 張秀民, 韓琦 增訂, 앞의 책, 458쪽.

16) 鈴木廣光,「ヨーロッパ人による漢子活字の開發-その歷史と背景」, 印刷史研究會 編, 앞의 책, 231쪽.

17) 이상 미화서관의 역사에 대해서는 The Mission Press in China, American Presbyterian Press, Shanghai, 1869, pp. 6~22, 張秀民, 韓琦 增訂, 앞의 책, 447~460쪽, 王建明·王曉霞,『中國近代出版史稿』, 南開大學出版社, 天津, 2011, 49~88쪽, 張樹棟 等著, 앞의 책, 474~502쪽 참고.

18) 이성현,「상해, 근대 중국을 향한 길」, 문정진 외,『중국 근대의 풍경』, 그린비, 2008, 140~141쪽.

19) 존 K. 페어뱅크 편집, 김한식 외 옮김,『캠브리지 중국사 10』, 새물결, 2007, 384~409쪽.

20) 이성현, 앞의 책, 141쪽.

21) 茅伯科 主編,『上海港史』, 人民交通出版社, 1990, 162, 209쪽.

22) 이상「美華書館述略」은 張樹棟 等著, 앞의 책, 475~476쪽에서 재인용.

23) Christoper A. Reed, Gutenberg in Shanghai-Chinese Print Capitalism, 1876~1937, UBC Press, Vancouver, B.C., 2004, pp. 48~49.

24) 張樹棟 等著, 앞의 책, 474~475쪽.

25) 小宮山博史,「美華書館跡地考」, 小宮山博史, 앞의 책, 62~68쪽.

26) 宮坂彌代生,「美華書館考-開設と閉鎖·名稱·所在地について」, 小宮山博史·府川充南 編輯,『活字印刷の文化史』, 勉誠出版, 2009, 187~188쪽.

27) 張樹棟 等著, 앞의 책, 475쪽.

28) 메이지대학(明治大學) 도서관 아카이브 해제(http://www.meijigakuin.ac.jp/mgda/waei/kaisetsu/kakuhan.html) 참고.

29) 小宮山博史,『日本語活字ものがたり』, 誠文堂新光社, 2009, 73쪽.

30) 土方定一·坂本勝比古 編,『明治大正圖誌 4 - 橫濱·神戶』, 筑摩書房, 1978, 24쪽, 156쪽.

31) 小宮山博史,「日本語の連綿體活字」, 小宮山博史·府川充南 編輯, 앞의 책, 162쪽.

32) 小宮山博史,『日本語活字ものがたり』, 誠文堂新光社, 2009, 37쪽.

33) The Mission Press in China, American Presbyterian Mission Press, Shanghai, 1895, p. 19.

34) Ibid., pp. 23~24.

35) Edited by R.G. Tiedemann, *Handbook of Christianity in China 2*, Brill, Leiden, 2010, p. 29.

36) 後藤吉郎 外, 「Willam Gambleの生涯」, *Proceedings of the Annual Conference of JSSD* vol. 55, 2008, p. 93.

1부 2장 _ 근대 출판의 기원, 쓰키치활판제조소

1) 小宮山博史, 『日本語活字ものがたり』, 誠文堂新光社, 2009, 38쪽에서 재인용.

2) 「PREFACE」, 薩摩學生, 『和譯英辭書』, American Presbyterian Press, Shanghai, 1869.

3) 惣鄕正明, 『洋學の系譜』, 硏究社出版, 1984, 202~205쪽.

4) 이건상, 「반쇼시라베쇼(蕃書調所)의 교육과 번역」, 『일본학보』 제71집, 2007, 326~327쪽.

5) 小宮山博史, 『日本語活字ものがたり』, 誠文堂新光社, 2009, 40쪽에서 재인용.

6) 이하 모토키, 히라노, 쓰키치활판제조소의 역사에 대해서는 板倉雅宜, 『活版印刷發達史 – 東京 築地活版製造所の果たした役割』, 印刷朝陽會, 2006, 本木昌造·平野富二詳傳頒布刊行會 編, 『本木昌造·平野富二詳傳』, 本木昌造·平野富二詳傳頒布刊行會, 1933, 津田伊三郎, 『本邦活版 開拓者の苦心』, 津田三省堂, 1934, 1~28쪽, 中根勝, 『日本印刷技術史』, 八木書店, 東京, 1999, 201~234쪽 참고.

7) James Moran, *Printing Presses*, Faber and Faber Limited, London, 1973, pp. 49~53.

8) 워싱턴 인쇄기는 스텐호프 인쇄기의 뒤를 잇는 철제 수동 인쇄기 가운데 하나로, 뉴욕의 러스트(Samuel Rust)가 1821년에 특허를 받았다. 이 인쇄기는 토글 이음매(toggle joint, 압착기 등에서 힘을 확대해 전달하는 연결 장치)를 도입한 것이 특징이었다. 나중에 뉴욕의 호사(R. Hoe & Company)에서 이것을 개량해서 1857년부터 시판했다. James Moran, *op. cit.*, pp. 79~81, James M. Wells, "American Printing: The Search for Self-Sufficiency", *Proceedings of American Antiquarian Society*, October 1984, vol 94, p. 279 참고.

9) 小宮山博史, 『日本語活字ものがたり』, 誠文堂新光社, 2009, 45~46쪽.

10) 石井硏堂, 『改訂增補明治事物起源(下)』, 春陽堂, 1944, 905쪽.

11) 일본의 포인트 활자는 도쿄쓰키치활판제조소의 노무라 소쥬로(野村宗十郎)가 1903년 제5회 내국권업박람회에 출품한 9포인트 활자가 최초이다. 출판계에서 포인트 활자를 최초로 사용했던 것은 러일전쟁 직후에 9포인트를 사용했던 『유호도문고有朋堂文庫』였다. 杉村武, 『近代日本大出版事業史』, 出版ニュース社, 1967, 107쪽. 우리나라에서는 1954년 이임풍이 디자인하고 박정래가 제도한 한글 자모 원도를 벤턴 조각기로 제작함으로써 종전의 호수(號數) 활자 대신 포인트 활자시대를 맞이했다. 대한인쇄문화협회(http://www.print.or.kr) 참고.

12) 小宮山博史, 『日本語活字ものがたり』, 誠文堂新光社, 2009, 43~44쪽.

13) 三菱造船株式会社長崎造船所職工課 編, 『三菱長崎造船所史 第1』, 三菱造船長崎造船所職工課, 1928, 18쪽.

14) 本木昌造·平野富二詳傳頒布刊行會編, 앞의 책, 133~134쪽.

15) 孫安石, 「淸末上海 日本語 新聞 上海新報の世界」, 『年報非文字資料研究』 10號, 神奈川大学日本常民文化研究所非文字資料研究センター, 2014, 44~45쪽.

16) 孫明遠, 「20世紀 前半期における中國人による「倣宋體」と「楷書體」の開發」, 小宮山博史·府川充南編輯, 『活字印刷の文化史』, 勉誠出版, 2009, 286~287쪽.

17) 本木昌造·平野富二詳傳頒布刊行會編, 앞의 책, 165~166쪽.

18) 東京府, 『東京府統計書』, 東京府, 1912, 101~105쪽.

19) 鈴木淳, 『日本の近代15-新技術の社會誌』, 中央公論社, 1999, 44~45쪽.

20) 板倉雅宣, 『活版印刷發達史-東京築地活版製造所の果たした役割』, 印刷朝陽會, 2006, 90~91쪽.

21) 小宮山博史, 『日本語活字ものがたり』, 誠文堂新光社, 2009, 34쪽.

22) http://www.nagasaki-pia.org/cgi-bin/datahokanko/img/3.pdf 참고.

1부 3장 _ 쓰시마와 부산, 언어와 문학의 공동체

1) 明治ニュース事典編纂委員會, 毎日コミュニケーションズ出版部 編集, 『明治ニュース事典 2』, 毎日コミュニケーションズ, 1983, 450쪽.

2) 직원록 자료, 한국사데이터베이스(http://db.history.go.kr/).

3) 韓國古書同友會編, 『朝鮮新報』, 韓國出版販賣, 1984.

4) 中山泰昌編, 『新聞集成明治編年史 4』 영인본, 서울, 太學社, 1983, 347쪽.

5) 아이 사키코, 「부산항 일본인 거류지 연구」, 고려대 석사학위 논문, 2006, 26~27쪽.

6) 이하 『조선신보』에 대해서는 『조선신보』 영인본(韓國古書同友會編, 앞의 책)에 실린 이강수의 「조선신보의 신문사적 고찰」, 안춘근의 「조선신보의 서지학적 고찰」, 이현희의 「조선신보의 사회·역사학적 고찰」과 채백, 「조선신보에 관한 일 연구」, 『신문학보』 제26호, 1991 등 참조.

7) 손정목, 『한국 개항기 도시 변화 과정 연구』, 일지사, 1982, 102쪽.

8) 연재면의 앞면에는 '朝鮮國の學士' 金花山人이라고 다르게 기록되어 있다.

9) 韓國古書同友會編, 앞의 책, 95쪽.

10) 차철욱·양흥숙, 「개항기 부산항의 조선인과 일본인의 관계 형성」, 『한국학연구』 제26집, 2012, 29~30쪽.

11) 櫻井義之, 「朝鮮最初の新聞 『朝鮮新報』のこと」, 『書物同好會會報』 제9호, 1940년 12월 20일 발행, 29~30쪽.

12) 이현희, 「조선신보의 사회·역사학적 고찰」, 韓國古書同友會編, 앞의 책, 15쪽.

13) 채백, 『한국 근대신문 형성과정에 있어서 일본의 역할에 관한 연구』, 서울대 박사학위 논문, 1990, 124쪽.

14) 田代和生,「近世の日朝關係と對馬」,『朝鮮史研究會論文集』第26輯, 東京, 綠蔭書房, 1989, 6쪽.

15) 다시로 가즈이, 정성일 옮김,『왜관』, 논형, 2005, 40~77쪽.

16) 최영희,「초량왜관」, 국립중앙박물관,『조선시대통신사』, 국립중앙박물관, 1986, 120쪽.

17) 아이 사키코,「부산항 일본인 거류지 연구」, 고려대 석사학위 논문, 2006, 4쪽.

18) 다시로 가즈이, 앞의 책, 57쪽.

19) 최영희, 앞의 책, 121쪽. 아이 사키코, 앞의 책, 15쪽.

20) 장순순,『조선시대 왜관 변천사 연구』, 전북대 박사학위 논문, 2001, 131~144쪽.

21) 손정목, 앞의 책, 91쪽.

22) 장순순, 앞의 책, 152~155쪽.

23) 아이 사키코, 앞의 책, 2006, 25쪽.

24) 홍순권,『근대도시와 지방권력』, 선인, 2010, 87~88쪽. 손정목, 앞의 책, 101~104쪽. 김경남,「한말 일제하 부산지역의 도시형성과 공업구조의 특성」,『지역과 역사』제5호, 1999, 225~227쪽.

25) 부산상법회의소의 설립 시기는 문헌마다 조금씩 차이가 있다. 부산상공회의소에서 엮은『부산상의사』(1982)와 식민지시대에 조선공로자명감 간행회에서 펴낸『조선공로자명감』(1935)에는 1879년 8월, 부산시가 엮은『부산의 역사』(1978)에는 1880년 8월, 일본 농상무성의『상황연보(商況年報)』에는 1880년 12월로 기록되어 있다. 채백,『부산언론사 연구』, 산지니, 2012, 82쪽.

26) 坂本悠一·木村健二,『近代植民地都市 釜山』, 櫻井書店, 2007, 27쪽.

27) 부산상공회의소 편,『부산상의사』, 부산상공회의소, 1982, 110쪽.

28) 박용숙,『조선후기 향촌사회사 연구』, 혜안, 2007, 449쪽. 부산직할시사편찬위원회,『부산시사1』, 부산직할시, 1989, 828쪽.

29) 坂本悠一·木村健二, 앞의 책, 26~27쪽.

30) 田代和生, 앞의 책, 7쪽.

31) 허지은,「쓰시마 조선어통사의 성립과정과 역할」,『한일관계사연구』제29집, 2008, 134~137쪽.

32) 정승혜,「일본에서의 한어 교육과 교재에 대한 개관」,『이중언어학』제30호, 2006, 336쪽.

33) 황백현,『대마도의 한어학습에 관한 연구』, 동의대 박사학위 논문, 2009, 65~66쪽.

34) 정승혜, 앞의 책, 338~339에서 재인용.

35) 허지은, 앞의 책, 147~148쪽.

36) 田代和生,「일조관계에서의 왜관」, 동북아역사재단·한일문화교류기금 편,『한일 관계 속의 왜관』, 경인문화사, 2012, 17~18쪽.

37) 허지은, 앞의 책, 146쪽.

38) 황백현, 앞의 책, 75~76쪽.

39) 황백현, 앞의 책, 68쪽.

40) 정승혜, 앞의 책, 339쪽.

41) 황백현, 앞의 책, 82~84쪽.

42) 大曲美太郎,「釜山港日本居留地に於てる朝鮮語教育」,『青丘學叢』第24號, 1936, 149~150쪽.

43) 같은 책, 152쪽.

44) 황백현, 앞의 책, 91~92쪽.

45) 김기수,『일동기유日東記游』, 한국고전종합DB(http://db.itkc.or.kr/).

46) 東京外國語學校編,『東京外國語學校沿革』, 東京外國語學校, 1932, 34쪽, 38쪽.

47) 정승혜, 앞의 책, 341쪽.

48) 大谷派本願寺朝鮮開教監督部編,『朝鮮開教五十年誌』, 1927, 26쪽.

49) 齊藤明美,「『교린수지』 연구의 의의」,『일본학연구』 제4호, 1999, 53~59쪽.

50) 책 장정 형태 가운데 하나. 필사 또는 인쇄된 본문 종이의 한 면을 문자가 있는 면이 밖으로 나오도록 가운데에서 바르게 접어 중첩하고 두 장의 표지를 각각 앞뒷면에 대어 서뇌(書腦) 부분을 끈[綴絲]으로 꿰매는 철장(綴裝)을 가리킨다. 이때 중첩된 본문 용지를 지넘(紙捻, 비벼 꼬아 만든 종이 끈)으로 먼저 가볍게 묶은 다음 다시 표지를 대어 구멍을 뚫어서 장정한다. 이 때문에 실이 끊어지더라도 내용 종이가 쉽게 흩어지지 않는 장점이 있다. 이 장정은 끈으로 튼튼하게 꿰매어 만든 점에서 봉철(縫綴), 철장이라고도 한다. 중국에서 전래했다고 해서 당철(唐綴)이라고도 한다. 대철(袋綴)은 일본에서만 사용하는 명칭이다. 한국민족문화대백과사전 '선장' 참고.

51) 在釜山日本總領事館,『朝鮮事務書』 27冊, 日本總領事館,「浦瀨裕韓語學教授ヲ命スル辭令書」, 부산광역시민도서관 디지털 고문헌실(http://siminlib.koreanhistory.or.kr) 참고.

52) 강남옥,「근대 초기 한국어 교재의 역동적 정착과정」,『정신문화연구』 제115호, 2009, 210쪽.

53) 차철욱·양흥숙,「개항기 부산항의 조선인과 일본인의 관계 형성」,『한국학연구』 제26집, 2012, 27쪽

54) 부산시민도서관 소장본, 원문은 한국사데이터베이스(http://db.history.go.kr/) 참조.

55) 사이토 아케미(齊藤明美),『명치시기 일본의 한어 학습서 연구』, 고려대 박사학위 논문, 2005, 36~37쪽.

56) 外務省編纂,『日本外交文書』 第12卷, 日本國際聯合協會, 1951, 233~235쪽.

57) 사이토 아케미(齊藤明美),『『교린수지』의 계보와 언어(개정판)』, J&C, 2004, 111쪽.

58) 大曲美太郎,「釜山に於てる日本の朝鮮語所と『交隣須知』の刊行」,『ドルメン』 4-3, 1935, 204쪽, 사이토 아케미(齊藤明美),『명치시기 일본의 한어 학습서 연구』, 고려대 박사학위 논문, 2005, 40쪽에서 재인용.

59) 일본 국회도서관의 근대디지털 컬렉션(http://kindai.ndl.go.jp/info:ndljp/pid/869522) 참조.

60) 大曲美太郎,「釜山港日本居留地に於てる朝鮮語教育」,『青丘學叢』第24號, 1936, 159쪽.

61) 같은 책, 158쪽.

62) 사이토 아케미(齊藤明美),『명치시기 일본의 한어 학습서 연구』, 고려대 박사학위 논문, 2005,

41~42쪽.

63) 규장각 한국학연구원(http://e-kyujanggak.snu.ac.kr/)『인어대방』해제 참고.

64) 정승혜,「『인어대방』조선간본의 성립과 찬자에 대하여」,『국어사연구』제9호, 2009, 256~258쪽.

65) 일본 국회도서관의 근대디지털컬렉션(http://kindai.ndl.go.jp/info:ndljp/pid/993029) 참조.

66) 정승혜, 앞의 책, 243쪽.

67) 신용하,『한국근대지성사 연구』, 서울대학교출판부, 2005, 134쪽.

68) 이강민,「『한어입문』과『선린통어』」,『일본어문학』제23집, 2004, 73쪽.

69) 같은 책, 84~86쪽.

70) 「주한일본 공사관기록」, 한국사데이터베이스(http://db.history.go.kr) 참고.

71) 정병설,「18·19세기 일본인의 조선소설 공부와 공부관」,『한국문화』제35집, 28~29쪽.

72) 大谷森繁,「한글소설 발전사의 특색」,『한남어문학』제6집, 1977, 26쪽.

73) 정병설, 앞의 책, 29~30쪽.

74) 韓國古書同友會 編, 앞의 책, 95쪽.

75) 다카사키 소지, 이규수 옮김,『식민지 조선의 일본인들』, 역사비평사, 2006, 18쪽, 27쪽.

76) 西岡健治,「일본에 있어서의 한국문학의 전래양상」,『국학연구논총』제1집, 2008, 8쪽.

77) 같은 책, 6~7쪽.

78) 정병설, 앞의 책, 28~29쪽.

79) 정병설, 앞의 책, 35쪽.

80) 정병설, 앞의 책 참고.

81) 韓國古書同友會 編, 앞의 책, 77~78쪽.

82) 일본 국회도서관 디지털컬렉션(http://dl.ndl.go.jp/info:ndljp/pid/782236) 참고.

83) 大曲美太郎,「釜山港 日本 居留地に於てる 朝鮮語教育」,『靑丘學叢』第24號, 1936, 158쪽.

84) 유탁일,「일본인 간행 한글활자본 최충전」,『한국문헌학 연구』, 아세아문화사, 1989, 379~380쪽.

1부 4장 _ 국경을 넘나든 활자의 여행

1) 板倉雅宣,『活版印刷發達史-東京築地活版製造所の果たした役割』, 印刷朝陽會, 2006, 32~33쪽. 국립한글박물관,『근대 연활자 한글자료 100선(1820~1945)』, 국립한글박물관, 2016, 26~27쪽.

2) 국립한글박물관, 위의 책, 50~51쪽.

3) 이경혜,「파리외방전교회와 조선의 만남」,『인문과학연구』제17집, 동덕여자대학교인문과학연구소, 2011, 92~93쪽.

4) 유홍렬,『증보 한국천주교회사(상)』, 가톨릭출판사, 1972, 247~283쪽.

5) 드니 디드로, 이충훈 옮김,『백과사전』, 도서출판b, 2014, 42쪽.

6) 이은령 외, 부산대학교 인문학연구소 엮음, 『한불자전 연구』, 소명출판, 2013, 15~16쪽.

7) 샤를르 달레, 안응렬·최석우 역주, 『한국천주교회사(상)』, 분도출판사, 1979, 137쪽.

8) 강이연, 「19세기 후반 조선에 파견된 파리 외방전교회 선교사들의 『불한사전』 연구」, 『교회사연구』 제22집, 2004, 177~178쪽.

9) 이경혜, 앞의 책, 95~96쪽.

10) 강이연, 앞의 책, 179~180쪽.

11) 장동하, 「개항기 조선교구 인쇄소 연구」, 『가톨릭 신학과 사상』 제57호, 2006, 153~171쪽.

12) http://www.tohatsu.city.yokohama.jp/hamaN3.html

13) 강이연, 앞의 책, 7쪽.

14) 横浜市中央圖書館開館記念誌編纂委員會 編, 『横浜の本と文化 別册』, 横浜市中央圖書館, 1994, 35쪽. 劉賢國, 「韓國最初の活版印刷による多言語『韓佛辭典』の刊行とそのタイポグラフィ」, 小宮山博史·府川充南 編輯, 『活字印刷の文化史』, 勉誠出版, 2009, 255쪽.

15) 조현범, 「선교와 번역」, 이은령 외, 앞의 책, 368~369쪽.

16) 이경해, 앞의 책, 100쪽.

17) Underwood, 『한영ᄌ뎐』, Kelly & Walsh, Yokohama, 1890, 4~5쪽. 국립중앙도서관 소장.

18) 이경해, 앞의 책, 100쪽.

19) 峯岸英雄, 「「福音印刷」創業者 村岡平吉の軌跡」, 『郷土神奈川』 第53號, 2015, 1~16쪽.

20) 장동하, 앞의 책, 173~174쪽.

21) 劉賢國, 앞의 책, 255~256쪽.

22) 강이연, 「최초의 한국어 문법서 GRAMMAIRE CORÉENNE 연구」, 『프랑스어문교육』 제29집, 2008, 8쪽.

23) 이경해, 앞의 책, 102쪽.

24) 장동하, 앞의 책, 175~178쪽.

25) 장동하, 앞의 책, 179~180쪽.

26) 서상륜, 「예수성교가 조선에 始入ᄒᆫ 歷史」, 『학우회보』 제3호, 야소교장로회신학교, 평양, 1924, 1쪽. 서상륜의 증언 가운데 연도는 착오가 심하다. 이응찬이 매킨타이어 목사에게 세례를 받은 것은 1879년이고, 이응찬은 1883년에 세상을 떠났다. 서상륜이 질병에 걸린 때는 1878년이고, 그가 세례를 받은 것은 1879년 이후인 것으로 추정된다.

27) John Ross, 옥성득 역주, 「한국 기독교의 여명」, 『한국 기독교와 역사』 창간호, 1991, 167쪽.

28) John Ross, *Corean Primer*, American Presbyterian Mission Press, 1877, p. 3.

29) 김정숙, 「19세기 말의 한국어 학습서 연구」, 『이중언어학』 제49호, 2012.

30) 류현국, 『한글 활자의 탄생』, 홍시, 2015, 406~407쪽.

31) 김양선, 「Ross Version과 한국 Protestantism」, 『백산학보』 제3호, 1967, 429쪽.

32) 류현국, 앞의 책, 64쪽.

33) 황지연, 「중국어 성경 번역의 역사」, 『중국학논총』 제38집, 2012, 77~78쪽.

34) Patrick Hanan, "The Bible as Chinese Literature: Medhurst, Wang Tao and Delegates' Version", *Harvard Journal of Asiatic Studies*, vol. 63, no. 1, 2003, p. 201.

35) *The Mission Press in China*, American Presbyterian Mission Press, Shanghai, 1895, p. 58.

36) 컬럼비아 인쇄기(Columbian press)는 스텐호프 인쇄기의 뒤를 잇는 철제 수동 인쇄기 가운데 하나였다. 미국 필라델피아의 기계공 클라이머(George Clymer)가 1813년 무렵 처음 제작했는데, 그는 인쇄기에서 스크루를 레버로 대체했다. 이 인쇄기는 100년 동안 미국뿐만 아니라 유럽의 여러 나라에서 널리 사랑받았다. 특히 인쇄기 꼭대기에 달린 독수리 문양의 디자인으로 유명했다. James Moran, *Printing Presses*, Faber and Faber Limited, London, 1973, p. 59, James M. Wells, "American Printing: The Search for Self-Sufficiency", *Proceedings of American Antiquarian Society*, October 1984, vol. 94, pp. 277~278 참고.

37) 王建明·王曉霞, 『中國近代出版史稿』, 南開大學出版社, 天津, 2011, 88쪽.

38) 서상륜, 앞의 책, 1쪽.

39) John Ross, 옥성득 역주, 앞의 책, 167~168쪽.

40) 강순애, 「존 로스 목사의 한글복음서 간행과 보급 여정」, 『소통과 인문학』 제12집, 2011, 120쪽.

41) 같은 책, 121~123쪽.

42) *The Mission Press in China*, American Presbyterian Mission Press, Shanghai, 1895, p. 58.

43) 강순애, 앞의 책, 118~119쪽.

44) 류현국, 앞의 책, 63쪽.

45) 板倉雅宜, 앞의 책, 38쪽, 331쪽.

46) 築地活版製造所, 『活版見本』, 1903, 86쪽.

47) 小宮山博史, 『日本語活字ものがたり』, 誠文堂新光社, 2009, 187~192쪽.

48) 박대양, 『동사만록』, 을유년(1885, 고종 22) 1월 5일. 한국고전종합DB(http://db.itkc.or.kr/itkcdb/).

49) 이광린, 『개정증보판 한국개화사연구』, 일조각, 1974, 236~238쪽.

50) 허동현, 『근대 한일 관계사 연구』, 국학자료원, 2000, 67~69쪽.

51) 東京外國語學校編, 『東京外國語學校沿革』, 東京外國語學校, 1932, 34쪽, 38쪽, 55쪽.

52) 李樹廷, 『朝鮮日本善隣互話』, 清水卯三郎, 1884, 4쪽.

53) 倉本長治, 『日本商人史考』, 商業界, 1967, 228~235쪽.

54) 이광린, 앞의 책, 236~238쪽.

55) 20世紀西洋人名事典(https://kotobank.jp).

56) 이광린, 앞의 책, 238쪽에서 재인용.

57) 이광린,『초대 언더우드 선교사의 생애』, 연세대학교출판부, 1991, 16쪽, 19쪽. 최태영,「이수정역 「신약마가전복음셔언히」」,『숭실어문』제2집, 1985, 241쪽. 서광범이 1885년 7~8월쯤 미국에서 요한복음 3장 16절을 번역한 친필 원고가 최근 발견됐다. 이 기사에 따르면, "언더우드 선교사는 1885년 한국 입국을 준비하며 일본에 머무는 동안 박영효, 서광범, 서재필을 만났다. 서광범은 같은 나이인 언더우드에게 한국어를 가르치는 등 친분을 쌓았고, 언더우드는 서광범을 자신의 형인 존 언더우드(미국 북장로교 해외선교부 이사)에게 소개하는 편지까지 써주며 미국 망명을 적극 지원했다."(『국민일보』 2016년 6월 17일)라고 했다. 언더우드가 요코하마에 머물 때, 그에게 조선어를 가르쳐준 사람이 이수정이었는지 서광범이었는지 의견이 엇갈린다. 언더우드는 1885년 1월 26일에 쓴 편지에서 "루미스 씨는 이번주에 한국인들에게 저를 소개시켜주겠다고 했습니다."(박형우 편역,『언더우드 내한 관련 자료집(1859~1885)』, 연세대학교출판문화원, 2015, 329쪽)라고 썼고, 그해 2월 16일자 서신에서는 "그동안 저는 요코하마에 있는 몇몇 한국인 망명객들의 도움을 받았으며, 그들은 저에게 한국어를, 대신 저는 그들에게 영어를 가르치고 있습니다."(박형우 편역, 앞의 책, 334쪽)라고 기록했다. 역사학자 이광린은 루미스 목사, 도쿄외국어학교 교사, 성경 번역 등의 정황을 들어서 이수정이라고 추정했고, 기독교학자들은 언더우드가 '한국인 망명객' 서광범의 미국 망명을 적극 주선한 점에 초점을 맞추어서 서광범이 유력하다고 판단하고 있다.

58) 日本聖書協會 웹사이트(http://www.bible.or.jp/know/know19.html) 참고.

59) 정광,「「명치자전」의 국어어휘에 대하여」,『덕성여대논문집』제11집, 1982, 27~31쪽.

60) 이광린, 앞의 책, 249~250쪽.

61) 박지훈,「새 활자 시대 초기의 한글 활자에 대한 연구」,『글자씨』제4호, 2011년 6월, 740~741쪽.

2부 김옥균과 박영효가 꿈꾼 나라

2부 1장 _ 굶주림의 반란, 왕조의 황혼

1) 한나 아렌트, 홍원표 옮김,『혁명론』, 한길사, 2004, 201쪽.

2) 『개항100년 연표·자료집』,『신동아』1976년 1월호 별책부록, 298~299쪽.

3) 아사오 나오히로 외 엮음, 이계황 외 옮김,『새로 쓴 일본사』, 창작과비평사, 2003, 404~405쪽.

4) 彭澤周,『明治初期日韓淸關係の硏究』, 塙書房, 1969, 337쪽.

5) 『승정원일기』고종 19년(1882) 7월 18일.

6) 『승정원일기』고종 19년(1882) 7월 20일.

7) 『승정원일기』고종 19년(1882) 7월 22일.

8) 『승정원일기』고종 19년(1882) 8월 5일.

9) 최덕수,『개항과 조일관계』, 고려대학교출판부, 2004, 78쪽.

10) 『승정원일기』고종 19년(1882) 8월 23일.

11) 이종국,「한국의 근대 인쇄출판문화 연구」, 한국출판학회 편,『인쇄출판문화의 기원과 발달에 관

한 연구논문집』, 청주고인쇄박물관, 1996, 91쪽.

12) 이광린, 『한국 개화사 연구』, 일조각, 1979, 41쪽.

13) 야쓰미미 도시푸미, 「한역양학서와 19세기의 일본의 출판문화」, 동북아역사재단 편, 『동아시아의 지식교류와 역사기억』, 동북아역사재단, 2009, 40~48쪽.

14) 이광린, 앞의 책, 44쪽.

15) 차배근, 『중국근대언론발달사 1815~1945』, 서울대학교출판문화원, 2008, 112쪽.

16) 中國近現代思想及文學史專業數據庫(http://digibase.ssic.nccu.edu.tw/).

17) 이광린, 『개화당 연구』, 일조각, 1973, 187~190쪽.

18) '지구도경', 한국민족문화대백과사전(http://encykorea.aks.ac.kr/).

19) 신승하, 『중국사학사』, 고려대학교출판부, 1996, 329쪽, 차배근, 앞의 책, 107쪽.

20) 송만오, 『한국의 근대화에 있어서 중인층의 활동에 관한 연구』, 전남대 박사학위 논문, 1999, 89쪽에서 재인용.

21) 같은 책, 72~96쪽.

22) 『승정원일기』 고종 19년(1882) 9월 5일.

23) 『승정원일기』 고종 19년(1882) 9월 22일.

24) 『승정원일기』 고종 19년(1882) 10월 7일.

25) 『승정원일기』 고종 19년(1882) 12월 6일.

2부 2장 _ 문명개화를 위한 차관 17만 원

1) 주승택, 「강위의 개화사상과 외교활동」, 『한국문화』 제12집, 1991, 169쪽.

2) 『승정원일기』 고종 19년(1882) 7월 25일.

3) 박영효, 『사화기략(使和記略)』, 한국고전종합DB(http://db.itkc.or.kr/).

4) 같은 책, 1882년 8월 1일.

5) 김윤식, 『음청사』 고종19년 8월 2일, 한국고전종합DB(http://db.itkc.or.kr/).

6) 김옥균, 「갑신일록」, 『한국의 근대사상』, 삼성출판사, 1977, 39쪽.

7) 外務省 編纂, 『日本外交文書15』, 日本國際聯合協會, 1951, 235쪽.

8) 조기준, 「이조 말기의 한일차관 문제」, 『아세아연구』 제18호, 1965, 393~394쪽.

9) 琴秉洞, 『增補新版 金玉均と日本-その滯日の軌跡』, 綠蔭書房, 2001, 92쪽.

10) 박영효, 앞의 책, 1882년 9월 16일.

11) 박영효, 위의 책, 1882년 9월 22일, 11월 3일, 11월 16일.

12) 박영효, 위의 책, 1882년 11월 17일.

13) 허동현, 『근대한일관계사 연구』, 국학자료원, 2000, 41쪽.

14) 이헌영, 『일사집략』, 한국고전종합DB(http://db.itkc.or.kr/).

15) 유바다, 「1883년 김옥균 차관교섭의 의미와 한계」, 『한국근현대사연구』 제54집, 2010년 가을호, 39~40쪽.

16) 주승택, 앞의 책, 165쪽.

17) 김옥균, 앞의 책, 39쪽.

18) 김정기, 「조선 정부의 일본 차관 도입(1882~1894)」, 『한우근박사 정년기념 사학논총』, 지식산업사, 1981, 527쪽.

19) 中村哲, 『日本の歷史16-明治維新』, 集英社, 1992, 218쪽, 김윤희, 「화폐 유통과 금융시장의 변화」, 서울특별시시사편찬위원회, 『서울2천년사 22-근대 서울의 경제와 개시』, 서울특별시시사편찬위원회, 2014, 332쪽.

20) 최선·김병린 옮김, 『국역 한국지』, 한국정신문화연구원, 1984, 718쪽.

21) 外務省 編纂, 앞의 책, 286~288쪽.

22) 같은 책, 같은 곳.

23) 같은 책, 285쪽.

24) 김태호, 『개항 전후의 한국 관세제도』, 한국연구원, 1976, 141~142쪽.

25) 박영효, 앞의 책, 1982년 11월 10일.

26) 김정기, 「조선정부의 청 차관 도입(1882~1894)」, 『한국사론』 제3집, 1976, 484쪽.

27) 조기준, 앞의 책, 5쪽, 이광린, 『개화당 연구』, 일조각, 1973, 58쪽.

28) 이영관, 「동서문화의 충돌: 독일과 조선의 통상 및 그 교훈 1884~1894」, 『중앙사론』 제16집, 129~133쪽.

29) 外務省 編纂, 앞의 책, 289쪽.

30) 같은 책, 263쪽.

31) 유바다, 앞의 책, 46~47쪽.

32) 外務省 編纂, 앞의 책, 283~284쪽.

33) 같은 책, 285쪽.

34) 土方晉, 『橫濱正金銀行』, 敎育社, 1980, 64~65쪽.

35) 慶應義塾 編, 『福澤諭吉 書簡集 2』, 岩波書店, 2001, 404~405쪽.

36) 琴秉洞, 앞의 책, 94쪽.

37) 渡邊修二郎, 『東邦關係』, 奉公會, 1894, 122쪽.

38) 정교, 조광 편, 변주승 역주, 『대한계년사 권1』, 소명출판, 2004, 95쪽.

39) 北原スマ子 外編, 『資料 新聞社說に見る朝鮮5』, 綠蔭書房, 1995, 66쪽.

40) 김영호, 「한국 근대 사회경제 사상사」, 『한국현대문화사대계 6』, 고려대학교민족문화연구소, 1981, 413~414쪽.

41) 유바다, 앞의 책, 57~61쪽.

42) 박영효, 앞의 책, 1882년 11월 17일.

43) 같은 책, 1882년 11월 14일.

44) 井上角五郎, 「福澤先生の朝鮮御經營と現代朝鮮の文化とに就いて」, 한국학문헌연구소 편, 『구한말 일제침략사료총서7, 정치편7』, 아세아문화사, 1984, 291쪽.

45) 琴秉洞, 앞의 책, 94쪽.

46) 이광린, 『개화기의 인물』, 연세대학교출판부, 1993, 109쪽.

47) 유바다, 앞의 책, 48쪽.

48) 윤치호, 송병기 옮김, 『尹致昊國漢文日記 上』, 탐구당, 1975, 17쪽.

49) 『승정원일기』 고종 22년(1885) 2월 20일.

50) 石河幹明, 『福澤諭吉傳 3』, 岩波書店, 1932, 430쪽.

51) 高麗大學校亞細亞問題研究所 編, 『舊韓國外交文書 日案 2』, 高麗大學校亞細亞問題研究所, 1965, 320쪽.

52) 같은 책, 548쪽.

2부 3장 _ 활자와 인쇄기, 현해탄을 건너다

1) 『東京日日新聞』 1882년 11월 9일. 이 자료는 성균관대 장신 선생님의 호의로 볼 수 있었습니다. 이 자리를 빌려 장신 선생님께 깊이 감사드립니다.

2) 『讀賣新聞』 1882년 11월 12일. 『요미우리신문』과 『죠야신문朝野新聞』 자료는 도쿄학예대학 김광식 선생님의 호의로 볼 수 있었습니다. 김광식 선생님께 깊이 감사드립니다.

3) 일본 국립인쇄국 웹사이트(http://www.npb.go.jp/ja/guide/enkaku.html) 자료 참조.

4) 『讀賣新聞』 1882년 11월 25일.

5) 유모토 고이치, 연구공간 수유+너머 동아시아 근대 세미나팀 옮김, 『일본 근대의 풍경』, 그린비, 2004, 60~63쪽, 中根勝, 『日本印刷技術史』, 八木書店, 東京, 1999, 231쪽, 王子製紙株式會社 編, 『王子製紙株式會社案內』, 王子製紙株式會社, 1922, 1~2쪽 참조.

6) 구선희, 「후쿠자와 유키치의 대조선 문화정략」, 『국사관논총』 제8집, 국사편찬위원회, 1989, 189~192쪽.

7) 최덕수, 『개항과 조일관계』, 고려대학교출판부, 2004, 72~73쪽.

8) 井上角五郎, 「福澤先生の朝鮮御經營と現代朝鮮の文化とに就いて」, 한국학문헌연구소 편, 『구한말 일제침략사료총서7, 정치편7』, 아세아문화사, 1984, 291~293쪽.

9) 加藤祐三·川北稔, 『世界歷史25-アジアと歐美世界』, 中央公論新社, 2010, 432쪽.

10) 다나카 아키라, 현명철 옮김, 『메이지 유신과 서양 문명』, 소화, 2006, 112쪽에서 재인용.

11) 石河幹明, 『福澤諭吉傳 3』, 岩波書店, 1932, 293~294쪽.

12) 같은 책, 같은 곳.

13) 井上角五郎,「福澤先生の朝鮮御經營と現代朝鮮の文化とに就いて」,앞의 책,291〜293쪽,井上角五郎,『漢城遺殘夢』,같은 책,224쪽.

14) 박영효,『사화기략』1882년 9월 27일.

15) 같은 책,1882년 11월 27일.

16) 伊藤博文 編,『朝鮮交涉資料(中)』,原書房,1970,4쪽.

17) 井上角五郎,『漢城遺殘夢』,앞의 책,224쪽.

18) 서울특별시사편찬위원회,『국역 경성발달사』,서울특별시사편찬위원회,2010,57쪽.

19) 井上角五郎,『金玉均君に就て』,中央朝鮮協會,1937,12쪽.

20) 같은 책,17쪽.

21) 福澤諭吉展委員會 編,『福澤諭吉展』,福澤諭吉展委員會,1984,78쪽. 慶應義塾 編,『福澤諭吉 書簡集3』,岩波書店,2001,346〜347쪽.

22) 時事新報社 編,『福澤全集8』,國民圖書株式會社,1926,445쪽.

23) 慶應義塾 編,『福澤諭吉 書簡集3』,岩波書店,2001,132쪽.

24) 慶應義塾 編,『福澤諭吉 書簡集9』,岩波書店,2003,252쪽.

25) 慶應義塾 編,『福澤諭吉 書簡集3』,岩波書店,2001,344〜346쪽.

26) 이나바 쓰기오, 홍준기 옮김,「이노우에 카쿠고로와『한성순보』『한성주보』」,『구한말 교육과 일본인』,온누리,2006,89쪽. 고지마 케이꼬,「정상각오랑과 개화기 조선(1883〜1886)」,서강대 석사학위 논문,2000,5쪽.

27) 井上角五郎,「福澤先生の朝鮮御經營と現代朝鮮の文化とに就いて」,앞의 책,293〜294쪽.

28) 井上角五郎,『金玉均君に就て』,中央朝鮮協會,1937,12쪽.

29) 이상 가쿠고로가 비망록에 정리한 후쿠자와의 발언은 井上角五郎,「福澤先生の朝鮮御經營と現代朝鮮の文化とに就いて」,앞의 책,294〜297쪽 참고.

30) 山口四郎 編,『故紙羊存』,東京,1907,1〜2쪽.『故紙羊存』은 이노우에 가쿠고로의 문장과 연설을 모은 것으로, 현재 서울대학교 도서관에 원본이 소장되어 있다.

31) 이나바 쓰기오, 홍준기 옮김, 앞의 책,74쪽에서 재인용.

32) 김옥균,「갑신일록」,『한국의 근대사상』,삼성출판사,1977,39쪽.

33) 『日本立憲政黨新聞』1883년 1월 5일자(음력 1882년 11월 27일). 琴秉洞,『增補新版 金玉均と日本 -その滯日の軌跡』,綠蔭書房,2001,98쪽에서 재인용.

34) 이 기사를 정확하게 번역하는 데는 도쿄학예대학 김광식 선생님께 도움을 받았습니다. 김광식 선생님께 깊이 감사드립니다.

35) 『活版術』,韓國龍山印刷局,1909,148쪽,151쪽.

36) James Moran, *Printing Presses*, Faber and Faber Limited, London, 1973, pp. 144〜146., James M. Wells, "American Printing: The Search for Self-Sufficiency", *Proceedings of American*

Antiquarian Society, October 1984, vol. 94, p. 280 참고.

37) 慶應義塾 編, 『福澤諭吉 書簡集 3』, 岩波書店, 2001, 187쪽.

38) 이유집, 「구한국정부 인쇄국고(1)」, 『인쇄계』 제9호, 1971년 1월, 19쪽.

39) 박영효, 앞의 책, 1882년 11월 11일.

40) 같은 책, 같은 곳.

41) 『승정원일기』 고종 19년(1882) 11월 24일.

42) 김옥균, 이민수 옮김, 앞의 책, 88~89쪽.

43) 『치도약론』은 등록문화재 565호로, 현재 서울대 규장각(奎15255)에 소장되어 있다.

44) 『치도약론』 해제, 서울대 규장각한국학연구원(http://e-kyujanggak.snu.ac.kr).

45) 이광린, 『개화당 연구』, 일조각, 1973, 192쪽에서 재인용.

46) 김옥균, 이민수 옮김, 앞의 책, 94쪽.

47) 김갑천, 「朴泳孝의 建白書-內政改革에 대한 1888年의 上疏文」, 『한국정치연구』 제2집, 서울대 한국정치연구소, 1990, 283~285쪽.

48) 박영효, 「갑신정변」, 『신민』 제14호, 1926년 6월호, 40~41쪽.

49) 박영효, 「風雨二十年 한말 정객의 회고록: 개혁과 수령 박영효씨(1·2)」, 『동아일보』 1930년 1월 4일, 5일.

3부 박문국과 동시성의 커뮤니케이션

3부 1장 _ 유길준, 신문 창간사를 쓰다

1) 일본 정부가 영국에 주문해서 수입한 증기선. 1874년 11월 24일 영국 글래스고(Glasgow)의 네이피어(Napier)조선소에서 완공되었다. 전장(全長) 68.6m, 전폭(全幅) 9.1m, 흘수(吃水) 6.9m, 기관출력(機關出力) 1,530마력(馬力), 속력 11.5노트. 1876년 메이지 천황이 홋카이도(北海道)와 도호쿠지방(東北地方)을 순행할 때 이 배를 탔다. 일본 정부는 수신사 박영효 일행이 조선과 일본을 오갈 때 이 배를 제공했다. 오늘날 일본의 중요문화재로 지정되어 있으며, 도쿄해양대학(東京海洋大學)에 보존되어 있다. http://ja.wikipedia.org 참고.

2) 박영효, 『사화기략』 1882년 11월 27일.

3) 『승정원일기』 고종 19년(1882) 11월 27일.

4) 후당창은 1840년 프러시아에서 발명된 총으로, 프러시아-오스트리아전쟁 때 위력을 발휘했다고 한다. 탄약을 창관(槍管)의 뒤에 장전하고 당침(撞針)을 쓰기 때문에 그런 이름이 붙여졌다고 한다. http://wiki2.gamer.com.tw/wiki.php?n=7253 참고.

5) 朝鮮史編修會 編, 『朝鮮史 40』, 朝鮮總督府, 1982, 경인문화사 영인본, 667쪽.

6) 박영효, 앞의 책, 같은 곳.

7) 『승정원일기』 고종 19년(1882) 11월 28일, 29일.

8) 『승정원일기』고종 19년(1882) 11월 28일.

9) 박영효, 앞의 책, 399쪽.

10) 『승정원일기』고종 19년(1882) 12월 29일.

11) 황현, 『국역 매천야록 1』, 한국사데이터베이스(http://db.history.go.kr/).

12) 박영효, 「갑신정변」, 『신민』14호, 1926년 6월호, 42쪽.

13) 박영효, 「風雨二十年 한말 정객의 회고록: 개혁파 수령 박영효씨(2)」, 『동아일보』1930년 1월 5일.

14) 김옥균, 이민수 옮김, 「치도약론」, 『한국의 근대사상』, 삼성출판사, 1977, 93쪽.

15) 졸저, 『매혹의 질주, 근대의 횡단』, 산처럼, 2003, 180쪽.

16) 박제가, 이익성 옮김, 『북학의』, 을유문화사, 2011, 99쪽.

17) 『승정원일기』고종 20년(1883) 3월 17일.

18) 『승정원일기』고종 20년(1883) 3월 22일.

19) 『승정원일기』고종 20년(1883) 3월 24일.

20) 明治ニュース事典編纂委員會 編, 『明治ニュース事典』, 東京, 毎日コミュニケーションズ, 1983,
720쪽.

21) 『승정원일기』고종 20년(1883) 1월 23일.

22) 『승정원일기』고종 20년(1883) 1월 21일.

23) 『승정원일기』고종 20년(1883) 2월 5일.

24) 유길준, 『芋社輯譯』, 필사본, (재)아단문고 소장.

25) 漢城府新聞局章程

　一. 局號以博文爲稱

　一. 印章自本局鑄成 署于所刷書文

　一. 置尹一員 專管大小事務 以本府三尹中 奉勅旨筆

　一. 置校書二員 掌繕譯較正印刷會計 以堂下官及士人 本府判尹奏任

　一. 雇置繕譯人二人 一用內國人 一用外國人

　一. 本局一切入費 自本局措辦

　一. 選聰慧童蒙 教育開導

　一. 新報及冊文 每印 先納一件于承政院 以爲御覽 次納一件于侍講院 以爲叡覽 其余捧價 分布
　　于各衛門及四都八道各邑 又許民人買看

　一. 正書朝報一件 每日自承政院 送于本局 以爲撮要登印

　一. 向後添變條規 現時稟定

　　　　　　　　　　　　　　　　　　　　　開國紀元四百九十二年 二月 日

26) 이광린, 『한국개화사연구』, 일조각, 1969, 66쪽.

27) 김봉진, 「개화기 신문과 일본-후쿠자와 유키치를 중심으로」, 위암장지연선생기념사업회, 『한국

근대언론의 재조명』, 커뮤니케이션북스, 2001, 153쪽.

28) 『승정원일기』고종 20년(1883) 1월 20일.

29) 『승정원일기』고종 20년(1883) 3월 10일.

30) 井上角五郎, 한상일 옮김, 『서울에 남겨둔 꿈』, 건국대학교출판부, 1993, 32~33쪽.

31) 고지마 케이꼬, 「정상각오랑과 개화기 조선(1883~1886)」, 서강대 석사학위 논문, 2000, 27쪽에서 재인용.

32) 井上角五郎, 「福澤先生の朝鮮御經營と現代朝鮮の文化とに就いて」, 한국학문헌연구소 편, 『구한말 일제침략사료총서 7, 정치편 7』, 아세아문화사, 1984, 297~298쪽.

33) 井上角五郎, 『金玉均君に就て』, 中央朝鮮協會, 1937, 16~17쪽.

34) 井上角五郎先生傳記編纂會, 『井上角五郎先生傳』, 井上角五郎先生傳記編纂會, 1943, 39쪽.

35) 서울특별시사편찬위원회, 『서울지명사전』, 서울특별시사편찬위원회, 2009, 764쪽.

36) 채백, 『한국 근대신문 형성과정에 있어서 일본의 역할에 관한 연구』, 서울대 박사학위 논문, 1990, 72쪽.

37) 고지마 케이꼬, 앞의 책, 24쪽.

38) 채백, 앞의 책, 같은 곳.

39) 이광린, 「개화 초기 한국인의 일본유학」, 『한국개화사의 제문제』, 일조각, 1986, 53쪽.

40) 고지마 케이꼬, 앞의 책, 25쪽.

41) 慶應義塾 編, 『福澤諭吉 書簡集 3』, 岩波書店, 2001, 316쪽.

42) 김봉진, 앞의 책, 154쪽.

43) 『승정원일기』고종 20년(1883) 4월 20일.

44) F.O. 405, Inclosure 2 in No. 100, 유바다, 「1883년 김옥균 차관교섭의 의미와 한계」, 『한국근현대사 연구』제54집, 2010년 가을호, 56쪽에서 재인용.

45) 이광린, 『한국개화사의 제문제』, 일조각, 1986, 26쪽.

46) 박영효, 「갑신정변」, 『신민』제14호, 1926년 6월호, 41~42쪽.

47) 琴秉洞, 『增補新版 金玉均と日本-その滯日の軌跡』, 綠蔭書房, 2001, 129쪽. 片野次雄, 『李朝滅亡』, 新潮社, 1994, 74~75쪽.

48) 이광린, 앞의 책, 31~55쪽.

3부 2장 _ 널리 세상의 이치를 배우다

1) 「통리교섭통상사무아문장정」(奎15323) 해제. 규장각한국학연구원(http://e-kyujanggak.snu.ac.kr/).

2) 김윤식, 『陰晴史 下』1882년 11월 21일, 국사편찬위원회 편, 『從政年表·陰晴史』, 국사편찬위원회, 1968, 224쪽. 이 기록은 당시의 날짜와 잘 맞지 않는데, 김윤식 스스로 그날그날 적은 일기가 아

니라 나중에 덧붙여 쓴 것이라고 밝혔다.

3) 京城府 編, 『京城府史 1』, 京城府, 1934, 534쪽.

4) 장규식, 『서울, 공간으로 본 역사』, 혜안, 2004, 22~23쪽.

5) 『승정원일기』 고종 20년(1883) 3월 22일.

6) 최진식, 「1880년대 온건개화파의 자강론 연구」, 『민족문화논총』 제10집, 1989 참고.

7) 『승정원일기』 고종 20년(1883) 7월 15일.

8) 『統署日記 1』 1887년 2월 30일, 高麗大學校亞細亞問題研究所 編, 『舊韓國外交關係附屬文書 第3卷 統署日記 1』, 高麗大學校出版部, 1972, 492쪽.

9) 井上角五郎, 「福澤先生の朝鮮御經營と現代朝鮮の文化とに就いて」, 한국학문헌연구소 편, 『구한말 일제침략사료총서 7, 정치편 7』, 아세아문화사, 1984, 298~300쪽.

10) 井上角五郎, 한상일 옮김, 『서울에 남겨둔 꿈』, 건국대학교출판부, 1993, 33쪽.

11) 井上角五郎, 「福澤先生の朝鮮御經營と現代朝鮮の文化とに就いて」, 앞의 책, 300~301쪽.

12) 井上角五郎, 한상일 옮김, 앞의 책, 34쪽.

13) 京城府 編, 앞의 책, 525쪽.

14) 오인환, 『100년 전 한성을 누비다-신문사 사옥터를 찾아』, 한국학술정보, 2008, 45쪽에 따르면, 이곳은 신영증권 명동지점의 부지 전체와 동양종합금융 부지의 5분의 1 정도가 들어 있고, 이들 두 기관 사이의 큰 도로와 명동에서 을지로 2가 대로로 나가는 큰 길의 일부도 들어 있었다고 증언했다. 그동안 두 기관의 위치가 조금 달라졌기 때문에 도로명주소로 다시 표기했다.

15) 『승정원일기』 고종 20년(1883) 7월 15일.

16) 『승정원일기』 고종 20년(1883) 3월 22일.

17) 『승정원일기』 고종 20년(1883) 10월 27일.

18) 송만오, 『한국의 근대화에 있어서 중인층의 활동에 관한 연구』, 전남대 박사학위 논문, 1999, 47~48쪽.

19) 정옥자, 『조선후기 문학사상사』, 서울대학교 출판부, 1990, 123~124쪽.

20) 배기표, 『추금 강위의 해외기행시 연구』, 성균관대 박사학위 논문, 2009, 45쪽.

21) 황현, 『梅泉集』, 제6권 「세모에 사람들을 그리워하며 짓다歲暮懷人諸作」, 한국고전종합DB(http://db.itkc.or.kr/).

22) 황현, 『梅泉野錄』, 한국사데이터베이스(http://db.history.go.kr).

23) 김정기, 「1880년대 기기국·기기창의 설치」, 『한국학보』 제10집, 1978, 107쪽.

24) 황현, 『梅泉野錄』 제2권 高宗 32년 乙未(1895년), 한국사데이터베이스(http://db.history.go.kr/).

25) 井上角五郎, 한상일 옮김, 앞의 책, 34쪽.

26) 井上角五郎, 『金玉均君に就て』, 中央朝鮮協會, 1937, 20쪽.

27) "客于博文局二年閉門譯外史", 『雲養集』 卷9 「琢園序」, 한국고전종합DB(http://db.itkc.or.kr/).

28) 明治ニュース事典編纂委員會 編, 『明治ニュース事典 3』, 東京, 毎日コミュニケーションズ, 1983, 499쪽.

29) 慶應義塾編, 『福澤諭吉 書簡集 4』, 岩波書店, 2001, 37〜38쪽.

30) 같은 책, 38쪽.

31) 井上角五郎, 「福澤先生の朝鮮御經營と現代朝鮮の文化とに就いて」, 앞의 책, 293쪽.

32) 板倉雅宣, 『活版印刷發達史−東京築地活版製造所の果たした役割』, 印刷朝陽會, 2006, 322쪽.

33) 石河幹明, 『福澤諭吉傳 3』, 岩波書店, 1932, 429쪽.

34) 本木昌造 · 平野富二詳傳頒布刊行會 編, 『本木昌造 · 平野富二詳傳』, 本木昌造 · 平野富二詳傳頒布刊行會, 1933, 132〜133쪽.

35) 琴秉洞, 『增補新版 金玉均と日本−その滯日の軌跡』, 綠蔭書房, 2001, 127〜130쪽.

36) 板倉雅宣, 앞의 책, 38쪽, 331쪽.

37) 小宮山博史, 『日本語活字ものがたり』, 誠文堂新光社, 2009, 187〜192쪽.

3부 3장 _ 『한성순보』, 논란의 중심에 서다

1) 국립중앙도서관 소장본은 1호부터 4호까지는 양지, 5호 이후는 한지로 바뀌었다. 아단문고, 서울대, 서강대, 연세대 소장본은 1호부터 3호까지는 양지, 4호 1면에서 12면까지는 양지, 13면에서 16면까지는 한지, 5호 이후는 한지로 인쇄되었다. 정진석, 『한국 현대 언론사론』, 전예원, 1985, 83쪽.

2) 『일성록』 1894년 6월 28일.

3) 『고종실록』 고종 31년(1894) 7월 1일.

4) 정진석, 앞의 책, 81쪽.

5) 琴秉洞, 『增補新版 金玉均と日本−その滯日の軌跡』, 綠蔭書房, 2001, 108쪽에서 재인용.

6) 『일성록』 1883년 12월 30일.

7) 서울대 규장각한국학연구원 편, 『규장각과 책의 문화사』, 서울대 규장각한국학연구원, 2009, 47쪽.

8) 차배근, 「우리나라 조보에 대한 신문학적 분석고」, 『언론정보연구』 제17집, 서울대언론정보연구소, 1980, 97쪽.

9) 홍찬기, 「개화기 한국사회의 신문독자에 관한 연구」, 『한국사회와 언론』 제7호, 1996, 107쪽.

10) 차배근 외, 『우리 신문 100년』, 현암사, 2001, 29쪽.

11) 明治ニュース事典編纂委員會 編, 『明治ニュース事典 3』, 東京, 毎日コミュニケーションズ, 1983, 499〜500쪽.

12) 慶應義塾編, 『福澤諭吉 書簡集 4』, 岩波書店, 2001, 54〜55쪽.

13) 井上角五郎, 「福澤先生の朝鮮御經營と現代朝鮮の文化とに就いて」, 앞의 책, 302쪽.

14) 井上角五郎, 한상일 옮김, 앞의 책, 35쪽.

15) 같은 책, 34쪽.

16) 최준, 『한국신문사논고』, 일조각, 1976, 24쪽에서 재인용.

17) 高麗大學校亞細亞問題硏究所 編, 『舊韓國外交文書 第8卷 淸案 1』, 高麗大學校亞細亞問題硏究所, 1967, 64쪽.

18) 같은 책, 71~72쪽.

19) 같은 책, 74~75쪽.

20) 高麗大學校亞細亞問題硏究所, 『舊韓國外交關係附屬文書 第3卷 統署日記 1』, 高麗大學校出版部, 1972, 55쪽.

21) 이소바야시 신조(1853~1884)는 1853년 일본 고치현(高知縣) 도사(土佐)에서 태어났다. 육군사관학교를 졸업하고 1875년 보병 소위가 되었다. 1883년에 육군 보병대위로서 하나부사 요시모토를 수행해서 조선에 왔고 공사관 무관이 되었다. 1884년 10월 20일 갑신정변 때 살해당했다.

22) 井上角五郎, 한상일 옮김, 앞의 책, 40~42쪽.

23) 井上角五郎, 「福澤先生の朝鮮御經營と現代朝鮮の文化とに就いて」, 앞의 책, 308쪽.

3부 4장 _ 불타는 박문국, 혁명정치의 파산

1) 井上角五郎, 「福澤先生の朝鮮御經營と現代朝鮮の文化とに就いて」, 한국학문헌연구소 편, 『구한말 일제침략사료총서 7, 정치편 7』, 아세아문화사, 1984, 308쪽.

2) 신동규, 「갑신정변 체험기 『遭難記事』 필사 원본의 발굴과 사료적 특징」, 『한일관계사연구』 제47집, 2014, 79쪽.

3) 石河幹明, 『福澤諭吉傳 3』, 岩波書店, 1932, 312쪽.

4) 石河幹明, 위의 책, 312쪽.

5) 김종학, 「이노우에 가쿠고로와 갑신정변: 미간사료 『井上角五郎自記年譜』에 기초하여」, 『한국동양정치사상사연구』 제13권 1호, 2014, 158쪽, 161쪽.

6) 야마베 겐타로, 安炳武 옮김, 『한일합병사』, 범우사, 1982, 90쪽.

7) 井上角五郎, 「福澤先生の朝鮮御經營と現代朝鮮の文化とに就いて」, 앞의 책, 310~311쪽.

8) 石河幹明, 『福澤諭吉傳 3』, 岩波書店, 1932, 340~341쪽에서 재인용.

9) 같은 책, 341쪽.

10) 保辦祐二, 「福澤諭吉과 甲申政變」, 『한일관계사연구』 제4집, 1995, 50쪽.

11) 井上角五郎先生傳記編纂會, 『井上角五郎先生傳』, 井上角五郎先生傳記編纂會, 1943, 54~55쪽.

12) 야마베 겐타로, 앞의 책, 90~92쪽.

13) 井上角五郎, 「福澤先生の朝鮮御經營と現代朝鮮の文化とに就いて」, 앞의 책, 311쪽.

14) 신동규, 앞의 책, 118쪽.

15) 『고종실록』 고종 21년(1884) 9월 15일.

16) http://ja.wikipedia.org/wiki/%E6%9D%91%E7%94%B0%E9%8A%83.

17) 井上角五郞, 「福澤先生の朝鮮御經營と現代朝鮮の文化とに就いて」, 앞의 책, 311쪽.

18) 김옥균, 「갑신일록」, 『한국의 근대사상』, 삼성출판사, 1977, 45쪽.

19) 박은숙, 「개항기(1876~1894) 한성부 5부의 차별적 변화와 자본주의적 도시화」, 『한국사학보』 제 36호, 2009년 8월, 180쪽.

20) 高麗大學校亞細亞問題研究所 編, 『舊韓國外交文書 第1卷 日案 1』, 高麗大學校亞細亞問題研究所, 1965, 106쪽.

21) 윤치호, 송병기 옮김, 『윤치호국한문일기 상』, 탐구당, 1975, 64쪽.

22) 일본 상인 오쿠라 가히치로(大倉喜八郞)가 세운 오쿠라구미 상회는 1876년 11월 부산에 지점을 설치했다. 오쿠라는 원산에도 진출해 1880년부터 이듬해에 걸쳐 조선 진출의 의욕을 불태우기 시작했다. 또 오쿠라는 임오군란과 갑신정변을 거치는 격동기에 조선에서 군사용 병기와 군량미를 운반하기도 했다. 1903년에는 군산 부근에 오쿠라 농장을 창설했다. 1907년 3월에는 한성에 선린 상업학교를 설립했다. 다카사키 소지, 이규수 옮김, 『식민지 조선의 일본인들』, 역사비평사, 2006, 23~24쪽.

23) 서울특별시사편찬위원회, 『국역 경성발달사』, 서울특별시사편찬위원회, 2010, 58쪽.

24) 박은숙, 앞의 책, 168, 180쪽.

25) 高麗大學校亞細亞問題研究所 編, 『舊韓國外交文書 第1卷 日案 1』, 앞의 책, 118쪽.

26) 같은 책, 115~119쪽.

27) 김옥균, 앞의 책, 55~56쪽.

28) 김종학, 앞의 책, 180~190쪽.

29) 井上角五郞先生傳記編纂會, 앞의 책, 54~55쪽.

30) 같은 책, 55쪽.

31) 김옥균, 앞의 책, 51쪽.

32) 같은 책, 49쪽.

33) 三城景明, 『韓末を語る』, 朝鮮研究社, 1930, 15쪽.

34) 김옥균에 따르면, 당시 일본 우편선 치토세마루는 매월 20일 인천에 도착했다고 한다.

35) 三城景明, 앞의 책, 16~17쪽.

36) 이하 가쿠고로 일행의 행적은 신동규, 앞의 책, 76~119쪽, 井上角五郞, 한상일 옮김, 앞의 책, 53~ 56쪽 참고.

37) 신동규, 앞의 책, 79~80쪽.

38) 김도태, 『서재필박사 자서전』, 을유문화사, 1972, 168쪽.

39) 윤치호, 송병기 옮김, 앞의 책, 286쪽.

40) P.G. von 묄렌도르프, 신복룡·김운경 옮김, 『묄렌도르프 자전(외)』, 집문당, 1999, 104쪽.

41) 황현, 『매천야록』, 한국사데이터베이스(http://db.history.go.kr/) 참고.

42) 琴秉洞, 『增補新版 金玉均と日本-その滯日の軌跡』, 綠蔭書房, 2001, 175쪽에서 재인용.

43) 최덕수, 『개항과 조일관계』, 고려대학교출판부, 2004, 179~180쪽.

44) 야스카와 주노스케, 『후쿠자와 유키치의 아시아 침략사상을 묻는다』, 역사비평사, 2011, 157쪽.

45) 윤치호, 송병기 옮김, 앞의 책, 286쪽.

46) 김윤식, 『續陰晴史 下』, 국사편찬위원회, 1960, 577~578쪽.

47) 『고종실록』 고종 21년(1884) 11월 24일.

48) 井上角五郎先生傳記編纂會, 앞의 책, 68쪽.

49) 김종학, 앞의 책, 166쪽.

50) 明治ニュース事典編纂委員會 編, 『明治ニュース事典 3』, 東京, 毎日コミュニケーションズ, 1983, 70쪽.

51) 김종학, 앞의 책, 166쪽.

52) 김윤식, 이지양 외 옮김, 『운양집4』, 혜안, 2014, 558쪽.

53) 김윤식, 『續陰晴史 下』, 국사편찬위원회, 1960, 576쪽.

54) 같은 책, 같은 곳.

55) 김종학, 앞의 책, 171~173쪽.

56) 김윤식, 구지연·백승철 옮김, 『운양집5』, 혜안, 2014, 463쪽.

57) 김종학, 앞의 책, 176쪽.

58) 明治ニュース事典編纂委員會 編, 앞의 책, 70쪽.

59) 『고종실록』 고종 22년(1885) 3월 4일.

60) 김종학, 앞의 책, 176쪽.

61) 高麗大學校亞細亞問題研究所 編, 『舊韓國外交文書 第1卷 日案1』, 앞의 책, 215쪽.

62) 김종학, 앞의 책, 181쪽.

63) 井上角五郎, 「福澤先生の朝鮮御經營と現代朝鮮の文化とに就いて」, 앞의 책, 315쪽.

64) 미야케 히데토시, 하우봉 옮김, 『역사적으로 본 일본인의 조선관』, 풀빛, 1990, 171쪽에서 재인용.

65) 최덕수, 앞의 책, 182~184쪽, 미야케 히데토시, 위의 책, 같은 곳.

66) 井上角五郎, 「福澤先生の朝鮮御經營と現代朝鮮の文化とに就いて」, 앞의 책, 317~319쪽.

67) 같은 책, 320쪽.

68) 慶應義塾 編, 『福澤諭吉 書簡集4』, 岩波書店, 2001, 267~268쪽.

69) 『고종실록』 고종 22년(1885) 3월 20일.

70) 김윤식, 구지연·백승철 옮김, 앞의 책, 448쪽.

71) 井上角五郎, 한상일 옮김, 앞의 책, 63쪽, 井上角五郎, 「福澤先生の朝鮮御經營と現代朝鮮の文化

とに就いて」, 앞의 책, 321쪽.

72) 井上角五郎, 「諺漢混合文體 創始에 對하야 2」, 『매일신보』 1938년 5월 5일.

73) 井上角五郎, 「福澤先生の朝鮮御經營と現代朝鮮の文化とに就いて」, 앞의 책, 322쪽.

74) 황현, 『매천야록』, 한국사종합데이터베이스(http://db.history.go.kr/).

75) 김윤식, 구지연 · 백승철 옮김, 앞의 책, 450쪽.

76) 『고종실록』 고종 22년(1885) 3월 28일.

77) 이원순, '고종실록', 한국민족문화대백과사전.

78) 高麗大學校亞細亞問題研究所, 『舊韓國外交關係附屬文書 第3卷 統署日記 1』, 高麗大學校出版部, 1972, 212쪽.

79) 井上角五郎, 「福澤先生の朝鮮御經營と現代朝鮮の文化とに就いて」, 앞의 책, 322~323쪽.

80) 같은 책, 323쪽.

81) 같은 책, 324쪽.

82) 高麗大學校亞細亞問題研究所, 앞의 책, 237쪽.

83) 같은 책, 249쪽.

84) 김봉진, 「개화기 신문과 일본」, 위암장지연선생기념사업회 지음, 『한국 근대언론의 재조명』, 커뮤니케이션북스, 2001, 171쪽.

85) 北原スマ子 外編, 『資料 新聞社說に見る朝鮮』 제5권, 綠蔭書房, 1995, 227~228쪽.

86) 『승정원일기』 고종 22년(1885) 9월 12일.

87) 高麗大學校亞細亞問題研究所, 앞의 책, 282쪽.

88) 같은 책, 283쪽.

89) 井上角五郎, 「福澤先生の朝鮮御經營と現代朝鮮の文化とに就いて」, 앞의 책, 325쪽.

90) 같은 책, 322쪽.

91) 高麗大學校亞細亞問題研究所, 『舊韓國外交文書 第15卷 德案 1』, 高麗大學校亞細亞問題研究所, 1966, 126쪽.

92) 京城府 編, 『京城府史 第2卷』, 京城府, 1934, 549쪽.

93) 『별건곤』 제23호, 1929년 9월, 99쪽.

94) 오인환, 『100년 전 한성을 누비다-신문사 사옥터를 찾아』, 한국학술정보, 2008, 59쪽.

95) 高麗大學校亞細亞問題研究所, 『舊韓國外交關係附屬文書 第3卷 統署日記 1』, 앞의 책, 332쪽.

96) 강재언, 『신편 한국근대사 연구』, 한울, 1982, 98쪽.

97) 서울특별시사편찬위원회, 『국역 경성발달사』, 서울특별시사편찬위원회, 2010, 75쪽.

98) 井上角五郎先生傳記編纂會, 앞의 책, 107쪽.

99) 高麗大學校亞細亞問題研究所 編, 『舊韓國外交文書 第1卷 日案 1』, 앞의 책, 315쪽.

100) 정진식 편저, 『한성주보 영인 · 번역본』, 관훈클럽신영연구기금, 2011, 23쪽, 180쪽.

101) 伊藤博文 編,『朝鮮交涉資料 中卷』, 原書房, 1970, 52쪽.

102) 井上角五郎先生傳記編纂會, 앞의 책, 107쪽.

103) 井上角五郎,「福澤先生の朝鮮御經營と現代朝鮮の文化とに就いて」, 앞의 책, 330쪽.

104) 같은 책, 333쪽. 井上角五郎, 한상일 옮김, 앞의 책, 72쪽. 井上角五郎先生傳記編纂會, 앞의 책, 114~115쪽.

105) 채백,『한국 근대신문 형성과정에 있어서 일본의 역할에 관한 연구』, 서울대 박사학위 논문, 1990, 88쪽.

106) 井上角五郎先生傳記編纂會, 앞의 책, 115쪽.

3부 5장 _ 백성들의 눈과 귀가 되다

1) 정진석,『한국 현대언론사론』, 전예원, 1985, 53~54쪽.

2) 같은 책, 60쪽.

3) 정진석, 앞의 책, 52쪽. 1983년에『한성주보』영인본(관훈클럽신영연구기금)이 나온 뒤 추가로 발견된 8개호(아단문고 5개호, 박정규 3개호, 중국 푸단대 1개호)를 모아서 따로 2011년에『한성주보』영인본을 발간했다.

4) 井上角五郎,「福澤先生の朝鮮御經營と現代朝鮮の文化とに就いて」, 한국학문헌연구소 편,『구한말 일제침략 사료총서 7, 정치편』, 아세아문화사, 1984, 326쪽.

5) 같은 책, 328쪽.

6) 김봉진,「개화기 신문과 일본」, 위암장지연선생기념사업회 지음,『한국 근대언론의 재조명』, 커뮤니케이션북스, 2001, 168~169쪽.

7) 『승정원일기』고종 22년(1885) 11월 15일.

8) 정진석, 앞의 책, 42쪽.

9) 같은 책, 43쪽.

10) 정진석,『역사와 언론인』, 커뮤니케이션북스, 2001, 199쪽.

3부 6장 _ 국한문제와 민족어의 재발견

1) 최남선,「박문국」,『고사통』, 육당전집편찬위원회 편,『육당 최남선 전집 제1권』, 고려대아세아문제연구소, 1974, 214쪽.

2) 井上角五郎,「福澤先生の朝鮮御經營と現代朝鮮の文化とに就いて」, 한국학문헌연구소 편,『구한말 일제침략사료총서 7 정치편 7』, 아세아문화사, 1984, 335~336쪽.

3) 이연숙, 고영진 · 임경화 옮김,『국어라는 사상』, 소명출판, 2006, 54쪽.

4) 이영경,「다중 문자 사용의 양상」, 이현희 외,『근대 한국어 시기의 언어관 · 문자관 연구』, 소명출판, 2014, 276쪽.

5) 이기문, 『개화기의 국문연구』, 일조각, 1970, 14~15쪽.

6) 안병희, 『훈민정음 연구』, 서울대학교출판부, 2007, 214~215쪽.

7) 윤영도, 「19세기 중엽 관립 번역기구와 근대 언어 공간의 형성」, 『중국어문학논집』 제29호, 2004, 273쪽.

8) 『고종실록』 고종 13년(1876) 2월 3일.

9) 『고종실록』 고종 19년(1882) 4월 6일.

10) 안병희, 앞의 책, 222~231쪽.

11) 이연숙, 앞의 책, 77~78쪽.

12) 石河幹明, 『福澤諭吉傳 第3卷』, 岩波書店, 1932, 298쪽.

13) 『文字之敎』는 『福澤全集』, 國民圖書株式會社, 1926, 제3권에 수록되어 있다.

14) 井上角五郎, 「福澤先生の朝鮮御經營と現代朝鮮の文化とに就いて」, 앞의 책, 293쪽.

15) 石河幹明, 앞의 책, 298쪽.

16) 井上角五郎先生傳記編纂會, 『井上角五郎先生傳』, 井上角五郎先生傳記編纂會, 1943, 99쪽.

17) 井上角五郎, 「福澤先生の朝鮮御經營と現代朝鮮の文化とに就いて」, 앞의 책, 303~304쪽.

18) 김민수, 「강위의 「동문자모분해」에 대하여」, 『국어학』 제10집, 1991 참고.

19) 井上角五郎, 「福澤先生の朝鮮御經營と現代朝鮮の文化とに就いて」, 앞의 책, 310쪽.

20) 같은 책, 323~324쪽.

21) 김윤식, 이지양 외 옮김, 『운양집 4』, 혜안, 2014, 559쪽.

22) 井上角五郎, 「福澤先生の朝鮮御經營と現代朝鮮の文化とに就いて」, 앞의 책, 324쪽.

23) 같은 책, 325쪽.

24) 井上角五郎先生傳記編纂會, 앞의 책, 93쪽.

25) 같은 책, 94~95쪽.

26) 이현희, 「개관」, 이현희 외, 앞의 책, 41~44쪽.

27) 강재언, 『신편 한국근대사 연구』, 한울, 1982, 95쪽.

28) 井上角五郎, 「福澤先生の朝鮮御經營と現代朝鮮の文化とに就いて」, 앞의 책, 288쪽.

29) 채백, 『한국 근대 신문 형성과정에 있어서 일본의 역할에 관한 연구』, 서울대 박사학위 논문, 1990, 85쪽.

30) 井上角五郎, 「福澤先生の朝鮮御經營と現代朝鮮の文化とに就いて」, 앞의 책, 327쪽.

31) 같은 책, 340쪽.

32) 이나바 쓰기오, 홍준기 옮김, 『구한말 교육과 일본인』, 온누리, 2006, 90~91쪽.

33) 김영민, 『문학제도 및 민족어의 형성과 한국 근대문학』, 소명출판, 2012, 145~148쪽.

34) 이기문, 앞의 책, 18쪽.

35) 김영민, 앞의 책, 148~149쪽.

36) 이기문, 앞의 책, 16~17쪽.

37) 『고종실록』 고종 31년(1894) 11월 21일.

38) 이응호, 『개화기의 한글 운동사』, 성청사, 1975, 104쪽.

39) 『고종실록』 고종 31년(1894) 7월 8일.

40) 『고종실록』 고종 31년(1894) 7월 12일.

41) 김영민, 앞의 책, 141쪽.

42) 송철의, 「한국 근대 초기의 어문운동과 어문정책」, 이병근 외, 『한국 근대 초기의 언어와 문학』, 서울대학교출판부, 2005, 43쪽.

43) 황현, 『매천야록』, 한국고전종합DB(http://db.history.go.kr).

44) 이병근, 「근대국어학의 형성에 관련된 국어관 – 대한제국 시기를 중심으로」, 이병근 외, 앞의 책, 11쪽.

4부 지식과 상품이 모이고 퍼지다

4부 1장 _ 상품과 광고, 자본을 전파하다

1) 조흥윤, 「세창양행, 마이어, 함부르크 민족학박물관」, 『동방학지』 제46, 47, 48합집, 1985, 740~741쪽, 753쪽.

2) 김원모 편저, 『근대한국외교사연표』, 단국대학교출판부, 1984, 112쪽.

3) 이배용, 「개항 이후 독일의 자본침투와 세창양행」, 『한국문화연구원 논총』 제48집, 1986, 420~421쪽.

4) 같은 책, 433쪽.

5) 이영관, 「동서문화의 충돌: 독일과 조선의 통상 및 그 교훈 1884~1894」, 『중앙사론』 제16집, 2002 참고.

6) 같은 책, 126쪽.

7) 김봉철, 「구한말 '세창양행' 광고의 경제 · 문화사적 의미」, 『광고학연구』 제13권 5호, 2002년 겨울, 132쪽.

8) 『승정원일기』 고종 23년(1886) 6월 23일.

9) 『승정원일기』 고종 23년(1886) 6월 29일.

10) 김원모 편저, 앞의 책, 124쪽.

11) http://blog.naver.com/hahnsudang/20063086836

4부 2장 _ 지식의 생산과 소비를 조직하다

1) 최준, 『한국신문사논고』, 일조각, 1976, 38~40쪽.

2) 高麗大學校亞細亞問題研究所, 『舊韓國外交文書 第15卷 德案 1』, 高麗大學校亞細亞問題研究所,

1966, 88~89쪽. 이하 『德案 1』로 표기함.

3) 高麗大學校亞細亞問題研究所, 『舊韓國外交關係附屬文書 第3卷 統署日記 1』, 高麗大學校出版部, 1972, 262~263쪽. 이하 『統署日記 1』로 표기함.

4) 『德案 1』, 167쪽.

5) 『統署日記 1』, 455쪽, 505쪽, 522쪽.

6) 규장각한국학연구원(http://e-kyujanggak.snu.ac.kr) 「地志須知」, 「化學鑑原」 해제 참고.

7) 趙矢元, 馮興盛 주편, 중국사상연구회 옮김, 『중국근대사』, 청년사, 1990, 415~416쪽.

8) 톈진기기국은 1867년 만주족 귀족인 숭후(崇厚)가 설립했다. 개설 비용으로 21만 냥이 소요되었고 고용 노동자가 2천 명이나 되어 규모로는 강남제조총국에 거의 버금갔다. 미국의 톈진 주재 영사인 영국인 메도우스(John Armstrong Taylor Meadows, 1817~1875, 密安士)가 총관이었다. 趙矢元, 馮興盛 주편, 중국사상연구회 옮김, 위의 책, 124~125쪽.

9) 김윤식, 『陰晴史 下』, 1882년 4월 26일, 국사편찬위원회 편, 『從政年表·陰晴史』, 국사편찬위원회, 144쪽.

10) 김연희, 「영선사행 군계학조단의 재평가」, 『한국사연구』 제137호, 2007, 247쪽.

11) 김윤식, 『陰晴史 下』, 1882년 10월 14일, 앞의 책, 211쪽.

12) 武田楠雄, 『維新と科學』, 岩波新書, 1972, 205~206쪽.

13) 『統署日記 1』, 113쪽.

14) 『德案 1』, 118쪽.

15) 『德案 1』, 125쪽.

16) 『德案 1』, 126쪽.

17) 『德案 1』, 140쪽.

18) 『德案 1』, 166~167쪽.

19) 『德案 1』, 167쪽.

20) 이광린, 『한국 개화사 연구』, 일조각, 1974, 93쪽.

4부 3장 _ 국립출판사 박문국의 빛나는 시절

1) 井上角五郎, 「諺漢混合文體 創始에 對하야 2」, 『매일신보』 1938년 5월 5일.

2) 『내각열전』은 현재 부산광역시립시민도서관에 소장(古998.36)되어 있다. 국립중앙도서관에는 영인본을 소장하고 있다. 이 책의 발행지와 발행연도는 현재 '京城: 博文局, 高宗 17(1880)'로 표기되어 있는데, '1886년'으로 바로잡아야 한다.

3) 황현, 『매천야록』, 한국사데이터베이스(http://db.history.go.kr/).

4) 井上角五郎先生傳記編纂會, 『井上角五郎先生傳』, 井上角五郎先生傳記編纂會, 1943, 105쪽.

5) 『만국정표』는 현재 국립중앙도서관에 소장되어 있다. 국립중앙도서관본 김윤식의 서문과 『운양

집(雲養集)』의 서문(김윤식, 구지연 · 백승철 옮김, 『운양집 5』, 혜안, 2014, 19~20쪽)은 내용이 조금 다르다.

6) 이어북(http://www.statesmansyearbook.com/)의 About 참조.

7) 尾佐竹猛, 「萬國政表解題」, 吉野作造, 『明治文化全集 22』, 日本評論社, 1929, 2쪽.

8) 국립중앙도서관(http://www.nl.go.kr/nl/)의 『농정촬요』 해제 참고.

9) 前間恭作, 안춘근 편역, 『한국판본학』, 범우사, 1985, 138쪽.

10) 같은 책, 같은 곳.

11) 안춘근, 『한국출판문화사 대요』, 청림출판, 1987, 254쪽.

12) 『統署日記 1』, 355쪽.

13) 같은 책, 300쪽.

14) 같은 책, 355쪽.

15) 서울대 규장각한국학연구원(http://kyujanggak.snu.ac.kr)의 『朝鮮通商口岸貿易情形論』 해제 참고.

16) 『統署日記 1』, 721쪽.

17) 같은 책, 같은 곳.

18) 서울대 규장각한국학연구원(http://kyujanggak.snu.ac.kr) 『各國約章合編』 해제 참고.

19) 서울대 규장각한국학연구원(http://kyujanggak.snu.ac.kr) 「忠淸道關草」(奎18070).

20) 천혜봉, 『개정판 한국서지학』, 민음사, 2005, 379~380쪽.

21) 안춘근, 『고서의 향기 1』, 청림출판, 2010, 117쪽.

22) 귀중한 자료를 제공해주신 국문학 연구자 엄동섭 선생님께 감사드립니다.

23) 『統署日記 1』, 444쪽.

24) 高麗大學校亞細亞問題研究所, 『舊韓國外交文書 第13卷 英案 1』, 高麗大學校亞細亞問題研究所, 1968, 213쪽. 이하 『英案 1』로 표기함.

25) 『統署日記 1』, 451쪽.

26) 『英案 1』, 213쪽, 1055쪽.

27) 김민수 · 고영근 편, 『역대 한국문법문대계 제2부 제2책』, 박이정출판사, 2008 해설 참고.

28) 김두웅, 「James Scott의 「언문말칙」 연구」, 『인하공전논문집』 제2집, 1977, 209쪽.

29) James Scott, 「Preface」, 김민수 · 고영근 편, 위의 책, 6쪽.

30) 노고수, 『한국 기독교 서지 연구』, 예술문화사, 1981, 185쪽.

31) James Scott, 「Preface」, 김민수 · 고영근 편, 위의 책. 원본에 서문 페이지가 매겨져 있지 않음.

32) 노고수, 앞의 책, 177쪽.

33) 황호덕 · 이상현 옮김, 『개념과 역사, 근대 한국의 이중어 사전 2-번역편』, 박문사, 2012, 52쪽.

34) 김봉희, 『한국 기독교문서 간행사 연구』, 이화여자대학교출판부, 1987, 164~166쪽.

35) 정진석,『한국언론사』, 나남, 1990, 149쪽.

36) 류현국,『한글 활자의 탄생』, 홍시, 2015, 37쪽.

4부 4장 _ 문명개화의 서글픈 종말

1) 『승정원일기』 고종 25년(1888) 6월 6일.

2) 『統署日記1』, 9쪽.

3) 같은 책, 17쪽.

4) 이광린,『한국개화사 연구』, 일조각, 1969, 95쪽. 정진석,『한국현대언론사론』, 전예원, 1985, 100쪽.

5) 『統署日記1』, 26쪽.

6) 같은 책, 301쪽.

7) 같은 책, 334쪽.

8) 같은 책, 344쪽.

9) 같은 책, 388쪽.

10) 같은 책, 487쪽.

11) 井上角五郞, 한상일 옮김,『서울에 남겨둔 꿈』, 건국대학교출판부, 1993, 34쪽.

12) 『統署日記1』, 25~26쪽.

13) 『各司受敎』(奎7901)「刑曹受敎」嘉靖 癸丑(명종 8년, 1553) 正月 初九日.

14) 平安道關草(奎18072),『統署日記1』, 755~756쪽.

15) 각사등록 근대편 所志謄錄, 지전상인 이태형의 고발과 그 처분, 한국사데이터베이스(http://db.history.go.kr/).

16) 각사등록 근대편 所志謄錄, 박문국 주보 부채가 폐해에 대한 고발과 그 처분, 한국사데이터베이스(http://db.history.go.kr/).

17) 각사등록 근대편 所志謄錄, 박문국서리의 소지와 그 처분, 한국사데이터베이스(http://db.history.go.kr/).

18) 『日案1』, 593쪽.

19) 같은 책, 597쪽.

20) 샤를 바라·샤이에 롱, 성귀수 옮김,『조선기행』, 눈빛, 2001, 78쪽.

4부 5장 _ 광인사와 근대 출판의 길

1) 김윤식,『陰晴史 下』, 高宗 20年(西紀 1883) 癸未 上之二十年, 大淸 光緖九年 6月. 한국사데이터베이스(http://db.history.go.kr/).

2) 서울특별시사편찬위원회,『서울지명사전』, 서울특별시사편찬위원회, 2009, 801쪽.

3) 전우용,『19세기 말~20세기 초 한인회사 연구』, 서울대 박사학위 논문, 1997, 21~22쪽.

4) 김기수,『일동기유日東記游』제1권 수술(隨率) 2차, 한국고전종합DB(http://db.itkc.or.kr/itkcdb/mainIndexIframe.jsp).

5) 田保橋潔,「丙子修信使とその意義」,『靑丘學叢』第13號, 1933, 64쪽.

6) 허동현,『근대 한일 관계사 연구』, 국학자료원, 2000, 55~56쪽.

7) 서울특별시사편찬위원회, 앞의 책, 241쪽.

8) 『승정원일기』고종 20년(1883) 1월 20일.

9) 박대양,『동사만록東槎漫錄』을유년 2월 10일. 한국고전종합DB(http://db.itkc.or.kr).

10) 김윤식,『陰晴史 下』高宗 20年(西紀 1883) 癸未 上之二十年, 大淸 光緖九年 6월. 한국사데이터베이스(http://db.history.go.kr/).

11) 조기준,『한국기업가사』, 박영사, 1973, 37쪽.

12) 『승정원일기』고종 21년(1884) 9월 12일.

13) 전우용,『한국 회사의 탄생』, 서울대학교출판문화원, 2011, 41~42쪽.

14) 통리아문에서 조영하, 민영익 등에게 발급한 문서에 따르면, 잠상공사는 1884년 8월에 왕명으로 설립되었고, 인천해관의 수입으로 독일인 기사 맥등사(麥登司, A. H. Maerteus)를 임명했다. 한국사데이터베이스(http://db.history.go.kr/) 참고. 전우용의『한국 회사의 탄생』에서는 잠상공사의 설립연도가 1883년으로 되어 있지만, 위의 기록을 보면 1884년 8월에 세워진 것으로 보인다.

15) 전우용, 앞의 책, 41쪽.

16) 조기준, 앞의 책, 42쪽.

17) 최남선,『고사통』, 삼중당서점, 1943, 222쪽.

18) 『승정원일기』고종 22년(1885) 3월 28일.

19) 『統署日記1』, 195쪽.

20) 같은 책, 296쪽.

21) 아래 글은 엄동섭 소장본을 기준으로 작성했다. 귀중한 자료를 제공해주신 서지학자 엄동섭 선생님께 감사드립니다.

22) 『세종실록』세종 5년(1423) 6월 23일.

23) 국립중앙도서관의『충효경집주합벽』해제 원고(송일기) 참고.

24) 김경덕,「한국 북아트의 시대별 분석 및 조형적 특징」, 경희대 석사학위 논문, 2008, 55쪽.

25) 아래 글은 재단법인 아단문고 소장본을 기준으로 작성했다.

26) 안종수,『농정신편』, 농촌진흥청, 2002, 김영진의 해제, 8쪽, 日本大百科全書 '津田仙' 항목(https://kotobank.jp/word) 참조.

27) 안종수, 위의 책, 208~212쪽에서 재인용.

28) 같은 책, 11쪽.

29) 『승정원일기』 고종 19년(1882) 8월 23일.

30) 신용하, 『초기 개화사상과 갑신정변 연구』, 지식산업사, 2000, 157~169쪽.

31) 주승택, 「강위의 저술과 『고환당집』의 사료적 가치」, 『규장각』 14, 1991, 96쪽.

32) 한국고전종합DB의 『고환당수초』 해제 참고.

33) 김영민, 『문학제도 및 민족어의 형성과 한국 근대문학(1890~1945)』, 소명출판, 2012, 78쪽.

34) 한국고전종합DB의 『소재집』 해제 참고.

35) 각사등록 근대편, 한국사데이터베이스(http://db.history.go.kr/).

36) 각사등록 근대편, 한국사데이터베이스(http://db.history.go.kr/).

37) 유본예, 권태익 옮김, 『한경지략』, 탐구당, 1981, 144쪽.

38) 서울특별시사편찬위원회 편, 『서울육백년사 1』, 서울특별시사편찬위원회, 1979, 333쪽.

39) 오인환, 『100년 전 한성을 누비다-신문사 사옥터를 찾아』, 한국학술정보, 2008, 158~161쪽.

40) 이광린, 『한국 개화사 연구』, 일조각, 1974, 137쪽.

41) 전우용, 앞의 책, 46~47쪽.

5부 기원과 신화

5부 1장 _ 활자와 근대

1) 樺山紘一, 「本木昌造の世界史」, 早川造 外, 『活字文明開化-本木昌造が築いた近代』, 凸版印刷株式會社印刷博物館, 2003, 125~128쪽.

2) 조선기술발전사 편찬위원회, 『조선기술발전사(리조전기편)』, 과학백과사전종합출판사, 평양, 1997, 33쪽.

3) 이희재, 「동서양 초기활자 인쇄방법에 관한 비교연구」, 『국회도서관보』 제180호, 1985년 8월, 8쪽.

4) 천혜봉, 『한국 서지학』, 민음사, 2005, 301쪽, 조선기술발전사 편찬위원회, 앞의 책, 28쪽, 150쪽.

5) 대한인쇄연구소(www.kpri.or.kr/right22.htm). 조선기술발전사 편찬위원회, 위의 책, 33쪽, 150쪽.

6) 성현, 『용재총화』 권7, 한국고전종합DB(http://db.itkc.or.kr).

7) 전상운, 『한국과학사』, 사이언스북스, 2000, 185~186쪽.

8) T. F. 카터 원저, L. C. 구드리히 개정, 강순애·송일기 공역, 『인쇄문화사』, 아세아문화사, 1995, 277쪽.

9) James Moran, *Printing Presses*, Faber and Faber Limited, London, 1973, p. 17.

10) Beth Mckillop, "The History of the Book in Korea", *The Book-A global History*, edited by Michael F. Suarez, S. J. & H. R. Woodhuysen, Oxford University Press, 2013, p. 598.

11) 남권희, 「목판과 활자 인쇄를 통해 본 전통시대 지식과 정보의 소통」, 『사회과학 담론과 정책』 제

6권 1호, 2013년 4월, 146쪽, 153쪽, 156쪽.

12) 早川浩, 「日本における近代活版印刷術の意図とそれを可能にした蠟型電胎法のもつ意義」, 印刷博物館 企劃, 早川造外, 앞의 책, 72쪽.

13) 같은 책, 78~79쪽.

14) 월터 J. 옹, 이기우·임명진 옮김, 『구술문화와 문자문화』, 문예출판사, 1995, 181쪽.

15) 브리태니커 편찬위원회, 이정인 옮김, 『근대의 탄생』, 아고라, 2014, 229쪽.

16) 월터 J. 옹, 앞의 책, 180쪽.

17) 조셉 애시크로프트, 「문화와 커뮤니케이션에 미친 활판인쇄술의 영향-몇 가지 미디어 생태학적 해석」, 케이시 맨 콩 럼 엮음, 이동후 옮김, 『미디어 생태학 사상: 문화, 기술, 그리고 커뮤니케이션』, 한나래, 2008, 580~582쪽.

18) 월터 J. 옹, 앞의 책, 198~199쪽.

19) 뤼시앵 페브르·앙리 장 마르탱, 강주헌·배영란 옮김, 『책의 탄생』, 돌베개, 2014, 491쪽.

20) 오토 루트비히, 이기숙 옮김, 『쓰기의 역사』, 연세대학교출판문화원, 2013, 274~275쪽.

21) 뤼시앵 페브르·앙리 장 마르탱, 앞의 책, 442쪽, 471~472쪽.

22) 오토 루트비히, 앞의 책, 312쪽.

23) 早川浩外, 앞의 책, 74~75쪽.

24) 이반 일리치, 정영목 옮김, 『텍스트의 포도밭』, 현암사, 2016, 149쪽, 154쪽.

25) 紅野謙介, 『書物の近代-メディアの文学史』, ちくま学芸文庫, 1999, 26쪽.

26) 존 클락, 「근대성의 색인들」, 엘리스 K. 팁튼, 존 클락 엮음, 이상우·최승연·이수현 옮김, 『제국의 수도, 모더니티를 만나다』, 소명출판, 2012, 58쪽.

27) 永嶺重敏, 『雑誌と讀者の近代』, 日本エディター・スクール出版部, 1997, 8~9쪽, 75쪽.

28) 가메이 히데오, 김춘미 옮김, 『메이지 문학사』, 고려대학교출판부, 2006, 177~178쪽.

5부 2장 _ 신문과 근대

1) 로제 샤르띠에, 백인호 옮김, 『프랑스 혁명의 문화적 기원』, 일월서각, 1998, 50쪽, 232~235쪽.

2) 이하 조보에 대해서는 조선출판문화사편찬위원회, 『조선출판문화사』, 사회과학출판사, 평양, 1995, 차배근, 「우리나라 조보에 대한 신문학적 분석고」, 『언론정보연구』 제17집, 서울대언론정보연구소, 1980, 최정태, 『한국의 관보』, 아세아문화사, 1992, 김영재, 『조선시대의 언론 연구』, 민속원, 2010, 이상희, 『조선조 사회의 커뮤니케이션 현상 연구』, 나남, 1993, 심영환, 『조선시대 고문서 초서체 연구』, 소와당, 2008, 김상호, 『기록보존론』, 아세아문화사, 1999, 최승희, 『한국고문서 연구』, 한국정신문화연구원, 1981 등 참고.

3) 한국사데이터베이스(http://db.history.go.kr/) 참고.

4) 조선출판문화사편찬위원회, 앞의 책, 371~372쪽.

5) 『경향신문』 2017년 4월 19일.

6) 황현, 『국역 매천야록』 高宗 31년 甲午(1894년) 7, 한국사데이터베이스(http://db.history.go.kr).

7) 『선조실록』 선조 10년(1577) 11월 28일, 이이, 민족문화추진회 편, 『석담일기』, 솔출판사, 1998, 373~374쪽.

8) 박제가, 이익성 옮김, 『북학의』, 을유문화사, 1971, 147쪽.

9) 모리스 꾸랑, 이희재 옮김, 『한국서지』, 일조각, 1997, 393쪽.

10) 남권희, 「목판과 활자 인쇄를 통해 본 전통시대 지식과 정보의 소통」, 『사회과학 담론과 정책』 제 6권 1호, 2013년 4월, 158~159쪽.

11) 정약용, 『역주 목민심서』 권1 「봉공육조(奉公六條)」, www.krpia.co.kr.

12) 이상희, 앞의 책, 77~81쪽.

13) 『정조실록』 정조 1년(1776) 5월 25일.

14) 井上角五郎, 「福澤先生の朝鮮御經營と現代朝鮮の文化とに就いて」, 한국학문헌연구소 편, 『구 한말 일제침략사료총서 7, 정치편 7』, 아세아문화사, 1984, 326쪽.

15) 홍찬기, 「개화기 한국사회의 신문독자에 관한 연구」, 『한국사회와 언론』 제7호, 1996, 106쪽.

16) 『독립신문』 1898년 4월 23일.

17) 『독립신문』 1898년 11월 9일.

18) 鈴木淘外, 『明治時代館』, 小學館, 東京, 2005, 111쪽.

19) 吉見俊哉, 「活字と聲の十字路として「新聞」」, 印刷博物館 企劃, 早川造外, 『活字 文明 開化-本木 昌造が築いた近代』, 凸版印刷株式會社 印刷博物館, 2003, 139쪽.

20) 제이 데이비스 볼터, 김익현 옮김, 『글쓰기의 공간』, 커뮤니케이션북스, 2010, 36쪽.

21) 이용성, 「민족정체성 형성에 있어서 근대신문의 역할」, 『한국민족운동사연구』 제21집, 1999, 115쪽.

22) 원재연, 「1880년대 조사시찰단의 서구법제 인식과 초기 개화운동」, 『법제연구』 제23호, 2002, 227~228쪽.

23) 발터 벤야민, 「이야기꾼: 니콜라이 레스코프의 작품에 대한 고찰」, 발터 벤야민, 최성만 옮김, 『서 사, 기억, 비평의 자리』, 길, 2012, 425~428쪽, 발터 벤야민, 김영옥·황현산 옮김, 『보들레르의 작 품에 나타난 제2제정기 파리·보들레르의 몇 가지 모티프에 관하여 외』, 길, 2010, 185~186쪽.

24) 프레드릭 제임슨, 여홍상·김영희 옮김, 『변증법적 문학이론의 전개』, 창작과비평사, 1984, 90쪽.

25) 엘리자베스 아이젠슈타인, 「글 읽는 대중의 등장」, 데이비드 크라울리, 폴 헤이어 엮음, 김지운 옮 김, 『인간 커뮤니케이션의 역사: 기술·문화·사회』, 커뮤니케이션북스, 2012, 365쪽.

26) 이반 일리치, 정영목 옮김, 『텍스트의 포도밭』, 현암사, 2016, 10쪽, 162~163쪽.

27) 제이 데이비스 볼터, 앞의 책, 153쪽.

28) 발터 벤야민, 김영옥·황현산 옮김, 앞의 책, 185쪽.

29) 마르셀 프루스트, 김창석 옮김, 『잃어버린 시간을 찾아서 10-사라진 알베르틴』, 국일미디어, 2007, 194쪽.

30) 야나기타 구니오, 김정례 외 옮김, 『일본 명치 · 대정시대의 생활문화사』, 소명출판, 2006, 9쪽.

31) 베네딕트 앤더슨, 윤형숙 옮김, 『상상의 공동체』, 나남출판, 2002, 27쪽, 48쪽, 58~63쪽.

나오는 말

1) 움베르토 에코 · 장클로드 카리에르, 임호경 옮김, 『책의 우주』, 열린책들, 2009, 9쪽.

2) 府川充男, 『印刷史/タイポグラフィの視軸』, 實踐社, 東京, 2005, 64쪽.

3) 小宮山博史, 「日本語の連綿體活字」, 小宮山博史 · 府川充南 編輯, 『活字印刷の文化史』, 勉誠出版, 2009, 129쪽.

4) 이반 일리치, 권루시안 옮김, 『과거의 거울에 비추어』, 느린걸음, 2013, 240쪽.

5) 한스-게오르크 가다머, 이길우 외 옮김, 『진리와 방법 I』, 문학동네, 2000, 286쪽.

찾아보기

간행물

인명